Lernprozesse begleiten

Steffen Bartusch · Claudia Klektau
Toni Simon · Stephanie Teumer
Anne Weidermann
(Hrsg.)

Lernprozesse begleiten

Anforderungen an pädagogische Institutionen und ihre Akteur*innen

Springer VS

Hrsg.
Steffen Bartusch
Insitut für Rehabilitationspädagogik
Martin-Luther-Universität Halle-Wittenbe
Halle (Saale), Deutschland

Stephanie Teumer
Referat für Grund- und Förderschulen
Landesschulamt Sachen-Anhalt
Magdeburg, Deutschland

Claudia Klektau
Zentrum für Lehrerbildung
Martin-Luther-Universität Halle-Wittenbe
Halle (Saale), Deutschland

Anne Weidermann
Institut für Rehabilitationspädagogik
Martin-Luther-Universität Halle-Wittenbe
Halle (Saale), Deutschland

Toni Simon
Institut für Rehabilitationspädagogik
Martin-Luther-Universität Halle-Wittenbe
Halle (Saale), Deutschland

ISBN 978-3-658-21923-9 ISBN 978-3-658-21924-6 (eBook)
https://doi.org/10.1007/978-3-658-21924-6

Die Deutsche Nationalbibliothek verzeichnet diese Publikation in der Deutschen Nationalbibliografie; detaillierte bibliografische Daten sind im Internet über http://dnb.d-nb.de abrufbar.

Springer VS

Springer VS ist ein Imprint der eingetragenen Gesellschaft Springer Fachmedien Wiesbaden GmbH und ist ein Teil von Springer Nature
Die Anschrift der Gesellschaft ist: Abraham-Lincoln-Str. 46, 65189 Wiesbaden, Germany

Inhaltsverzeichnis

Teil II
Einblicke in die Praxis

Teil III
Empirische Zugänge

für
Ute Geiling

Zum Geleit

Dieter Katzenbach

Als die Herausgeber*innen bei mir angefragt haben, ob ich mich mit einigen persönlichen Bemerkungen zu Ute Geiling an diesem Band beteiligen möchte, habe ich dies gerne zugesagt. Ute Geiling ist eine Kollegin, die als Mensch und als Wissenschaftlerin eine Integrität verkörpert, die für mich immer beispielgebend war. Wir haben uns während unserer gemeinsamen Zeit am Institut für Sonderpädagogik der Johann Wolfgang Goethe-Universität Frankfurt am Main zu Beginn der 2000er-Jahre kennen gelernt und den Kontakt immer halten können – die jährliche Tagung der Integrations-/Inklusionsforscher*innen ist ein fest gebuchter Treffpunkt. Der fachliche und hochschulpolitische Austausch mit Ute Geiling war und ist mir deshalb ebenso wichtig wie hilfreich, weil sie es in einer einmaligen Weise vermag, hohes Engagement in der Sache zu verbinden mit kritischer Distanz und einer dabei anerkennenden sowie wertschätzenden Grundhaltung.

„Pädagogik, die stark macht. Ansätze zur Arbeit mit Kindern in Not“: der Titel des von ihr 2000 herausgegebenen Sammelbandes beschreibt ihr pädagogisches und erziehungswissenschaftliches Programm in wenigen Worten. Eine Pädagogik, die sich nicht mit Fragen der Gerechtigkeit befasst, eine Pädagogik, die nicht sensibel ist für die Not, die Beschämung und die Ausgrenzung zumindest eines Teils ihrer Adressat*innen ist, eine solche Pädagogik verdient für Ute Geiling ihren Namen nicht.

Die Wissenschaft muss diese Missstände klar benennen, darf es aber bei der bloßen Analyse auch nicht belassen. So war und ist es Ute Geiling immer auch ein zentrales Anliegen, Lehrer*innen in ihrem Bemühen um eine bessere, gerechtere, letztlich humanere pädagogische Praxis nicht alleine zu lassen. Beispielhaft steht hier das aus der langjährigen Zusammenarbeit mit Annedore Prengel, gemeinsam mit Katrin Liebers, entwickelte Diagnostikum ILEA T. Das hier vertretene Verständnis von Diagnostik ist meines Erachtens typisch für Ute Geilings Denken: die konsequente Betonung der Entwicklungsperspektive (anstelle der Feststellung und Festschreibung von Defiziten); eine breite, fachdidaktische ebenso wie lebensweltliche Aspekte des Lernumfeldes umfassende Grundkonzeption; die Würdigung subjektiver Interessen und Sinngebungen und nicht zuletzt die Sensibilität für die stigmatisierende Wirkung kategorisierender Zuschreibungen.

Von dem Soziologen Ulrich Oevermann habe ich die Einsicht übernommen, nach der Skepsis die wissenschaftliche Grundhaltung auszeichne. Als pädagogische Grundhaltung hat der Psychoanalytiker Rolf Haubl die Zuversicht ausgemacht. Als Wissenschaftler*in *und* Pädagog*in gilt es, diese beiden Haltungen, Skepsis und Zuversicht, in eine gute Balance zu bringen. Ute Geiling ist dies in meinen Augen in beeindruckender Weise gelungen. Nicht nur ich habe hier viel von ihr lernen können, und dafür möchte ich mich an dieser Stelle herzlich bedanken.

Autor*innenverzeichnis

Bartusch, Steffen, wissenschaftlicher Mitarbeiter an der Martin-Luther-Universität Halle-Wittenberg, Institut für Rehabilitationspädagogik, steffen.bartusch@paedagogik.uni-halle.de

Bauer, Julia, Kontaktaufnahme über kirsten.puhr@ph-heidelberg.de

Benölken, Ralf, Dr., Professor an der Bergischen Universität Wuppertal, Fakultät für Mathematik und Naturwissenschaften, benoelken@uni-wuppertal.de

Boban, Ines, ehem. wissenschaftliche Mitarbeiterin der Martin-Luther-Universität Halle-Wittenberg, Institut für Rehabilitationspädagogik, ines.boban@posteo.de

Deppe, Helga, Dr., Professorin im Ruhestand an der Goethe-Universität Frankfurt am Main, Institut für Sonderpädagogik, deppe@em.uni-frankfurt.de

Grummt, Marek, wissenschaftlicher Mitarbeiter an der Martin-Luther-Universität Halle-Wittenberg, Institut für Rehabilitationspädagogik, marek.grummt@paedagogik.uni-halle.de

Hammer, Lisa, Kontaktaufnahme über kirsten.puhr@ph-heidelberg.de

Heinzel, Friederike, Dr., Professorin an der Universität Kassel, Institut für Erziehungswissenschaft, heinzel@uni-kassel.de

Hinz, Andreas, Dr., Professor an der Martin-Luther-Universität Halle-Wittenberg, Institut für Rehabilitationspädagogik, andreas.hinz@paedagogik.uni-halle.de

Junger, Ralf, wissenschaftlicher Mitarbeiter an der Universität Leipzig, Institut für Pädagogik und Didaktik im Elementar- und Primarbereich, ralf.junger@uni-leipzig.de

Kanold, Eric, wissenschaftlicher Mitarbeiter an der Universität Leipzig, Institut für Pädagogik und Didaktik im Elementar- und Primarbereich, eric.kanold@uni-leipzig.de

Karge, Sabine, Dr., wissenschaftliche Mitarbeiterin an der Martin-Luther-Universität Halle-Wittenberg, Institut für Rehabilitationspädagogik, sabine.karge@paedagogik.uni-halle.de

Katzenbach, Dieter, Dr., Professor an der Goethe-Universität Frankfurt am Main, Institut für Sonderpädagogik, d.katzenbach@em.uni-frankfurt.de
Kinne, Tanja, Dr., wissenschaftliche Mitarbeiterin an der Martin-Luther-Universität Halle-Wittenberg, Institut für Rehabilitationspädagogik, tanja.kinne@paedagogik.uni-halle.de
Klektau, Claudia, Lehrkraft für besondere Aufgaben an der Martin-Luther-Universität Halle-Wittenberg, Zentrum für Lehrerbildung, claudia.klektau@zlb.uni-halle.de
Kornmann, Reimer, Dr., Professor im Ruhestand an der Pädagogischen Hochschule Heidelberg, Institut für Sonderpädagogik, kornmann@ph-heidelberg.de
Kruschel, Robert, wissenschaftlicher Mitarbeiter an der Universität Leipzig, Institut für Förderpädagogik, robert.kruschel@uni-leipzig.de
Liebers, Katrin, Dr., Professorin an der Universität Leipzig, Institut für Pädagogik und Didaktik im Elementar- und Primarbereich, katrin.liebers@uni-leipzig.de
Makrinus, Livia, Dr., wissenschaftliche Mitarbeiterin an der Martin-Luther-Universität Halle-Wittenberg, Institut für Rehabilitationspädagogik, livia.makrinus@paedagogik.uni-halle.de
Mosch-Wedel, Monika, Kontaktaufnahme über kirsten.puhr@ph-heidelberg.de
Moser, Vera, Dr., Professorin an der Humboldt-Universität zu Berlin, Institut für Rehabilitationswissenschaften, vera.moser@hu-berlin.de
Prengel, Annedore, Dr., Professorin im Ruhestand an der Universität Potsdam, Departement Erziehungswissenschaft und Seniorprofessorin an der Goethe-Universität Frankfurt am Main, aprengel@uni-potsdam.de
Puhr, Kirsten, Dr., Professorin an der Pädagogischen Hochschule Heidelberg, Institut für Sonderpädagogik, kirsten.puhr@ph-heidelberg.de
Schmitt, Florian, Kontaktaufnahme über kirsten.puhr@ph-heidelberg.de
Schnell, Irmtraud, Dr., wissenschaftliche Mitarbeiterin an der Goethe-Universität Frankfurt am Main, Institut für Sonderpädagogik, I.Schnell@em.uni-frankfurt.de
Simon, Jaqueline, wissenschaftliche Mitarbeiterin an der Martin-Luther-Universität Halle-Wittenberg, Institut für Schulpädagogik und Grundschuldidaktik, jaqueline.simon@paedagogik.uni-halle.de
Simon, Toni, wissenschaftlicher Mitarbeiter an der Martin-Luther-Universität Halle-Wittenberg, Institut für Rehabilitationspädagogik, toni.simon@paedagogik.uni-halle.de
Tänzer, Sandra, Dr., Professorin an der Universität Erfurt, Fachgebiet Grundschulpädagogik und Kindheitsforschung, sandra.taenzer@uni-erfurt.de
Teumer, Stephanie, Regierungsschulrätin, Landesschulamt Sachsen-Anhalt, Referat Grund- und Förderschulen, teumer.stephanie@gmx.de

Veber, Marcel, Dr., Vertretungsprofessor an der Universität Osnabrück, Fachbereich 3: Erziehungs- und Kulturwissenschaften, marcel.veber@uni-osnabrueck.de
Weidermann, Anne, wissenschaftliche Mitarbeiterin an der Martin-Luther-Universität Halle-Wittenberg, Institut für Rehabilitationspädagogik, anne.weidermann@paedagogik.uni-halle.de
Winter, Stephanie, wissenschaftliche Mitarbeiterin an der Martin-Luther-Universität Halle-Wittenberg, Institut für Rehabilitationspädagogik, stephanie.winter@paedagogik.uni-halle.de
Ziemen, Kerstin, Dr., Professorin an der Universität zu Köln, Department Heilpädagogik und Rehabilitation, kziemen@uni-koeln.de

Lernprozesse begleiten – Einführung in den Band

Steffen Bartusch, Claudia Klektau, Toni Simon, Stephanie Teumer und Anne Weidermann

Lernen findet stets kontextuell eingebunden statt und in allen Gesellschaften, die auf systematisches Lernen angewiesen sind, sind große Anteile formellen und informellen Lernens von Kindern und Jugendlichen in Bildungsinstitutionen wie Kindertageseinrichtungen und Schulen eingebettet. Das Verständnis der Anforderungen an Institutionen, die Lernen ermöglichen sollen, respektive an professionelle Akteur*innen, die dieses begleiten sollen, hat sich jedoch in den letzten Jahrzehnten grundlegend verändert. So werden Heranwachsende vermehrt als aktive Gestalter*innen ihres Lernens und Lernprozesse als dynamisch, offen und zu weiten Teilen unbestimmbar verstanden. Damit stellen sich Fragen nach Anforderungen an pädagogische Institutionen und ihre Akteur*innen auf neue Weise: Sie gelten nicht mehr als allein Verantwortliche für die Lern- und Bildungsprozesse von Kindern und Jugendlichen, wohl aber haben sie Verantwortung für deren Ermöglichung bei gleichzeitiger Achtung der „Autonomie" und der „Entscheidungsspielräume" Heranwachsender (vgl. Geiling 2000, 52). Jedoch sind es nicht nur Kinder und Jugendliche, die lernen (sollen), sondern ebenso die professionellen Akteur*innen, deren berufliche Entwicklung als fortlaufende Weiterbildung verstanden wird (vgl. Messner und Reusser 2000). Dem Verständnis folgend, dass Institutionen wie Kindertageseinrichtungen und Schulen als lernende Organisationen (vgl. z.B. Argyris und Schön 1999) betrachtet werden können, gilt auch für diese der Anspruch eines steten Weiter-, Neu- oder Umlernens. Deutlich wird dies unter anderem mit Blick auf aktuelle erziehungswissenschaftliche Diskurse, wie jene

S. Bartusch et al. (Hrsg.), *Lernprozesse begleiten*,
https://doi.org/10.1007/978-3-658-21924-6_1

um die Realisierung inklusiver Bildung oder Digitalisierung. An diesen Diskursen wiederum wird exemplarisch erkennbar, dass die Lernprozesse von Heranwachsenden, professionellen Akteur*innen und den Organisationen beziehungsweise Institutionen, in die diese eingebettet sind, in einem engen Zusammenhang zu sehen sind.

Mit dem vorliegenden Band wird der Blick weniger auf das Lernen von Kindern und Jugendlichen, professionellen Akteur*innen und Institutionen selbst, sondern vor allem auf die Begleitung von Lernprozessen auf verschiedenen Ebenen und durch unterschiedliche Akteur*innen gelegt. Dabei werden in unterschiedlicher Intensität auch die Rahmung dieser Begleitungsprozesse durch (bildungs-) politische bzw. gesellschaftliche Veränderungsprozesse sowie mit diesen korrespondierende erziehungswissenschaftliche Diskurse um gegenwärtige Ansprüche an das hiesige Bildungswesen reflektiert. Die einzelnen Beiträge zeigen anhand unterschiedlicher Frage- und Problemstellungen sowie mit Bezug auf verschiedene Settings auf, inwiefern die Begleitung von Lernprozessen möglich oder nötig ist, welche Rolle diese respektive deren wissenschaftliche Diskussion, Begleitung und Reflexion spielt, mit welchen Anforderungen und Herausforderungen dies für unterschiedliche Akteur*innen verbunden wird und welche wesentlichen Grundlagen für eine Lernprozessbegleitung im oben beschriebenen Sinne bedeutsam sind. Dabei wird weniger eine systematische Analyse vorgenommen, als vielmehr die Vielschichtigkeit des Themas der Lernprozessbegleitung verdeutlicht.

Der Idee folgend, dass die Begleitung von Lernprozessen auf der Ebene der Adressat*innen von pädagogischen Bildungsbemühungen, der professionellen Akteur*innen und der Institutionen, die diese Lernprozesse rahmen, betrachtet werden kann, widmen sich einige Beiträge der Begleitung der Lernprozesse von Kindern und Jugendlichen und thematisieren zum Beispiel Ansprüche eines anerkennenden Umgangs mit der Heterogenität des Lernens in Kindertageseinrichtungen oder Schulen. Ebenso werden Lernprozessbegleitungen vor dem Hintergrund kritischer Fragen zu (Re)Produktionen von (Un)Gleichheit(en), Differenzverhältnissen in performativen Lerngeschehen und pädagogischer Gerechtigkeit diskutiert. Ferner wird der Blick auf die pädagogischen Akteur*innen in Bildungseinrichtungen gelegt: Die Vorstellungen von Pädagog*innen als Lernbegleiter*innen verbinden sich dabei unter anderem mit Fragen nach einem veränderten Professionsverständnis im Kontext einer menschenrechtsbasierten, heterogenitätssensiblen, reflexiven pädagogischen Praxis, die der Rolle von Heranwachsenden als zunehmend aktiven Gestalter*innen ihres Lernens Rechnung trägt und sich mit Fragen einer gesteigerten Komplexität pädagogischer Alltagspraxis sowie Ansprüchen trans- und multiprofessioneller Kooperation konfrontiert sieht. Entsprechend wird unter anderem die Begleitung professioneller Entwicklungen, insbesondere mit Fokus auf die

Lehrkräftebildung und -weiterbildung, verschiedentlich thematisiert. Bezüglich der Begleitung von Lernprozessen pädagogischer Institutionen beziehungsweise Organisationen werden ausgewählte Möglichkeiten und Notwendigkeiten der Weiterentwicklung herausgearbeitet und diskutiert. Dabei rücken unter anderem Aspekte der wissenschaftlichen Evaluationsforschung und Organisationsbegleitung sowie Fragestellungen zur bildungspolitischen oder gesellschaftlichen Rahmung beziehungsweise historischen Einordnung der pädagogischen Institutionen und Organisationen und letztlich auch ihrer Akteur*innen in den Fokus einzelner Beiträge.

Deutlich werden an den verschiedenen Beiträgen, von denen eine große Zahl schulisch kontextualisierte Lernprozessbegleitungen thematisiert, sowohl spezifische (Reflexionen über) Verständnisse und subjektive Erlebensweisen von Lernprozessbegleitungen sowie Suchbewegungen hinsichtlich differenter Modi und Methoden bzw. Instrumente für deren Unterstützung. Obgleich seit langem die Bedeutung und das Potenzial von Peer-Learning diskutiert und empirisch erforscht wird, sind es – entsprechend der organisationalen Rahmung – i.d.R. Erwachsene, die die Lernprozesse von Kindern gezielt und bewusst begleiten. Auch dies spiegelt sich anhand der unterschiedlichen Beiträge wider, obgleich die Notwendigkeit und konkrete Möglichkeiten der aktiven Einbindung von Heranwachsenden in Lernbegleitungsprozesse verschiedentlich thematisiert und eingefordert wird.

Der vorliegende Band gliedert sich in drei Teile: einen theoriebezogenen, einen praxisbezogenen und einen empiriebezogenen. Mit dieser Dreiteilung folgen wir dem Leitgedanken, dass Theorie, Empirie und Praxis „eine dynamische Triade [bilden; d.A.], die keine festen Hierarchien kennt", sondern vielmehr versucht „alles gegeneinander so stark wie möglich zu machen" (Koller et al. 2007, S. 8). Im ersten Teil des Bandes werden grundlegende Überlegungen, Theorien und Anforderungen an pädagogische Institutionen beziehungsweise deren Akteur*innen im Kontext von Prozessen der Lernbegleitung zusammengetragen und diskutiert. Im zweiten Teil werden Einblicke in unterschiedliche Praktiken der Lernprozessbegleitung gegeben und Praxiserfahrungen in unterschiedlichen Settings reflektiert. Im dritten Teil wird schließlich der Blick auf empirische Forschungen zu unterschiedlichen Aspekten der Lernprozessbegleitung gelegt.

Diesen Band widmen wir Ute Geiling, Professorin des Arbeitsbereiches Lernbehindertenpädagogik an der Martin-Luther-Universität Halle-Wittenberg, anlässlich ihrer Pensionierung. Ute Geiling beschäftigt sich bis dato auf vielfältige Weise, auf wissenschaftlicher, hochschulpolitischer und -didaktischer sowie bildungspolitischer Ebene, mit unterschiedlichen Fragen der Lernprozessbegleitung. Die thematische Ausrichtung dieses Bandes mit der Fokussierung auf die Begleitung von Lernprozessen, die sich durch eine menschenrechtsbasierte, heterogenitätssensible, reflexive pädagogische Praxis im Spannungsfeld von zunehmender Autonomie der Heranwachsenden und pädagogischer Verantwortung der professionellen Akteur*innen auszeichnet, sowie der breit angelegte Blick auf unterschiedliche Akteur*innen- und Systemebenen spiegelt nach unserer Auffassung Ute Geilings Wirken als Wissenschaftlerin, aber auch als Privatperson, welches wir mit dem vorliegenden Band würdigen wollen, wider. Als Herausgeber*innen teilen wir die Erfahrung, dass einige unserer eigenen Lernprozesse zu einem nicht unbeträchtlichen Teil von Ute Geiling begleitet worden sind. Dafür sind wir sehr dankbar.

Wie es bei den meisten Publikationen der Fall ist, so waren auch an der Realisierung dieser Publikation weitere Personen beteiligt, denen wir an dieser Stelle unseren Dank aussprechen wollen. Kirsten Puhr danken wir dafür, dass sie dieses Projekt vor allem zu Beginn flankiert hat. Dagmar Günther und Jaqueline Simon danken wir für das Lektorieren aller Beiträge – zum Teil unter nicht unerheblichem Zeitdruck. Allen Autor*innen, die als langjährige und neuere Weggefährt*innen und Kolleg*innen von Ute Geiling mit ihren Beiträgen diesen Band bereichert haben, danken wir für ihre Unterstützung.

Halle und Schönebeck im Mai 2018

Literatur

Argyris, C. & Schön, D. A. (1999). *Die lernende Organisation: Grundlagen, Methode, Praxis*. Stuttgart: Klett-Cotta.

Geiling, U. (2000). Integrative Pädagogik mit Kindern in erschwerten Lernsituationen – oder: Für eine Pädagogik, die Kinder stark macht. In U. Geiling (Hrsg.), *Pädagogik, die Kinder stark macht. Ansätze zur Arbeit mit Kindern in Not* (S. 41–58). Opladen: Leske + Budrich.

Koller, H.-C., Marotzki, W. & Sanders, O. (2007). Einleitung. In H.-C. Koller, W. Marotzki & O. Sanders (Hrsg.), *Bildungsprozesse und Fremdheitserfahrung. Beiträge zu einer Theorie transformatorischer Bildungsprozesse* (S. 7–11). Bielefeldt: transcript.

Messner, H. & Reusser, K. (2000). Berufliches Lernen als lebenslanger Prozess. *Beiträge zur Lehrerinnen- und Lehrerbildung 18 (2000) 3*, S. 277–294.

Teil I
Grundlagen und theoretische Reflexionen

Pädagogische Orientierungen für die Begleitung schulischer Lernprozesse

Reimer Kornmann

Grundlage der Ausführungen ist die begriffliche Klärung der Frage, was unter einer verantwortungsbewussten Pädagogik mit anspruchsvollen Zielsetzungen verstanden werden kann. Dieser umfassend angelegte Klärungsversuch umfasst Kategorialanalysen der Begriffe menschliche Entwicklung, Bildung und Erziehung sowie schulisches Lernen. Es folgt die kurz gehaltene, aber wichtige Anmerkung, dass die Verwirklichung einer so verstandenen Pädagogik durch bildungspolitische Festlegungen, insbesondere durch die verschiedenen Mechanismen des ausleseorientierten Schulsystems, nämlich Notenvergabe, Repetitionen und Umschulungen, erheblich erschwert wird. Dieses Problem muss zunächst erkannt werden, damit es gelöst werden kann. Bei der Lösung dieses Problems ist eine kritische Rekonstruktion der eigenen Bildungsbiografie hilfreich. So ermöglicht eine aufgeklärte Distanzierung von den eigenen Erfahrungen mit den Selbstverständlichkeiten schulischer Gegebenheiten den Gewinn neuer Perspektiven, die wichtige pädagogische Orientierungen für die Begleitung schulischer Lernprozesse bieten können. Dies soll abschließend an zwei unterrichtspraktischen Beispielen gezeigt werden, in denen die Logik des aussondernden Systems mit einfachen Mitteln, aber dennoch subversiv unterlaufen wird.

S. Bartusch et al. (Hrsg.), *Lernprozesse begleiten*,
https://doi.org/10.1007/978-3-658-21924-6_2

1 Pädagogik – Versuch einer Begriffsbestimmung

Pädagogik kann als ein Tätigkeitsbereich gelten, der dazu dient, menschliche Entwicklung zu unterstützen. Bei dieser Definition muss aber die Frage geklärt sein, was unter menschlicher Entwicklung zu verstehen ist. Menschliche Entwicklung kann als ein Prozess aufgefasst werden, in dem sich die Erweiterung von Möglichkeiten realitätsbezogenen Erlebens, Handelns und Denkens vollzieht. Diese Erweiterung von Möglichkeiten zielt darauf ab, die Lebensbedingungen und die Lebensqualität von Menschen zu verbessern (oder auch: die Lebensfreude zu erhöhen).

1.1 Bedeutungsaspekte menschlicher Entwicklung

Der Begriff menschliche Entwicklung kann verschiedene Bedeutungen haben, die für pädagogisches Denken wichtig sind und an anderer Stelle ausführlicher dargestellt sind (Kornmann 2010). Diese verschiedenen Bedeutungsaspekte hängen zum Teil eng miteinander zusammen. Der vorliegende Beitrag greift aber nur zwei dieser Aspekte auf, die für die Begleitung schulischer Lernprozesse wichtige Orientierungen bieten.

1.1.1 Der biografische (individuelle oder ontogenetische) Aspekt

Der biografische (ontogenetische oder individuelle) Aspekt der menschlichen Entwicklung bezieht sich auf solche Veränderungen, die im Rahmen der individuellen Lebensspanne auftreten und von den individuellen Erfahrungen abhängen. Solche Veränderungen sind nicht biologisch determiniert wie beispielsweise Merkmale des Körperwachstums, der Hirnzellenreifung oder der Drüsenfunktionen (Pubertät). Interessant bei den erfahrungsabhängigen individuellen Veränderungen ist die nicht selten berichtete Beobachtung, dass sich in der Ontogenese einige wichtige Merkmale der Phylogenese, also der Menschheitsentwicklung, wiederholen (etwa beim Erwerb und Gebrauch von Symbolen und bei der Entwicklung des Denkens). Dabei entsteht der Eindruck, dass sich der junge Mensch die menschheitsgeschichtlichen Erfahrungen und Erkenntnisse im Zeitraffer-Tempo aneignet: Was sich die Kinder heute in der Regel in ihrem siebenten Lebensjahr, also im Laufe ihres ersten Schuljahres, an mathematischen und schriftsprachlichen Kompetenzen aneignen, wurde in der Menschheitsgeschichte in Zeiträumen von mehreren tausend Jahren entwickelt (siehe Elschenbroich 2001, S. 200ff). Diese kulturhistorischen Erkenntnisse verweisen auf typische Stufenfolgen der geistigen Entwicklung, die auch für didaktische Konzepte genutzt werden (beispielsweise das Material ILEA T von Geiling, Liebers und Prengel 2011). Bei solchen didaktischen Angeboten werden die Erfindungen, die zur Lösung praktischer Probleme beigetragen haben und in der Regel schrittweise aufeinander aufbauen, von den Lernenden nachvollzogen. Auf diese Weise gewinnen die Menschenkinder prinzipiell die gleichen Erkenntnisse, durch die auch die Menschheit in ihrer kulturellen Entwicklung vorangekommen ist.

1.1.2 Der ethische oder wertphilosophische Aspekt

Der ethische oder wertphilosophische Aspekt ist an die Forderung gebunden, dass alle Entwicklungen, die den einzelnen Menschen, das menschliche Wesen und die Menschheit betreffen, im Sinne humaner Vorstellungen von Erziehung und Bildung ausgerichtet sein sollen. Denn bekanntlich dient nicht jede Erweiterung der menschlichen Potenziale humanen Zielvorstellungen: So haben die stetig in ihrer Effizienz gesteigerten technischen Möglichkeiten der Kriegsführung und der Ausbeutung des Planeten längst menschheitsbedrohliche Formen angenommen; durch die immer raffinierteren Erzeugnisse der Kommunikations- und Unterhaltungsindustrie finden Beispiele lebens- und menschenverachtender Praktiken weite Verbreitung, usw. Angesichts solcher „Entwicklungen" – besser: Fehlentwicklungen! – ist eine konsequente Besinnung auf humane Grundsätze bei der Unterstützung menschlicher Entwicklung unabdingbar. Dies ist auch deswegen zu fordern, weil die Vertreter*innen der Pädagogik und insbesondere diejenigen der Sonderpädagogik in Deutschland den menschenverachtenden, inhumanen Praktiken des Nationalsozialismus teilweise zugearbeitet, oder zumindest doch keinen nennenswerten Widerstand entgegengesetzt haben (Brill 2011).

Diese beiden hier kurz umrissenen Aspekte menschlicher Entwicklung lassen die inhaltliche Breite der verschiedenen Ansatzpunkte und Zielsetzungen einer Pädagogik erkennen, die auf die Erweiterung menschlicher Möglichkeiten des Erlebens, Handelns und Denkens ausgerichtet ist.

1.2 Zur Erklärung menschlicher Entwicklung durch Pädagogik

Viele Forschungsergebnisse und Theorien zum Lernen beziehen sich auf die formalen oder methodischen Aspekte des Lerngeschehens, also auf die Frage, wie gelernt wird, und sie vernachlässigen die inhaltlichen Aspekte, also die Frage, warum was gelernt wird. Gerade um diese inhaltlichen Aspekte geht es aber der normativen Pädagogik, die den ethischen oder wertphilosophischen Aspekt menschlicher Entwicklung berücksichtigt und dabei ein pädagogisch sinnvolles Modell zur Erklärung menschlicher Entwicklung liefert.

Im deutschsprachigen Schrifttum finden sich durchgängig zwei Bezeichnungen für die zwei sich wechselseitig ergänzenden Komponenten von Pädagogik, nämlich Bildung und Erziehung. Diese Begriffe sollen nun noch näher im Hinblick auf ihre Bedeutung für die Unterstützung menschlicher Entwicklung geklärt werden.

1.2.1 Zur Dialektik von Bildung und Erziehung

Die Kernfrage, die sich nun stellt, lautet: Wie tragen Bildung und Erziehung zur Erweiterung der Möglichkeiten menschlichen Erlebens, Handelns und Denkens bei? Diese Frage lässt sich klären, wenn man sich neben der schon vorgenommenen inhaltlichen Bestimmung und Beschreibung menschlicher Entwicklung an einem dialektischen Verständnis von Entwicklung orientiert, das auch ihre Entstehung und Dynamik erklärt. Nach dem dialektischen Erkenntnisprinzip – im abendländischen Denken bereits bei Heraklit und Aristoteles angelegt – resultieren Bewegungen, die zu Fortschritten oder Entwicklungen führen, aus dem Aufeinandertreffen von Gegensätzen und deren Auflösung auf einem höheren Niveau (siehe Heiss 1959). Vor diesem gedanklichen Hintergrund lässt sich die These vertreten, dass Erziehung und Bildung solche Gegensätze sind, durch die der Prozess der menschlichen Entwicklung erklärbar wird.

Wo finden sich nun im Leben von jungen Menschen entsprechende Gegensätze, die den Prozess der Entwicklung bewirken können? Eine gut erkennbare Gegensätzlichkeit besteht darin, dass insbesondere Kinder, Jugendliche und Heranwachsende einerseits danach streben, freier und unabhängiger zu werden, unabhängiger beispielsweise von der Hilfe und Unterstützung durch andere Menschen, freier von Bevormundung, Herrschaft und Ausbeutung, freier von Ängsten etwa vor Naturgewalten, von Dogmen und Vorurteilen, und an dieser Zielsetzung die Richtung ihrer Entwicklung ausrichten. Die darauf bezogenen pädagogischen Bemühungen entsprechen dem Gedanken der *Bildung*. Andererseits aber zeigt sich menschliche Entwicklung auch darin, dass der Mensch lernt, sich als soziales Wesen in die menschliche Gemeinschaft einzufügen, also Regeln des Zusammenlebens zu beachten, mit anderen Menschen zu kooperieren, erforderliche Hilfen zu geben, Verantwortung für das Zusammenleben der Menschen zu übernehmen und sich für das Überleben der Menschheit zu engagieren. Dies alles sind wichtige Ziele der *Erziehung*.

Jede dieser beiden Richtungen und Zielsetzungen bildet nun für die jeweils andere ein notwendiges Korrektiv: Ohne den Einfluss der Erziehung würde eine auf individuelle Freiheit ausgerichtete Entwicklung in verantwortungslosen Individualismus ausarten, während eine Erziehung ohne Beachtung individueller Bedürfnisse zu kollektivistischer Hörigkeit führen würde. Bleiben aber beide Orientierungen in ihrer Gegensätzlichkeit gleichzeitig und über lange Zeiträume hinweg und in etwa gleicher Stärke wirksam, dann führt dies zu einer Dynamik, welche die gesamte Entwicklung – sowohl im individuellen als auch im sozialen Bereich – fördert und antreibt. Mit dieser Begriffsbestimmung von Erziehung und Bildung lässt sich nun ein Modell für die Dynamik der individuellen Entwicklung entwerfen. Die darauf bezogenen Überlegungen gehen, wie schon dargelegt, davon aus, dass es Aufgabe der Pädagogik sei, die Entwicklung von Menschen in gezielter Weise zu unterstützen. Gezielt bedeutet – und das ist zunächst noch sehr allgemein formuliert – , dass der Prozess der Entwicklung stets Formen und Inhalte annimmt, die als menschenwürdig gelten und das Überleben der Gattung Mensch sichern. Diese Aufgabe der Pädagogik müssen nun solche Menschen wahrnehmen, die selbst Vorstellungen von einem menschenwürdigen Leben und ein Wissen von entsprechenden Gestaltungsmöglichkeiten für den einzelnen Menschen und die Menschheit haben. Ohne diese Mindestvoraussetzungen von Pädagogik – nämlich die bewusste Unterstützung der Entwicklung durch Menschen mit größerer Erfahrung – gäbe es keine Entfaltung menschlichen Lebens. Diese These, die nachfolgend noch konkretisiert wird, hat insbesondere Bernhard (2014) klar dargestellt und überzeugend begründet.

1.2.2 Versuch einer Konkretisierung

Ein Menschenkind wird geboren. Sein Leben ist nur durch ständige Aufsicht und Pflege gesichert. Es befindet sich in totaler sozialer Abhängigkeit, es kann aber seine Pflegeperson, in der Regel die Mutter, durch eigene Aktivitäten, besonders durch Schreien, in sein Lebensgeschehen einbinden, insbesondere dann, wenn es lebensnotwendige Hilfe braucht. Umgekehrt wirkt die Pflegeperson zumeist autonom auf ihr Kind ein, beispielsweise wenn sie meint, es schützen zu müssen, oder wenn sie im Tagesplan vorgesehene Verrichtungen vornimmt (Füttern, Vorbereitung auf Wechsel der Örtlichkeiten). Oft stoßen diese von der Pflegeperson ausgehenden Aktivitäten auf Protest und Widerstand des Kindes. Bei diesen wechselseitigen Aktivitäten geschehen zahlreiche Lernprozesse sowohl auf Seiten des Kindes als auch seiner Pflegepersonen. Über die Qualitäten dieser ersten sozialen Bezüge ist schon viel geforscht worden. Über die dabei gewonnenen, sehr interessanten Forschungsergebnisse informieren zahlreiche Schriften, beispielsweise Stern (2010).

Mit dem Wissen über die Mindestvoraussetzungen für das Überleben von Neugeborenen korrespondiert auch ein respektabler Bestand an Erkenntnissen über optimale Entwicklungsbedingungen. Dabei handelt es sich keineswegs nur um medizinisch oder physiologisch bedeutsame Sachverhalte. Formen und Inhalte der Kommunikation sind von höchster Wichtigkeit. Von den verschiedenen Inhalten der Kommunikation, die sich schon in den ersten Lebenstagen ausdifferenzieren, sei ein besonders lebenswichtiger herausgegriffen: Das anfangs total hilflose und abhängige Menschenkind setzt mit seinen Äußerungen nicht nur die Befriedigung seiner vitalen Bedürfnisse durch, sondern es signalisiert auch zunehmend das Bedürfnis nach Eigenständigkeit und Unabhängigkeit, beispielsweise wenn es sich gegen die Einflussnahme seiner Pflegeperson wehrt. Langfristig gesehen setzt fast jedes kleine Kind dieses Bedürfnis mit mehr oder weniger großem Widerstand gegenüber seinen Pflegepersonen auch durch. Wo dieses nicht geschieht, wo also den Bedürfnissen nach Unabhängigkeit und Eigenständigkeit – aus welchen Gründen auch immer – nicht stattgegeben wird, können erhebliche Störungen des gesamten körperlichen und psychischen Entwicklungsprozesses auftreten. Umgekehrt deuten viele Untersuchungsergebnisse darauf hin, dass die Unterstützung der Autonomiebestrebungen des Kleinkindes günstige Auswirkungen auf dessen allgemeine Entwicklung hat.

Mit den hier aufgezeigten Prozesskomponenten sind schon die Bedingungen und die Grundmuster menschlicher Entwicklung aufgezeigt, die sich in späteren Lebensphasen wiederholen:

- Jeder Mensch bedarf der Unterstützung anderer, kompetenterer Menschen, um sich zu entwickeln. Die Inanspruchnahme und die Gewährung dieser Unterstützung bilden die Grundlage von Pädagogik.
- Pädagogik hat zwei inhaltliche Schwerpunkte: Erziehung und Bildung.
- Die Dynamik des durch Pädagogik unterstützten Entwicklungsprozesses resultiert aus zwei gegenläufigen sozialen Bedürfnissen: dem nach Autonomie und dem nach sozialer Einbindung.
- Prozesse der Bildung unterstützen das Bedürfnis nach Autonomie, individueller Unabhängigkeit, Freiheit, Eigenständigkeit, Souveränität und Mündigkeit.
- Prozesse der Erziehung fordern die Beachtung von Regeln des Zusammenlebens, fördern die Bereitschaft zu sozialer Verantwortung und entsprechen dem Bedürfnis nach sozialer Einbindung.
- Bildung und Erziehung bilden wechselseitige Korrektive füreinander. Dadurch entsteht eine Dynamik, welche die menschliche Entwicklung im individuellen wie im sozialen Bereich vorantreibt und dabei dem dialektischen Erkenntnisprinzip folgt.
- Treibende Kraft oder Subjekt der Entwicklung ist das Menschenkind selbst, das aber zugleich auf Unterstützung angewiesen ist.

Auch wenn man in dem oben beschriebenen Stadium der frühkindlichen Entwicklung noch nicht an Erziehung und schon gar nicht an Bildung denken mag, so ist dennoch das entwicklungsförderliche Bemühen um soziale Einbindung und Gesellschaftlichkeit als Inhalt von Erziehung zu deuten, während die entwicklungsförderlichen Bestrebungen nach Eigenständigkeit und Autonomie als Inhalte des Bildungsprozesses angesehen werden können und dabei Ansatzpunkte bieten für eine „Pädagogik, die Kinder stark macht" (Geiling 2000).

Soweit nun ein Abriss über grundlegende Bedingungen und Merkmale menschlicher Entwicklung, die durch Pädagogik unterstützt wird.

Zusammengefasst: Menschliche Entwicklung wird verstanden als Erweiterung von realitätsbezogenen Möglichkeiten des Erlebens, Handelns und Denkens. Sie erwächst aus der Dynamik eines dialektischen Prozesses, der sich aus der Gegensätzlichkeit zweier Zielrichtungen von Pädagogik, nämlich Bildung und Erziehung, ergibt. Mit Beginn des Schulalters wird ein großer Anteil individueller Entwicklungsprozesse auf schulische Lehr- und Lerntätigkeiten zurückgeführt.

1.3 Entwicklung und Lernen

Der Begriff des Lernens ist von Holzkamp (1993) in einer gründlichen Kategorialanalyse geklärt worden. In dieser „subjektwissenschaftlichen Grundlegung" – so der Untertitel seines Werkes mit dem schlichten Titel „Lernen" – arbeitet der Autor heraus, dass Lernen als eine intentional gesteuerte Tätigkeit aufzufassen ist: Den lernenden Subjekten ist bewusst, dass sie in bestimmten Situationen, meistens im Zusammenhang mit schulischem Unterricht, etwas Bestimmtes lernen sollen. Haben die Subjekte die Entscheidung getroffen, einen bestimmten Teil ihres aktuellen Lebensvollzugs für Lerntätigkeiten aufzubringen, dann werden sie dafür auch bestimmte Gründe haben, die ihnen entweder bewusst sind oder ihnen zumindest bewusst werden können.

Eine solche Argumentation folgt einer wissenschaftstheoretischen Auffassung, die als „*Begründungsdiskurs*" bezeichnet wird: Inhalt und Formen des Lernens entsprechen Argumenten und Intentionen des lernenden Subjekts. Der auf das Lernen bezogene Begründungsdiskurs hebt sich ich dabei ab von dem „*Bedingtheitsdiskurs*". Nach diesem sind Lernprozesse von Bedingungen abhängig, auf die das Subjekt keinen Einfluss hat. Diese außerindividuellen Faktoren und ihre Wirkungen lassen sich mit naturwissenschaftlichen Methoden beschreiben und erklären. Die damit verbundene Auffassung, dass Lernen ein fremdgesteuerter Prozess sei, ist zwar weit verbreitet, lässt sich aber mit den oben skizzierten Grundannahmen zur Beschreibung und

Erklärung menschlicher Entwicklung nicht vereinbaren. Daher wird im vorliegenden Beitrag nicht weiter auf diese Form des Lernens eingegangen.

Bei Holzkamp findet sich eine inhaltlich fundierte Begründung dafür, dass intentionales (oder bewusst intendiertes) Lernen dann sinnvoll oder notwendig ist, wenn bestimmte Inhalte nicht unmittelbar einsichtig sind oder sich nicht durch beiläufige, wiederholte Anwendungen in Alltagssituationen problemlos aneignen lassen. Zugleich sind auch hierfür gezielte Inhalte und Formen des Lehrens notwendig. Solche anspruchsvollen Lehr- und Lernanforderungen gelten für nahezu alle Inhalte schulischen Lernens. Holzkamp stellt weiterhin fest, dass oft Diskrepanzen bestehen zwischen den gesellschaftlich und bildungspolitisch für notwendig erachteten schulischen Lehr- und Lerninhalten einerseits und den Interessen der Lernenden andererseits. Dies bedinge dann seitens der Lernenden

- ineffektives widerständiges oder defensives Lernen,
- habituelle Ablehnungen von Lernanforderungen,
- negative Bewertungen des Lernens schlechthin.

Grundlegend ist dabei der Gedanke, dass intendierte Lehr- und Lernprozesse immer auch begründet oder zumindest begründbar sind: Lehrkräfte, die in ihrem Unterricht bestimmte Inhalte vermitteln, können in der Regel auch angeben, warum sie dieses tun – das wohl einfachste und inhaltlich anspruchsloseste Argument wäre der Verweis auf den Lehrplan. Aber auch die Lernenden können, wenn sie sich bewusst für das Lernen entschieden haben, in der Regel begründen, warum sie in der jeweils aktuellen Situation das Lernen anderen Tätigkeiten vorziehen.

Holzkamp unterscheidet bei bewusst intendiertem Lernen zwischen sogenannten „defensiven" und „expansiven" Lerngründen.

1.3.1 Defensives Lernen

Defensives Lernen wird mit Argumenten vertreten, die darauf hinauslaufen, durch Lernen lediglich Nachteile oder Schäden zu vermeiden, mit denen dann zu rechnen wäre, wenn man auf das Lernen verzichtet hätte. Defensiv orientierte Lernende würden etwa so argumentieren:

- Ich lerne erst dann und nur so viel und so lange, wie mir der Schaden, der durch einen Verzicht auf Lernen größer erscheint als das Unbehagen, das ich beim Lernen empfinde.
- Die Lerninhalte sind mir zwar gleichgültig, ich lerne aber (irgendetwas Beliebiges), weil ich im Moment keine für mich günstigere Alternative erkennen kann.

- Wenn ich die Wahl habe, lerne ich solche Inhalte, die mir am einfachsten erscheinen und mit dem geringsten Aufwand an Zeit und Anstrengungen verbunden sind.
- Abgesehen von den zur Schadensvermeidung unbedingt notwendigen Lernanforderungen gehe ich allen Lernsituationen aus dem Wege.
- Ich unterwerfe mich den mir vorgegebenen Bedingungen des Lernens, weil ich keine andere Wahl habe.

1.3.2 Expansives Lernen

Expansives Lernen dagegen dient der Erweiterung von Handlungs-, Denk- und Erlebnismöglichkeiten, ganz in dem Sinne, wie es den eingangs dargelegten Zielsetzungen und Aufgaben von Pädagogik entspricht. Expansive Lerngründe werden von einem lernenden Subjekt etwa mit folgenden Argumenten vertreten:

- Bei der Planung oder beim Vollzug von mir wichtig erscheinenden Handlungen erkenne ich bisweilen, dass ich bestimmte notwendige Teilkomponenten der Handlung noch nicht beherrsche. Diese Teilkomponenten muss ich zunächst erlernen, damit die geplante Handlung insgesamt gelingen kann. Daher ist der Lerninhalt für mich bedeutsam und die Lerntätigkeit erscheint mir subjektiv sinnvoll.
- Ich erkenne, dass sich mir durch bestimmte Inhalte, die mich interessieren, neue Erfahrungsmöglichkeiten eröffnen, durch die ich größeren Einfluss auf meine Lebensgestaltung gewinne.
- Die Lerninhalte tragen zu meiner Identitätsbildung bei. Ich kann mich mit dem, was ich gelernt habe und nun kann, gern und gut identifizieren.

Mit dieser sehr vereinfachenden Darstellung wesentlicher Grundgedanken der subjektwissenschaftlichen Lerntheorie sind Vorstellungen von schulischem Lernen verbunden, die dem Subjekt große Gestaltungsspielräume für seine Lerntätigkeiten einräumen. Unter dieser Voraussetzung ist der Begriff der Begleitung angemessen, und er ist zugleich als Anforderung an die pädagogisch verantwortlichen Fachleute zu verstehen. Dabei bieten die zuvor dargestellten Auffassungen von Pädagogik und menschlicher Entwicklung grundlegende Orientierungen für die pädagogische Arbeit.

2 Subjektwissenschaftlich orientierte Lernbegleitung als Anforderung

2.1 Rekonstruktion der eigenen Bildungsbiografie

Die wesentliche Anforderung, die sich aus den vorstehenden Ausführungen für pädagogische Fachkräfte ergibt, könnte darin bestehen, sich überhaupt auf die damit verbundenen theoretischen Überlegungen einzulassen und sie nicht etwa von vorneherein als utopisch und unrealisierbar abzutun. Diese Anforderung kann durchaus als hoch gelten, widersprechen doch die hier dargestellten Inhalte pädagogischen Denkens vermutlich vielen Erfahrungen, die die Lehrkräfte als junge Menschen mit Schule und Unterricht während ihrer eigenen Schulzeit gemacht haben. So bewirkt zumindest das deutsche Schulsystem bei vielen Lernenden eine starke Begrenzung der Denk- und Handlungsmöglichkeiten, weil das Lernen darauf ausgerichtet ist, gute Noten für schulische Leistungen zu erhalten und schlechte Noten zu vermeiden (siehe die sehr eindrucksvolle Zusammenfassung entsprechender Forschungsergebnisse von Waldrich 2007). Eine solche auf Wettbewerb ausgerichtete Unterrichtskonzeption erschwert es den Lernenden, die Bedeutung der Lerninhalte für ihre Entwicklung zu erkennen, und so bleibt ihnen der eigentliche Sinn der Lerntätigkeiten verschlossen. Zusätzlich ist anzunehmen, dass sich viele pädagogische Fachkräfte gegenüber den selektiven Strukturen und Mechanismen des hierarchisch gegliederten Schulsystems loyal verhalten, weil sie eben diesen Strukturen ihren schulischen Erfolg und ihren sozialen Aufstieg verdanken. Die sich hieraus ergebende Anforderung müsste in dem Versuch bestehen, die eigene Bildungsbiografie vor dem Hintergrund der hier dargestellten grundsätzlichen Kategorien zu reflektieren. So wurde schon an anderer Stelle herausgearbeitet, dass sich Widerstände gegenüber dem Gedanken der schulischen Inklusion bildungsbiografisch verstehen lassen (Kornmann 2016). Eine entsprechende Analyse würde den Betroffenen die Möglichkeit bieten, sich ihrer aktuell vertretenen pädagogischen Position bewusst zu werden, deren Entwicklung zu erkennen und sich gegebenenfalls um eine Revision ihrer Einstellung zu bemühen.

2.2 Bestätigende Wahrnehmung pädagogisch wünschenswerter Verhaltensweisen

Auf jeden Fall sollte damit die Voraussetzung für einen weiteren Komplex von Anforderungen geschaffen sein: die Bereitschaft und die Fähigkeit, die Lernprozesse und die Entwicklung junger Menschen im Sinne der hier vorgestellten pädagogischen Grundgedanken zu begleiten. Diese Aufgabe erfordert es von den Lehrkräften, pädagogisch wünschenswerte Verhaltensweisen der Lernenden wahrzunehmen und ihnen die entsprechenden Beobachtungen in pädagogisch angemessener Form zurückzumelden. Hierfür sollen abschließend zwei unterrichtspraktische Beispiele angeführt werden, die zwar in ähnlicher Form, aber anderen Zusammenhängen bereits veröffentlicht worden sind (Ramisch-Kornmann und Kornmann 2004). Die darin verarbeitete Grundidee stammt von Wilms (1985).

Das Merkbuch

Die Lehrerin hat immer ein Buch mit auffällig schönem Einband bei sich und erklärt den Kindern, dass dies ihr „Merkbuch" sei. Darin werde sie sich jeden Tag das notieren, was sie sich merken wolle. Merken wolle sie sich aber von jedem Kind nur Gutes. Was nicht so gut ist, sei es ja nicht Wert, dass man es aufschreibe, behalte und anderen davon berichte. So wolle sie sich Beispiele für Hilfsbereitschaft und Menschenfreundlichkeit, gute Disziplin und Ordnung sowie Aufmerksamkeit und Selbstständigkeit notieren. Je nach Situation sagt die Lehrerin auch direkt, was sie sich gerade aufschreibt, z. B.: *„Ich habe gesehen, dass Vanessa ganz ruhig aufgestanden ist, um Hasan den heruntergefallenen Stift zu bringen, und ich habe auch gesehen, dass sich Hasan dafür mit einem freundlichen Blick bedankt hat: Das notiere ich mir!"*. – Die Lehrerin achtet darauf, dass jedes Kind im Laufe eines Schultages (oder einer Schulwoche) mit einer positiven Episode in das Merkbuch kommt – bei Bedarf schafft sie entsprechende Anlässe: *„Komm, Kevin, hilf mir bitte mal …!"*. Bei entsprechender Gelegenheit, etwa am Ende einer jeden Woche, wenn gemeinsam Bilanz gezogen wird über das, was wir gelernt haben und was uns besonders gut gefallen hat, liest die Lehrerin aus ihrem Merkbuch vor. Dabei sollte nach Möglichkeit jedes Kind Erwähnung finden. Im Allgemeinen sind die Kinder begierig darauf, zu wissen, was die Lehrerin aufgeschrieben hat und erhalten auf diese Weise eine wichtige inhaltliche Motivation für das Lesenlernen.

Den Kindern wird dabei deutlich, dass die Lehrerin ihre Aufmerksamkeit nur auf positive Verhaltensweisen richten will (siehe auch die Ausführungen von Geiling, Liebers und Prengel 2011 zu ILEA T). Jedes einzelne Kind erfährt zugleich, dass es auf jeden Fall auch zu denen gehört, die positive Beachtung und Anerkennung erfahren. Kinder, die noch nicht wissen, worauf es hierbei konkret ankommt und die in ihrem bisherigen Leben nur wenig Erfahrung mit eigenen positiven Verhaltensweisen haben bilden können, finden in den positiven Beispielen hilfreiche Orientierungen. Negativen Beispielen wird nach Möglichkeit keine Beachtung geschenkt, sodass die Kinder dadurch auch keine identitätsbildende Aufmerksamkeit erlangen können.

Die so begleiteten Lernprozesse entsprechen einer entwicklungsförderlichen Unterrichtskultur, die mit den eingangs dargestellten Vorstellungen von Pädagogik übereinstimmt:

Die bei einzelnen Kindern beobachteten entwicklungsförderlichen Verhaltensweisen werden durch die Aufnahme in das Merkbuch und durch die Wiedergabe allen Kindern als gute Beispiele zugänglich gemacht. Die Kinder erfahren auf diese Weise, worauf die Lehrerin achtet und können sich hierauf bewusst einstellen. Die Lehrerin achtet dabei darauf, dass sie alle Kinder in etwa gleicher Häufigkeit berücksichtigen kann. Bei den fortlaufenden Beobachtungen werden immer wieder neue Geschehnisse registriert, die allen Beteiligten bewusst machen, dass sie sich in einem gemeinsamen, pädagogisch wünschenswerten Entwicklungsprozess befinden. Hinzu kommt, dass durch diese Form der Begleitung bei einigen Kindern auch das Interesse an Schrift geweckt wird.

Das M-S-D-Projekt als Variante

Die Lehrerin hat an der Wand drei große Papierrollen angebracht und erklärt den Kindern, sie werde auf der ersten Rolle Beispiele für Menschenfreundlichkeit, auf der zweiten Beispiele für Selbstständigkeit und auf der dritten Beispiele für Disziplin aufschreiben und sammeln. Sie kann dies mit dem Merkbuch kombinieren, aber auch unabhängig davon durchführen. Die Kinder sehen im Lauf der Zeit, dass die Spalten immer voller werden, und sie können auch erkennen, in welchem Bereich sie sich jeweils noch mehr Mühe geben müssen, um ebenso viele Einträge zu erhalten wie in den beiden anderen.

Von der Beachtung einzelner Kinder wird hierbei abgesehen; die Kinder erleben aber das Anwachsen der Listen als eine gemeinschaftliche Leistung. Ihr Interesse an Schrift wird ebenfalls gefördert. Ansonsten sind die gleichen Wirkungen wie beim Merkbuch zu erwarten.

3 Ausblick

Am Ende des vorstehenden Beitrags wurden zwei Anforderungsbereiche herausgearbeitet, die bei der pädagogischen Begleitung schulischer Lernprozesse zu berücksichtigen sind: Die Rekonstruktion der eigenen Bildungsbiografie zielt auf ein bewusst distanziertes, widerständiges Verhältnis gegenüber allen eigenen Erfahrungen, die die Entwicklung einer subjektwissenschaftlich begründeten pädagogischen Haltung erschweren. Die damit einhergehende bestätigende Wahrnehmung pädagogisch wünschenswerter Verhaltensweisen von Lernenden beinhaltet eine erhöhte Achtsamkeit gegenüber solchen Verhaltensweisen, die mit den zuvor dargestellten Zielsetzungen einer Allgemeinen Pädagogik und den daraus abgeleiteten Kategorien übereinstimmen. Zum Gelingen einer solchen anspruchsvollen theoretischen Arbeit und ihrer praktischen Umsetzung kann insbesondere die Auseinandersetzung mit den bildungstheoretischen Schriften von Heinz-Joachim Heydorn (1916–1974) beitragen (Bünger, Euler, Gruschka und Pongratz 2009), und als propädeutische Ermutigung hierzu ist die von Stähling und Wenders (2011) herausgegebene Schrift „Ungehorsam im Schuldienst" zu empfehlen.

Literatur

Bernhard, A. (2014). *Pädagogisches Denken*. Baltmannsweiler: Schneider Verlag.

Brill, W. (2011). *Pädagogik der Abgrenzung*. Bad Heilbrunn: Klinkhardt.

Bünger, C., Euler, P., Gruschka, A. & Pongratz, L. A. (Hrsg.). (2009). *Heydorn lesen! Herausforderungen kritischer Bildungstheorie*. Paderborn: Schöningh.

Elschenbroich, D. (2001). *Weltwissen der Siebenjährigen. Wie Kinder die Welt entdecken können*. München: Kunstmann.

Geiling, U. (Hrsg.). (2000). *Pädagogik, die Kinder stark macht*. Opladen: Leske und Budrich.

Geiling, U., Liebers, K. & Prengel, A. (Hrsg.) (2011). *Handbuch ILEA T. Individuelle Lern-Entwicklungs-Analyse im Übergang*. Halle-Wittenberg: Martin-Luther-Universität Halle-Wittenberg.

Heiss, R. (1959). *Wesen und Formen der Dialektik*. Köln: Kiepenheuer und Witsch.

Holzkamp, K. (1993). *Lernen*. Frankfurt: Campus.

Kornmann, R. (2010). *Mathematik: für Alle von Anfang an!* Bad Heilbrunn: Klinkhardt.

Kornmann, R. (2016). Lassen sich Widerstände gegenüber dem Gedanken der Inklusion bildungsbiografisch verstehen? Eine Problemskizze. In R. Göppel & B. Rauh (Hrsg.), *Inklusion. Idealistische Forderung. Individuelle Förderung. Institutionelle Herausforderung* (S. 189–193). Stuttgart: Kohlhammer.

Ramisch-Kornmann, B. & Kornmann, R. (2004). Emotionale Aufwertung von Schrift als pädagogische Aufgabe: ein Beispiel aus der Förderschule. In H. Kautter & W. Munz (Hrsg.), *Schule und Emotion* (S. 173–179). Heidelberg: Winter.

Stähling, R. & Wenders, B. (2011). *Ungehorsam im Schuldienst. Der praktische Weg zu einer Schule für alle*. Baltmannsweiler: Schneider Verlag.

Stern, D. (2010). *Die Lebenserfahrung des Säuglings*. Stuttgart: Klett-Cotta.

Waldrich, H.-P. (2007). *Der Markt, der Mensch, die Schule*. Köln: PapyRossa.

Wilms, W. R. (1985). Fördern in der Sonderschule? *Demokratische Erziehung* 11, 7/8, S. 26–33.

Lehrpersonen als Lernbegleiter*innen

Kerstin Ziemen

1 Einleitung

Die pädagogische Beziehung bzw. das Verhältnis zwischen Schüler*innen und Lehrpersonen steht derzeit nicht durchgängig im Fokus erziehungs- und bildungswissenschaftlicher Diskurse. Beziehung und Beziehungsgestaltung ist jedoch im erziehungs- und bildungswissenschaftlichen Kontext zentral und gilt als grundlegende Voraussetzung, damit Unterricht gelingen, Bildung und Erziehung überhaupt realisiert werden kann. Das Lernen nimmt unweigerlich im didaktischen Feld einen zentralen Platz ein und steht in enger Beziehung zu Bildung, Erziehung und Entwicklung. Im Kontext von Schule und Unterricht nehmen gegenwärtig verschiedene Akteur*innen die Rolle ein, Unterricht zu organisieren, zu gestalten und zu evaluieren. Unstrittig ist hierbei die besondere Bedeutung der Lehrpersonen. Das Ziel von Unterricht ist die Unterstützung des Lernens und der Entwicklung der Schüler*innen. Basis dafür ist eine Beziehung, die den Prämissen der Demokratie, Humanität, der Achtung und Wertschätzung verpflichtet ist.

Aus anthropologischer Sicht ist erwiesen, dass die menschliche Natur und Kultur durch „kumulative Artefakte und soziale Institutionen", die wiederum auf „Motivationen zur Kooperation" (Tomasello 2012, S. 11) beruhen, spezifisch gekennzeichnet sind. „Menschliche Artefakte und Verhaltensweisen nehmen im Lauf der Zeit an Komplexität zu" (ebd.). In der Ontogenese eines Menschen werden die kulturell und gesellschaftlich erschaffenen Güter und Vorgehensweisen erworben. Soziale Institutionen sind „gemeinsam organisierte und vereinbarte Interaktionsweisen" (ebd.), die wiederum durch und mit anderen Menschen erworben werden,

S. Bartusch et al. (Hrsg.), *Lernprozesse begleiten*,
https://doi.org/10.1007/978-3-658-21924-6_3

d.h. in Kooperation und gemeinsam geteilt. Menschen vermitteln anderen Menschen etwas, sie stellen anderen „nützliche Informationen zur Verfügung“ (ebd., S. 12), sie imitieren andere und passen damit ihr Verhalten an. Darüber hinaus aber gehen Menschen Kooperationen ein, handeln und verfolgen Ziele gemeinsam und schaffen damit Neues für Kultur und Gesellschaft. „In der Tat sind die beeindruckendsten kognitiven Leistungen der Menschen – von komplexen Technologien über linguistische und mathematische Symbole bis hin zu komplizierten sozialen Institutionen – nicht Produkte allein handelnder, sondern gemeinsam agierender Individuen“ (ebd., S. 13). Kinder und Jugendliche entwickeln sich durch und mit anderen und sind auf Dialog, Kommunikation und Kooperation angewiesen. Das hier in den Blick genommene Verhältnis zwischen Lehrpersonen und Kindern und Jugendlichen verweist auf ein für Schule und Unterricht spezifisches Verhältnis zwischen Generationen.

Die Beziehung zwischen Schüler*innen und Lehrpersonen ist eine besondere Form der Kooperation. Dem arbeitsteiligen Moment der Kooperation folgend gestalten beide Seiten die Beziehung. Dabei kommt der Lehrperson die Verantwortung zu, Bedingungen für Lernen und Entwicklung zu schaffen. Und dennoch ist Lernen nicht einseitig auf die Seite der Schüler*innen zu verlagern. Beziehung heißt immer auch, sich auf den anderen einzulassen, Beziehung schafft Interaktion, meint Gegenseitigkeit und Verlässlichkeit. Lehrpersonen und Schüler*innen sind dabei Lernende. Beziehung und Beziehungsgestaltung findet immer in bestimmten Kontexten statt, hier im Spezialfall des Didaktischen.

Der didaktische Gesamtprozess soll hier die Vorstellung eines sozialen Raumes bzw. Feldes bilden. Felder sind soziale Räume mit einer eigenen Logik (vgl. Bourdieu und Waquant 1996, S. 127). Politik, Wissenschaft, Kunst und Pädagogik stehen beispielhaft für gesellschaftliche Felder. Das didaktische Feld innerhalb des pädagogischen Feldes ist zugleich ein sozialer Raum der Möglichkeiten für Lernen und Entwicklung. Verschiedene Dimensionen sind dabei relevant, die im Kontext einer Mehrdimensionalen Reflexiven Didaktik entwickelt worden sind (vgl. Ziemen 2018). In den Fokus kommen damit: Dimension I: Makrostrukturelle Aspekte – Kultur(en), Gesellschaft, Recht, Schulsystem und Institution Schule; Dimension II: die verschiedenen Rollen der Akteur*innen und die Kooperationen miteinander; Dimension III: die Lehrpersonen und Teammitarbeiter*innen, die den Gesamtprozesses und sich selbst reflektieren; Dimension IV: das Verhältnis von Schüler*innen und Lerngegenstand und Dimension V: die Didaktische Gestaltung von Unterricht (vgl. ebd.). Die verschiedenen Dimensionen stehen in einem Verhältnis zueinander und bestimmen maßgeblich den didaktischen Prozess. Dimensionen II und III beziehen sich im engeren Sinne auf die Rolle als Lehrperson im Verhältnis zu den Schüler*innen.

2 Lehrpersonen als Gestalter*innen von Beziehungen

Die Potsdamer INTAKT-Studie mit einer Analyse von 15000 Interaktionsszenen zwischen Lehrpersonen und Schüler*innen in Grundschulen und Förderschulen kommt zu folgendem Ergebnis: „Durchschnittlich sind drei Viertel aller Interaktionen als anerkennend oder neutral einzustufen, annähernd ein Viertel der Interaktionen als verletzend. 6 % aller Interaktionen müssen als schwer verletzend interpretiert werden. Dabei sagen die Durchschnittszahlen nicht viel. Das zentrale Ergebnis ist vielmehr: Tür an Tür arbeiten Lehrkräfte, die äußerst unterschiedlich anerkennen und verletzen. Manche gute Schule hat insgesamt bessere Durchschnittswerte, aber auch an jeder guten Schule haben wir problematische pädagogische Beziehungen gefunden" (Prengel 2013, S. 3). Verletzungen haben unmittelbare Auswirkungen auf die Schüler*innen: „Sie erstarren, schauen nach unten, weinen, wenige explodieren – alle verletzten Kinder sind erkennbar beim Lernen blockiert. Anerkennung hingegen fördert Lernaktivitäten. Und gerade in der Grundschule konnten wir beobachten, dass die Peer-Gruppe die Haltung der Lehrkraft übernimmt: Auf Zurückweisung durch den Lehrer erfolgt Zurückweisung durch die anderen Kinder. Auf Ermutigung durch den Lehrer folgt die Anerkennung durch die anderen Kinder" (ebd.). Die Ergebnisse der umfassenden Studie eröffnen die Frage nach den ethisch-anthropologischen Grundhaltungen und demzufolge nach der Qualität pädagogischer Beziehungen. Die pädagogische Beziehung bestimmt in herausragendem Maße, ob und wie die Schüler*innen lernen können. Menschliche humane Beziehungen sind auf Dialog, Achtung und Wertschätzung angewiesen.

Orientierung können damit u.a. die von Carl Rogers, Martin Buber und Marshall Rosenberg entwickelten Grundhaltungen für eine humane Gestaltung der Beziehung zwischen Lehrpersonen und Schüler*innen bieten. Diese sollen im Folgenden zusammengefasst werden:

Die Grundhaltungen Carl Rogers'

„In meinen Beziehungen zu Menschen habe ich herausgefunden, dass es auf lange Sicht nicht hilft, so zu tun, als wäre ich jemand, der ich nicht bin" (Rogers 1961, S. 16). Carl Rogers gilt neben Vertretern wie Frankl, Erikson, Perls, Fromm u.a.m. zu den Humanistischen Psychologen. Der Mensch ist für Rogers im Kern positiv, strebt nach Selbstverwirklichung, Selbstemanzipation und Selbstbestimmung. Er ist zu Selbstkritik fähig und kann sich selber organisieren. „Ich habe kein euphorisches Bild von der menschlichen Natur. Ich weiß, dass Individuen aus Abwehr und innerer Angst sich unglaublich grausam, destruktiv, unreif, regressiv, […] und schädlich verhalten können" (Rogers 1973, S. 42). Dennoch geht Rogers von positiven Grundeigenschaften des Menschen aus, die seiner Auffassung nach offengelegt werden müssen. Er begründete die „Personenzentrierte Gesprächs(psycho) therapie", die sich als „non-direktiv" versteht. Zur Gestaltung von Beziehungen sind die von Carl Rogers entwickelten Grundhaltungen nicht nur in therapeutischen Kontexten relevant, sondern gewinnen auch für die pädagogische Begegnung bzw. darüber hinaus für jegliche zwischenmenschliche Begegnung an Bedeutung. Das Selbst und das Selbstbild werden zur zentralen Instanz Rogers' Theorie. Er geht von der Frage aus: „Wie kann ich eine Beziehung herstellen, die dieser Mensch zu seiner eigenen Persönlichkeitsentfaltung benutzen kann" (ebd., S. 110). Rogers nennt drei Bedingungen zur Beziehungsgestaltung, so erstens die Echtheit: „Es führt zu nichts. Die äußerliche Fassade einer Einstellung zu zeigen, die ich auf einer tieferen oder unbewussten Ebene gar nicht habe" (ebd., S. 120), zweitens: „das warmherzige Anerkennen des Individuums als Person von bedingungslosem Selbstwert" (ebd., S. 123) und drittens: die Bedingung der Freiheit, worunter die Freiheit „sich selbst auf bewussten und unbewussten Ebenen zu erforschen" ebenso verstanden wird, wie die „völlige Freiheit von irgendeiner moralischen oder diagnostischen Bewertung, da solche Bewertungen [...] immer bedrohlich sind" (ebd., S. 125). Entsprechend Rogers' Theorie sind diese Grundhaltungen auch für den pädagogischen und didaktischen Prozess relevant, so kommen Folgende in Betracht:

Echtheit – Kongruenz

Lehrpersonen / Teammitarbeiter*innen treten den Schüler*innen mit ihren Gefühlen gegenüber. Sie nehmen sich zunächst selbst wahr, somit das, was in ihnen vorgeht.

*Anteilnahme und Achtung vor der*dem Anderen*

Die bedingungslose positive Zuwendung meint, die momentanen Gefühle der*des Anderen zuzulassen und den Menschen in seiner Einzigartigkeit (mit seinen Gefühlen, Problemen, Verhaltensweisen) positiv anzuerkennen. Beurteilungen und Bewertungen sollten vermieden werden.

Empathisches Verstehen

Empathie ist einfühlendes Verstehen. Es ist ein auf die*den Andere*n Zu- und Eingehen und damit in den Dialog bzw. die Kommunikation kommen. Dabei geht es darum, sich der*dem Anderen zu nähern, sich in ihre*seine Welt hineinzuversetzen.

Die Grundhaltungen stehen in Beziehung zueinander und ergänzen sich. Ziel dabei ist es, eine von Echtheit und Empathie gekennzeichnete Beziehung einzugehen. Die Lehrpersonen bzw. Teammitarbeiter*innen sind transparent und ermöglichen den Schüler*innen sich zu öffnen, sich ihnen anzuvertrauen. Das Verhältnis ist gekennzeichnet von Respekt, Achtung, (positiver) Anerkennung und ermöglicht den Schüler*innen, sich angstfrei den Lerngegenständen bzw. anderen zuzuwenden. Neben Carl Rogers' Theorie ist die Martin Bubers für die Beziehungsgestaltung und den Dialog grundlegend.

Die Dialogphilosophie Martin Bubers

Martin Buber ist durch seine philosophischen Schriften, v.a. mit „Ich und Du" (Buber 1966) für die Pädagogik und die Psychologie von besonderem Interesse. Die Grundworte „ICH-DU" und „ICH-ES" sind dabei hervorzuheben, da diese der Schlüssel sind, um über „Entfremdung und Authentizität nachzudenken" (Stöger 2000, S. 19). So ist „der Mensch mit dem Mitmenschen, [...] das Thema der Pädagogik" (ebd., S. 157). Peter Stöger bezeichnet (mit Verweis auf Martin Buber) den Menschen als das „Gegenüber-Seiende Wesen" (ebd., S. 155). „Das Gegenüber-Sein spielt in der Dialogpädagogik Martin Bubers eine entscheidende Rolle" (ebd., S. 166). Die Grundworte „ICH-DU" und „ICH-ES kennzeichnen die alltäglichen Begegnungen. Ich und Du als Verhältnis zwischen Menschen kennzeichnen das gelungene solidarische, stimmige, nicht-ausgrenzende Verhältnis zueinander. „Ich werde am Du. Ich werdend spreche ich Du. Alles wirkliche Leben ist Begegnung" (Buber 1983, S. 18). „Beziehung ist Gegenseitigkeit. Mein Du wirkt an mir, wie ich an ihm wirke. Unsre Schüler bilden uns, unsre Werke bauen uns auf. [...] Wie werden wir von Kindern, wie von Tieren erzogen! Unerforschlich einbegriffen leben wir in der strömenden All-Gegenseitigkeit" (ebd., S. 23).

Das ES hingegen ist die verdinglichte Form, das heißt „das Ich, das den Mitmenschen und damit sich selbst verfehlt, verdinglicht und verdinglicht sich selbst" (ebd., S.167). Hier sind Parallelen zur Befreiungspädagogik Paolo Freires zu erkennen. „Kolonialisierende Pädagogik domestiziert, grenzt aus, hat nur ein Ding vor Augen, das wie ein koloniales Gut administriert und für ein ökonomisches, regionales oder internationales Planquadrat (finanz-)tauglich, handelbar – und damit austauschbar ‚gemacht' wird. Hier sind auch (pädagogische, therapeutische...) Verfahrensweisen zu zählen, die lediglich für einen status quo oder für ein institutionalisiertes Unrecht adaptieren wollen" (ebd., S.167). Nach Buber existiert der Mensch als Gegenüber entweder als „DU" solidarisch und anerkennend oder als „ES" verdinglicht und distanziert. Martin Buber geht darüber hinaus noch einen Schritt weiter, indem der Mensch als Gegenüber eines anderen, über diesen sich selbst erkennt. „Erkenne ich das Fremde als mein Eigenes, ist ein dialogisches Verhältnis zu mir eröffnet. Was wird erkannt? Eigenes Fremdes, die Fremde des Ich. Und solange dieses Fremde in mir unbekannt, zugedeckt bleibt, werde ich das Du außen bleiben lassen und isolieren“ (ebd. S., 169). Die*den Anderen „Ich-Sein“ lassen erfordert das eigene Ich nicht als einzige Möglichkeit anzunehmen. So gelingt es, ethnische, religiöse, kulturelle, sprachliche, fähigkeitsbezogene, intellektuelle und andere Differenzen als Möglichkeit zu denken. In Bubers Theorie geht es demnach immer darum, wie sich das Ich zum Du verhält, was für die pädagogische Begegnung von entscheidender Bedeutung ist. Dieser Dialog ist geprägt von Authentizität und Gegenseitigkeit. Im Verhältnis von Ich-Du. Im Dialog entsteht ein „Zwischen“ (ebd., S. 175), welches den Dialog entscheidend bestimmt. „Das geheimnisvolle ‚Zwischen‘ ist der Spielraum, die Bühne, wo sich die Annäherung und wechselseitige Anregung ereignen kann. Jeder muss erst auf diesen leeren Raum gelockt werden, er muss die Freiheit wagen, dann kann er Kontur gewinnen“ (Buber 1990, S. 104). Dieses „Zwischen“ kann „Mauer wie Brücke“ (Stöger 2000, S. 177) zugleich sein. Auch die Mauer als Trennendes gibt die Möglichkeit, darüber miteinander in Beziehung zu treten. Sie kann auch einen Durchgang bieten oder Membran sein (vgl. ebd.). Das Pädagogische ist gemeinsames Erfahren, was „in der Tiefe, in der Mitte bereitet und vorbereitet“ sein soll (vgl. ebd., S.195). „Paradigmatisch gesehen ist die Mäeutik wichtig, das herantastende, einfühlende Fragen, das hörende, nicht so sehr antwortheischende Fragen. Das Fragen, das das Schweigen als Antwort akzeptieren kann, ja mehr als das, das das Schweigen als eine Grammatik der Sprache zu begreifen versteht, ähnlich wie das auch in einem psychoanalytischen Prozess bedeutsam wird, wenn sich lähmendes Schweigen dialogisch in Schweigen wandelt, das Staunen und Ehrfurcht vor dem Lebendigen bedeutet. Ist diese Dimension miteinbezogen, so kann Dialog als Bewegendes, eben als Prozesshaftes Gestalt werden“ (ebd., S. 195). „Etwas soll zur Welt kommen: die Authentizität des Antwortens, des Sich-Antwortens, im Sinne des Sich-Verantwortetseins und des Dem-Anderen-Antworten-Könnens, was ersteres voraussetzt“ (ebd.). Das Erkennen der Grundworte „ICH-DU“ und „ICH-ES“ sind für die Pädagogik von zentraler Bedeutung. Pädagogische Modelle, Konzepte, Reformvorschläge in schulischen Kontexten sind unwirksam, wenn sie das Grundwort „ICH-DU“ nicht berücksichtigen. Das Grundwort „ICH-DU“ kennzeichnet keine Lehre, sondern eine grundsätzliche Haltung und ist Basis für verantwortungsvolles Handeln. Dialog ist „auf Befreiung hin orientiert. Das ist keine formale Feststellung, sondern hat tiefgehende pädagogische, psychotherapeutische und politische Konsequenzen. Hier ergeben sich die stärksten Verbindungen zu Paolo Freire […] Das Dialogische vermag […] Formen der Abhängigkeit und der Entfremdung Schritt für Schritt überwinden helfen“ (ebd., S. 211).

Martin Bubers Dialogphilosophie im Sinne eines ICH-DU, eines Begegnens und Gegenübertretens und Gegenüberseins, geprägt von Authentizität und Gegenseitigkeit, zur Selbsterkenntnis führend, stellt ein Gerüst, eine grundsätzliche Bedingung für die pädagogische Beziehung dar und führt durch die Analyse und Reflexion des „ICH-ES" dazu, Ausgrenzung, Dialogstörung und Isolation zu erkennen und diesen zu begegnen.

Neben Carl Rogers' und Martin Bubers Theorie ist ebenso das Modell „Gewaltfreier Kommunikation" Marshall Rosenbergs für die Beziehungsgestaltung und Kommunikation zwischen Lehrpersonen / Teammitarbeiter*innen und Schüler*innen, bzw. den Schüler*innen untereinander grundlegend. Rosenberg zeigt neben der grundlegenden Haltung einen möglichen Weg der Kommunikation auf.

Das Modell Marshall Rosenbergs

Marshall Rosenberg entwickelte ein Kommunikationsmodell, inspiriert durch die Theorie Carl Rogers', das er „Gewaltfreie Kommunikation" nannte und als einfühlsame Kommunikation verstand. Rosenberg setzte sich mit Alltagskonflikten, Konflikten in Krisengebieten und Gewalt auseinander. Eine Ursache der Gewalt sieht er in der „Art und Weise, wie wir gelernt haben zu denken, zu kommunizieren und mit Macht umzugehen" (Rosenberg 2004, S. 11). Karoline Bitschnau, die sich in ihrer Dissertation mit dem Modell Rosenbergs auseinandergesetzt hat, fasst die Kommunikation nach Rosenberg wie folgt zusammen. Es geht dabei darum:

- „den sprachlichen Ausdruck umzugestalten,
- eine aktive Form des Zuhörens anzuwenden,...
- bewusste Antworten zu wählen,
- wahrzunehmen, was andere fühlen und brauchen,
- sich klar und ehrlich auszudrücken,
- anderen respektvolle Aufmerksamkeit zu schenken,
- eigene Bedürfnisse klar zu formulieren, die Bedürfnisse des anderen wahrzunehmen...;
- Widerstand, Abwehr und gewalttätige Reaktionen auf ein Minimum zu reduzieren,
- Wertschätzung, Aufmerksamkeit und Einfühlungsvermögen zu fördern,
- zu wissen, dass hinter jeder Handlung der Versuch steht, bestimmte Bedürfnisse und Werte zu erfüllen,
- zu wissen, dass Bedürfnisse und Werte grundsätzlich positiv sind."

(Bitschnau 2008, S. 51f.).

Die Kommunikation bezieht sich darauf, sich seiner eigenen Bedürfnisse und Werte bewusst zu werden. Vier Aspekte spielen in Rosenbergs Theorie und Praktik eine entscheidende Rolle, so:

- die Beobachtung,
- die Gefühle,
- die Bedürfnisse und
- die Bitten.

Die Beobachtung einer Situation führt dazu, die Situation genau zu beschreiben, ohne diese zu bewerten. Daran schließt sich die Äußerung der Gefühle an und am Ende wird eine klare Bitte an das Gegenüber formuliert. Das Konzept Rosenbergs ist eine Haltung, die von Empathie und Achtung geprägt ist. Sie ist einerseits ein Ansatz für die Gestaltung der Beziehung zwischen Lehrpersonen und Schüler*innen, andererseits zwischen den Schüler*innen selbst. Die bewusste und kontinuierliche Reflexion der eigenen Sprache und des eigenen Tuns sind dabei in den Prozess eingeschlossen. Rosenbergs Konzept kann als allgemeines Kommunikationsmodell verstanden und in die Alltagssprache integriert werden.

In der Gesamtbetrachtung zeigt sich, dass die Konzepte und Praktiken auf der Basis der Theorien Carl Rogers', Martin Bubers und Marshall Rosenbergs auf eine humane, wertschätzende und würdevolle Gestaltung von Beziehungen abzielen. Diese schließt unweigerlich die Reflexion des eigenen Selbst ein. Die Selbstreflexion führt dazu, eigene Kompetenzen und Grenzen, bestehende Befürchtungen, Distanzierungen oder Verdrängungen zu erkennen und zu bearbeiten. Der Selbstreflexivität im Sinne von Selbstwahrnehmung und Selbstkontrolle kommt dabei besondere Bedeutung zu, da sie eine „notwendige Ergänzung der allgemeindidaktischen, fachdidaktischen und fachwissenschaftlichen Reflexionen" (Hierdeis und Würker 2010, S. 189) darstellt[1] und ermöglicht, eigene biographische Aspekte sichtbar zu machen. „Schulimmanente (Selbst)Entfremdung, wie die sich im Laufe des Berufslebens öffnende Altersschere zwischen den Generationen oder die immer nur uneindeutig zu definierenden Ziele der Schule, die den Lehrerinnen und Lehrern [...] ein Gefühl der Erfolglosigkeit vermitteln und ihnen [...] nahe legen, den Focus ihrer Anstrengungen auf das Messbare und daher Erfolgversprechende [...] zu richten" (ebd., S. 192), wird durch die Reflexion zugänglich.

1 Auch Simon und Moser (in diesem Band) verweisen in Bezug auf die (fach-)didaktische Qualifikation angehender Lehrkräfte für inklusionsorientierten Unterricht auf die Relevanz der (Selbst-)Reflexion, die im von Simon und Moser vorgestellten Modell eines von vier Prozessmerkmalen ist.

Der Selbstreflexivität wird bislang zumeist in der Ausbildung der Lehrer*innen und in der schulischen Praxis kaum gebührende Aufmerksamkeit zuteil. So bleiben Befürchtungen, Gefühle und Vorstellungen verborgen und unbearbeitet, was wiederum zu Unzufriedenheit bzw. zu Belastungen führt, die ggf. längere Ausfallzeiten durch Krankheit o.ä. nach sich ziehen. In einem ersten Schritt können selbstreflexive Prozesse zunächst zugelassen, in den Teams oder in Supervision thematisiert und bearbeitet werden.

Fragen, die den reflexiven Prozess unterstützen, sind:

- Welche Chancen und Herausforderungen sehen Lehrpersonen und Teammitarbeiter*innen persönlich?
- Welche Befürchtungen und Schwierigkeiten haben Lehrpersonen und Teammitarbeiter*innen?
- Welche Unterstützung ist erforderlich? (Wer soll wen unterstützen? Wodurch soll die Unterstützung erfolgen?)

3 Lehrpersonen als Lernbegleitende

Der Begriff „Begleiten" meint „Anteil nehmen" oder „mitgehen", „jemandem Geleit geben" (www.wortbedeutung.info). Die*der Begleiter*in ist in der Rolle der*des persönlichen Beraterin*Beraters bzw. der*des Mentorin*Mentors, die*der Rat geben kann und Ideen entwickelt, sich darüber aber auch selbst verändert.

Unterricht im Sinne Wygotskis läuft der Entwicklung voraus, nimmt die „Zone der aktuellen Entwicklung" (Wygotski 1987) im Sinne der aktuellen Kompetenzen in allen Entwicklungs- und Lernbereichen auf und orientiert sich auf die „Zone der nächsten Entwicklung" hin. Unterricht findet im Idealfall in dem potentiellen Möglichkeitsraum der Schüler*innen statt. Lernen zu begleiten bedeutet, geeignete Lehr-Lernangebote zu schaffen, die Schüler*innen zu beobachten und in der Auseinandersetzung mit anderen, sich selbst und den Dingen der Welt zu unterstützen. Die Lehrpersonen unterbreiten pädagogische Angebote für einzelne Schüler*innen und für Gruppen. Die tägliche pädagogisch diagnostische und didaktische Tätigkeit basiert darauf, eine forschende und fragende Haltung einzunehmen (vgl. u.a. Geiling et al. 2015). Ein zyklischer Prozess entsteht, der Folgendes beinhaltet: Problem / Frage stellen; Beobachtung, Analyse der Situation; Erprobung / Veränderung der Situation; Beobachtung / Auswertung; neues Problem erkennen oder Frage stellen. Im Team ist es möglich, unterschiedliche Perspektiven auf die Fragen und Probleme einzunehmen, den Forschungsprozess gemeinsam zu gestalten. Forschungsfragen in didaktischen Prozessen beziehen sich auf unterschiedliche Aspekte, bspw.:

- die Schüler*innen in ihrem So-sein und ihrem möglichen Werden („Zone der aktuellen und der nächsten Entwicklung");
- die Beziehung zu den Schüler*innen;
- die Beziehung, Kooperation zwischen den Teammitarbeiter*innen;
- die Beziehung, Kooperation mit Eltern / Familien und Bezugspersonen;
- die persönlichen Krisen, Unsicherheiten, Ängste;
- unklare Situationen, und Verständnisprobleme;
- den unterrichtlichen Alltag, Routinen und neue Herausforderungen;
- u.a.m.

Der didaktische Ansatz von Urs Ruf und Peter Gallin zum „Dialogischen Unterricht" resp. „Dialogischem Lernen" nimmt das lernende Subjekt und seine persönliche Ausgangsbasis (vgl. Ruf und Gallin 2015, S. 24) in den Blick. Die Angebote sind nach dem „ICH-DU-WIR-Prinzip" aufgebaut: „Dialogisch erworbenes Wissen basiert auf Erfahrung" (Ruf 2016, S. 59). Nach den Prinzipien: „Ordnungen schaffen – Ich mache das so! –Ordnungen erkennen – Wie machst du es? – Das halten wir fest" (ebd.) ist der Unterricht aufgebaut. Von den Kompetenzen der Schüler*innen ausgehend, über die sozialen Erfahrungen, hin zum Erweitern der eigenen Kompetenz führt das dialogische Lernen. Lehrpersonen sind dabei Begleiter*innen. Sprache, Sprechen, Schreiben und Produzieren stehen im didaktischen Konzept nach Ruf und Gallin im Zentrum. Einsatz fand und findet dieses im „regulären" Fachunterricht. Erfahrungen im heterogenen, auf Inklusion ausgerichteten Unterricht liegen bislang noch nicht vor. Jedoch sind Modifikationen im Kontext alternativer Kommunikation und der dialogischen Begegnung auf sehr unterschiedlichen Ebenen denkbar. Die Lernbegleitung bezieht sich auf das Subjekt, auf die Gemeinschaft und das durch den unterrichtlichen Prozess entstehende und entstandene Neue. All dieses erfordert von den Lehrpersonen genau zu beobachten. Begleitung kommt ohne Beobachtung nicht aus.

4 Fazit

Lernbegleitung setzt genaues Beobachten und eine pädagogische Diagnostik voraus, die die Komplexität der unterrichtlichen Situation einbezieht. Beobachtungen im Unterricht sind zunächst Beschreibungen der Situation (ohne diese zu bewerten). Die Lehrpersonen sind dabei Forschende, die u.a. mittels teilnehmender Beobachtung zunächst die Fragen oder Problemlagen erfassen, zugleich aber auch die Kontexte, Anforderungen und Bedingungen. Die Analyse dieser Beobachtungen und darüber hinaus das Einbeziehen weiterer pädagogisch-diagnostischer Möglichkeiten führt dazu, erste pädagogische Ideen zu entwickeln. Die Umsetzung dieser erfolgt auf der Basis der Gestaltung von Beziehungen, die sich als empathisch, dialogisch, sich selbst reflektierend, kommunikativ und kooperativ kennzeichnen lassen. In der „Zone der nächsten Entwicklung" (Wygotski 1987) ist die Kooperation angelegt. Lernen mit der Unterstützung von anderen, den Lehrpersonen, anderen Teammitarbeiter*innen oder den Schüler*innen erfolgt gemeinsam geteilt. Nach und nach wird das Lernen selbst in den Fokus gerückt und erfolgt immer selbstständiger. Lernbegleitungen können alle Methoden beinhalten, so beispielsweise das Nachahmen nach Demonstration; das Instruieren und Strukturieren; das Entdecken und Erleben; das Experimentieren, das dialogische, kommunikative und kooperative Arbeiten u.a.m. Dabei schafft die Lehrperson die Bedingungen und ist selbst Teil des Prozesses. Sie ist Gestalter*in und Beobachter*in zugleich.

Lernbegleiter*innen sollten eine offene und vorurteilsfreie bzw. vorurteilsbewusste Haltung allen Schüler*innen gegenüber haben. Lehrpersonen als Lernbegleiter*innen sollten darüber hinaus den Schüler*inne Vorschuss und Kredit im Sinne „symbolischen Kapitals" (vgl. Bourdieu und Waquandt 1996, S. 151) geben. Dieses kennzeichnet die Möglichkeit der Entwicklung und des Lernens. Im Kontext von „Behinderung" sind häufig immer noch negativ konnotierte Bilder und Vorstellungen habituell verankert (vgl. Ziemen 2013), welche dazu führen, die vermeintlichen Schwächen der Schüler*innen in den Mittelpunkt zu stellen. Erforderlich ist es, sich mit den eigenen Bildern und Vorstellungen kritisch auseinanderzusetzen (Selbstreflexion). Lehrpersonen und Teammitarbeiter*innen verstehen sich sowohl als Lernbegleiter*innen als auch als Forscher*innen und Selbst-Lernende.

Literatur

Bitschnau, K. I. (2008). *Die Sprache der Giraffen. Zur Qualität zwischen menschlichen Beziehungen*. Paderborn: Junfermann.

Bourdieu, P. & Waquandt, L. J. D. (1996). *Reflexive Anthropologie*. Frankfurt a.M: Suhrkamp.

Buber, M. (1966). *Ich und Du*. Köln: Hegner.

Buber, M. (1983). *Ich und Du*. 11. Auflage. Heidelberg: Lambert Schneider.

Buber, M. (1990). *Reden und Gleichnisse des Tschuang-Tse*. München: Insel.

Geiling, U., Liebers, K. & Prengel, A. (Hrsg.). (2015). *Handbuch ILEA T*. Stand 25.06.2015. Halle (Saale): Martin-Luther-Universität Halle-Wittenberg.

Hierdeis, H. & Würker, A. (2010). Selbstreflexive Lehrerbildung. In R. Göppel, A. Hirblinger, H. Hirblinger & A. Würker (Hrsg.), *Schule als Bildungsort und „emotionaler Raum"* (S. 175–197). Opladen: Budrich.

Prengel, A. (2013). *Einführungsvortrag zur Konferenz: Kinderrechte und die Qualität pädagogischer Beziehungen – Professionelles Handeln zwischen Inklusion und Exklu-*

sion in Schulen, Kindertageseinrichtungen und außerschulischen Bildungsbereichen. 03.10.2013. https://www.dji.de/fileadmin/user_upload/dasdji/home/news_potsdam_prengel.pdf. Abgerufen: 25. Januar 2018).

Rogers, C. R. (1961). *On becoming a person*. Boston: Houghton Mifflin.

Rogers, C. R. (1973). *Entwicklung der Persönlichkeit*. Stuttgart: Klett.

Rosenberg, M. (2004). *Konflikte lösen durch Gewaltfreie Kommunikation*. Freibur i.B.: Herder.

Ruf, U. (2016). Lehrkunst und Lerndialoge oder Schreibe alles auf, was dir durch den Kopf geht. In M. Gerwig & S. Wildhirt (Hrsg.), *Das Schulwesen soll und will auch ein Bildungswesen sein* (S. 51–72). Baltmannsweiler: Schneider Verlag.

Ruf, U. & Gallin, P. (2015). Dialogischer Unterricht. Einladung zum autonomen und erfolgreichen Handeln. *Pädagogik, 67 (2015) 5*, S. 24–27.

Stöger, P. (2000). *Martin Buber der Pädagoge des Dialogs*. Savaria University Press: Szombathely.

Tomasello, M. (2012). *Warum wir kooperieren*. Berlin: Suhrkamp.

Wygotski, L. S. (1987). *Ausgewählte Schriften*. Band 2. Berlin: Volk und Wissen.

Ziemen, K. (2013). *Kompetenz für Inklusion. Inklusive Ansätze in der Praxis umsetzen*. Göttingen: Vandenhoeck & Ruprecht.

Ziemen, K. (2018). *Didaktik und Inklusion*. Göttingen: Vandenhoeck & Ruprecht.

Lern(prozess)begleitungen als unterrichtliche Interaktionen

Kirsten Puhr und Stephanie Winter

Dieser Beitrag entfaltet das Thema Lernbegleitung unter dem Fokus unterrichtlicher Interaktionen. In Auseinandersetzung mit Kompetenzerwartungen an Lehrer*innen diskutieren wir, wie sich Lern(prozess)begleitungen im schulischen Unterricht vorstellen lassen, wenn man zum einen davon ausgeht, dass sich Lernen selbstorganisiert ereignet und zum anderen davon, dass sich pädagogisch motivierte Begleitungen von Lernprozessen eigendynamisch vollziehen.

Wir stellen zunächst Lernbegleitungen im „kompetenzorientierten und individualisierten Unterricht" (Fahland et al. 2012, S. 1) und damit verbundene Erwartungen an Lehrende und Lernende vor. Daran anschließend fragen wir nach Anforderungen an Lernbegleitungen mit Blick auf Schüler*innen als singuläre Akteur*innen im Unterricht (Abschn. 2). In einem dritten Schritt diskutieren wir lernprozessbegleitende Gespräche als Interaktionssituationen (Abschn. 3). Mit diesen Zugängen sind „Lernprozesse als dynamisch, offen und zu weiten Teilen unbestimmbar" (Bartusch et al. in diesem Band) zu verstehen. Lernbegleitungen können so als performative, kontingente Interaktionen zur Diskussion gestellt werden, die Ideen der kompetenten Gestaltung individualisierten Unterrichts durch Lehrer*innen fraglich werden lassen.

Pädagogische Fragestellungen zum Thema Lernbegleitung begründen sich zumeist mit einem Verständnis von Schüler*innen „als aktive Gestalter*innen ihres Lernens" (ebd.) und konzentrieren sich häufig auf die Entwicklung der dafür er-

S. Bartusch et al. (Hrsg.), *Lernprozesse begleiten*,
https://doi.org/10.1007/978-3-658-21924-6_4

warteten Kompetenzen von Lehrer*innen[1]. So ist es zum Beispiel im „Arbeitspapier Lernbegleitung“ (Fahland et al. 2012) der Hamburger Arbeitsgemeinschaft Lernbegleitung[2] zu lesen, auf das wir uns im Folgenden beziehen. Dieser Text thematisiert Lernbegleitung als Konzept „zur Umsetzung von Individualisierung“ (ebd., S. 1) im Unterricht als bildungspolitischen Auftrag. Er stellt ein Kompetenzprofil für Lehrer*innen als Lernbegleiter*innen im „kompetenzorientierten und individualisierten Unterricht“ (ebd.) vor. Das Konzept legitimiert sich unter Berufung auf den*die einzelne*n Schüler*in als „lernende[s] Subjekt“ (ebd.) unter Verweis auf verschiedene Rollen von Lehrer*innen sowie auf deren Verantwortung „für die Gestaltung von Lernumgebungen, [...] in denen Schüler[*]innen [...] eigenverantwortlich und selbstorganisiert lernen können“ (ebd.). Nachfolgend skizzieren wir unsere Lektüre des Arbeitspapieres mit dem Fokus auf Erwartungen an Lehrer*innen und Schüler*innen im Konzept unterrichtlicher Lernbegleitung.

1 Lehrer*innen und Schüler*innen im Konzept unterrichtlicher Lernbegleitung

Das „Arbeitspapier Lernbegleitung“ (Fahland et al. 2012) stellt ein „Kompetenzprofil“ (ebd., S. 2) vor, das Lernbegleitung in den Kontext vielfältigen schulischen Lehrens, Lernens und Lebens stellt[3]. Mit dieser Verortung wird die Förderung der

1 Mit Verweis auf das Werk von Ute Geiling heißt es im Einführungskapitel des vorliegenden Bandes: „Das Verständnis der Anforderungen an Institutionen, die Lernen ermöglichen sollen, [...] hat sich [...] grundlegend verändert. So werden Heranwachsende vermehrt als aktive Gestalter*innen ihres Lernens und Lernprozesse als dynamisch, offen und zu weiten Teilen unbestimmbar verstanden. Damit stellen sich Fragen nach Anforderungen an pädagogische Institutionen und ihre Akteur*innen auf neue Weise: Sie gelten nicht mehr als allein Verantwortliche für die Lern- und Bildungsprozesse von Kindern und Jugendlichen, wohl aber haben sie Verantwortung für deren Ermöglichung“ (Bartusch et al. in diesem Band).

2 Das „Arbeitspapier Lernbegleitung“ (Fahland et al. 2012) der Hamburger Arbeitsgemeinschaft Lernbegleitung lesen wir als prominenten Text zum Thema Lernbegleitung durch Lehrer*innen. Das Material erscheint online auf den Seiten verschiedener Informationsanbieter für Pädagog*innen.

3 Die (sechs) Rollen, die Lehrer*innen zugeschrieben werden, erscheinen in einem Schaubild. Drei dieser Rollen werden mit Tätigkeiten beschrieben: der*die Inputgeber*in „hält Lehrvorträge, gibt Input“ (ebd.), der*die Lernprozessgestalter*in „gestaltet Lernarrangements, um ein lernförderliches Klima und individuelle Kompetenzerweiterung zu schaffen“ (ebd.) und der*die Bewerter*in „zeigt Anforderungen auf, bewertet, beurteilt, benotet Leistungen“ (ebd.). Die anderen drei Rollen werden mit Verantwortungszuschreibungen vorgestellt: der*die Erzieher*in „ist verantwort-

„selbsttätigen Aktivität" (ebd.) von individuell und in Gruppen lernenden Schüler*innen in verschiedenen Gesprächsformen als Spezifik des pädagogischen Konzeptes der Lernbegleitung lesbar.

Gespräche gelten traditionell als interaktive Prozesse und Situationen wechselseitig aufeinander bezogenen Sprechens und Hörens Anwesender (vgl. Hausendorf 1992). Dieses Verständnis erweitern wir unter Berücksichtigung der Heterogenität und Individualität von „sprechenden bzw. hörenden Anwesenden" und verstehen Gespräche als kommunikative Interaktionen, „die jegliche wechselseitige Äußerungen von Individuen umfass[en], bei denen eine Person eine andere […] wahrnimmt und reagiert." (vgl. Braun und Kristen 2003, S. 02.003.001) Der Körper kommt dabei als multimodales Medium – auch in Kombination mit verschiedenen Hilfsmitteln – zum Einsatz. Im gelesenen Arbeitspapier werden explizit lernprozessbegleitende Gespräche im Unterricht sowie individuelle Beratungen (Lernreflexion-, Lernentwicklungs- sowie Lerncoachinggespräche) benannt und voneinander unterschieden (vgl. Fahland et al. 2012, S. 4)[4]. Als Gegenstand lernprozessbegleitender Gespräche im Unterricht wird hier der individuelle „Aufbau von Lern- und Methodenkompetenz" (ebd.) der Schüler*innen vorgestellt. Die Ausrichtung auf Gespräche begründet die Fokussierung unserer Auseinandersetzung mit dem Thema Lernbegleitung als unterrichtliche Interaktionen zwischen Lehrer*innen und Schüler*innen. Dieser Zugang lenkt unsere Aufmerksamkeit zum einen auf die Erwartungen, mit denen Lehrende als Lernbegleiter*innen und Schüler*innen als begleitete Lernende in Unterrichtsgesprächen dargestellt wer-

lich für Erziehungs-, Gruppen- und Entwicklungsprozesse" (ebd.), der*die Moderator*in „ist verantwortlich für den Lernprozess und das Entstehen von Ergebnissen (nicht für die Inhalte)" (ebd.) und der*die Lernbegleiter*in „ist verantwortlich für die individuelle Unterstützung beim Lernen" (ebd.). Der*die Inputgeber*in wird zudem als „Expert[*in] für die Thematik" (ebd.) ausgewiesen. Diese Expertise wird ebenso wie das Expert*innenwissen, welches die anderen Rollenzuschreibungen begründet, als Anforderung an Lehrer*innen mit einem umfangreichen „Kompetenzprofil" (ebd., S. 4ff.) untersetzt.

4 Lernreflexionsgespräche gelten der Thematisierung erreichter „fachlicher Kompetenzfortschritte und selbstbestimmte[r] Entwicklung" (ebd.) von Schüler*innen. Lernentwicklungsgespräche sollen Schüler*innen zu „fachlichen und überfachlichen Lerngegenständen" und zu ihrer „individuelle[n] Lernentwicklung" (ebd.) beraten und Lerncoachinggespräche dienen der Besprechung von „Lernschwierigkeiten, […] Lernblockaden, Aspekte[n] des Selbstmanagements, der Selbstgestaltungspotentiale und der Selbstregulationsfähigkeit" (ebd.).

den. Zum anderen interessieren uns die damit verbundenen Vorstellungen von Gesprächen[5].

Lernbegleitung im Unterricht erscheint im zitierten Arbeitspapier in der Form lernprozessbegleitender Gespräche, in denen Lehrer*innen Schüler*innen „während selbständiger Arbeitsphasen (Einzel-, Partner[*innen]- und Gruppenarbeiten) in dialogischer Gesprächsführung [...] beim Aufbau von Lern- und Methodenkompetenz individuell unterstützen [...], [indem sie] einzelnen Lernenden und Kleingruppen [...] methodische Hilfen zum selbstständigen Erarbeiten“ (ebd.) geben. Der Text erhebt den Anspruch, dass sie das *können*, indem sie „grundlegende Gesprächstechniken situationsadäquat anwenden“ (ebd.) und „die Lernenden differenziert wahrnehmen“ (ebd.). Diese Vorstellung von Lernbegleitung stellen wir zur Diskussion.

Wir gehen davon aus, dass sich mit verschiedenen Lesarten des Verbes *können* differente Vorstellungen von Lern(prozess)begleitungen verbinden. Ihm werden vielfältige Bedeutungen zugeschrieben. Das „Etymologische Wörterbuch des Deutschen“ (Pfeiffer 2004) benennt ein Verständnis von „vermögen, im Stande sein, die Fähigkeit zu etw. haben“ (ebd., S. 707) als heute geläufige Bedeutung (vgl. ebd.). In diesem Verständnis von *können* ist es möglich, im „Arbeitspapier Lernbegleitung“ (Fahland et al. 2012) Kompetenzen als sicheres Wissen und Können von Lernen und Lernmethoden zu lesen, das Lehrer*innen uneingeschränkt befähigt, Schüler*innen bei der individuellen Entwicklung von Lern- und Methodenkompetenzen differenziert zu unterstützen. Der Anspruch situationsadäquater Begleitung individueller Lernprozesse in Gesprächen schließt von hier aus Vorstellungen der Steuerbarkeit eigenen und fremden Verhaltens sowie der Situation ein. Damit können die Thematisierung der Weisen individuellen Lernens von Schüler*innen und dessen differenziertes Verstehen durch Lehrer*innen als grundlegende Voraussetzungen für Lernprozessbegleitungen verständlich werden. Das heißt auch, in Situationen lernprozessbegleitender Gespräche werden Lehrer*innen zugleich

5 Andere Fokussierungen würden andere Themen und Fragen ins Zentrum der Aufmerksamkeit richten. So wäre z.B. mit einer Fokussierung auf den „Lerngegenstand [der Lernprozessbegleitung] mit seiner Anforderungsstruktur“ (Geiling 2000, S. 52) – der hier als Lern- und Methodenkompetenz vorgestellt wird – „nach der Objektabhängigkeit zu fragen, also danach, welche kognitiven, metakognitiven und sensomotorischen Operationen ein Kind vollziehen muß [sic], um eine Lernhandlung zu realisieren“ (ebd.). An diese Frage könnte sich – im Kontext des Anspruchs individualisierten gleichberechtigten Lernens aller Schüler*innen einer heterogenen Lerngruppe – eine Diskussion der Möglichkeiten und Grenzen differenzierter Aufbereitung des Lerngegenstandes anschließen oder auch eine Diskussion der Problematik der Eingrenzung unterrichtlicher Interaktionen auf wortsprachliche Kommunikationen im hier vorgestellten Konzept der Lernprozessbegleitung.

als kompetent Handelnde (spezifisch) professionellem Wissen *und* Beobachtende (des individuellen Lernens der Schüler*innen) in unterrichtlichen Interaktionen adressiert. Die hier aufgerufenen Vorstellungen von sicherem Wissen und Können, von Steuerbarkeit und Situationsadäquatheit werden fraglich, wenn man davon ausgeht, dass ein Vermögen Möglichkeiten eröffnet, aber nicht garantieren kann. Mit diesem Einsatz lesen wir die Erwartung, dass Lernbegleiter*innen situationsangemessen Gespräche führen können[6], in denen a) das selbstständige Lernen der Schüler*innen und dessen Methoden zum Thema werden; in denen sie b) die von ihnen begleiteten Lernenden differenziert wahrnehmen; in denen c) die beteiligten Schüler*innen diese Gespräche als individuell unterstützend für die Auseinandersetzung mit ihren Lern- und Methodenkompetenzen verstehen können (vgl. ebd.).

Diese Erwartungen begründet der zugrunde liegende Text mit der Forderung, Unterricht heute „im wesentlichen [sic] aus der Perspektive des lernenden Subjekts" (ebd., S. 1) zu denken. Lernende werden hier als eigenverantwortliche und selbstorganisierte Personen vorgestellt, die ihrem je eigenen subjektzentrierten Lernprozess folgen (vgl. ebd.). Ihnen werden sowohl individuelles Wissen und Können als auch Entwicklungsbedarfe zugeschrieben, die sie in unterrichtlichen Interaktionen der Lernbegleitung erkennen, reflektieren und daraus eigenverantwortlich und selbstorganisiert neue Lern- und Methodenkompetenzen hervorbringen (vgl. ebd.). Das Handeln der Lernenden wird dabei als ein Streben beschrieben, das sich einerseits auf „den größtmöglichen Kompetenzzuwachs" (ebd.) und andererseits auf „Lebensgestaltung aus eigener Kraft, [...] Selbstverantwortung, [...] Autonomie [...] [und] Bindung" (ebd., S. 2) bezieht. Der Text scheint uneingeschränkt von einem derartigen Schüler*innen-Selbst- und Weltbild auszugehen und zudem davon, dass sie „während selbständiger Arbeitsphasen" (ebd., S. 4) im Unterricht sowohl mit Lehrer*innen als auch mit Mitschüler*innen entsprechend dieser Vorstellungen interagieren. Die Selbstverständlichkeit dieser Erwartungen kann hinterfragt werden, z.B. mit Verweis auf den Text „Integrative Pädagogik mit Kindern in erschwerten Lebenssituationen" (Geiling 2000). Hier werden, mit einer besonderen pädagogischen Aufmerksamkeit für „Kinder in erschwerten Lernsituationen" (ebd., S. 41), Lernsituationen als „Schnittstellen individueller biographischer Entwürfe, sozialer Interaktionen und gegenständlicher Strukturen" (ebd.) vorgestellt. Aus einer pädagogischen Perspektive ist von kontingenten, differenten Selbst- und Weltbildern von Schüler*innen auszugehen, welche Lehrer*innen auf je eigene Weise (re)konstruieren. Im zitierten Text heißt es entsprechend:

6 Das hier angesprochene Können von Lehrer*innen und Schüler*innen verweist bereits auf die Vorstellung der Kontingenz im Sinne einer Möglichkeit (siehe unten).

> „Dieser Aspekt [der Subjektivität] läßt [sic] sich im weitesten Sinne fassen als Aufgabe, sich den Perspektiven der Kinder anzunähern, also Hypothesen zu entwickeln, mit welchen Augen Kinder in erschwerten Lebenssituationen die Welt sehen, was sie subjektiv erleben und wie sie ihr Selbst- und Weltbild konstruieren“ (ebd.).

Für die erwarteten unterrichtlichen Interaktionen müssten sich alle Beteiligten, ungeachtet differenter Selbst- und Weltbilder, auf Gespräche einlassen, die ein aktives Zuhören und Verstehen der Mitteilungen der Anderen, sowie eigene Gesprächsbedarfe und Selbstregulationsfähigkeit implizieren (vgl. Fahland et al. 2012, S. 2). Das würde voraussetzen, Wissen und Lernen *während* des Lernprozesses in Worte fassen und den eigenen Lernprozess reflektieren zu können. Mit dieser Vorstellung wird das Gespräch selbst zum Lerngeschehen. Lern- und Methodenkompetenzen werden zu *möglichen* eigenständigen Gegenständen von schulischen Lernprozessen. Kompetenzen, wie das Wissen um das eigene Lernen, das Können der Selbst-Aneignung und deren situationsangemessene Anwendung sollen Schüler*innen durch Lernprozessbegleitungen erlernen (vgl. ebd., S. 4). Bei Lehrer*innen scheinen sie vorausgesetzt.

Das bis hier vorgestellte Kompetenzprofil von Lernbegleitung rückt das Können von Lehrer*innen ins Zentrum der Darstellung. Im Anschluss an unsere Lesart skizzierten wir zwei Lesarten von *Können* und damit verbundene Erwartungen an Lehrende als Lernprozessbegleiter*innen. Wir problematisierten die Selbstverständlichkeit der Vorstellung von Schüler*innen als eigenverantwortliche, an Kompetenzzuwachs und Interaktion interessierte, reflexiv Lernende. Im Folgenden wechseln wir die Perspektiven. Zunächst thematisieren wir Schüler*innen als Akteur*innen an unterrichtlichen Interaktionen und dann Lernprozessgespräche als Interaktionen im Unterricht. Dabei leiten uns – im Anschluss an die Lektüre des Arbeitspapieres – zwei Problematiken. Zum einen scheinen uns die skizzierten Vorstellungen von Schüler*innenperspektiven fraglich. Zum anderen fällt auf, dass ein Konzept für lernprozessbegleitende Gespräche im Unterricht – das dialogische Gespräch – benannt, aber nicht ausgeführt wird und ohne weiterführende Verweise bleibt. Wir stellen uns deshalb die Frage: In welchen Weisen lassen sich Lernprozesse selbstorganisiert lernender Schüler*innen im Unterricht durch Gespräche individuell unterstützen? Mit dieser Frage stellen wir im nächsten Abschnitt unsere Vorstellungen zu Schüler*innen als Akteur*innen ihres Lernens zur Diskussion. Im letzten Abschnitt widmen wir uns dann der Frage nach Lernprozessgesprächen als Interaktionen.

2 Schüler*innen als Akteur*innen in unterrichtlichen Interaktionen

Wir fragen zunächst, wie es möglich sein kann, die Lernprozesse eigenverantwortlich und selbstorganisiert lernender Schüler*innen im Unterricht individuell zu unterstützen. Mit dieser Frage wenden wir uns zwei Grundannahmen zu Lern- und Lehrprozessen zu. Das sind zum einen ein systemtheoretisches Konzept der Selbstreferenz (vgl. Luhmann 2004) und zum anderen eine phänomenologische Sicht auf das Kind als Fremder (vgl. Meyer-Drawe und Waldenfels 1988). Nach unserem Verständnis begründen beide Zugänge die Fraglichkeit der zuvor skizzierten Vorstellungen von Schüler*innen als lernende Subjekte.

Das „Arbeitspapier Lernbegleitung" (Fahland et al. 2012) führt mit dem Satz „Unterricht vollzieht sich immer in der Dialektik von Lehren und Lernen" (ebd., S. 1) in das Thema Lernbegleitung ein und entfaltet im weiteren Verlauf Lernprozessbegleitungen als sich zwischen Lehrer*innen und Schüler*innen vollziehende Interaktionssituationen. Dafür werden Kompetenzen (Wissen und Können) der Lehrer*innen als Voraussetzungen vorgestellt. Gestaltungen der „individuellen Passung zwischen Lernendem und Lerngegenstand" (ebd.) erscheinen dabei als „optimale Lernbedingungen für den Einzelnen" (ebd.). Es wird davon ausgegangen, dass ein Angebot Lernen initiiert und dass die Weisen, wie Schüler*innen in diesen Situationen lernen, durch Bezugnahme auf lernprozessbegleitende Angebote kompetenter Lehrer*innen erfolgen und umgekehrt. Eine Vorhersehbarkeit solcher Ereignisse – sowohl in Bezug auf das Lernen als auch in Bezug auf die Interaktion – ist jedoch nach unserem Verständnis nicht möglich. Sie können nur aufgrund des bewährten Wissens und der bisher gemachten Erfahrungen geplant werden. Diese Planungen bleiben hypothesenhaft. Sie sind immer auch von Nicht-Wissen und Nicht-Wissen-Können geprägt. Dieses Nicht-Wissen und Nicht-Wissen-Können lässt sich mit den Ideen der Selbstreferenz[7] und der doppelten Kontingenz[8] begründen (vgl. Luhmann 1993, S. 58ff. und S. 148ff.). Damit ist

7 Die von Luhmann beschriebene Selbstreferenz wird von Autor*innen der Kindheitspädagogik als Phänomen des „Kindes als sozialer Akteur seiner selbst" beschrieben (s. u.a. Hurrelmann und Bründel, 2003).

8 Im Text „Soziale Systeme" (Luhmann 1993) ist zum Konzept der doppelten Kontingenz zu lesen: „Das Problem der doppelten Kontingenz ist virtuell immer präsent, sobald ein Sinn erlebendes psychisches System gegeben ist. Es begleitet unfocussiert [sic] alles Erleben, bis es auf eine andere Person oder ein soziales System trifft, dem freie Wahl zugeschrieben wird. Dann wird es als Problem der Verhaltensabstimmung aktuell. Zu einem Akutwerden doppelter Kontingenz [...] kommt es nur, wenn diese Systeme in spezifischer Weise erlebt und behandelt werden: nämlich als unendlich

die Vorstellung angesprochen, dass sich Gedanken der Lernenden (und Lehrenden) von außen anregen, aber nicht bestimmen lassen. Gedanken und (Selektions-) Entscheidungen – darüber, in welchen Weisen Gedanken (mittels struktureller Kopplung) als Informationen in Kommunikationen mitgeteilt werden – lassen sich aus einer systemtheoretischen Perspektive als Folge vorangegangener Gedanken und der Anregung durch die aktuelle Unterrichtssituation erklären. Ob und in welcher Form Lernende sich ihr Wissen aneignen, liegt im Wesentlichen in der Selbstreferenz ihrer Gedanken begründet (vgl. Luhmann 2004, S.16f). Mit der Vorstellung der doppelten Kontingenz lässt sich die Möglichkeit erläutern, dass Schüler*innen Lernangebote als solche verstehen und annehmen können, aber nicht müssen. Diese Zugänge legitimieren die Behauptung: Lernende agieren in Lernsituationen in der Weise aus sich selbst heraus, dass sie ein Lernangebot wahrnehmen und für sich selbst auf der Basis vorangegangener Gedanken, Situationen und (eigenen und fremden) Erwartungshaltungen entscheiden, ob sie dieses Angebot annehmen oder nicht. Auch diesbezüglich ist aus der hier zugrunde gelegten Perspektive davon auszugehen, dass Schüler*innen und Lehrer*innen verschiedene Gedanken zu den Gründen bewegen, ob ein Angebot angenommen oder abgelehnt wird. Verständigung scheint möglich, wenn diese differenten Vorstellungen in Lernprozessbegleitungen thematisiert werden. Eine solche Idee von selbstbestimmtem und eigenverantwortlichem Lernen kann die Aufmerksamkeit darauf lenken, dass Lernbegleiter*innen als Verantwortliche „für die individuelle Unterstützung beim Lernen" (Fahland et al. 2012, S. 2) adressiert werden, ohne über die Situation und die Anschlüsse der Schüler*innen verfügen zu können. Mit diesem Zugang ist dem lernprozessbegleitenden Gespräch ein anderer Stellenwert zu zuschreiben. Vielleicht kann es als eine Methode verstanden werden, die das *Wissen und Können* der Lehrer*innen ebenso berücksichtigt wie das *Nicht-Wissen-Können*. Es wird erwartet, dass sie in Aus- und Weiterbildungen unter anderem Fach- und Sachkompetenzen erwerben. Zu diesen gehört auch ein Wissen zu Lern- und Methodenkompetenzen und Gesprächsführungen. Die individuellen Lern- und Methodenkompetenzen der einzelnen Schüler*innen und Verläufe konkreter Interaktionen können sie jedoch nicht wissen. Die Erwartung ist, dass sich die Perspektiven der Schüler*innen auf die Situation, den Lerngegenstand an sich und weitere eigene, ganz anders geartete Gedanken *im Gespräch* thematisieren lassen. So können Lehrer*innen die mitgeteilten Informationen der Schüler*innen zu ihrem individuellen Lernen differenziert wahrnehmen, aber dabei die Lernen-

---

offene, in ihrem Grunde dem fremden Zugriff entzogene Möglichkeiten der Sinnbestimmung. [...] Kontingent ist etwas, was weder notwendig ist noch unmöglich ist" (ebd., S. 151f.)

den nicht vollständig erfassen und verstehen. Die Gedanken der Schüler*innen bleiben ihnen unzugänglich.

Lehrende und Lernende können sich *verständigen*, bleiben sich dabei jedoch wechselseitig fremd. Nach dem Text „Das Kind als Fremdes“ (Meyer-Drawe und Waldenfels 1988) beginnt Fremdes dort, wo das Eigene, der individuell vertraute Erfahrungsgegenstand oder die eigene Erfahrungsstruktur aufhört und in einen anderen, in einen fremden Erfahrungshorizont, übergeht (vgl. ebd., S. 271f.). Lernende sind im Kontext unterrichtlicher Lernbegleitungen demnach in zweifacher Hinsicht als Fremde anzusehen. Zum einen liegt die subjektiv erlebte Perspektive eines*einer Schülers*Schülerin außerhalb des eigenen Erfahrungshorizontes eines*einer Lehrers*Lehrerin. Zum anderen unterscheiden sich Aneignungen lernprozessbegleitender Angebote von Akteur*in zu Akteur*in. Schüler*innen begegnen Lernsituationen in einer Weise, die sich Lehrer*innen zwar mit ihrem professionellen Wissen und/oder mit eigenen, subjektiv erlebten unterrichtlichen Lernprozessen erklären können, jedoch bleiben diese Erklärungen Vermutungen.

Von der Annahme ausgehend, dass Lehrer*innen anregende Lernbedingungen und Angebote nur schaffen können, indem sie *kontingentes Wissen* von den begleiteten Schüler*innen erlangen, sind Lehrende gleichzeitig selbst als Lernende anzusehen. Das *Wie* des Lernens der begleiteten Schüler*innen sollen sich Lehrende in Gesprächen erschließen. Auf der Basis der mitgeteilten Informationen (und ihres professionellen Wissens) sollen sie in der konkreten Interaktionssituation Angebote machen, die von den Schüler*innen als Unterstützung ihrer Lernprozesse verstanden und angenommen werden können. Diese wechselseitigen Beeinflussungen des jeweils fremden Lernprozesses verunmöglichen die Schaffung optimaler Lernbedingungen für den Einzelnen im Voraus (vgl. Fahland et al. 2012, S. 1). Sie können von Lehrer*innen antizipiert, aber nicht erzeugt werden, denn die Vorstellungen zu diesen Bedingungen basieren auf kontingentem Wissen sowie auf Erfahrungen zu und mit fremden Lernenden und auf den sich daraus generierten Annahmen über eine den Lehrer*innen fremdartige Aneignung von Welt. Die so verstandene Nichteinlösbarkeit des Anspruchs an Lehrer*innen „Unterricht aus der Perspektive des lernenden Subjekts“ (ebd.) zu denken, eröffnet neue Möglichkeiten im Sinne eines Sich-Einlassens auf die Singularität und Situativität von Lernbegleitungen als unterrichtliche Interaktionen und deren Offenhalten auf der Grundlage pädagogischer Professionalität. In diesem Sinne kann Lernprozessbegleitung als Teil des Konzeptes des Offenen Unterrichtes verortet werden, das Lernsituationen in Entscheidungsspielräume einordnet.

> „Kinder strukturieren Lernsituationen in der Regel selbst so, daß [sic] die notwendige ‚Passung‘ entsteht, wenn ihre Autonomie geachtet wird. Innerhalb des Konzepts

des Offenen Unterrichts stehen den Kindern entsprechende Entscheidungsspielräume zur Verfügung und gehören hier zur Lernkultur" (Geiling 2000, S.52).

3 Lernprozessgespräche als Interaktionen im Unterricht

Der hier vorgestellte Einsatz kann die Möglichkeit begründen, dass Schüler*innen als selbstorganisiert Lernende (hier als Hörer*innen und Sprecher*innen in Gesprächen) die pädagogische Intention der individuellen Unterstützung ihrer Lernprozesse annehmen können, aber nicht müssen. Sie legitimiert sich mit den entworfenen Vorstellungen von Schüler*innen als Akteur*innen in unterrichtlichen Interaktionen und mit der generellen Option verschiedener Weisen des Verstehens und des Anschließens in Kommunikation unter Anwesenden. So werden Lernbegleitungen im schulischen Unterricht als *performative*, kontingente Interaktionssituationen vorstellbar[9]. Mit dieser Idee wenden wir uns unserem Interesse an lernprozessbegleitenden Gesprächen zu. Wir stellen unsere Lesart von Lernprozessbegleitungen als situative Unterrichtsgespräche bzw. unterrichtliche Interaktionen vor.

Lernprozessbegleitungen könnten nach unserer Lesart in einer „Formenvielfalt von Unterrichtsgesprächen" (Thiele 1981, S. 9) verortet werden, weil alle Formen von Unterrichtsgesprächen als Prozesse „sich wechselseitig bedingender Lehr- und Lerntätigkeiten" (ebd., S. 13) gelten. Einige Perspektiven aktuellerer Unterrichtsforschungen stellen Unterricht als „Interaktionssystem" (Rabenstein 2010, S. 26) bzw. als soziale Situation vor, die „weder ein abgeleitetes und vorhersagbares Geschehen im Rahmen der Institution Schule ist, noch nur Folge der seitens der Anwesenden mehr oder weniger erfolgreich realisierten Intentionen" (ebd., S. 37). Unter Berücksichtigung äußerer Einflussfaktoren, Artefakte und nicht-wortsprachlicher sozialer Praktiken wird Unterricht „als eine soziale Situation aufgefasst, die durch Interaktion und Kommunikation gekennzeichnet ist, das heißt durch sprachliche Handlungen und Symbole, mittels derer eine Bedeutungsaushandlung zwischen Lehrer[*innen] und Schüler[*innen] sowohl im Hinblick auf fachliches Lernen als auch auf Erziehung stattfindet" (ebd., S. 38f.). Mit dieser Vorstellung von Unterricht als Interaktionssystem wird „eine für unterrichtliche Kommunikation grundlegende Kontingenz, eine Ungewissheit und Eigendyna-

9 Wir gehen davon aus, dass Lernbegleitungen gelingen können, wenn Schüler*innen *und* Lehrer*innen durch die unterrichtlichen Interaktionen lernen können. Das Gelernte und das zu Lernende wären als mitgeteilte Informationen kommunizierbar, d.h. verstehbar und in verschiedenen Weisen anschlussfähig.

mik“ (ebd., S. 38) angenommen, die sich sowohl mit kontingenten Entscheidungen der Akteur*innen begründet (siehe Abschn. 2), als auch mit der Möglichkeit verschiedener Anschlüsse an eine mitgeteilte Information, die durch Kontexte begrenzt, aber nicht bestimmt werden kann. Die (Un)Möglichkeiten gelingender Lernprozessbegleitungen in unterrichtlichen Interaktionen lassen sich mit Verweis auf den Text „Soziale Systeme“ (Luhmann 1993) wie folgt darstellen:

> „Themen sind ablehnbar. Beiträge sind ablehnbar. [...] Selbst wenn eine Kommunikation von dem, den sie erreicht, verstanden wird, ist damit noch nicht gesichert, dass sie auch angenommen und befolgt wird. [...] Annehmen kann bedeuten: Handeln nach entsprechenden Direktiven, aber auch Erleben, Denken, weitere Informationen verarbeiten unter der Voraussetzung, dass eine bestimmte Information zutrifft. Kommunikativer Erfolg ist: gelungene Kopplung von Selektionen“ (ebd., S. 216ff.).

Dieser Auffassung liegt das Verständnis zugrunde, „dass Unterricht – wie auch andere soziale Situationen – einerseits durch die kommunikativen Handlungen von Anwesenden erzeugt wird[10] und andererseits als Rahmung deren Handlungen immer auch erwartungsbezogen strukturiert“ (ebd., S. 37). Aus dieser Perspektive kann Lernprozessbegleitung als eine der vielen möglichen Formen performativer, kontingenter, unterrichtlicher Interaktionen gelten. Diese Vorstellung lässt sich mit den Ideen der Situativität und Singularität der zu begleitenden Lernprozesse legitimieren.

Die Darstellungen des „Arbeitspapiers Lernbegleitung“ (Fahland et al. 2012) entwerfen Lernprozessbegleitungen zwar nicht als abgeleitete und vorhersagbare Geschehen, aber als Unterrichtsgespräche, deren Gelingen in Abhängigkeit von situationsadäquaten Anwendungen grundlegender Gesprächstechniken durch Lehrer*innen dargestellt wird (vgl. ebd., S. 4). Mit den hier skizzierten Einsätzen wird eine solche Vorstellung fraglich. Nach unserem Verständnis lässt sich für das mögliche Gelingen von Lernbegleitungen konstatieren: Wenn die Themen lernprozessbegleitender Gespräche und ihre situativen Formen der Absicht dienen

10 Geht man davon aus, dass „Gespräch [...] möglicherweise nur ein Sammelbegriff für bestimmte, nämlich sprachliche Erscheinungsformen“ (Hausendorf 1992, S. 10) interaktiver Geschehen mit einer Vorrangigkeit des Sprechens und Zuhörens ist, dient das Ordnungsschema Anwesende/Person [Schüler*in bzw. Lehrer*n] als Adresse der mitgeteilten anschlussfähigen Informationen, die im sozialen System kommuniziert werden (vgl. Luhmann 1997, S. 106ff.). Das heißt, dass Themen und deren Ausdrucksformen des Sprechens, Verstehens und Anschließens einem*einer Schüler*in bzw. einem*einer Lehrer*in als „Sprechhandlungen“ (Rabenstein 2010, S. 40) im Unterricht zugeordnet werden.

sollen, die individuellen „Lern- und Methodenkompetenzen" (ebd.) der einzelnen Schüler*innen in einer Unterrichtssituation zugleich „differenziert wahr[zu]nehmen" (ebd.) und „individuell [zu] unterstützen"(ebd.), dann können sie nur performativ und kontingent hervorgebracht werden. Das setzt professionelles Wissen der Lernprozessbegleiter*innen ebenso voraus wie eine Sensibilität für das *situative* Nicht-Wissen-Können.

Insofern unterscheidet sich die vorgestellte Lernprozessbegleitung von anderen Weisen der Unterstützung selbständiger Arbeit von Schüler*innen im Unterricht, die unter den Bezeichnungen „individuelle Lernbegleitung" (Bräu 2015, S. 126), „Lernunterstützung" und „Lernberatung" (ebd.) als Begleitung, Beratung und Unterstützung von Schüler*innen „bei der Aufgabenbearbeitung" (ebd.) und als Kontrolle von Lernfortschritten (vgl. ebd.) vorgestellt wird[11]. Auch diese Lernbegleitungen/Lernberatungen realisieren sich in Gesprächsformen mit dem Ziel der individuellen Unterstützung von Schüler*innen. Sie unterscheiden sich von der Lernprozessbegleitung, die im Fokus unseres Textes steht, insbesondere durch die Erwartung, dass für Lernbegleitungen/Beratungen in Unterrichtsgesprächen „ein diagnostischer Vorgang vonnöten sei, bei dem der Lernstand und eventuelle Lernhindernisse oder -probleme erkannt würden, auf die sich die Beratung dann beziehe" (ebd.). ‚Diagnostische Vorgänge' können als kriteriengeleitete Beobachtungen von Lernprozessen, -kontexten, -gegenständen und -situationen und deren Analysen durch Lehrer*innen verstanden werden (vgl. Geiling 2000, S. 50ff.). Das vorgestellte Konzept der Lernprozessbegleitung verzichtet nicht auf Diagnosen und deren systematische Analysen, es rückt jedoch Gesprächsbeiträge der Schüler*innen zu ihrem individuellen Lernen in den Vordergrund. Diese – und nicht das diagnostische Wissen – können von Lehrer*innen als Mitteilungen und als differenzierte Informationen in lernprozessbegleitenden Unterrichtsgesprächen verstanden werden.

Die Erwartung, dass Lehrer*innen Schüler*innen „in dialogischer Gesprächsführung individuell unterstützen" (Fahland et al. 2012, S. 4) *können*, geht – nach unserer bereits vermerkten Lesart – davon aus, dass Schüler*innen Begleitungen ihrer Lernprozesse durch Lehrer*innen als Unterstützung ihres individuellen Lernens verstehen können, nicht müssen. Mit dieser Positionierung zu Möglichkeiten von Lernbegleitungen bleiben jedoch Ideen der Gestaltung „kompetenzorientierten und individualisierten Unterricht[s]" durch Lehrer*innen kontingent, ebenso wie Erwartungen, Unterricht „im wesentlichen [sic] aus der Perspektive des ler-

11 Diese Formen individueller Beratungen von Schüler*innen werden im „Arbeitspapier Lernbegleitung" (Fahland et al. 2012) als Lernreflexion-, Lernentwicklungs- sowie Lerncoachinggespräche vorgestellt (vgl. ebd., S. 3f.).

nenden Subjekts“ (ebd., S. 1) denken zu können. Vorstellungen von Lernbegleitungen als *performative, kontingente Interaktionen* erheben andere Ansprüche an die Akteur*innen in Unterrichtsgesprächen als die eingangs dargestellten. So zum Beispiel schreibt der Text „Dialogische Gespräche“ (Beucke-Galm 2015) Praktiken dialogischer Gespräche ein Potential für den Erwerb von Kompetenzen[12] zu, die nicht gelehrt werden können, sondern „nur durch Erfahrungen bzw. durch Lernprozesse, die auf Erfahrungen beruhen, gewonnen werden“ (ebd., S. 118). Zu lesen ist von einer „Kompetenz des Nichtwissens“ (ebd., S. 118f.), vom „Umgehen mit Unsicherheit“ (ebd., S. 119), von einer „Fähigkeit aus dem Prozess zu lernen“ (ebd., S. 119f.) und von einer „Kompetenz der Anschlussfähigkeit“ (ebd., S. 120). Derartige Ideen können, wenn sie als Gelingensbedingungen im Modus kompetenten Wissens und Könnens von Lehrer*innen verstanden werden, als Fiktionen gelesen werden. Vielleicht können sie aber auch als Vorstellungen eines professionellen pädagogischen Handelns diskutiert werden, das davon ausgeht, dass sich Lernen selbstorganisiert ereignet und davon, dass sich pädagogisch motivierte Begleitungen von Lernprozessen eigendynamisch vollziehen. Mit diesem Einsatz finden und bieten wir keine abschließenden Antworten auf unsere Frage wie Lernprozesse selbstorganisiert lernender Schüler*innen im Unterricht durch Gespräche individuell unterstützt werden können. Wir verstehen unseren Beitrag als mögliche Anregung zu *kritisch produktiven* Auseinandersetzungen mit dem Thema Lernbegleitung.

Literatur

Braun, U. & Kristen, U. (2003). Körpereigene Kommunikationsformen. In von Loeper & isaac (Hrsg.), *Handbuch der Unterstützten Kommunikation* (S. 02.003.001-02.007.001). Karlsruhe: von Loeper.

Bräu, K. (2015). Schüler-Lehrer-Gespräche: Lernberatung. In H. de Boer & M. Bonanati (Hrsg.), *Gespräche über Lernen – Lernen im Gespräch* (S. 125–142). Wiesenbaden: Springer VS.

Beuke-Galm, M. (2015). Dialogische Gespräche. In H. de Boer & M. Bonanati (Hrsg.), *Gespräche über Lernen – Lernen im Gespräch* (S. 103–121). Wiesenbaden: Springer VS.

Fahland, B., Fröhlich, M., Krause, M., Liedtke-Schöbel, M., Muster-Webs, H., Nilges, G. & Schwarz, H. (2012). *Arbeitspapier Lernbegleitung*. Landesinstitut für Lehrerbil-

12 Unsere Lektüre des skizzierten Einsatzes wurde in dem Zusammenhang durch die Verwendung des Begriffs der Kompetenz irritiert und so wurden wir aufmerksam auf dessen viele mögliche Synonyme, zu denen auch Gabe, Kunst, Geschick und Takt gehören (vgl. http://synonyme.woxikon.de/synonyme/kompetenz.php. Zugegriffen: 25. Januar 2018).

dung und Schulentwicklung Hamburg. http://li.hamburg.de/contentblob/3546232/c47a0921e829360ec0d6885260bb0219/data. Zugegriffen: 06. Oktober 2017.

Geiling, U. (2000). Integrative Pädagogik mit Kindern in erschwerter Lernsituation – oder: Für eine Pädagogik, die Kinder stark macht. In U. Geiling (Hrsg), *Pädagogik, die Kinder stark macht. Ansätze zur Arbeit mit Kindern in Not* (S. 41–58). Opladen: Leske + Budrich.

Hausendorf, H. (1992). *Gespräch als System. Linguistische Aspekte einer Soziologie der Interaktion*. Opladen: Westdeutscher Verlag.

Hurrelmann, K. & Bründel, H. (2003). *Einführung in die Kindheitsforschung*. 2. Auflage. Weinheim & Basel: Beltz.

Luhmann, N. (1993). *Soziale Systeme. Grundriß einer allgemeinen Theorie*. 4. Auflage. Frankfurt/M.: Suhrkamp.

Luhmann, N. (1997). *Die Gesellschaft der Gesellschaft*. Frankfurt/M.: Suhrkamp.

Luhmann, N. (2004). Erziehender Unterricht als Interaktionssystem. In D. Lenzen (Hrsg.), *Niklas Luhmann. Schriften zur Pädagogik* (S. 11–22). Frankfurt/M.: Suhrkamp.

Meyer-Drawe, K. & Waldenfels, B. (1988). Das Kind als Fremder. *Vierteljahreszeitschrift für wissenschaftliche Pädagogik 3/88*, Nr. 64, S. 271–287.

Pfeiffer, W. (2004). *Etymologische Wörterbuch des Deutschen*. 7. Auflage. München: Deutscher Taschenbuch Verlag.

Rabenstein, K. (2010). Was ist Unterricht? Modelle im Vergleich. In C. Schelle, K. Rabenstein & S. Reh (Hrsg.), *Unterricht als Interaktion. Ein Fallbuch für die Lehrerbildung* (S. 25–42). Bad Heilbrunn: Klinkhardt.

Thiele, H. (1981). *Lehren und Lernen im Gespräch. Gesprächsführung im Unterricht*. Bad Heilbrunn: Klinkhardt.

Diagnostisches Handeln als Basis professioneller Lernprozessbegleitung

Reflexionen aus der Perspektive schulischer Inklusion

Jaqueline Simon und Toni Simon

Ausgehend von der Bedeutung diagnostischen Handelns für die Begleitung von Lernprozessen erfolgt im Beitrag ein professionstheoretischer Zugang zum Thema Diagnostik in Verbindung mit Anmerkungen zu Fragen der (Re-)Produktion von Ungleichheit(en) im Bildungswesen. Weiterhin werden inklusionspädagogische Ansprüche an diagnostisches Handeln bündig zusammengefasst. Das Material ILEA T (Geiling et al. 2015) wird kritisch auf seine Eignung zur inklusionsorientierten Lernprozessbegleitung überprüft und es werden Adaptionen des ILEA T-Numeracy-Materials skizziert.

1 Zur Ambivalenz diagnostischen Handelns im Kontext von Lernprozessbegleitungen

Die Bedeutung diagnostischen Handelns für die Lernprozessbegleitung wird seit langem in verschiedenen pädagogischen Kontexten (z.B. in der Elementar-, Schul- und Sozialpädagogik) diskutiert. Das Thema Diagnostik erlebte sowohl im Zuge der internationalen Schulleistungsuntersuchungen Anfang der 2000er Jahre (vgl. Hesse und Latzko 2017, S. 15), als auch im Rahmen der Diskussionen um inklusive Bildung (vgl. diverse Beiträge in Amrhein 2016) besondere Aufmerksamkeit. Auseinandersetzungen mit Diagnostik fokussieren insgesamt einerseits die Rele-

S. Bartusch et al. (Hrsg.), *Lernprozesse begleiten*,
https://doi.org/10.1007/978-3-658-21924-6_5

vanz diagnostischen Handelns für die Individualisierung und erfolgreiche Gestaltung von Lehr-Lern-Prozessen. Andererseits werden mit diagnostischem Handeln verbundene Gefahren der Übergriffigkeit bzw. einer „von Fürsorge motivierte[n] pädagogische[n] Kontrollillusion", die insbesondere in Schule „untrennbar mit Bewertung verkoppelt" ist (Offen 2014, S. 2), thematisiert und es wird vor negativen Effekten einer permanenten Überwachung durch lernprozessbegleitende Diagnostik (vgl. z.B. Breidenstein et al. 2015, S. 54) gewarnt. Mit solchen kritischen Auseinandersetzungen wird auf die Ambivalenz von Diagnostik als Machtinstrument (vgl. Thole et al. 2007, S. 315ff.) verwiesen, die insbesondere in einem auf Leistung und Selektion orientierten Schulsystem relevant erscheint. Sie drückt sich u.a. in z.T. widersprüchlichen Konzeptualisierungen von Diagnostik aus (vgl. z.B. Hinz et al. 2014; Simon und Geiling 2016) und verweist darauf, dass die „Umsetzung diagnostischer Konzepte [...] sich nicht von existenten Strukturen, vom professionellen Selbstverständnis und entsprechenden Einstellungen und Beliefs etc. lösen lässt" (Simon und Geiling 2016, S. 206) und hinsichtlich derselben stets kritisch zu reflektieren ist.

2 Diagnostische Kompetenz, pädagogische Professionalität und die (Re-)Produktion von Ungleichheit im Bildungswesen

Diagnostisches Handeln wird i.d.R. mit dem Anspruch einer objektiven Erkenntnis bzw. dem Versprechen von Objektivität und Klarheit (vgl. Thole et al. 2007, S. 316) und entsprechend mit Termini wie „Veridikalität" und „Urteilsgenauigkeit" verbunden (vgl. z.B. Schrader 2006, S. 95f.). In einigen Strängen der Diskussionen um Diagnostik wird jedoch seit längerem betont, dass Diagnosen weniger gesicherte und objektive Erkenntnisse, als vielmehr diagnostisch fundierte, in ihrer Aussagekraft jedoch stets begrenzte Arbeits*hypothesen* (vgl. exempl. Prengel et al. 2015) liefern. Mit einer solchen Distanzierung wird u.a. Kritik an der impliziten „Allmächtigkeit" von Diagnostik geübt, die z.T. „kaum noch einer kritischen Überprüfung unterliegt" (Thole et al. 2007, S. 316). Nichtsdestotrotz gilt „ein umfassendes diagnostisches und fachdidaktisches Lehrerwissen" sowie ein „Interesse an den Lern- und Verstehensprozessen der Schüler/-innen" von Lehrkräften nach wie vor als „Grundlage aller Förderung" (Breidenstein et al. 2015, S. 53). Demgemäß steht das Konstrukt der diagnostischen Kompetenz im Laufe der letzten Jahre verstärkt im Fokus von Forschungen u.a. zur pädagogischen Profession (vgl. Heinrichs 2015, S. 21), wobei weitgehend eine Orientierung am Kompetenzbegriff von Weinert erfolgt (vgl. Aufschnaiter und Blömeke 2010, S. 362). Insgesamt herrscht in der pädagogischen Kompetenzdebatte – trotz z.T. kontroverser Diskussionen, der Unschärfe des Kompetenzbegriffes, der Ungenauigkeit von Kompetenzbeschreibungen und der Uneinigkeit bezüglich relevanter Kompetenzen (vgl. ebd., S. 362ff.) – ein weitgehender Konsens, dass Kompetenzen mehr als nur kognitive Dispositionen darstellen. Modelle pädagogischer Professionalität berücksichtigen daher neben differenziertem Wissen (siehe Studien wie MT21, TEDS-M und CO-ACTIV) auch Fähigkeiten sowie Überzeugungen. Bezüglich diagnostischer Kompetenz, die „an ein breit gefächertes professionelles Wissen geknüpft" ist (Hesse und Latzko 2017, S. 27), sich nicht auf dasselbe beschränken lässt und „häufig verwendet [wird; d.A.], um teilweise sehr unterschiedliche Tätigkeitsfelder von Lehrkräften zu beschreiben (Buholzer & Zulliger, 2013; Schrader, 2013; Barth & Henninger, 2012; Barth, 2010; Prediger, 2010)" (Heinrichs 2015, S. 34), existiert aktuell „kein einheitliches, fundiertes und empirisch überprüftes Modell" (ebd., S. 40). Gleichwohl gilt die diagnostische Kompetenz, die Weinert (2000, S. 14) als „Bündel von Fähigkeiten" beschreibt, „um den Kenntnisstand, die Lernfortschritte und die Leistungsprobleme der einzelnen Schüler sowie die Schwierigkeiten verschiedener Lernaufgaben im Unterricht fortlaufend beurteilen zu können", in der Theorie pädagogischer Professionalität als eine bedeutsame Schlüsselkompetenz *aller* Lehrkräfte (vgl. z.B. Helmke 2009).

Im Widerspruch zur professionstheoretischen Betonung der *allgemeinen* Relevanz diagnostischen Handelns stehen u.a. manche sonderpädagogischen Diskussionen zur Bedeutung von Diagnostik für die Realisierung inklusiver Bildung. So plädieren bspw. Schäfer und Rittmeyer (2015) im Rahmen ihres Entwurfs einer sogenannten „Inklusiven Diagnostik" dafür, dass sonderpädagogische Lehrkräfte intensive und regelpädagogische Lehrkräfte lediglich grundlegende diagnostische Kompetenzen erlangen sollten (vgl. ebd., S. 119). Eine solche Positionierung, die offensichtlich der Bewahrung sonderpädagogischer Expertise in Zeiten sich ändernder professioneller Rollenbilder dient und einer Professionalisierung auf der einen sowie einer partiellen De-Professionalisierung auf der anderen Seite entgegen wirken soll, widerspricht zumindest tendenziell der grundlegenden professionstheoretischen Bedeutung diagnostischer Kompetenzen für eine angemessene Lernprozessbegleitung durch alle Lehrkräfte. Sie (re-)produziert zudem eine professionsbezogene Dichotomie, die in den letzten Jahrzehnten u.a. mit spezifischen (Nicht-)Zuständigkeiten einher ging und deren Überwindung als bedeutender Aspekt inklusionsorientierter Entwicklungen beschrieben wird (vgl. z.B. Geiling und Simon 2014).

Insbesondere aufgrund der vermeintlichen Urteilsgenauigkeit von Diagnostik dient diese nach wie vor der Verobjektivierung von Entscheidungen wie z.B. im Bereich von Zuweisungen und Übergangsempfehlungen oder der Akkreditierung sonderpädagogischen Förderbedarfs. Zur Frage der Genauigkeit und Objektivität diagnostischer Urteile lassen sich jedoch widersprüchliche empirische Befunde ausmachen. So resümieren McElvany et al. (2009) u.a. unter Bezug auf die Metaanalyse von Hoge und Coladarci (1989), dass Lehrkräfte zu relativ genauen Einschätzungen fähig sind. Andere Autor*innen wiederum verweisen auf spezifische, diagnostisch ‚legitimierte' Ungleichheit(sreproduktion)en und Diskriminierungen. So betonen z.B. Seitz und Simon (2018, S. 80), „dass sowohl die Notengebungen als auch die Zuweisungen von Schüler*innen an den Übergängen[1] des Schulsystems mit Diskriminierungen einhergehen (vgl. Maaz/ Baumert/ Trautwein 2009, S. 19f.; Gomolla 2012; Sprietsma 2013; van Ackeren/ Klemm/ Kühn 2015, S. 55ff.)", die im hiesigen selektiven Schulsystem u.a. mit den Merkmalen sozio-ökonomischer Status und Migrationshintergrund korrelieren. Mit Blick auf das Förderschulwesen ist zudem die Effektivität diagnostisch fundierter und legitimierter separierender Förderung scharf zu kritisieren. So verweisen aktuelle Statistiken auf relativ stabil bleibende geringe Schulabschlussquoten von Absolvent*innen von Förderschulen (vgl. Autorengruppe Bildungsberichterstattung 2014, S. 181), und empirische Befunde (vgl. Kocaj et al. 2014, Kuhl et al. 2015) belegen abermals den Vorteil Gemeinsamen Unterrichts an Regelschulen bzw. den seit den 1960er Jahren immer wieder belegten negativen Einfluss der Beschulung an Förderschulen auf die Leistungsentwicklung von Schüler*innen.

Zusammenfassend kann damit einerseits die (ungebrochene) Betonung der Relevanz von Diagnostik für pädagogisch professionelles Handeln und die Begleitung von Lernprozessen in Schule hervorgehoben werden. Andererseits muss auf die Ambivalenz diagnostischen Handelns, das v.a. im hiesigen auf Selektion ausgerichteten Bildungswesen spezifischen Widersprüchen unterworfen ist, und dessen eigenen Beitrag zur (Re-)Produktion von Ungleichheit(en) im Bildungswesen verwiesen werden.

3 Annäherungen an ein Verständnis von Diagnostik zur Unterstützung schulischer Inklusion

Vor allem im Rahmen der Integrations- und Inklusionsforschung wurde und wird die Ambivalenz von Diagnostik im schulischen Kontext thematisiert. Diskussionen greifen dabei u.a. auch die professionstheoretisch begründbare allgemeine Bedeutung diagnostischen Handelns für alle pädagogisch professionellen Akteur*in-

1 Gemeint sind Übergänge von der Grundschule auf Schulen der Sekundarstufe sowie von allgemeinbildenden Schulen auf Sonderschulen.

nen auf – z.B. im Zuge von Diskussionen um die Kooperation von Sonder- und Regelschulpädagog*innen. In den letzten Jahren sind zudem vermehrt Arbeiten entstanden, die sich mit Ansprüchen inklusionsorientierter Diagnostik und sich aus diesen ergebenden Konsequenzen für tradierte Strukturen, Kulturen und Praktiken beschäftigen (vgl. u.a. Boban 2007; Seitz 2008; Wocken 2013; Simon und Simon 2013; Geiling et al. 2015; Prengel 2016; Simon und Geiling 2016). U.a. auf Basis der angeführten Arbeiten fassen Simon und Geiling (2016, S. 200) zusammen,

> „dass das Arbeitsfeld der [inklusionsorientierten; d.A.] Diagnostik intentional nicht in der Legitimation von Praktiken der Selektion und Platzierung im Interesse möglichst homogener Lerngruppen verortet wird, die die (Re)Produktion von Ungleichheit(en) unterstützen. Vielmehr wird in diesen Diskursen auf Methoden einer genuin pädagogisch orientierten ‚didaktischen Diagnostik' (Geiling u.a. 2015, Prengel 2016) fokussiert, die Informationen für die Gestaltung individualisierter Lern- und Entwicklungsangebote liefern. In oben genannten Arbeiten wird die inklusive Diagnostik zudem deutlich von der sonderpädagogischen Feststellungsdiagnostik, die als Vergleichs-, Zuweisungs-, Selektions- und Platzierungsinstrument kritisiert wird (vgl. z.B. Feuser 1995, Wocken 2013), abgegrenzt. Betont wird hingegen die anerkennende Unterstützung differenter Lernwege aller Lernenden einer Lerngruppe bei Einbezug derselben sowie bedeutsamer Bezugspersonen in diagnostische Prozesse. Zudem wird in benannten Quellen auf nötige Reformen im Bildungswesen (z.B. strukturelle oder professionelle) als Voraussetzung eines inklusiven Bildungssystems verwiesen."

Eine Diagnostik zur Unterstützung schulischer Inklusion erfordert entsprechend

> „einen ‚bewussten und reflektierten Umgang mit der Heterogenität des Lernens' sowie mit ‚Entwicklungs- bzw. Sozialisationsbedingungen insgesamt' und muss daher ‚mit milieu-, kultur-, geschlechtssensibler Pädagogik verknüpft gedacht werden' (Seitz 2011, 51). Gleichsam müssen Verfahren im besonderen Maße ‚entwicklungssensibel' sein (vgl. Prengel u.a. 2015), damit bereits erworbene Kompetenzen in einem möglichst breiten Leistungsspektrum erfasst und positiv beschrieben werden können. Nach Simon und Simon (2013, o.S.) knüpft inklusive Diagnostik ‚an den systemischen Blick der Förderdiagnostik an, wie er für die Kind-Umfeld-Analyse (Sander 1993) maßgeblich ist und fragt nach der Notwendigkeit der Passung von Rahmenbedingungen und kindlichen Bedürfnissen'. Sie ist praxisrelevant, da sie unmittelbar mit didaktischem Handeln einhergeht und richtet sich als ‚Serviceleistung' (Wocken 2013) an alle Kinder und Jugendliche einer Lerngruppe, unabhängig von besonderen Problemen oder Begabungen. Da sie nur ‚fragmentarische Momentaufnahmen sozialer Realität' (Simon & Simon 2013, o.S.) hervorbringt, hilft sie Arbeitshypothesen aufzustellen und schließt Fest-/Zuschreibungen aus. Ihr Charakter ist dialogisch ko-konstruktiv, da möglichst viele Personen in den diagnostischen Prozess involviert werden sollen. Allem voran die Lernenden, was als ein Ansatz zur

Überwindung der ,Verdinglichung von Kindern und Jugendlichen im Rahmen von Diagnostik' (ebd.) gewertet werden kann" (ebd., S. 200f.).

Eine inklusionsorientierte Diagnostik, die stets mit (Selbst-)Reflexionen hinsichtlich ihrer (z.B. institutionellen) Rahmung, Grenzen, Gefahren und möglicher (nichtintendierter) Folgen einhergeht, dient damit insgesamt der didaktisch-methodischen Unterstützung von Lern- und Entwicklungsprozessen, indem versucht wird, didaktisch relevante Informationen prozessbegleitend zu potenziell jeder Unterrichtsphase (aber auch außerhalb des Unterrichts) über möglichst vielfältige Informationsträger zu erfassen und zu interpretieren (vgl. Prengel 2016, S. 54ff.). Auch innerhalb der Fachdidaktiken werden diese Ansprüche aufgegriffen und diskutiert, z.B. von Seitz und Simon (2018), die mit ihren fünf Prinzipien einer inklusionsorientierten Diagnostik im Sachunterricht weitgehend an die obigen Ausführungen anknüpfen (siehe Tab. 1).

Tab. 1 Prinzipien inklusionsorientierter Diagnostik im Sachunterricht (Seitz und Simon 2018, S. 89ff.)

Prinzip	Beschreibung
Achievement	gemeinsame Suche nach Lern- und Entwicklungspotenzialen unter Wahrung des Anspruchs personaler Anerkennung und hoher Erwartungen an alle Schüler*innen
Partizipation	Verständnis von Diagnostik als dialogischen, ko-konstruktiven, partizipativen Prozess, in dessen Rahmen die Lernenden aktiv einbezogen und auch unterschiedliche professionelle Perspektiven zusammengeführt werden
Lerndokumentation & Leistungsbewertung	Verbindung diagnostischen Handelns mit alternativen Formen der Lerndokumentation und prozessorientierten, differenzierten Formen der Bewertung und Rückmeldung
Fragen, Themen & Interessen	Aufmerksamkeit für Fragen, Themen und Interessen und das Anknüpfen an diese bei diagnostisch-didaktischen Tätigkeiten
Reflexivität	reflexive Anerkennung von Ungewissheit im diagnostischen Handeln, die Bewusstheit der Begrenztheit von Erkenntnis und die Distanzierung von Diagnostik als Kontrollinstrument

4 ILEA T als Material für eine inklusionsorientierte Lernprozessbegleitung?

Mittlerweile liegen zahlreiche Kriterien vor, mithilfe derer diagnostische Materialien und Praktiken inklusionspädagogisch reflektiert werden können. Nachfolgend wird dies exemplarisch für ILEA T (individuelle Lern- und Entwicklungsanalysen im Übergang: Transition; Geiling et al. 2015), ein verbindendes Element zwischen frühpädagogischen Bildungsdokumentationen und individuellen Lernstandsanalysen im Anfangsunterricht, getan. Das ILEA T-Handbuch (ebd.) bietet vielfältige Anregungen für gezielte Beobachtungen, Analysen, Dokumentationen und pädagogische Angebote im Bereich bio-psycho-soziale Gesamtsituation, kindliche Themen und Interessen sowie Literacy und Numeracy. Neben dem Handbuch stellt ILEA T standardisierte, Rasch-skalierte Instrumente[2] für domänenspezifische Lernstandsanalysen in den Bereichen Literacy und Numeracy zur Verfügung, die v.a. dann zum Einsatz kommen sollen, wenn sich kindliche Kompetenzen der Beobachtung in Alltagssituationen entziehen bzw. wenn vertiefte individuelle Analysen gewünscht werden. Entsprechend seiner Prinzipien (Prengel et al. 2015) lässt sich ILEA T als ein sich am breiten Inklusionsverständnis orientierendes didaktisches Diagnostikum beschreiben, das auf eine anerkennende Lernprozessbegleitung zielt. Mit ILEA T werden *alle* pädagogischen Fachkräfte angesprochen, womit der allgemeinen professionstheoretischen Bedeutung diagnostischen Handelns im schulischen Kontext Rechnung getragen wird. Die Passung von ILEA T mit inklusionspädagogischen Ansprüchen beschreiben Simon und Geiling (2016, S. 205) wie folgt:

> „ILEA T baut auf einem ökosystemischen Verständnis von Diagnostik auf und sensibilisiert für die Begrenztheit von Diagnostik. Es erfolgt keine Fixierung auf Problemlagen, sondern jedes Kind wird als auf seiner Stufe kompetent wertgeschätzt und erhält einen Anspruch auf individuelle Förderung ohne kategoriale Zuschreibungen. ILEA T baut in zentralen Lernbereichen auf empirisch validierten Stufenmodellen auf, die reflexiv gehandhabt werden. ILEA T ist entwicklungssensibel, regt die Selbstreflexion der Lernenden an und zielt auf pädagogische Angebote zur Unterstützung der Lernentwicklung aller Lernenden. Ferner trägt ILEA T zum Abbau organisationaler Barrieren bezogen auf kindliches Lernen bei und ist im Gegensatz zu den meisten diagnostischen Materialien vollumfänglich kostenfrei im Internet erhältlich (http://ilea-t.reha. uni-halle.de/).“

2 Die diagnostischen Materialen für Literacy und Numeracy, das Lesebuch „Theobald als Schatzsucher“ bzw. „Theobald geht zur Schule“ und das Würfelspiel „Reise zu den Zahleninseln“, basieren auf empirisch geprüften Stufenmodellen, die ein breites Kompetenzspektrum abzubilden versuchen.

Ungeachtet der grundsätzlichen Anschlussfähigkeit von ILEA T werden unter anderem „die standardisierten Instrumente von ILEA T vielen Dimensionen von Heterogenität noch nicht gerecht“ (ebd.). So erfolgte zwar eine Ausdifferenzierung der Materialien z.B. im Bereich basaler Zugänge zur Mathematik (siehe unten), eine Überarbeitung hinsichtlich höherer Niveaustufen jedoch nicht. Ausbaufähig sind zudem Möglichkeiten der Partizipation und des Self-Assessment der Lernenden sowie von erfahrungs- respektive lebensweltorientierten Adaptionen (so werden bspw. im Literacy-Material konkrete Symbole und Piktogramme vorgegeben, die sich z.B. hinsichtlich eines milieuspezifischen Bias kritisch hinterfragen lassen). Für Kinder mit spezifischen Entwicklungserschwernissen im Bereich Sehen oder im Bereich motorischer Entwicklung sind die ILEA T-Materialien, die bislang nur in deutscher Sprache vorliegen, z.T. nur bedingt nutzbar. Dass die hier angedeuteten Überarbeitungspotenziale z.T. umfangreiche Änderungen zur Folge hätten, wird im nächsten Abschnitt exemplarisch anhand durchgeführter inklusionsorientierter Adaptionen des Numeracy-Materials gezeigt.

5 Einblicke in inklusionsorientierte Adaptionen des ILEA T-Numeracy-Materials „Reise zu den Zahleninseln" (RzdZ)

Im Rahmen der Entwicklung von ILEA T fanden inklusionsorientierte Überarbeitungen statt, die auf dem Anspruch fußen, dass die ILEA T-Materialien Pädagog*innen dabei unterstützen sollen, „alle Kinder gleichermaßen zu achten, allen Chancengleichheit zukommen zu lassen, die Kompetenzen und Themen jedes Kindes kennen zu lernen“ (Prengel et al. 2015, S. 12). Daraus leitet sich u.a. das Erfordernis ab, dass die ILEA T-Materialien eine maximal entwicklungssensible Erfassung kindlicher Kompetenzen unterstützen. Die Validierungsdaten der Erprobungsfassung von RzdZ sowie die Daten der Rasch-Skalierung zeigten jedoch, dass z.B. mit dem ursprünglichen ILEA T-Numeracy-Material (Geiling et al. 2011) nicht die Kompetenzen aller Kinder erfasst werden konnten. Anhand der auf die Gesamtstichprobe und auf alle drei Erhebungszeitpunkte (EZP) bezogenen Lösungshäufigkeiten zweier ausgewählter Aufgaben (siehe Tab. 2) sowie der Ergebnisse der Rasch-Modellierung von RzdZ (siehe Tab. 3) wird deutlich, dass die Erprobungsfassung des Materials Kompetenzen im numerischen Bereich voraussetzte, die trotz der relativ geringen Schwierigkeit der entsprechenden Aufgaben zum Zeitpunkt der Datenerhebung(en) nicht bei allen Kindern erfasst werden konnten.

Tab. 2 Auf die Gesamtstichprobe bezogene Lösungshäufigkeiten der Aufgaben „Würfelbilder erkennen" und „Reihe herstellen – Seriation nach Anzahl" (vgl. Schubert 2013)

Item: „Kind benennt das Würfelbild mit den drei Punkten"			
Lösungshäufigkeiten	EZP1 (N = 745)	EZP2 (N = 713)	EZP3 (N = 502)
	87,4%	92,6%	96,0%
Item: „Kind legt die Käferkarte mit vier Punkten an die vierte Stelle in der Kartenreihe (und begründet seine Entscheidung plausibel)"			
Lösungshäufigkeiten	EZP1 (N = 745)	EZP2 (N = 709)	EZP3 (N = 501)
	65,6%	76,2%	89,4%

Tab. 3 Modellstufenzuordnung und Testgütekriterien ausgewählter Items des RzdZ-Materials im Rasch-Modell nach Bartusch et al. (2015, S. 30)

Modellstufe	**RzdZ-Aufgaben-Nr.**	**Item-Beschreibung: Das Kind...**	**Kenndaten der 1-dimensionalen Rasch-Modellierung (N = 1280, Alter: 6;2 ± 0;6 Jahre)**					
			Schwierigkeit	**Trennschärfe**	**Threshold (Logit)**	**Threshold-Fehler**	**Infit (wg. MNSQ)**	**T-Wert**
Stufe 1 von 5 (7 Items)	12	...nennt die korrekte Anzahl „fünf" (Abzählen möglich).	94,7%	0,33	-3,818	0,148	1,20	1,8
	1	**...benennt spontan das Würfelbild „drei".**	**93,5%1**	**0,37**	**-3,478**	**0,133**	**0,91**	**-0,9**
	2b	...sagt die Zahlwortreihe über 12 hinaus fehlerfrei.	92,5%	0,41	-3,308	0,127	1,10	1,1
	...	...	...	...	...	...	...	...

Tab. 3 (Fortsetzung)

Modellstufe	RzdZ-Aufgaben-Nr.	Item-Beschreibung: Das Kind…	Kenndaten der 1-dimensionalen Rasch-Modellierung (N = 1280, Alter: 6;2 ± 0;6 Jahre)					
			Schwierigkeit	**Trennschärfe**	**Threshold (Logit)**	**Threshold-Fehler**	**Infit (wg. MNSQ)**	**T-Wert**
Stufe 2 von 5 (13 Items)	…	…	…	…	…	…	…	…
	7	…zählt rückwärts beginnend mit 5.	81,6%	0,61	-1,787	0,09	0,83	-3,6
	8	…bezeichnet die „fünfte“ Insel (Ordnungszahlwort).	79,3%	0,54	-1,522	0,087	0,99	-0,1
	9	**…legt den 4-Punkt-Käfer korrekt UND begründet plausibel.**	**77,6%**	**0,55**	**-1,383**	**0,085**	**1,01**	**0,1**

Sowohl die angedeuteten empirischen Befunde als auch die theoriegeleitete Reflexion der Validierungsfassung von RzdZ – v.a. auf Basis von Studien zu basalen mathematischen Kompetenzen (vgl. z.B. Reich 1996; de Vries 2010; Kornmann 2010) und Merkmalen einer inklusionsorientierten Diagnostik (vgl. zusammenfassend Simon und Simon 2013) – legten eine Modifizierung des Numeracy-Materials sowie des dazugehörigen Stufenmodells hinsichtlich basaler Kompetenzen und Vorläuferfähigkeiten nahe. Im Rahmen einer entsprechenden Überarbeitung (vgl. Simon 2013) erfolgte daher im Wesentlichen eine qualitative Adaption des bestehenden Aufgabensets, eine Erweiterung der Materialien und eine Ergänzung von aufgabenbezogenen Abbruch- und Eingangsbedingungen, die zur überarbeiteten Fassung des Materials RzdZ (Bartusch et al. 2015) sowie einen Teil zur Entwicklung der „basalen“ Stufe des überarbeiteten Numeracy-Stufenmodells (vgl. Bartusch und Geiling 2015, S. 66ff.; Bartusch et al. 2015, S. 24ff.) beitrug.

Die Überarbeitung ging u.a. mit einer Erprobung des Materials an einer Förderschule mit dem Förderschwerpunkt geistige Entwicklung (N = 5) einher. Im Rahmen dieser Erprobung zeigten alle fünf Kinder u.a. bei der ersten Aufgabe

Probleme, Würfelbilder zu erkennen und ihre Spielfigur um die jeweilige Augenzahl zu setzen. Entsprechend der Handlungsanweisungen der RzdZ-Validierungsfassung (Geiling et al. 2011) wäre(n) das Spiel abgebrochen und weitere Aufgaben nicht gestellt worden (obwohl Kinder, die keine Würfelbilder erkennen, durchaus andere, mit RzdZ an späterer Stelle zu erhebende Kompetenzen zeigen könnten). Um dieses Problem zu lösen, wurde eine didaktisch-methodische Adaption des RzdZ-Materials vorgenommen, indem ein Fühlsack mit schwarzen und weißen Spielsteinen gefüllt wurde, aus dem die Kinder zufällig einen Stein ziehen konnten. Dessen Farbe bestimmte das nächste Feld, auf das die Spielfigur gesetzt werden sollte, sodass die Fortsetzung des Spiels garantiert und ein Misserfolgserleben der Kinder verhindert werden konnte. Diese und eine weitere Variante der Substitution des Würfelns und Erkennens von Würfelbildern wurden in der RzdZ-Fassung von 2015 als Ergänzung der ersten Aufgabe aufgenommen.

Eine weitere Ergänzung besteht in einer neu entwickelten Aufgabe (Basal 1) zur Überprüfung der Fähigkeit, kleine Mengen (bis 3) zu benennen, herzustellen und zu vergleichen. Diese Aufgabe wird nur Kindern gestellt, die noch nicht abzählen können.

Die nächste Adaption bezieht sich auf Aufgabe 9 „Reihe herstellen – Seriation nach Anzahl". Hier wird mit Karten, die Marienkäfer mit ein bis sechs Punkten zeigen, geprüft, ob das Kind eine Reihe nach steigender Anzahl der Käferpunkte bilden kann. Dabei werden die ersten drei Karten richtig von der*dem Pädagog*in angeordnet. Das Kind soll – ohne einen Hinweis auf die Punkte – aus den drei übriggebliebenen Karten eine auswählen, die Reihe erweitern und anschließend mit den restlichen Karten fortsetzen. Da nicht alle Kinder eine Reihung nach Anzahl vornehmen konnten, wurde die ergänzende Aufgabe „Reihung nach qualitativen Merkmal" konzipiert. Statt der vorgegebenen (quantitativen) Reihe werden bei dieser Aufgabe eine Käferkarte (ohne Punkte) sowie zusätzlich drei unterschiedlich große Käferkarten ungeordnet vor das Kind hingelegt (siehe Abb. 1) und gefragt, welcher Käfer der Größte sei, sowie die Aufforderung erneut gestellt, sie richtig anzuordnen.

⇨ Basal 2) wird nur Kindern gestellt, die die Käferreihe bei Aufgabe 9) nicht ergänzen konnten!

Basal 2) Reihung nach qualitativem Merkmal

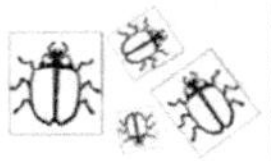

Material: Bildkarten „Käferreihe nach Größe“
Bildkarten „Reihe mit Fischen“

Aufgabe: *„Auch diese Käfer hier möchten sich zur Begrüßung ganz ordentlich der Größe nach aufstellen. Aber allein schaffen sie es noch nicht.* **Welcher Käfer ist der größte?“** [Antwort abwarten]
„Dorothea hat den größten schon mal hier hingestellt. [die Käferkarte vor das Kind legen] **„Lege nun die anderen Käfer richtig daneben!“** [Antwort abwarten]
„Zeige den kleinsten Käfer!“

⇨ Falls das Kind die Käfer ihrer Größe nach richtig gelegt hat, kann

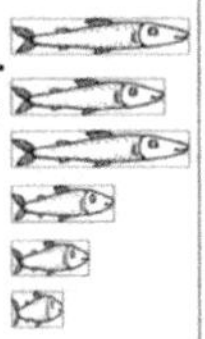

[die Fische werden wie in nebenstehender Abbildung angeordnet vor das Kind gelegt] **„Da kommen Fische angeschwommen. Sie möchten auch ordentlich in einer Reihe schwimmen. Aber irgendetwas stimmt hier nicht. Findest du den Fisch, der falsch schwimmt?“**

[die übrigen Fischkarten werden vorgelegt]
„Finde den Fisch, der an die Stelle passt!“

Dokumentation: Notieren, inwieweit das Kind die Käfer der Größe nach sortieren und ob es den Fehler in der Fisch-Reihe finden und korrigieren konnte.

Abb. 1 Standardisierte Handlungsanweisungen und Beschreibung der Aufgabe Basal 2 „Reihung nach qualitativem Merkmal“ (Bartusch et al. 2015, S. 16)

Wenn das Kind die qualitative Reihe mit den Käferkarten richtig legt, wird überprüft, ob es einen Fehler in einer Reihe erkennt und diesen korrigieren kann. Dazu wird mithilfe der Fischkarten (siehe Abb. 1) eine fehlerhafte Reihung vorgegeben. Zum Korrigieren bekommt das Kind weitere Karten angeboten, aus denen es den passenden Fisch auswählen soll.

Eine weitere Adaption des RzdZ-Materials ermöglicht es, Kindern, die nicht sicher mit Begriffen wie “weniger”, “mehr” oder “gleichviel” umgehen können bzw. die noch keinen Zugang zu Anzahlen haben, eine weitere Aufgabe zu stellen, mit der Kompetenzen auf der basalen Stufe bezüglich qualitativer Merkmale von Gegenständen (Größe, Farbe, Form) erfasst werden sollen (siehe Abb. 2).

⇨ Aufgabe Basal 3) wird nur den Kindern gestellt, die nicht sicher mit den Begriffen weniger/mehr/gleichviel umgehen können bzw. Kindern, die noch keinen Zugang zu Anzahlen haben!

Basal 3) **Qualitative Merkmale von Gegenständen**

Material: Merkmalplättchen (3 Farben, 3 Formen, 2 Größen)

Aufgabe: *„Die Meerjungfrau sagt: ‚Ich habe viele bunte Plättchen. Sie sehen alle etwas anders aus. Mit den Steinen können wir eine Brücke zur letzten Insel bauen. Fangen wir an!* **Gib mir ein großes, blaues Dreieck.“**

[ggf. einmalige Hilfestellung: *„Da, ich hab es gefunden: Es ist groß, blau und dreieckig. Ein großes, blaues, Dreieck. Gib mir einen großen, gelben Kreis.“*
Falls korrekt so mit weiteren Plättchen fortfahren bei Nennung von drei Eigenschaften (Größe, Farbe und Form).]

[falls nicht korrekt, weiter mit der Nennung von zwei Eigenschaften]
„Gib mir ein gelbes Viereck (*blauer Kreis* / kleines Dreieck / großes Blaues)**!“**

[falls nicht korrekt, weiter mit der Nennung nur einer Eigenschaft]
„Gib mir einen Kreis (*blaues Plättchen / kleines Plättchen / ein Viereck*)**!“**

Dokumentation: Notieren der Anzahl der vom Kind gleichzeitig berücksichtigten Merkmale (1, 2 oder 3). Gegebenenfalls wird festgehalten, welche Merkmale vom Kind berücksichtigt wurden (Größe, Farbe, Form).

Hinweis: Die Aufgabe kann im Spielverlauf auch vorgezogen werden, um ggf. ein früheres Spielende einzuleiten. So kann das Kind von jeder beliebigen Insel diese Brücke als Abkürzung zur Ziel-Insel bauen.

Abb. 2 Standardisierte Handlungsanweisungen und Beschreibung der Aufgabe Basal 3 „Qualitative Merkmale von Gegenständen“ (Bartusch et al. 2015, S. 20)

Mithilfe der skizzierten sowie weiterer Adaptionen des RzdZ-Aufgabensets wurde die dem ILEA T-Material inhärente Möglichkeit, das Spiel durch aufgabenbezogen formulierte Bedingungen an das vom Kind gezeigte individuelle Kompetenzniveau anzupassen (vgl. Bartusch et al. 2015, S. 1), erweitert. Insgesamt wurden auf Basis der Überarbeitung von Simon (2013) drei neue Aufgaben (Basal 1, 2 und 3) zum RzdZ-Material hinzugefügt, zusätzliche Eingangsbedingungen und Abbruchkriterien ergänzt und die Rahmengeschichte des Materials sowie der Dokumentationsbogen angepasst. Auch wurde die Möglichkeit geschaffen, das Spiel früher zu beenden. Durch diese Adaptionen wird für noch mehr Kinder ein individueller, kompetenzbezogen differenzierter Spielverlauf ohne Misserfolgserlebnisse oder Beschämungen ermöglicht.

6 Fazit

Trotz seiner Ambivalenz gilt diagnostisches Handeln als ungebrochen bedeutsam für die Begleitung von Lernprozessen. Aus der Perspektive inklusiver Pädagogik dient diagnostisches Handeln, das als „Serviceleistung" *für alle* Lernenden (vgl. Wocken 2013) *von allen* Lehrkräften verstanden wird, u.a. dazu, möglichst viele Informationen zu gewinnen, auf deren Basis *Hypothesen* zur individuell anschlussfähigen Gestaltung pädagogischer Angebote abgeleitet werden, die zu einer qualitativ hochwertigen, heterogenitätssensiblen Lernprozessbegleitung führen sollen. Das ILEA T-Material berücksichtigt eine Vielzahl grundlegender Ansprüche an eine inklusionsorientierte Diagnostik und evoziert insgesamt ein anerkennendes, professionelles diagnostisches Handeln. Trotz seiner inklusionsorientierten Konzeption kann sich auch ILEA T nicht per se den Widersprüchen entziehen, an die diagnostisches Handeln im hiesigen auf Selektion und Platzierung ausgelegten Bildungswesen gebunden ist. Damit wird jedoch nicht auf eine „Grenze" des ILEA T-Materials, sondern auf die Notwendigkeit einer reflexiven diagnostischen Praxis und nötige Veränderungen institutioneller Rahmenbedingungen, von denen sich diagnostisches Handeln nicht lösen lässt, verwiesen.

Literatur

Amrhein, B. (Hrsg.). (2016). *Diagnostik im Kontext inklusiver Bildung*. Bad Heilbrunn: Klinkhardt.

Aufschnaiter, C. v. & Blömeke, S. (2010). Professionelle Kompetenz von (angehenden) Lehrkräften erfassen – Desiderata. *Zeitschrift für Didaktik der Naturwissenschaften, 16*, S. 361–367.

Autorengruppe Bildungsberichterstattung (2014). *Bildung in Deutschland 2014*. Bielefeld: Bertelsmann.

Bartusch, S. & Geiling, U. (2015). Pädagogische Diagnostik für Kinder auf dem Weg in die Welt der Zahlen. In U. Geiling, K. Liebers & A. Prengel (Hrsg.), *Handbuch ILEA T* (S. 62–94). Stand 25.06.2015. Halle (Saale): Martin-Luther-Universität Halle-Wittenberg.

Bartusch, S., Geiling, U. & Simon, J. (2015). *Reise zu den Zahleninseln. Manual*. Halle (Saale): Martin-Luther-Universität Halle-Wittenberg.

Boban, I. (2007). Willkommen heißende Diagnostik – ein Schlüsselelement für Inklusion. In A. Hinz (Hrsg.), *Schwere Mehrfachbehinderung und Integration* (S. 139–145). Marburg: Lebenshilfe.

Breidenstein, G., Carle, U., Heinzel, F., Lipowsky, F. & Götz, M. (2015). Lernprozessbegleitung und adaptive Lerngelegenheiten im Unterricht der Grundschule – ein wissenschaftliches Streitgespräch. In K. Liebers, B. Landwehr, A. Marquardt & K. Schlotter (Hrsg.), *Lernprozessgestaltung und adaptives Lernen in der Grundschule* (S. 47–55). Wiesbaden: Springer VS.

de Vries, C. (2010). *Mathematik an der Schule für Geistigbehinderte*. Dortmund: Verlag Modernes Lernen.

Geiling, U. & Simon, T. (2014). Zuständigkeitserleben und berufliche Zufriedenheit von Grund- und Förderschullehrkräften in inklusionsorientierten Settings der Schuleingangsstufe. In M. Lichtblau, D. Blömer, K. Jüttner, K. Koch, M. Krüger & R. Werning (Hrsg.), *Forschung zu inklusiver Bildung* (S. 62–75). Bad Heilbrunn: Klinkhardt.

Geiling, U., Liebers, K., Prengel, A., Glathe, B., Heger, B., Schubert, S., Simon, T. & Wergowski, S. (2011). *Reise zu den Zahleninseln*. Stand August 2011. Halle (Saale): Martin-Luther-Universität Halle-Wittenberg.

Geiling, U., Liebers, K. & Prengel, A. (Hrsg.). (2015). *Handbuch ILEA T*. Stand 25.06.2015. Halle (Saale): Martin-Luther-Universität Halle-Wittenberg.

Heinrichs, H. (2015). *Diagnostische Kompetenz von Mathematik-Lehramtsstudierenden*. Wiesbaden: Springer Fachmedien.

Helmke, A. (2009). *Unterrichtsqualität und Lehrerprofessionalität*. Seelze: Klett-Kallmeyer.

Hesse, I. & Latzko, B. (2017). *Diagnostik für Lehrkräfte*. 3., vollst. überarb. u. erw. Aufl. Opladen & Toronto: Budrich.

Hinz, A., Geiling, U. & Simon, T. (2014). Response-To-Intervention – (k)ein inklusiver Ansatz? In N. Bernhardt, M. Hauser, F. Poppe & S. Schuppener (Hrsg.), *Inklusion und Chancengleichheit. Diversity im Spiegel von Bildung und Didaktik* (S. 135–140). Bad Heilbrunn: Kinkhardt.

Hoge, R. D. & Coladarci, T. (1989). Teacher-based judgements of academic achievement: A review of literature. *Review of Educational Research, 59*, S. 297–313.

Kocaj, A., Kuhl, P., Kroth, A. J., Pant, H. A. & Stanat, P. (2014). Wo lernen Kinder mit sonderpädagogischem Förderbedarf besser? Ein Vergleich schulischer Kompetenzen zwischen Regel- und Förderschulen in der Primarstufe. *Kölner Zeitschrift für Soziologie und Sozialpsychologie, 66*, S. 165–191.

Kornmann, R. (2010). *Mathematik: Für Alle von Anfang an!*. Bad Heilbrunn: Klinkhardt.

Kuhl, P., Stanat, P., Lütje-Klose, B., Gresch, C., Pant, H. A. & Prenzel, M. (Hrsg.). (2015). *Inklusion von Schülerinnen und Schülern mit sonderpädagogischem Förderbedarf in Schulleistungserhebungen*. Wiesbaden: Springer VS.

McElvany, N., Schroeder, S., Hachfeld, A., Baumert, J., Richter, T., Schnotz, W., Horz, H. & Ullrich, M. (2009). Diagnostische Fähigkeiten von Lehrkräften bei der Einschätzung von Schülerleistungen und Aufgabenschwierigkeiten bei Lernmedien mit instruktionalen Bildern. *Zeitschrift für Pädagogische Psychologie, 23* (3/4), S. 223–235.

Offen, S. (2014). Heterogenität, Inklusion und Sachunterricht: Beiträge der Hochschulbildung? *www.widerstreit-sachunterricht.de*, Nr. 20, April 2014. https://www2.hu-berlin.de/wsu/ebenel/superworte/inklusion/offen.pdf. Zugegriffen: 26. Januar 2016.

Prengel, A. (2016). Didaktische Diagnostik als Element alltäglicher Lehrerarbeit – „Formatives Assessment" im inklusiven Unterricht. In B. Amrhein (Hrsg.), *Diagnostik im Kontext inklusiver Bildung* (S. 49–63). Bad Heilbrunn: Klinkhardt.

Prengel, A., Liebers, K. & Geiling, U. (2015). Leitideen. In U. Geiling, K. Liebers & A. Prengel (Hrsg.), *Handbuch ILEA T. Individuelle Lern-Entwicklungs-Analyse im Übergang* (S. 9–19). Stand 25.06.2015. Halle (Saale): Martin-Luther-Universität Halle-Wittenberg.

Reich, F. (1996). *Geistigbehinderte lernen Voraussetzungen zum Zählen. Reihenbegriff und Zahlbegriff „1"*. 2. Aufl. Dortmund: Verlag Modernes Lernen.

Schäfer, H. & Rittmeyer, C. (2015). Inklusive Diagnostik. In H. Schäfer & C. Rittmeyer (Hrsg.), *Handbuch Inklusive Diagnostik* (S. 103–130). Weinheim & Basel: Beltz.

Schrader, F.-W. (2006). Diagnostische Kompetenz von Eltern und Lehrern. In D. H. Rost (Hrsg.), *Handwörterbuch Pädagogische Psychologie* (S. 95–100). 3. überarb. u. erw. Aufl. Weinheim: Beltz.

Schubert, S. (2013). *Empirische Ergebnisse der Validierung des diagnostischen Materials Reise zu den Zahleninseln*. Unveröffentlichtes Manuskript. Halle (Saale): Martin-Luther-Universität Halle-Wittenberg.

Seitz, S. & Simon, T. (2018). Grundlagen und Prinzipien diagnostischen Handelns im inklusiven Sachunterricht. In D. Pech, C. Schomaker & T. Simon (Hrsg.), *Sachunterrichtsdidaktik & Inklusion* (S. 80–95). Baltmannsweiler: Schneider.

Seitz, S. (2008). Diagnostisches Handeln im Sachunterricht. In U. Graf & E. Moser Opitz (Hrsg.), *Diagnostik und Förderung im Elementarbereich und Grundschulunterricht* (S. 190–197). Baltmannsweiler: Schneider.

Simon, J. (2013). *Ansprüche an eine inklusive Diagnostik im Elementar- und Primarbereich zur Erfassung kindlicher Kompetenzen im Bereich Numeracy*. Unveröffentlichte wissenschaftliche Hausarbeit. Halle (Saale): Martin-Luther-Universität Halle-Wittenberg.

Simon, J. & Simon, T. (2013). Inklusive Diagnostik – Wesenszüge und Abgrenzung von traditionellen „Grundkonzepten" diagnostischer Praxis. *Zeitschrift für Inklusion*, Nr. 4/2013. http://www.inklusion-online.net/index.php/inklusion-online/article/view/194/200. Zugegriffen: 26. Januar 2016.

Simon, T. & Geiling, U. (2016). Diagnostik zur Unterstützung schulischer Inklusion – Ansprüche und Widersprüche auf der Suche nach angemessenen Handlungspraktiken. In U. Böing & A. Köpfer (Hrsg.), *Be-Hinderung der Teilhabe* (S. 199–208). Bad Heilbrunn: Klinkhardt.

Thole, W., Schrödter, M., Prengel, A. & Schuck, K.-D. (2007). Die „Macht" der Diagnostik – Chancen und Grenzen diagnostischer Rahmungen pädagogischen Denkens und Handelns. In M. Brumlik & H. Merkens (Hrsg.), *bildung. macht. gesellschaft* (S. 315–327). Opladen: Budrich.

Weinert, F. E. (2000). Lehren und Lernen für die Zukunft – Ansprüche an das Lernen in der Schule. *Pädagogische Nachrichten Rheinland-Pfalz, 2*, S. 1–16.

Wocken, H. (2013). Sprossen – Stufen – Schritte – Etappen. Programmatische Überlegungen zu einer inklusiven pädagogischen Diagnostik. In H. Wocken (Hrsg.), *Zum Haus der inklusiven Schule* (S. 128–162). Hamburg: Feldhaus.

Teil II
Einblicke in die Praxis

Inklusionsforschung im Wandel: Fragen nach der Positionierung der Sonderpädagogik

Helga Deppe-Wolfinger und Vera Moser

Dieser Beitrag befasst sich mit den Anfängen und Wirkungen der Frankfurter Integrationsforschung an der Goethe-Universität Frankfurt, die stellvertretend für viele andere wissenschaftliche Begleitforschungen der 1980er und 1990er Jahre grundlegende empirische Forschungsergebnisse zu Tage gefördert und zugleich theoretische Grundlagen vorgelegt hat (vgl. zusammenfassend auch Moser 2005, 2017). Allerdings geht es nachstehend um einen Aspekt, der in der frühen Integrationsforschung nicht im Mittelpunkt stand, nämlich die Frage nach den professionellen Aufgaben und der disziplinären Identität der Sonderpädagogik.

1 Anfänge und Wirkungen der Frankfurter Integrationsforschung

Bildungspolitisch strategisch wurde von den Protagonist*innen der westdeutschen Integrationsbewegung der 1970er Jahre mit der Einrichtung integrativer Kindertagesstätten begonnen – 1997 besuchten mehr als 40% aller Kinder mit Behinderungen in der Bundesrepublik eine integrative Einrichtung (vgl. Deppe-Wolfinger 2004, S. 244). Der seit 1977 existierende integrative Kindergarten der Evangelischen Französisch-reformierten Gemeinde in Frankfurt am Main und zwei weitere Kindergärten wurden in einem Modellversuch des Hessischen Sozialministeriums mit dem Titel „Integrative Prozesse in Kindergartengruppen" von Gabriele Klein,

S. Bartusch et al. (Hrsg.), *Lernprozesse begleiten*,
https://doi.org/10.1007/978-3-658-21924-6_6

Gisela Kreie und Maria Kron unter der Leitung von Helmut Reiser (1987) wissenschaftlich begleitet. Mit dem daran anschließenden Forschungsprojekt „Integrative Grundschulklassen in Hessen", das zwischen 1985 und 1990 im Auftrag des Hessischen Kultusministers und des Hessischen Sozialministers durchgeführt wurde, untersuchte die um Helga Deppe-Wolfinger erweiterte Forscher*innengruppe die Praxis integrativer Unterrichtung in Grundschulen mit den Fragestellungen, welche organisatorischen und methodischen Veränderungen hierzu erforderlich und welche psychosozialen Entwicklungen (vor dem Hintergrund der Theorie der ‚Integrativen Prozesse') dabei zu beobachten sind (vgl. Evangelische Französisch-reformierte Gemeinde 1991 und 1994). Das Forschungsvorhaben wollte neben den bereits vorliegenden Expertisen zur integrativen Beschulung hinsichtlich des Sozialverhaltens, des Leistungsniveaus der Kinder und der elterlichen Akzeptanz zwei Akzente setzen: Einerseits sollte der Übergang vom Kindergarten in die Primarstufe und andererseits die Entwicklung integrativen Unterrichts beobachtet werden (vgl. ebd. 1994, S. 23ff.). Die Forschungsdaten wurden während einer fünfjährigen Laufzeit in 15 integrativen Klassen in vier hessischen Grundschulen erhoben.

Nahezu parallel (1984–1989) lief das DFG-geförderte Forschungsprojekt zur „Integrativen Pädagogik in der Grundschule", durchgeführt von Helga Deppe-Wolfinger, Annedore Prengel und Helmut Reiser. Hier ging es um eine Bilanz aller bundesrepublikanischen integrativen Schulversuche hinsichtlich ihrer Wirkung auf einen schulpädagogischen Paradigmenwechsel mit dem aus Perspektive der Inklusionsdebatte bedeutsamen Fazit: „Integration als universelle Forderung ist nicht mehr fixiert auf behinderte Kinder oder Ausländerkinder oder Randgruppenkinder, sondern formuliert ein allgemeines pädagogisches Postulat. [...] Integration ist mehr als die gemeinsame Beschulung behinderter und nichtbehinderter Kinder. Sie ist einerseits der Versuch, den Lebenslauf behinderter Kinder grundlegend anders zu gestalten als bisher üblich, andererseits ein damit verbundener weitgehender Versuch der Reform des Schulsystems." (Deppe-Wolfinger et al. 1990, S. 297f.) Die Veränderung pädagogischer Praxis, orientiert am hier skizzierten Paradigmenwechsel, war übrigens angesichts der von Ulrich Bleidick (1988) geäußerten Empfehlung, „den Begriff Integration gar nicht zu verwenden" (zitiert in ebd., S. 294) oder gar der Diffamierung von Integration als ‚italienischer Seuche' seitens des Vorsitzenden des Verbands für Sonderpädagogik 1981 (vgl. Hinz 2006, S. 251) ein vor allem auch bildungspolitisches Statement.

Insgesamt wurden mit diesem Forschungsbericht und weiteren, parallel laufenden wissenschaftlichen Begleitforschungen schulischer Integration in mehreren westdeutschen Bundesländern erhebliche bildungspolitische und theoretische Entwicklungen angestoßen: Nicht nur Annedore Prengels Arbeit „Pädagogik der Vielfalt"

(1993) und Andreas Hinz' Dissertation „Heterogenität in der Schule" (1993) finden hier ihre Grundlegungen, sondern auch die mehrere Jahre anhaltende sonderpädagogische Paradigmendebatte knüpft hier an. Sie hat die Frage nach dem zukünftigen Profil des Faches zentral gestellt und dabei auch dessen vollständige Auflösung in die Disziplin ‚Integrationspädagogik' diskutiert. Zugleich lieferten die Begleitforschungen Grundlagen für die Implementierung rechtlicher Regelungen integrativer Beschulung (beginnend mit dem Saarland im Jahr 1986) (vgl. Schnell 2003).

Aus Sicht der ‚nachwachsenden Generation' in der Erziehungswissenschaft waren nicht nur diese Forschungsbefunde von großer Bedeutung für die Weiterentwicklung von Schule, sondern auch der hiermit eingeleitete Paradigmenwechsel, nämlich Sonderpädagogik nicht mehr im Sinne eines individualtheoretischen Verständnisses von Behinderung zu konzipieren, sondern Behinderung als ‚sozialen Tatbestand' (Jantzen) in den Mittelpunkt des Faches zu rücken, so wie es bereits die Weltgesundheitsorganisation vorgenommen hatte, wie aber auch die historischen und soziologischen Forschungen in und außerhalb der Disziplin aufzeigen konnten. Damit verbunden war zugleich die Frage, ob überhaupt noch Behinderung Ausgangspunkt sonderpädagogischen Handelns sein sollte, oder ob man in Analogie zur Sozialpädagogik über Problembeschreibungen (statt über Personenmerkmale) das Fach konstituieren sollte, wie z.B. als Bearbeitung drohender Exklusionsprobleme (vgl. Moser 2003, S. 148). Damit wäre aber der enge fachliche Bezug auf Behinderung und sonderpädagogischen Förderbedarf aufgeweicht und das sonderpädagogische Selbstverständnis nachhaltig irritiert worden.

Die durch die UN-Behindertenrechtskonvention auf neuem Niveau aufgeflammte Debatte um integrative/inklusive[1] Bildung hat jüngst noch einmal verstärkt die Frage nach dem Profil der Sonderpädagogik aufgeworfen – so taucht zwar einerseits regelmäßig im Bildungs- und professionspolitischen Sektor der Ruf nach ‚mehr Sonderpädagogik' auf, jedoch wird andererseits kritisch darüber diskutiert, ob es Sonderpädagogik überhaupt braucht, da diese sich selbst i.d.R. ‚sonderpädagogisch zu bearbeitende Fälle' schaffe und dem Anspruch an Inklusion dadurch im Wege stünde. Dem Vorschub leistet eine höchst unklare und teilweise sogar tautologische Konzeption des Behinderungsbegriffs und des Konstrukts des sonderpädagogischen Förderbedarfs – die Kultusministerkonferenz hat in ihrer bis

1 Die Begriffe Integration und Inklusion werden hier synonym verwendet, weil die Autorinnen die Auffassung vertreten, dass wesentliche Elemente der inklusiven Pädagogik bereits im integrativen Ansatz vertreten waren – es war beispielsweise keinesfalls so, dass (wie vielfach behauptet) Integration eine Anpassung behinderter Schüler*innen an die Regelschule gefordert habe – dies sollte in diesem Beitrag auch deutlich geworden sein. Lediglich das Etikettierungs-Ressourcen-Dilemma ist in der inklusiven Pädagogik stärker herausgearbeitet worden (vgl. hierzu auch Wocken 2010).

dato gültigen Empfehlung von 1994 sonderpädagogischen Förderbedarf beispielsweise wie folgt definiert: „Sonderpädagogischer Förderbedarf ist bei Kindern und Jugendlichen anzunehmen, die in ihren Bildungs-, Entwicklungs- und Lernmöglichkeiten so beeinträchtigt sind, daß sie im Unterricht der allgemeinen Schule ohne sonderpädagogische Unterstützung nicht hinreichend gefördert werden können." (Kultusministerkonferenz 1994, S. 5).

Für die Forschung heißt es nun zu klären, auf welchen spezifischen Wissensbeständen das Fach aufbaut und inwiefern diese in der Praxis abgefragt werden und ob es dabei zu eher überlappenden oder eher zu abgegrenzten Professionalisierungsprozessen in den pädagogischen Berufen kommen sollte. Hieran knüpft auch die Diskussion, inwiefern inklusionspädagogische und sonderpädagogische Studieninhalte sich unterscheiden, betrachtet man beispielsweise die gemeinsam von der Kultusminister- und der Hochschulrektorenkonferenz verabschiedete Empfehlung für eine Lehrerbildung für eine Schule der Vielfalt (2015).

Als wichtiger Beitrag sind in diesem Zusammenhang auch die Arbeiten Ute Geilings einzuordnen, die sich mit einem klaren Bekenntnis zur Dekategorisierung die Aufgabe gestellt hat, (sonder-)pädagogische Diagnostik in einem neuen Kontext aufzuspannen, der nicht nur von der prinzipiellen Verschiedenheit der Kinder ausgeht, sondern deren individuelle Lernbiographien in einer ökosystemischen Perspektive in den Blick nimmt. Dabei wird Diagnostik unmittelbar mit Didaktik verknüpft, um über jeweils vorläufige Arbeitshypothesen Lernstände zu analysieren und Lernentwicklungen anzustoßen, ohne diese in fixe Stufenmodelle oder hierarchisierte Lernstrukturgitter einzurahmen. Der Behinderungsbegriff ist an dieser Stelle obsolet. So heißt es beispielsweise im Handbuch zum Programm ILEA-T (Geiling et al. 2015): Es wird „kein Unterschied bei der Anerkennung von Kompetenzen zwischen langsamer oder schneller lernenden Kindern, Kindern mit Lernstörungen und Behinderungen oder Kindern mit Hochbegabungen gemacht." (Prengel et al. 2015, S. 12) In diesem Konzept ist allerdings unklar, inwiefern dies noch einer spezifischen sonderpädagogischen Expertise bedarf. (Gleiches gilt übrigens auch für die ubiquitäre Forderung nach ‚individueller Förderung'.)

2 Zur Positionierung und Aufgabenbeschreibung der sonderpädagogischen Disziplin und Profession – Zugänge aus Perspektive der frühen Integrationsforschung

Wie beschrieben, befinden sich die Positionierung und die Aufgabenbeschreibung der sonderpädagogischen Disziplin und Profession in einem längerfristigen Klärungsprozess, so dass es interessant wäre, die frühen Integrationsforschungen in

Bezug auf diese Thematik noch einmal zu befragen, und zwar nachstehend in Interviewform.

Vera Moser: Hat die frühe Integrationsforschung die Kategorie Behinderung bereits in Frage gestellt?
Helga Deppe-Wolfinger: In Frage gestellt ja, aufgegeben nein. Die tradierten Behinderungsformen wurden in den ersten Begleitforschungen durchaus noch akribisch erfasst und in den Ergebnissen ausgewiesen. Integration bewegte sich im Spannungsbogen behindert-nichtbehindert. Allerdings wurde der Begriff der Behinderung zunehmend als sozialer Tatbestand begriffen und außerdem die Unterschiedlichkeit aller Kinder betont. Auch gewann die Dimension der milieubedingten Herkunft an Bedeutung. Denn das Faktum, dass es eine gesonderte Schule für Kinder aus dem ‚Lumpenproletariat' gibt, war im Nachgang der Studentenbewegung ohnehin in Frage gestellt worden. Es zeigte sich in den ersten Modellversuchen zur Integration, dass die Kinder aus randständigen Familien nur in den wenigsten Schulen gesondert im Blick waren. Eine Ausnahme stellt hier z.B. die Grundschule Süd-West in Eschborn (2006) dar, die eine große Gruppe von Kindern mit Migrationshintergrund und Kindern mit Fluchterfahrung beschulte. Insofern traf die Frankfurter Forscher*innengruppe bereits in den 1980er Jahren auf Schulen, die einen weiten Inklusionsbegriff, wie man heute formulieren würde, hatten. Sie richteten ihren Unterricht sowohl an Kindern mit Lernerschwernissen als auch an Kindern mit hoher Lernmotivation aus. Die Mehrheit der untersuchten Schulen unterrichtete allerdings eine eher bürgerliche Klientel, denn die Integrationsbewegung dieser Zeit war getragen von engagierten Eltern aus Mittelschichtsfamilien – insofern hatten auch wir wenig Kontakt zu Eltern aus benachteiligten Milieus.
Vera Moser: Hat diese Perspektive auf die Klientel auch zur Infragestellung der sonderpädagogischen Ausbildung bzw. des sonderpädagogischen Berufes geführt?
Helga Deppe-Wolfinger: Auch in der Sonderpädagogik war die wissenschaftliche Diskussion um sogenannte ‚Kellerkinder' (vgl. die Arbeiten von Begemann, Wocken, Hiller, Iben) virulent, insofern war die Dimension der sozialen Benachteiligung nicht fremd. In den 1970er Jahren entstanden ja auch in diesem Kontext Diskurse um eine Reform der Sonderpädagogik (vgl. Graf et al. 1974; Aab 1974). Daher stand die Reform, aber nicht die Abschaffung des Studiengangs im Vordergrund. Bei dieser Frage muss auch berücksichtigt werden, dass Sonderpädagogik als grundständiges und universitäres, wissenschaftliches Studium erst kurz zuvor, d.h. in den 1970er Jahren überhaupt begründet worden war.
Vera Moser: Entstand im Verlauf der Forschung der Eindruck, dass die Qualifizierung der Sonderpädagog*innen passend war?

Helga Deppe-Wolfinger: Unser Eindruck war, dass die Schulpädagogik eher die Klasse als Gruppe und die Sonderpädagogik eher das einzelne Kind im Blick hatte, ohne dass aber das einzelne Kind dabei Objekt der Einzelförderung werden sollte. Unter den Bedingungen der heutigen Beobachtung zunehmender Heterogenität ist dies immer noch eine wichtige Perspektive.
Vera Moser: Barg die Zusammenarbeit von Regel- und Sonderschullehrkräften Konfliktpotential?
Helga Deppe-Wolfinger: Insbesondere die bessere Bezahlung der Sonderpädagog*innen in der Grundschule stellte einen Konflikt dar – aber es war ja auch insgesamt ein Novum, dass nun in den Lehrer*innenkollegien der Grundschulen auch Sonderpädagog*innen tätig waren. Dabei war allen klar, dass die Teamarbeit eine zentrale und komplexe Aufgabe darstellt, die entwickelt werden muss und in der die gleichberechtigte Zusammenarbeit eine wichtige Rolle spielt. Ja, Teamarbeit barg zuweilen mehr Konfliktpotential als das gemeinsame Lernen der Kinder. Freilich sind mir nur einzelne Fälle in Erinnerung, in denen die Regelschullehrkräfte als die Verantwortlichen der Klasse und die Sonderpädagog*innen als deren Kontrolleur*innen empfunden wurden. In unserer Begleitforschung erschien es zumeist als innovatives Moment, beide Lehrer*innengruppen wechselseitig in Fördermaßnahmen zu beteiligen.
Vera Moser: Hat diese Einsicht auch dazu geführt, über die Reform der Lehrer*innenbildung nachzudenken?
Helga Deppe-Wolfinger: Es ging u.a. um die Kritik des individualtheoretischen Ansatzes der Sonderpädagogik, der wir in Frankfurt eine gesellschaftskritische und psychoanalytische Perspektive entgegengesetzt haben. Darüber hinaus suchten wir auch nach Kooperationen zwischen der Grund- und Sonderschullehrerausbildung, z.B. über die Einrichtung einer Lernwerkstatt. Außerdem war der ‚Blick über den Zaun' bedeutsam, z.B. über Exkursionen nach Italien oder Ecuador. Diese fanden auch in Kooperation zwischen Studierenden, Erzieher*innen und Lehrkräften statt, was auch für die Frage der interdisziplinären Teamentwicklung nicht uninteressant war und ist, wie auch für die Thematisierung der Übergänge. Gerade letzteres ist ja auch ein zentrales Thema in den Arbeiten von Ute Geiling, die dies unter didaktischen Gesichtspunkten betrachtet hat.
Vera Moser: Welche sonderpädagogischen Inhalte sollten im Lehramtsstudium vorkommen?
Helga Deppe-Wolfinger: Eine gemeinsame schulpädagogische Ausbildung im Bereich Unterricht und Didaktik scheint mir zentral, eine Spezifizierung im Bereich z.B. therapeutischer Zugänge und in den sonderpädagogischen Förderschwerpunkten ist darüber hinaus von hoher Bedeutung. Dabei geht es jedoch nicht darum, Behinderung oder spezifische Förderbedarfe in den Mittelpunkt zu

rücken, sondern die Perspektive auf besondere Problemlagen und Bedarfe, die sozial, milieu- oder behinderungsbedingt sind, zu erhalten. Sonderpädagogik stellt gewissermaßen ein Unterstützungssystem für die Allgemeine Pädagogik dar, das seine Begründung aus der prinzipiellen Krisenanfälligkeit von Bildungsprozessen ableitet. Sie definiert sich über ihr spezifisches Wissen zu krisenhaften Entwicklungsverläufen (vgl. Katzenbach 2005, S. 88). Kooperation von Sonder- und Regelschullehrkräften beinhaltet je spezifische Kompetenzen für eine Pädagogik, „die Kinder stark macht" (Geiling 2000), selbstverständlich auch gegenseitigen Wissenstransfer.

Vera Moser: Inwiefern sind zentrale Erkenntnisse aus der frühen Integrationsforschung für die Gegenwart noch relevant, in der gerade eine große Skepsis über die Umsetzungsmöglichkeiten herrscht?

Helga Deppe-Wolfinger: Die ersten Schulversuche waren getragen von einem hohen Engagement von Eltern, Lehrkräften und Schulen. Die Schulen waren überwiegend personell gut ausgestattet (Doppelbesetzung durch Lehrkräfte der Modellklassen), weshalb die Forschungsergebnisse überwiegend positiv waren. Die heutigen Bedingungen sind lange nicht mehr so günstig.

Vera Moser: Aus heutiger Sicht fällt auf, dass damals keine Standards für die Umsetzung inklusiver Schulen formuliert wurden; ist das ein Versäumnis?

Helga Deppe-Wolfinger: Wir haben sehr viel Wert auf die Untersuchung und Beschreibung guten Unterrichts gelegt, die Ressourcenausstattung bezog sich nur auf den Modellversuch. Und da die Ausbreitung eher im Wildwuchs voranschritt, hatten wir als Forschungsperspektive nicht die in die Fläche gehende standardisierte Ausstattung, die den gesamten Veränderungsprozess des Bildungssystems konsequent in den Blick nimmt, wie z.B. die Empfehlungen des Bildungsrates von 1973. Insofern richtete sich unser Blick eher auf die individuelle Schulentwicklung statt auf die Steuerung von Bildungssystemen – m.E. war es vor allem Ulf Preuss-Lausitz in Berlin, der letztere Perspektive schon frühzeitig mit in den Blick nahm. Die vorrangige Schulentwicklungsperspektive drückt sich auch darin aus, dass wir über die Modellphase hinaus jahrelange Kontakte zu unseren Schulen pflegten und Kolleg*innen dieser Schulen auch in die Universität für die Ausbildung der Studierenden holten. Gleichwohl ging es uns natürlich um die Reform des Bildungswesens zur Entwicklung einer ‚Schule für alle' als normatives Ziel, wie in unseren Publikationen deutlich wird.

Vera Moser: Würde sich aus heutiger Sicht ein solches Forschungsunternehmen anders gestalten?

Helga Deppe-Wolfinger: Obwohl Integration/Inklusion im Zentrum unserer Arbeit stand, ist es uns nicht gelungen, in der Universität – über freiwillige Initiativen hinaus – mehr Verbindung zwischen den Lehramtsstudiengängen herzustellen, um diese Thematik im Professionalisierungsprozess stärker zu implementieren. Interdisziplinarität in der Forschung wäre heute zwingend geboten.

Aus Sicht der gegenwärtigen Beobachtung ist festzuhalten, dass die grundlegenden theoretischen Arbeiten der Integrationsforschung der ersten Stunde auch für den aktuellen Inklusionsdiskurs an Aktualität nicht verloren haben. Auch sind die in der wissenschaftlichen Begleitforschung untersuchten Fragestellungen nicht wesentlich erweitert worden – noch heute geht es um die Akzeptanz und die Realisierung von inklusivem Unterricht, inzwischen aber in deutlicherer interdisziplinärer Bearbeitung von Bildungsforscher*innen unterschiedlicher Provenienz. Allerdings findet die Umsetzung von Integration/Inklusion in Schulen inzwischen unter veränderten bildungspolitischen Bedingungen statt – nicht nur angestoßen durch eine zunehmend heterogener gewordene Schüler*innenschaft, sondern u.a. auch bedingt durch eine Unklarheit darüber, welche Ausstattungsmerkmale inklusive Schulen zwingend benötigen. Auch scheint das Innovationspotential im Bildungssektor – vorab in der Bildungspolitik – deutlich zurückgegangen zu sein: Dem Impuls zur Veränderung von Schule folgt inzwischen die Losung des ‚Schulfriedens'– trotz der Tatsache, dass die UN-Behindertenrechtskonvention die Forderung nach einer ‚Schule für alle' nunmehr auch menschenrechtlich begründet hat. Insofern ist sicherlich zu konstatieren, dass die Forschungsergebnisse zur schulischen Integration von herausragender Bedeutung waren, einen bildungspolitischen Prozess sowie eine große Breite an einschlägiger Forschung voranzutreiben. In der Gegenwart bedarf es jedoch auch eines Blickes auf die Steuerungsprozesse von Inklusion, verbunden mit der Definition verbindlicher Standards, um eine weitere Ausbreitung einer ‚Inklusion light' zu verhindern. In diesem Zusammenhang wird sich auch die Frage der Zukunft der Sonderpädagogik eher in Bezug auf die konkreten Schulentwicklungen auf empirischem Wege beantworten lassen.

3 Fazit

Die frühen wissenschaftlichen Begleituntersuchungen erster Integrationsklassen stellten – ob in Frankfurt oder anderswo – Begleitungen von innovativen Lernprozessen auf unterschiedlichen Ebenen dar. Zum einen richteten sie ihren Blick auf veränderten Unterricht in einer heterogener werdenden Schülerschaft mit den folgenden Fragen: Wie entwickeln sich Kinder mit und ohne Behinderung, mit je verschiedenem soziokulturellen Hintergrund, mit unterschiedlichen Sozialisationserfahrungen in einem binnendifferenzierten Unterricht? Welche Form der

Binnendifferenzierung begünstigt das Lernen jedes einzelnen Kindes und das Miteinander der Verschiedenen?

Des Weiteren widmeten sich die wissenschaftlichen Begleitungen der Zusammenarbeit und den Konfliktlinien zwischen den pädagogischen Akteur*innen aus unterschiedlichen Berufsgruppen: den Zivis, den Erzieher*innen, den Sonderpädagog*innen, den Regelschullehrer*innen, den Schulleitungen. Auch die Eltern wurden einbezogen.

Die wissenschaftliche Begleitung erstreckte sich in Frankfurt über fünf Jahre, ermöglichte also die Prozessbegleitung eines Jahrganges in der Grundschule von der ersten bis zur vierten Klasse. Und sie verstand sich als Handlungsforschung. Die Forscher*innen standen in ständigem Austausch mit den Lehrkräften aus den Modellklassen, so dass Fragestellungen und Ergebnisse ständig auf den Prüfstand gestellt und weiterentwickelt werden konnten. Hiervon profitierte der Unterricht ebenso wie das Forschungsvorhaben. Bei den Lehrkräften wuchs ein verändertes Professionsverständnis, das sich aus ihren Erfahrungen im Umgang mit heterogenen Gruppen ebenso speiste wie aus Kooperationserfahrungen und theoretischen Überlegungen, mit denen die Forschungen in Frankfurt unterlegt waren. Die Theorie integrativer Prozesse zielte dabei darauf ab, innerpsychische, partizipative, institutionelle und gesellschaftliche Prozesse aufeinander zu beziehen und in eine dynamische Balance zu bringen. Sie ermöglicht so den Lehrkräften herauszufinden, welche Prozesse auf welcher Ebene integrativ wirken (vgl. Reiser in: Deppe-Wolfinger et.al 1990, S. 32ff.) und wo die Fallstricke zu verorten sind. Lernen wurde dabei im Konzept der ‚Integrativen Prozesse' als Verknüpfung von kognitiven, sozialen und emotionalen Entwicklungen gesehen. Wissenschaftliche Begleitung kam also ohne expliziten Bezug zur Sonderpädagogik aus, umfasste freilich auf den unterschiedlichen Ebenen vielfältige Aspekte, die Lernen verhindern oder befördern. Krisenbewältigung und Gelingensbedingungen stehen im Zentrum der Theorie integrativer Prozesse – unweit eines Verständnisses von Sonderpädagogik, das auch Kindern in schwierigen sozialen oder Entwicklungsphasen hilft, starke Kinder zu werden.

Literatur

Aab, J. (1974). *Sonderschule zwischen Ideologie und Wirklichkeit.* München: Juventa.

Deppe-Wolfinger, H. (2004). Zur gesellschaftlichen Dimension der Integrationspädagogik. In R. Forster (Hrsg.), *Soziologie im Kontext von Behinderung* (S. 244–263). Bad Heilbrunn: Klinkhardt.

Deppe-Wolfinger, H., Prengel, A. & Reiser, H. (1990). *Integrative Pädagogik in der Grundschule. Bilanz und Perspektiven der Integration behinderter Kinder in der Bundesrepublik Deutschland 1976–1988.* München: DJI.

Evangelische Französisch-reformierte Gemeinde (Hrsg.). (1991). *Der Weg der integrativen Erziehung vom Kindergarten in die Schule. Wissenschaftliche Begleitung von Klassen mit behinderten und nichtbehinderten Kindern an Schulen des Primarbereichs in Hessen (Zwischenbericht)*. Bonn: Rehabilitationsverlag.

Evangelische Französisch-reformierte Gemeinde (Hrsg.). (1994). *Integrative Grundschulklassen in Hessen. Wissenschaftliche Begleitung von Klassen mit behinderten und nichtbehinderten Kindern an Schulen des Primarbereichs in Hessen (Abschlußbericht)*. Bonn: Rehabilitationsverlag.

Geiling, U. (Hrsg.). (2000). *Pädagogik, die Kinder stark macht. Ansätze zur Arbeit mit Kindern in Not*. Opladen: Leske+Budrich.

Geiling, U., Liebers, K. & Prengel, A. (2015). *Handbuch ILEA-T. Individuelle Lern-Entwicklungs-Analyse im Übergang*. Stand 25.06.2015. Halle (Saale): Martin-Luther-Universität Halle-Wittenberg. http://wcms.itz.uni-halle.de/download.php?down=34521&elem=2750160 . Zugegriffen: 17. Januar 2018.

Graf, S., Probst, H. & Abé, I. (1974). *Kritik der Sonderpädagogik*. Gießen: Edition 2000.

Grundschule Süd-West (2006). *Die Kinder bestimmen das Gesicht einer Schule. 20 Jahre Gemeinsamer Unterricht an der Grundschule Süd-West Eschborn*. Darmstadt: betz-druck.

Hinz, A. (2006). Integration und Inklusion. In E. Wüllenweber, G. Theunissen & H. Mühl (Hrsg.), *Pädagogik bei Geistigen Behinderungen* (S. 251–261). Stuttgart: Kohlhammer.

Hinz, A. (1993). *Heterogenität in der Schule. Integration – Interkulturelle Erziehung – Koedukation*. Hamburg: Curio.

Hochschulrektorenkonferenz und Kultusministerkonferenz (2015). *Gemeinsame Empfehlung für eine Lehrerbildung für eine Schule der Vielfalt*. Berlin. http://www.kmk.org/fileadmin/Dateien/veroeffentlichungen_beschluesse/2015/2015_03_12-Schule-der-Vielfalt.pdf . Zugegriffen: 17. Januar 2018.

Katzenbach, D. (2005). Braucht die Inklusionspägagogik sonderpädagogische Kompetenz? In U. Geiling & A. Hinz (Hrsg.), *Integrationspädagogik im Diskurs. Auf dem Weg zu einer inklusiven Pädagogik?* (S. 86–90). Bad Heilbrunn: Klinkhardt.

Klein, G., Kreie, G., Kron, M. & Reiser, H. (1987). *Integrative Prozesse in Kindergartengruppen. Über die gemeinsame Erziehung von behinderten und nichtbehinderten Kindern*. Weinheim und München: DJI.

Kultusministerkonferenz (1994). *Empfehlungen zur sonderpädagogischen Förderung in den Schulen in der Bundesrepublik Deutschland*. Berlin. http://www.kmk.org/fileadmin/Dateien/veroeffentlichungen_beschluesse/1994/1994_05_06-Empfehl-Sonderpaedagogische-Foerderung.pdf . Zugegriffen: 17. Januar 2018.

Moser, V. (2003). *Konstruktion und Kritik. Sonderpädagogik als Disziplin*. Opladen: Leske + Budrich.

Moser, V. (2005). *Integration als Theorie und Praxis – Das wissenschaftliche Werk von Helga Deppe*-Wolfinger. *Behindertenpädagogik, 44* (3), S. 229–234.

Moser, V. (2017). Historische Kontextualisierungen der Integrations- und Inklusionsforschung in der Bundesrepublik Deutschland. In J. Budde, A. Dlugosch & T. Sturm (Hrsg.), *(Re-)Konstruktive Inklusionsforschung. Differenzlinien – Handlungsfelder – Empirische Zugänge* (S. 21–32). Opladen: Verlag Barbara Budrich.

Prengel, A. (1993). *Pädagogik der Vielfalt. Verschiedenheit und Gleichberechtigung in interkultureller, feministischer und integrativer Pädagogik*. Opladen: Leske + Budrich.

Prengel, A., Liebers, K. & Geiling, U. (2015). Leitideen. In U. Geiling, K. Liebers & A. Prengel (Hrsg.), *Handbuch ILEA T. Individuelle Lern-Entwicklungs-Analyse im Übergang* (S. 9–19). Stand 25.06.2015. Halle (Saale): Martin-Luther-Universität Halle-Wittenberg. http://wcms.itz.uni-halle.de/download.php?down=34521&elem=2750160 . Zugegriffen: 17. Januar 2018.

Schnell, I. (2003). *Geschichte schulischer Integration. Gemeinsames Lernen von Schülerinnen mit und ohne Behinderung in der BRD seit 1970*. Weinheim/München: Juventa.

Wocken, H. (2010): Integration & Inklusion. Ein Versuch, die Integration vor der Abwertung und die Inklusion vor Träumereien zu bewahren. In A.-D. Stein, S. Krach & I. Niediek (Hrsg.), *Integration und Inklusion auf dem Weg ins Gemeinwesen. Möglichkeitsräume und Perspektiven* (S. 204–235). Bad Heilbrunn: Klinkhardt.

Lernbegleitung von Kindern am Übergang vom Kindergarten zur Schule

Claudia Klektau

Der Übergang von Kindern aus dem Kindergarten in die Grundschule wird in erziehungswissenschaftlichen Diskursen vielfach thematisiert (vgl. Carle und Samuel 2008, Röhner 2014, Griebel und Niesel 2015) und in Forschungsprojekten unter anderem mit Fokussierung auf Kooperation, Bildungsdokumentation und Analysen der Lernentwicklung (vgl. BMBF 2017, Geiling et al. 2015a) untersucht. Gleichermaßen sind der Übergang und anschlussfähige Bildungs- und Lernwege Teil gegenwärtiger Debatten auf gesellschaftlicher ebenso wie auf institutioneller Ebene. „Wer allerdings selten zu Wort kommt sind die Beteiligten, für die dieser Übergang in der Regel den Beginn eines gänzlich neuen Lebensabschnitts kennzeichnet und ihr Leben in vielerlei Hinsicht bedeutsam prägen wird: die Kinder selbst." (Edelbruck 2017, S. 175) Nach dem Transitionsmodell von Griebel und Niesel (2015) wird der Übergang vom Kindergarten in die Schule als „ko-konstruktiver Prozess betrachtet, den das Kind, die Familie, die Kindertagesstätte und die Grundschule gemeinsam gestalten" (Röhner 2014, S. 588). Das gemeinsame Gestalten betont die aktive Komponente im Handeln *aller* Beteiligten, wonach auch die Kinder als Expert*innen ihres eigenen Lernens adressiert werden (sollten). Dem folgend gilt es Kinder als Expert*innen ihres eigenen Lernens im Übergang vom Kindergarten in die Schule (stärker) selbst zu Wort kommen zu lassen und sie aktiv an der Übergangsgestaltung zu beteiligen.

In Anschluss an Edelbruck (2017) lässt sich fragen, warum der kindlichen Sichtweise bisher so wenig Beachtung zukommt und wie in der Praxis versucht wird bzw. versucht werden kann, die kindliche Perspektive bewusster in den Blick zu nehmen und damit die u.a. durch die UN-Kinderrechtskonvention betonte Sub-

S. Bartusch et al. (Hrsg.), *Lernprozesse begleiten*,
https://doi.org/10.1007/978-3-658-21924-6_7

jektstellung von Kindern zu stärken. In diesem Beitrag soll weniger dem „Warum" als vielmehr dem „Wie" nachgegangen werden. Dabei erfolgen neben (erziehungs) wissenschaftlichen Zugängen auch Bezüge auf die eigene Praxiserfahrung der Autorin im Bereich der Kindertageseinrichtungen.

1 Ein Blick in die (eigene) Praxis – eine erste Annäherung

In meiner langjährigen beruflichen Praxis im Bereich der Kindertageseinrichtungen habe ich sehr viele Einrichtungen bei der Begleitung des kindlichen Lernens und der Gestaltung des Übergangs vom Kindergarten in die Grundschule sowie bei ihren Kooperationsbemühungen mit den Grundschulen begleitet und unterstützt. Trotz unterschiedlich akzentuierter pädagogischer Konzeptionen und Kooperationspraxen der einzelnen Kindertageseinrichtungen und Grundschulen kann ich auf meine kontextbezogene Erfahrung rückblickend resümieren, dass die Kinder als zentrale Akteur*innen des Übergangs nur sehr selten bei der Übergangsgestaltung angehört wurden oder mitentscheiden durften. Eine Thematisierung und Aushandlung von Fragen des Übergangs fand stets auf institutioneller Ebene sowie auf der Ebene der Professionellen statt. Dabei standen weitgehend organisatorische Fragen im Vordergrund, wie: Wer ist für was verantwortlich? Wie häufig trifft man sich? Unterbreitet ein*eine Lehrer*in im Kindergarten ein Angebot für Kinder oder suchen die Kinder die Grundschule auf, um dann vor Ort Angebote wahrzunehmen?

Die pädagogischen Angebote für Kinder im Übergang waren, unabhängig vom Ort, nur sehr bedingt im Sinne gemeinsamer Angebote von Pädagog*innen des Elementar- und Primarbereiches konzipiert, sondern zumeist geplante Angebote der Lehrer*innen. Tiefere didaktisch-methodische Einblicke in die Angebote der Lehrer*innen erhielten die Elementarpädagog*innen nach ihrer Einschätzung eher in begrenztem Umfang. Vielfach wurden die Angebote seitens der Lehrer*innen benannt, unklar blieben zumeist damit einhergehende Ziele.

Im Rahmen von Reflexionen der Elementarpädagog*innen zu Erwartungen an Kinder im Übergang von Kita zur Schule äußerten Lehrer*innen vielfach den Wunsch, dass Kinder „gut vorbereitet" in die Schule kommen und im Unterricht „funktionieren", sowie dass „schwierige" oder „besondere" Kinder als solche benannt werden. Vielfach hatten dann Elementarpädagog*innen ein schlechtes Gewissen und zweifelten teilweise an ihrem professionellen Selbstbild.

Zusammenfassend kann ich auf Basis meiner eigenen Berufserfahrung zumindest für die selbst erlebte Gestaltung des Übergangs Kita-Schule konstatieren, dass eine Annäherung von Kindereinrichtungen und Grundschulen in erster Linie über die Thematisierung von organisatorischen Fragen wie (Nicht-)Zuständigkeiten, Orten und Zeitpunkten für die Unterbreitung pädagogischer Angebote erfolgten, weniger jedoch auf der inhaltlichen, didaktisch-methodischen Ebene. Lernentwicklungsbeobachtungen der Elementarpädagog*innen erschienen als weitgehend unbeachtet und kindliche Perspektiven als zu wenig berücksichtigt.

Auch wenn diese Erfahrungen keineswegs Schlüsse in die Breite zulassen, so geben sie jedoch einen kleinen Einblick in die Praxis der Gestaltung des Übergangs einiger Kitas und Grundschulen. Auch Ergebnisse aus unterschiedlichen Studien lassen den Schluss zu, dass es vielfach eine Kooperation zwischen Kindergarten und Grundschulen gibt (Hanke et al. 2013), die jedoch von den Beteiligten der Institutionen als ausbaufähig erlebt wird. So zeigen Ergebnisse aus dem Projekt „Wirkungen von Formen und Niveaus der Kooperation von Kita und Grundschule auf Erzieher/innen, Grundschullehrkräfte, Eltern und Kinder (WirKt)" auf, dass die bestehenden Kooperationen von den Einrichtungen als gut bis mittelmäßig bewertet werden, wobei die Kooperation von Leitungen der Kindertageseinrichtungen schlechter bewertet wurden als von Leitungen von Grundschulen (ebd., S. 40). Auch mit Blick auf das untersuchte Niveau der Kooperation, in denen die unterschiedliche Intensität und Qualität deutlich wird, zeigte sich, dass Kooperationen meistens auf dem Niveau des gegenseitigen Austausches stattfinden, seltener auf dem Niveau der gemeinsamen Arbeitsteilung bzw. dem Niveau der Ko-Konstruktion (ebd., S. 49). 83,1 % der 254 befragten Kindereinrichtungen gaben an, dass sich bei Besuchen der Kinder in der Grundschule die Kooperation vorrangig auf den Austausch beschränkt. „Konkret bedeutet dies, dass zur Planung der Besuche der Kinder in den Einrichtungen hauptsächlich lose Terminabsprachen erfolgen. […] Eine gemeinsame Planung und Vorbereitung der Besuche, zum Beispiel im Sinne einer gemeinsamen Konzeptausarbeitung findet seltener statt." (ebd., S. 52)

Bei der Autorin haben die geschilderten Erfahrungen aus der Praxis und die Ergebnisse bekannter Studien zu Fragen geführt, die einen Ausgangspunkt für die weiterführenden Überlegungen in diesem Beitrag sowie für die eigene Forschungstätigkeit bieten.

2 Lernen im Kindergarten und im Anfangsunterricht

Mittlerweile besteht Konsens, dass Kinder nicht erst mit Eintritt in die Schule lernen. Mit dem Übergang in eine Kindertageseinrichtung treten Kinder jedoch zumeist in ihre erste institutionelle Lernwelt ein, die gleichsam den Beginn einer zunehmend stärker formalisierten Bildungsbiographie markiert. Hier lernen Kinder auf andere Art und Weise, zumeist in spielerischer Form, und mit anderen Zielen und Inhalten als in der Lernwelt Schule. Vor dem Hintergrund, dass im Kindergarten eher informelle Formen des Lernens zu finden sind und in der Schule formelle und systematische Formen des Lernens dominieren, kann der Schuleintritt auch als Übergang zwischen zwei Lernwelten verstanden werden (vgl. Röhner 2014, Leu et al. 2010).

Ein konstruktivistisches Verständnis vom Lernen und der damit einhergehenden Anerkennung der Eigenaktivität der Kinder im Rahmen ihrer Lern- und Entwicklungsprozesse gehören zum Bildungsverständnis des Elementarbereiches (vgl. Leu et al. 2010). „Lernen wird in Kindertageseinrichtungen als ganzheitlicher Prozess verstanden, dessen Basis die sinnlich wahrnehmbare Gestaltung und Auseinandersetzung der Kinder mit ihrer Umwelt in ihrem alltäglichen Handeln ist." (ebd., S. 9) Dieses Verständnis ist auch in verschiedenen Bildungsplänen/ -programmen der Bundesländer inhärent.

Die Einführung und Arbeit nach Bildungs- und Orientierungsplänen im Elementarbereich bieten nach Faust (2010, S. 53, Hervorhebung im Original) „für das domänenspezifische Lernen *Anker* im Elementarbereich". „Damit wird berücksichtigt, dass das schulische Lernen auf den Lernprozessen vor der Schule aufbaut, sie weiterführt und darüber hinausgeht." (ebd.)

Obgleich die spezifischen Inhaltsbereiche nicht identisch mit den Unterrichtsfächern in der Grundschule sind, so sind die Bildungs- und Kompetenzbereiche im Bildungsprogramm an jene der Grundschule unmittelbar anschlussfähig. Zu dieser Einschätzung kommt auch Röhner (2014) und sieht darin „die Verbindung zwischen dem Elementar- und Primarbereich auf der curricularen Ebene bereits gestiftet" (ebd., S. 594). Im Bildungsprogramm des Landes Sachsen-Anhalt beispielsweise finden sich neun Bildungsbereiche, darunter Körper, Sprache, Musik, Mathematik, Natur und Technik, die auch im Primarschulbereich Relevanz besitzen (vgl. Ministerium für Arbeit und Soziales des Landes Sachsen-Anhalt 2013). Neben der von Röhner (2014) thematisierten curricularen Verbindung von Kita und Schule teilen beide Institutionen auch weitgehend ein spezifisches Bild vom Kind und vom kindlichen Lernen sowie das Verständnis der Bedeutung von Lernumgebungen (vgl. Graf 2010). Eine deutliche Differenz zwischen Elementarbereich und Schule zeigt sich jedoch u.a. mit Blick auf den institutionell gebundenen Bildungsauftrag. Kindergärten, zumeist in kommunaler oder freier Trägerschaft, erhalten ihren Bildungs- und Erziehungsauftrag über vertragliche Vereinbarungen von den Eltern; Schulen sind an einen staatlichen Bildungsauftrag gebunden (vgl. Griebel & Niesel 2015). In der Grundschule findet zudem oftmals noch lehrgangsorientierter Unterricht statt und das Kind wird erstmalig mit der „Unausweichlichkeit von Leistungsansprüchen" (Graf 2010, S. 190) konfrontiert. Mit Verweis auf verschiedene Studien zu Anpassungsverläufen beim Übergang in die Grundschule betont Röhner (2014), dass über die Berücksichtigung individueller Lernausgangslagen im Anfangsunterricht, über Aufgabenformate und Formen selbstregulativen Lernens „anschlussfähige Bildungs- und Lernprozesse in den fachlichen Domänen und übergreifenden Kompetenzbereichen eröffnet" werden (ebd., S. 592). „Der Übergang von der überwiegenden Spieltätigkeit in der Kindertagesstätte zu der organisierten Lerntätigkeit in der Schule verlangt zielgerichtete Aufmerksamkeit, Anpassung an fremdgestellte Aufgabenformate und explizites Lernen in einer im Vergleich zum Elementarbereich distanzierteren Erziehungs- und Bildungssituation. Bei Nicht-Bewältigung dieser Anpassungs- und Umorientierungsleistungen ergibt sich eine krisenhafte Situation in der individuellen Entwicklung, die nachhaltig Auswirkungen auf die schulische Selbstkonzeptentwicklung und die Bildungs- und Lernbiographie haben kann." (ebd., S. 589)

Mit Blick auf das Lernen lassen die Ausführungen Röhners (2014) zu dem Schluss kommen, dass der Übergang vom vorrangig informell-spielerischen zum formalisiert-systematischen Lernen individuell und fließend erfolgen sollte[1]. Um diesen Übergang fließend und individuell erfolgreich zu gestalten – so die diesem Text zugrundeliegende These – ist eine Kooperation zwischen Kindergarten und Grundschule neben der organisatorischen auch auf der didaktisch-methodischen Ebene im Sinne einer gemeinsamen Lernbegleitung wichtig. Daher rücken bezüglich der Kooperationen im Übergang auch didaktische Fragestellungen verstärkt in den Fokus von Forschung, wie beispielsweise in den Bereichen Mathematik und Schriftsprache bezogen auf Lernentwicklungsanalysen und sich daran anschließender Förderung (u.a. Geiling et al. 2015a) oder auch im Bereich der Sachunterrichtsdidaktik im Bereich sozial-politischen Lernens von Kindergarten- und Grundschulkindern in altersübergreifenden Lernsettings (Lüschen und Kaiser 2014).

3 Lernen im Übergang begleiten

Bei allen bestehenden Unterschieden zwischen den beiden Institutionen ergeben sich auch Gemeinsamkeiten und Möglichkeiten des pädagogischen Handelns und der Synergie, bei denen es lohnenswert erscheint, diese mit Blick auf die stärkere

1 Eine weiterführende Konsequenz wäre über eine Veränderung des Status quo des Lernens in der Grundschule nachzudenken und den formalisiert-systematischen Charakter zumindest aufzuweichen, um fließende Übergänge zwischen Elementar- und Primarbereich, bruchlose Bildungsketten für Kinder und einen stärkeren Einbezug der kindlichen Perspektive im Sinne von Partizipation zu ermöglichen.

Beachtung der Sichtweise der Kinder und die Anschlussfähigkeit von Lern- und Bildungsprozessen genauer zu betrachten. Nachfolgend sollen daher Lernangebote, Analysen der Lernentwicklung und Lerndokumentationen als solche Möglichkeiten näher in den Blick genommen werden. Im Sinne einer wissenschaftlichen Analyse werden diese getrennt betrachtet, obgleich sie nicht nebeneinander zu denken, sondern miteinander verwoben und verzahnt sind.

Lernangebote

Beide Institutionen verbindet, dass sie Lernanlässe „in Form von spezifisch gestalten Lernaufgaben" organisieren (Košiná und Carle 2012, S. 6). Im Kontext des Kindergartens wird jedoch seltener der Terminus „Aufgabe" verwendet. Vielmehr findet in der Praxis vor allem der Begriff „Angebot" Anwendung. „Dies ist vermutlich in einer Skepsis gegenüber dem Begriff der Aufgabe begründet, der die Erfüllung einer *von außen vorgegebenen Anforderung* impliziert. Dies scheint in Widerspruch zu weit verbreiteten Grundpositionen der Elementarpädagogik zu stehen, bspw. zu der konsequenten Orientierung an Interessen des Kindes und zum hohen Stellenwert des eigenaktiven Lernens sowie des Spiels als Lernform des Kindes (vgl. Brandes 2008; Fhtenakis 2003; Legle 2008; Oberhuemer 2004)". (Schmitt 2012, S. 29, Hervorhebung im Original) Unabhängig vom verwendeten Terminus können Anregungen und Instruktionen durch die Pädagog*innen in beiden Bereichen als Angebote und Anlässe verstanden werden, welche Lernprozesse von Kindern gezielt fördern sollen (vgl. ebd.).

Nach Košiná und Carle (2012, S. 6) sind Lernaufgaben dabei „das Verbindungsband zwischen der Welt und den Möglichkeiten des Kindes und stellen entsprechend seines Alters und seiner Entwicklung unterschiedliche Anforderungen an das Kind". Die Kinder sollen angeregt werden, sich mit einem Sachverhalt oder einem Gegenstand zu befassen, einer oder mehreren Frage(n) nachzugehen, darüber etwas herauszubekommen, Widersprüche oder andere Sichtweisen zu entdecken (vgl. Košiná und Carle 2012). Dabei gilt es fortwährend kritisch zu prüfen, inwieweit die ausgewählten Lernsituationen im Sinne von Angeboten, Aufgaben sowie Interaktionshandlungen zwischen Kindern und Pädagog*innen an die Interessen der Kinder anknüpfen, über Gestaltungsräume für Kinder verfügen und die Kinder aktiv an einem entwicklungs- und lernförderlichen Geschehen beteiligt sind. Geiling et al. (2015b) geben dazu Anregungen für eine „interessenssensible Pädagogik" auf organisatorischer und didaktischer Ebene. Mit Blick auf konkrete Lernangebote kann das aktive Einbeziehen von Kindern in die Planung von Lernangeboten und der anschließende Austausch mit den Kindern zu Einsichten und Lernerlebnissen sowohl für die Kinder als auch die Pädagog*innen führen. Beispielsweise bieten Gespräche mit Kindern Gelegenheiten für Pädagog*innen

Einblick in die Weltdeutungen der Kinder zu erhalten und gemeinsam mit ihnen über die Dinge der Welt nachzudenken, welche die Kinder für spannend erachten. Bedeutsam ist gleichsam auch, dass der Gegenstand oder der Sachverhalt des Lernangebotes zum Thema des Kindes wird (vgl. Košiná und Carle 2012). Dies gelingt vermutlich am ehesten, wenn die Inhalte der Lernangebote an Interessen und Themen der Kinder anknüpfen. Ebenfalls kann über die Verknüpfung von Themen, mit denen sich die Kinder gern auseinandersetzen auch an Themen herangeführt werden, für welche sie sich nicht interessieren oder die sie meiden (vgl. Geiling et al. 2015b). Über das aktive Einbeziehen sowohl in die Planung als auch die reflexive Nachbereitung erhalten Kinder Rückmeldung, dass sie als Person mit eigenen Interessen und Ansichten ernst genommen und wertgeschätzt werden. Gleichermaßen erweitert sich mit dem Blick in die Weltdeutungen der Kinder auch die eigene Wahrnehmung der Pädagog*innen.

Lernentwicklungsanalysen und -dokumentationen
Eine weitere Möglichkeit der Annäherung an die Sichtweise der Kinder bieten Lernentwicklungsanalysen. Eines dieser verbindenden Instrumente ist ILEA T (Individuelle Lern-Entwicklungs-Analyse im Übergang von der Kita in die Grundschule), welches von Geiling et al. an der Martin-Luther-Universität Halle-Wittenberg für den Übergang vom Kindergarten in die Grundschule entwickelt und erprobt wurde (vgl. Geiling et al. 2015a, siehe auch der Beitrag von Simon und Simon in diesem Band). Mit ILEA T liegt ein Verfahren vor, bei dem die Analyse der Lernausgangslage, gemeinsame Entwicklungsbeobachtungen und -gespräche einen besonderen Stellenwert einnehmen und welches die Kooperation zwischen beiden Einrichtungen anregen kann (Geiling et al. 2015a, S. 5).

Schaut man sich die zugrundeliegenden Prinzipien von ILEA T genauer an, so stellen die Offenheit für Themen und Interessen sowie die Förderung der Reflexion eigener Lernprozesse wesentliche handlungsleitende Grundsätze dar (vgl. Prengel et al. 2015). Entlang dieser Grundsätze eröffnen sich mit ILEA T Gelegenheiten Kinder als Akteur*innen ihrer Lern- und Bildungsbiografie bewusst einzubeziehen und damit ihre Perspektive zu berücksichtigen. Themen und Interessen von Kindern als bedeutsame Aspekte der kindlichen Persönlichkeit figurieren das Bestreben von Kindern sich mit Ausschnitten der Welt auseinanderzusetzen und diese für sich einzunehmen (ebd., S. 13). Ein wichtiges Moment von Lernbegleitung, die verstärkt die kindliche Sichtweise berücksichtigt, ist die Aufmerksamkeit auf die Interessen und Themen der Kinder zu lenken und diese zu beobachten und zu dokumentieren. Erweiternd daran sollen Kinder auch zunehmend in die Lage versetzt werden, über ihr eigenes Lernen zu reflektieren. Mit Hilfe geeigneter Instrumente wie beispielsweise Portfolios oder Lernlandkarten können sie ihre Lernwege festhalten, über ihr Lernen sprechen und Lernfortschritte erkennen (ebd., S.14). Im gemeinsamen „Nachdenken" und „Erkennen" von Pädagog*innen gemeinsam mit Kindern können sich Erwachsene den Interessen, Themen und Sichtweisen von Kindern annähern (vgl. Geiling et al. 2015b) und gleichermaßen die Akteur*innenperspektive der Kinder auf den eigenen Lernprozess unterstützen.

4 Ein zweiter Blick in die Praxis – Lernbegleitung am Beispiel

Mittlerweile haben sich in vielen Kindereinrichtungen auf Grundlage des Bildungsauftrages und der Bildungsprogramme Möglichkeiten und Projekte der Lernbegleitung im Übergang entwickelt, die zum Teil wissenschaftlich begleitet wurden (vgl. u.a. BMBF 2017). Mit der kurzen Vorstellung eines Beispiels aus der Praxis, in welchem die oben angedeuteten Möglichkeiten nutzbar gemacht wurden, wird nachfolgend stellvertretend versucht, eine Konkretisierung vorzunehmen, wie Lernbegleitung unter Berücksichtigung der kindlichen Sichtweise im Elementarbereich umgesetzt werden kann. Die folgend skizzierte Möglichkeit der Lernbegleitung könnte perspektivisch als Ausgangspunkt gemeinsamer Überlegungen der Lernbegleitung von Kindern im Übergang durch Pädagog*innen beider Institutionen weitergedacht werden.

Den Weg selbstgesteuertes Lernen nahe an den Themen und Interessen der Kinder bewusster zu fördern, beschreiten die Pädagog*innen der Einrichtung bereits seit längerem. Die Diskussion um den stärkeren Einbezug der kindlichen Sichtweise und das Heranführen an kindliche Lerndokumentationen wurde mit der Beteiligung an der Erprobung des Verfahrens ILEA T neu angeregt (vgl. Klektau 2013). In der Kindereinrichtung haben Kinder die Möglichkeit sich neben Spiel und anderen vielfältigen Angeboten in einer kleinen Lernwerkstatt verschiedenen domänenspezifischen Aufgaben interessensgeleitet zu widmen. Die Lernwerkstatt hat fünf verschiedene Lernbereiche: Mathematik, Schreiben, Technik, Natur sowie Farben und Experimente. Für jeden dieser Lernbereiche werden verschiedene Materialien zur Verfügung gestellt, mit denen sich die Kinder selbstgesteuert beschäftigen können. So können sie für sich interessantes herausfinden, Handlungsvariationen erproben oder Fragen stellen. Dabei war den Pädagog*innen wichtig, dass über das Materialangebot und die Aufgaben die Suche nach eigenen Bearbeitungswegen eröffnet und anregt wird. Unterstützt wird die Tätigkeit der Kinder in der Lernwerkstatt durch eine*n anwesende*n Pädagog*in. Diese*r hält sich jedoch im Hintergrund und steht den Kindern auf Wunsch begleitend zur Seite.

Zur Dokumentation ihres Lernens nutzen die Kinder Lernwerkstatthefter. Diese Lerndokumentationen geben den Pädagog*innen neben ihren Beobachtungen Aufschluss über die Interessen von Kindern und sind wiederum zudem Grundlage für Gespräche der Kinder untereinander über ihr Lernen, indem sie vergleichen, welche Aufgaben sie besonders häufig bislang gemacht und welche Bereiche sie (noch) nicht genutzt haben, was sie besonders spannend finden oder was sie nicht interessiert. Andererseits kommen auch Pädagog*innen mit den Kindern über die Lerndokumentation ins Gespräch – entweder auf Initiative der Kinder oder der Pädagog*innen. Dabei war beobachtbar, mit wie viel Freude Kinder über die Auseinandersetzung mit den Aufgaben sprachen, welche Strategien sie verwendeten und Lernzugewinne sie selbst sahen. So öffnet sich für Pädagog*innen, auch nach eigener Aussage dieser, ein Fenster zu den kindlichen Interessen, Themen und Sichtweisen, an denen wiederum angeschlossen werden kann. Deutlich wurde auch, dass bestimmte Lernbereiche oder darin befindliche Materialien nur wenig genutzt wurden – wozu die Kinder oftmals auch Begründungen lieferten. Das bot den Pädagog*innen die Möglichkeit noch einmal über das Materialangebot nachzudenken und dies ggf. anzupassen. Mit der Anpassung der Angebote wird einem wichtigen Prinzip der Lernprozessbegleitung Rechnung getragen.

Die gemachten Beobachtungen wie Kinder über ihr Lernen sprechen, waren wiederum Anlass für die Autorin dieses Beitrages sich der Sichtweise von Kindern auf (ihr) Lernen auch im Rahmen einer aktuellen empirischen Forschungsarbeit zu nähern.

5 Annäherung an die Sichtweise von Kindern auf ihr eigenes Lernen

Wollen Theorie, Empirie und Praxis sich ernsthaft der Frage „Was brauchen Kinder wirklich?“ widmen, führt der Weg nicht an dem aktiven Einbezug von Kindern vorbei. Unter Punkt 3 wurden beispielhaft ineinandergreifende Möglichkeiten aufgezeigt, mithilfe derer in der Praxis die Sichtweisen und der Blick von Kindern stärker und bewusst in die Lernbegleitung (nicht nur) im Übergang einfließen können.

Dabei ist es sowohl für Theorie, Empirie und Praxis herausfordernd, dass das vermeintliche Wissen über Lernen, Lernbegleitung und den Übergang erst in seiner Begrenztheit erfahren werden muss, um das Bedürfnis, aber auch die Potentiale eines fundierten Verstehens von Kindern unter anderem mit Blick auf deren Lernen zu entwickeln. In der Forschung und im Handeln für und mit Kindern sind sich Erwachsene „[…] darin *einig, dass* sie das im Interesse von Kindern tun“ (Prengel 2003, S. 11, Hervorhebung im Original).

Es erscheint grundlegend wichtig, dass Pädagog*innen in Kindertageseinrichtungen wie Schulen sich der Bedeutung des Eigenwertes der kindlichen Perspektive bewusst sind und sich selbst immer auch als „Lernende" begreifen, wenn es um die Perspektive von Kindern und eine angemessene Lernbegleitung derer geht. Zu diesem Schluss kommen auch Puhr und Winter (in diesem Band) ausgehend von der Annahme, dass Pädagog*innen nur so anregende Lernbedingungen und Angebote initiieren können. Auch Heinzel et al. (2007) machen – ebenfalls im Zusammenhang mit der Lehrer*innenbildung – deutlich, dass sich im Beruf stehende Lehrer*innen auch als „Lernende" verstehen sollten und „unterwegs bleiben zu ihren Schülerinnen und Schülern und zu sich selbst" (ebd., S. 10). Das ist gewiss auch auf Pädagog*innen im Elementarbereich zutreffend bzw. übertragbar.

Es braucht zudem ein Bewusstsein, dass Pädagog*innen als Erwachsene nur immer wieder versuchen können, „sich an Kinderperspektiven anzunähern und herauszufinden, was im Interesse von Kindern liegen könnte (Honig/Lange/Leu 1999). Diese Bemühungen sind riskant, denn die älteren Menschen können den Blickpunkt der Jüngeren nicht einnehmen und sie können auch deren Zukunft nicht voraussehen – beides ist immer nur vorläufig und nur sehr unvollkommen möglich." (Prengel 2003, S. 12) Trotz des Bewusstseins der „perspektivischen Begrenztheit der Erwachsenen" (ebd., S. 13) erscheint es unabdingbar und lohnenswert sich der kindlichen Perspektive anzunähern und Kinder als Lernende aktiv einzubeziehen.

6 Ausblick

Ausgehend von einem gemeinsamen konstruktivistischen Lernverständnis von Elementar- und Primarbereich und der Anerkennung des Eigenanteils von Kindern an ihren eigenen Lern- und Entwicklungsprozessen könnte das verstärkte Einbeziehen kindlicher Perspektiven eine Annäherung an eine bestmögliche und anschlussfähige Lernbegleitung im Übergang weiter voranbringen. Wohlwissend, dass es sich beim Übergang vom Kindergarten in die Grundschule um einen komplexen, multidimensionalen Prozess handelt (vgl. u.a. Niesel und Griebel 2015), kann die Berücksichtigung der Perspektive der Kinder ein Mosaikstein für die gelingende (Lernprozess-)Begleitung von Kinder bieten. Viel stärker als bislang gilt es gerade auch für den Übergang zwischen den beiden Lernwelten, der eher informell-spielerischen Lernwelt Kindertageseinrichtung und der eher formalisiert-systematischen Lernwelt Schule, das Kind und seine Sicht auf das eigene Leben und Lernen in den Mittelpunkt zu stellen.

Aus Forschungsperspektive sollten im Bereich des Übergangs Fragen weiter vertiefend nachgegangen werden, welche Vorstellungen Kinder von ihrem eigenen Lernen, aber auch vom institutionellen Lernen haben, aber auch wie sie über ihr eigenes Lernen reflektieren. Entsprechend der empirischen Ergebnisse sollten diese dann wiederum für die erziehungswissenschaftliche Theoriebildung sowie für die pädagogische Alltagspraxis, unter anderem mit Blick auf die Handlungsoptionen für Pädagog*innen und ihre Rolle als Lernbegleiter*innen, nutzbar gemacht werden.

Literatur

Bundesministerium für Bildung und Forschung (BMBF) (2017). *Von der Kita zur Grundschule. Impulse für das Gelingen des Übergangs*. Berlin: BMBF.

Carle, U. & Samuel, A. (2008). *Frühes Lernen – Kindergarten und Grundschule kooperieren. Kindergarten und Grundschule gestalten den Schulanfang*. Baltmannsweiler: Schneider Verlag.

Edelbruck, N. (2017). „Ein Kann-Kind ist eins, das noch überlegt ob's jetzt in die Schule geht oder nicht". Eine rekonstruktive Studie zum Übergang von der Kindertageseinrichtung in die Grundschule. In T. Burger & N. Miceli (Hrsg.), *Empirische Forschung im Kontext Schule* (S. 175–188). Wiesbaden: Springer VS.

Faust, G. (2010). Kindergarten oder Schule? Der Blick der Grundschule. In A. Diller, H. R. Leu & T. Rauschenbach (Hrsg.), *Wie viel Schule verträgt der Kindergarten? Annäherung zweier Lernwelten* (S. 43–62). München: DJI.

Geiling, U., Liebers, K. & Prengel, A. (Hrsg.). (2015a). *Handbuch ILEA T. Individuelle Lern-Entwicklungs-Analyse im Übergang*. Halle (Saale): Martin-Luther-Universität Halle-Wittenberg.

Geiling, U., Wergowski, S., Prengel, A., Liebers, K. (2015b). Beobachtung der Themen und Interessen der Kinder. In U. Geiling, K. Liebers & A. Prengel (Hrsg.), *Handbuch ILEA T. Individuelle Lern-Entwicklungs-Analyse im Übergang*. (S. 29–36). Halle (Saale): Martin-Luther-Universität Halle-Wittenberg.

Graf, U. (2010). „Bildungs- und Lerngeschichten". Ein anschlussfähiges Beobachtungs- und Dokumentationsinstrument. In A. Diller, H. R. Leu & T. Rauschenbach (Hrsg.), *Wie viel Schule verträgt der Kindergarten? Annäherung zweier Lernwelten* (S. 181–200). München: DJI.

Griebel, W. & Niesel, R. (2015). *Übergänge verstehen und begleiten. Transitionen in der Bildungslaufbahn von Kindern*. Berlin: Cornelsen.

Hanke, P., Backhaus, J., & Bogatz, A. (2013). *Den Übergang gemeinsam gestalten. Kooperation und Bildungsdokumentation im Übergang von der Kindertageseinrichtung in die Grundschule*. Münster u.a.: Waxmann.

Heinzel, F., Garlichs, A., & Pietsch, S. (2007). Einleitung. In F. Heinzel, A. Garlichs & S. Pietsch (Hrsg.), *Lernbegleitung und Patenschaften. Reflexive Fallarbeit in der universitären Lehrerausbildung* (S. 8–10). Bad Heilbrunn: Klinkhardt.

Košiná, J. & Carle, U. (2012). Zur Qualität von Aufgaben. Einführung in das Thema und Vorstellung der Beiträge. In J. Košiná & U. Carle (Hrsg.), *Aufgabenqualität in Kinder-*

garten und Grundschule. Grundlagen und Praxisbeispiele (S. 5–14). Baltmannsweiler: Schneider Verlag.

Klektau, C. (2013). Eigenreflexion von Kindern über ihr Lernen in der Kita. In Kultusministerium des Landes Sachsen-Anhalt (Hrsg.), *Pädagogische Diagnostik als Grundbaustein der Arbeit in der Grundschule. Richtlinien, Grundsätze, Anregungen. Teil C* (S. 30–34). Staßfurt: Salzland Druck.

Leu, H. R., Diller, A. & Rauschenbach, T. (2010). Der Übergang vom Kindergarten in die Grundschule. Zur Einleitung. In A. Diller, H. R. Leu & T. Rauschenbach (Hrsg.), *Wie viel Schule verträgt der Kindergarten? Annäherung zweier Lernwelten* (S. 7–18). München: DJI.

Lüschen, I. & Kaiser, A. (2014). Gemeinsam „Das Miteinander lernen" – Sachlernen in altersübergreifenden Lernsettings. In B. Kopp, S. Martschinke, M. Munser-Kiefer, M. Haider, E.-M. Kirschhock, G. Ranger & G. Renner (Hrsg.), *Individuelle Förderung und Lernen in der Gemeinschaft* (S. 170–173). Wiesbaden: Springer VS.

Ministerium für Arbeit und Soziales des Landes Sachsen-Anhalt (2013). *Bildungsprogramm für Kindertageseinrichtungen in Sachsen-Anhalt. Bildung: elementar – Bildung von Anfang an. Fortschreibung 2013.* Weimar & Berlin: Verlag das Netz.

Prengel, A. (2003). Einleitung: Forschen und handeln im Interesse von Kindern? In A. Prengel (Hrsg.), *Im Interesse von Kindern? Forschungs- und Handlungsperspektiven in Pädagogik und Kinderpolitik* (S. 11–18). Weinheim & München: Juventa.

Prengel, A., Liebers, K. & Geiling, U. (2015). Leitideen. In U. Geiling, K. Liebers & A. Prengel (Hrsg.), *Handbuch ILEA T. Individuelle Lern-Entwicklungs-Analyse im Übergang* (S. 9–20). Halle (Saale): Martin-Luther-Universität Halle-Wittenberg.

Röhner, C. (2014). Übergang von der Kindertagesstätte in die Grundschule. In R. Braches-Chyrek, C. Röhner, H. Sünker & M. Hopf (Hrsg.), *Handbuch Frühe Kindheit* (S. 587–600). Opladen u.a.: Budrich.

Schmitt, A. (2012). Was sind „Gute Aufgaben" in Projekten im Elementarbereich? In J. Košiná & U. Carle (Hrsg.), *Aufgabenqualität in Kindergarten und Grundschule. Grundlagen und Praxisbeispiele* (S. 29–40). Baltmannsweiler: Schneider Verlag.

Mentoring in Demokratischen Schulen

Lernbegleitung ohne Herrschaftsausübung

Ines Boban und Andreas Hinz

> *„Für mich ist demokratische Bildung ohne Mentoring keine demokratische Bildung."*
> *Meital Hershkovich*

In diesem Text setzen wir uns mit einem zentralen Element Demokratischer Bildung auseinander – der Lernbegleitung ohne Herrschaftsausübung. Wir beziehen uns v.a. auf deren Praxis und Idee in Israel, da wir dort im Rahmen der Kooperation mit dem Institute for Democratic Education (IDE) am Kibbutzim College Tel Aviv zahlreiche demokratische Schulen besuchten und somit Einblicke und Zugang zur Diskussion über Mentoring erhielten – und da wir die Entwicklung Demokratischer Bildung in Israel als international maßstabgebend und höchst anregend ansehen. Dafür haben wir ein Expertengespräch mit unserer Freundin Meital Hershkovits geführt, die seit neun Jahren als Pädagogin und Mentorin in demokratischen Schulen in Israel arbeitet. Wir betrachten einführend die Grundprinzipien Demokratischer Bildung, wenden uns dann dem Mentoring zu, stellen einige Erfahrungen dar und ordnen sie vor dem Hintergrund möglicher Bezüge zu theoretischen Ansätzen zusammenfassend ein.

1 Grundprinzipien Demokratischer Bildung

Wenn es um demokratische Bildung geht, die nicht – wie in Deutschland häufig – nur zeitlich begrenzte Demokratieprojekte propagiert oder dazu Bausteine lehrt, sondern Demokratie als radikal gelebten Alltag versteht, kommen schnell einige

S. Bartusch et al. (Hrsg.), *Lernprozesse begleiten*,
https://doi.org/10.1007/978-3-658-21924-6_8

grundlegende Prinzipien in den Blick. Dabei sieht Hecht (2017) Demokratische Bildung als fehlendes Teil im Puzzle einer demokratischen Gesellschaft und fasst Demokratische Bildung (vgl. Boban und Hinz 2017; Hershkovich et al. 2017) in vier Grundprinzipien zusammen:

- Democratic Community: Die vielfältige Gemeinschaft, in der sich unterschiedlichste Lernkonstellationen ergeben können, ist die Basis der Bildung, indem sie demokratisch über alle Fragen entscheidet und so gemeinsam Strukturen, Kulturen und Praktiken dieser Alltagsgemeinschaft gestaltet. Damit unterscheidet sich Demokratische Bildung insofern von anderen Formen alternativer Bildungskonzepte, als hier nicht primär die Freiheit des Individuums im Vordergrund steht, sondern sie ausbalanciert wird mit der gemeinsamen Gestaltung des Lernumfelds, das entsprechende Strukturierungen mit Schulversammlung und diversen Komitees erfährt.
- Personalized Learning: Lernen folgt nicht einer lehrplangemäßen oder wissenschaftsentlehnten Strukturierung, sondern ist verankert in persönlichen Interessen und Vorlieben i.S. des „pluralistischen Lernens“ (Hecht 2002). Damit ist das vorhandene und sich ständig vergrößernde Weltwissen insgesamt relevant, nicht nur das Wissen, das von zuständigen Expert*innen für so wichtig gehalten wird, dass es in Lehrplänen erscheint und dann vergleichend abfragbar wird. Das wäre ein Fall von (struktureller) Gewalt (Ram 2009, Folie 16), da so in einem „intellectual prison“ (Hecht 2011, S. 187) leistungsstarke, durchschnittliche und schwache Lernende konstruiert werden und hierarchische Kategorien in die Konstruktion ‚von Welt‘ einfließen.
- Content Based Human Rights: Jedes Individuum hat das Recht, unter Wahrung seiner Menschenwürde (Hecht 2011, S. 44) im sozialen Kontext eigenen Fragen und Interessen nachzugehen, und gleichzeitig geht Demokratische Bildung von zentralen Fragen der Welt aus – aktuell etwa die Frage der Flucht und ihrer Gefahren. Bei aller Akzeptanz von individuellen Schwerpunkten, sei es Klavier spielen oder Surfen, haben die verantwortlichen Erwachsenen den Auftrag, auf der macht- und gesellschaftskritischen Basis der Menschenrechte die aktuellen, globalen wie lokalen Herausforderungen ins Blickfeld zu rücken und Impulse zu geben, sich mit solchen ‚Schlüsselthemen‘ auseinanderzusetzen.
- Dialog Relations: Die zentrale Qualität im Miteinander innerhalb dieser Gemeinschaften bilden dialogische Beziehungen. Dialog bedeutet hierbei in Anlehnung an Bohm und Buber (Hecht 2011), dass ‚ergebnisoffene‘ Gespräche die Zielqualität von Beziehungen darstellen, so dass Erkenntnisse nicht einfach durch Lehrer*innen weitergereicht werden. Vielmehr laden Lernbegleiter*innen – wie hier pädagogische Mitarbeiter*innen heißen – dazu ein, auch vorgebliche Gewissheiten immer wieder zu hinterfragen.

Demokratische Bildung erhebt also den Anspruch, das alltägliche Aufwachsen insgesamt demokratisch zu gestalten und so dem Anspruch einer demokratischen Gesellschaft auch real eher gerecht zu werden – mit allen vorhandenen Widersprüchen und Brüchen.

2 Mentoring im Kontext dialogischer Beziehungen

Einen zentralen Stellenwert nimmt die Begleitung von Lernenden in Form des Mentoring ein. In der Literatur gibt es relativ wenig Aussagen darüber, am ehesten finden sich Konzepte und Untersuchungen in dem Sinne, dass unerfahrene von erfahrenen Menschen Unterstützung ihrer Qualifizierung erhalten, etwa mit Hilfe von standardisierten Programmen in der Lehrer*innenbildung (z.B. Raufelder und Ittel 2012). Mentoring wird, so die Zielrichtung, „als Instrument des Qualitätsmanagements und der Personalentwicklung" angesehen (ebd., S. 149). Dort stehen also eher Professionalisierung und Karriereaspekte im Vordergrund. Interessanterweise wird in der Literatur beim Mentoring für Schüler*innen lediglich über außerschulische Erwachsene oder Peers berichtet. Dass Lehrkräfte einer Schule auch gleichzeitig als Mentor*innen fungieren, kommt dagegen offenbar nicht vor (ebd., S. 154).

Mentoring im Kontext Demokratischer Bildung vertritt einen anderen Schwerpunkt: Hier geht es um die Begleitung von Lernenden, um die Reflexion ihrer Sicht der Dinge, um das gemeinsame Nachdenken darüber, was beim Lernen und darüber hinaus schön und was schwierig ist. Meital Hershkovich (MH) sagt im Gespräch, dass für sie *„eine Mentorin eine erwachsene Person ist, die im Dialog mit dem Kind ist. Das ist das wirklich Wichtige. Das Kind wird begleitet bei seinen Entscheidungen. ... Das kann sich darauf beziehen, wie es seinen Zeitplan macht, oder auch, wenn es sich keinen Plan macht, was das Kind also wählt oder nicht wählt, dazu Fragen zu stellen, es zu reflektieren und es zu spiegeln. Es kann um Verhaltensweisen und emotionale Dinge gehen, das ganze Spektrum der Dinge, die irgendwie mit dem Kind in Verbindung stehen, auch um seine Familie und seine Freund*innen. Es ist ein sehr holistischer Blickwinkel, und ich denke, wir tun alles dafür, das Kind unter all diesen Aspekten zu sehen. Wir versuchen die Kinder gut zu kennen und zu wissen, woher sie kommen und warum sie etwas wählen und anderes nicht."* Begleitung, das solidarische Mitgehen und das gemeinsame Hinterfragen sind also Mittelpunkt des Prozesses. Das Kind wird in seinem Kontext gesehen, mit seinen wichtigen Bezugspersonen, die in der Regel ebenfalls Teil des Dialogs sind, wie es auch im ökosystemischen Kontext pädagogischer Diagnostik als bedeutsam für individuelle Lernprozessbegleitung gilt (vgl. z.B. Geiling et al. 2015). Und all dies geschieht *„nicht in einer kontrollierenden Weise, sondern* [es geht] *darum, im Leben eines Kindes ein bedeutsamer Erwachsener zu sein“* – so auch Dvir et al. (2014, S. 147f.), die von einem „signifikant adult“ sprechen.

Diese aufmerksame Begleitung könnte als Paradebeispiel eines Dialogs verstanden werden, weil hier unterschiedlich erfahrene Menschen im Austausch sind, die Gesprächsanlässe situativ entstehen und es gerade nicht darum geht, dass adultistisch ein*e begleitende*r Erwachsene*r dem Kind vermittelt, was es zu tun gilt, wo also ‚die Lösung‘ oder ‚die Perspektive‘ schon klar ist. Vielmehr geht es um eine gemeinsame Suchbewegung, die sich zunächst in Richtung Vergangenheit bewegt und zu rekonstruieren versucht, was in Situationen, in Beziehungen, in Gefühlen ‚Sache ist‘, also reflexiv angelegt ist, und dann ggf. in Richtung Zukunft schaut und gemeinsam versucht, nächste Schritte, nächste Versuche oder Ähnliches zu eruieren und zu verabreden. Das Ergebnis ist also nicht klar, sondern entwickelt sich im gemeinsamen Denken – ein anspruchsvolles Merkmal von Dialogen (Hartkemeyer et al. 2015).

Interessanterweise wird Mentoring trotz seines hier benannten hohen Stellenwerts in der Literatur wenig thematisiert. Meist findet es als strukturelle Gegebenheit in demokratischen Schulen Erwähnung (Kashi 2008, S. 36, S. 40f.) – ebenso als Thema im Studium am Institute for Democratic Education (ebd., S. 44; Ehnert und Kramer 2017, S. 180). Manchmal werden in Schulen andere Begriffe benutzt: Beratung durch Vertrauenslehrer*in, Advisor, Tutor*in oder Lernbegleiter*in, ohne die Rollen genauer zu differenzieren. In der für Demokratische Bildung einschlägigen Zeitschrift ‚unerzogen‘ gibt es seit deren Beginn keinen eigenen Beitrag zum Thema, in wenigen Artikeln wird es erwähnt (Kasiske 2012). Und im Kontext inklusiver Bildung taucht Mentoring so gut wie gar nicht auf, eher bei der Begabungsförderung und bezogen auf das Studium; hierbei findet sich wiederum eine Nähe zu Qualitätssicherung und Karriereförderung. Es scheint sich jedoch auch anzudeuten, dass Mentoring zu einem der nächsten Modebegriffe werden könnte, der den häufig (v.a. in der inklusiven Pädagogik, weniger in der Schulpädagogik) kritisierten Begriff der Förderung ablösen und synonym zu Unterstützung verstanden werden könnte. In diesem Text geht es nicht um Förderung, sondern darum, wie Erwachsene – i.S. von MH – Lernende bei ihrer Entwicklung und in ihren Lernprozessen begleiten können.

3 Erfahrungen mit Mentoring – Aspekte und Geschichten

Im Folgenden geben wir wesentliche Aussagen aus dem Expert*innengespräch mit Meital Hershkovits wieder und arbeiten induktiv Schwerpunkte heraus, die in Zwischenüberschriften zusammengefasst sind.

- **Wahlen – wie Kinder und Mentor*innen zueinander kommen**

Kinder wählen ihre Mentor*innen – auf unterschiedliche Weisen; in zwei Schulen, in denen MH früher gearbeitet hat, *„schrieben die Kinder auf, wen sie bevorzugen würden, sie gaben die erste, zweite und dritte Wahl an. Und dann haben wir – alle Mentoren oder einer von uns – die Aufteilung vorgenommen.“* In ihrer aktuellen Schule in Kfar Saba wählen die Kinder ihre Mentor*innen mit einem modifizierten System: Sie *„schreiben, wen sie als Mentor*in haben möchten, wer der Beste für sie wäre. Und dann schreiben sie* [je nach Zahl der Mentor*innen für die Altersstufe, d.V.] *drei oder vier andere Namen, ... die sie okay finden, wenn sie die erste Wahl nicht erfüllt bekommen können. ... Wenn es jemanden gibt, den sie wirklich absolut nicht haben wollen, schreiben sie dessen Namen nicht auf.“* Hinzu kommt ein weiteres Feld, in dem sie mehrere Namen von Freund*innen aufschreiben. *„Und dann kommt eine wichtige Frage: Wenn du nicht deinen gewählten Mentor oder deine Freunde gleichzeitig haben kannst – wie entscheidest du dich: Ist dir der Mentor wichtiger oder deine Freunde? ... Für unterschiedliche Kinder sind verschiedene Möglichkeiten wichtig.“* Während in anderen Schulen langjährige Mentor*innenschaften häufig sind, kommt es bei diesem Modus zu häufigen Wechseln, denn die Kinder haben im Folgejahr das Recht auf die Erfüllung des Erstwunschs.

- **Begegnungsformen – Einzelgespräch und Morgenkreis**

Mentoring findet nicht nur exklusiv im Einzelgespräch statt, auch Gespräche im täglichen Morgenkreis sind bedeutsam. *„Alle Kinder, die sich im Morgenkreis treffen, sind die Kinder, für die ich Mentorin bin. ... Ich treffe jedes von ihnen einmal in der Woche für zwanzig Minuten und außerdem sehe ich sie alle jeden Tag im Morgenkreis. Aber weil sie* (kurz nach Beginn des ersten Schuljahrs in dieser Zusammensetzung von der dritten bis sechsten Klassenstufe; d.V.) *noch keine wirkliche Gruppe sind – drei von hier, sechs von da, sechs von da –, habe ich das Gefühl, drei Gruppen in einer zu haben. Die Mädchen aus dem sechsten Jahrgang und die Jungen vom fünften Jahrgang kommunizieren nicht wirklich miteinander. Das Einzige, was sie wirklich gemeinsam haben, bin ich.“* Hier zeigt sich, dass in dieser altersgemischten, neu zusammengesetzten Konstellation der Prozess der Gruppenwerdung am Anfang steht.

- **Rollenkombination – Mentor*in und Lehrer*in, aber keine Therapeut*in**

Für Außenstehende ist leicht vorstellbar, dass es zu Schwierigkeiten kommt, wenn die*der Mentor*in auch Unterrichtende für das gleiche Kind ist. Hier gibt es jedoch widersprüchliche Aspekte: „*Ja, zum Beispiel: Ein Schüler von mir, dessen Mentorin ich auch bin und den ich auch im Unterricht habe, macht in einer Stunde Dinge, die er nicht tun sollte – er unterbricht andere oder so etwas. Das ist nicht einfach und ich habe die ganze Zeit damit zu tun. Ich denke, dass es einfacher ist, wenn ich auch seine Mentorin bin, manchmal ist es aber auch schwerer. … Wenn wir eine intensive Beziehung haben, ist es einfacher für mich, leise zu ihm zu sagen, wenn er wirklich nicht ruhig sein kann: Okay, du musst das stoppen, du bist echt außer Kontrolle, geh mal raus, lauf fünf Minuten draußen rum, und wenn du wieder reinkommst, legst du den Schalter im Kopf um. Oder ich kann hinterher beim Mentoring-Treffen sagen: Weißt du, gestern in der Stunde, das war wirklich hart an der Grenze, du hast nicht aufgehört zu reden und zu lachen die ganze Stunde über, das war für mich echt hart. Lass uns überlegen, wie du das in anderen Stunden anders hinkriegen kannst oder was dir dabei helfen kann.*“ Sicher fällt es leichter, die Kombination von Mentor*innenschaft und Unterrichten als produktive Ergänzung zu sehen, wenn Kinder – wie in demokratischen Schulen – nicht einer vergleichenden Leistungsbewertung unterworfen werden.

- **Stile – warum ein persönlicher Zugang wichtig ist**

Mentor*innen haben unterschiedliche Stile und Vorstellungen vom Mentoring: „*Es gibt verschiedene Typen von Mentoren, die sehr unterschiedliche Arten von Beziehungen mit den Kindern haben. … Einige würden mich nie wählen, … aber sie würden jemanden wählen, weil er so gerade heraus und wirklich sehr organisiert ist – wenn sie das Gefühl haben, so jemanden zu brauchen. … Es ist wirklich wichtig, unterschiedliche Typen zu haben. Dass sie jemanden haben können, der wirklich strikt ist oder auch jemanden, der sie mal in den Arm nimmt und sehr akzeptierend ist. Es ist wirklich ein breites Spektrum, wie bei Eltern auch, ein Spektrum, auf dem du dich verortest, … denn verschiedene Kinder können von mir unterschiedliche Arten von Aufmerksamkeit bekommen.*“

Dabei gibt es auch kein generell ‚richtiges‘ Vorgehen, vielmehr hängt es von der jeweiligen Situation und den Beteiligten ab: „*Manchmal ist es einfacher, nicht gleich mit einem Kind zu reden, wenn es wuselig, sauer und chaotisch ist; wenn du ein, zwei Tage wartest, bis es sich entspannt hat, und dann darüber sprichst und reflektierst, was passiert ist.*“

Hierbei spielen die jeweiligen Bedarfe und Bedürfnisse der Kinder eine entscheidende Rolle: „*Es gibt Kinder, bei denen ich wusste, dass ich mit ihnen sehr locker sein muss, oder aber auch systematisch sehr dicht bei ihnen als Person, sodass ich ihnen auch viel von mir selbst erzähle am Anfang, um zu ermöglichen, dass ich auch über sie sprechen kann. Dort muss ich mich also mehr wie eine Freundin oder so verhalten, sehr unkompliziert, mich um sie kümmern, wenig Grenzen ziehen, deutlich machen, dass ich die ganze Zeit auf ihrer Seite bin. Für einige Kinder war es sehr, sehr wichtig, egal was sie getan haben, mit wie vielen Kindern sie Streit hatten; sie brauchten das Gefühl, dass ich auf jeden Fall für sie da bin. Und für andere Kinder musste ich eine sehr strikte Person sein und rückmelden: Weißt du, das war wirklich nicht in Ordnung, was du getan hast. Also wirklich streng, um so mehr darauf fokussiert zu sein, was sie verändern können. Ich verorte mich also jeweils unterschiedlich in diesem Spektrum, und mit den Eltern ist es entsprechend. Das ist etwas, was du mit der Erfahrung lernst, mit vielen unterschiedlichen Kindern und mit vielen Eltern umzugehen die Jahre hindurch. Und das ist nicht leicht.*" Und auch die Gesprächssituation selbst kann sehr unterschiedlich sein: „*Es gibt Kinder, die automatisch sagen: Hey, willst du was spielen? Und ich sage: Ja, weil ich ja auch sehr gern spiele. Und während des Spiels kann ich sie fragen, wie die Unterrichtsstunde war. Oder: Weißt du, dieser Lehrer hat mir erzählt, dass da was war in der Stunde – willst du darüber reden? Für einige Kinder ist es einfacher zu sprechen, während sie etwas Anderes tun. Mit einigen Kinder kann ich mich besser fühlen, wenn ich ihnen sage: Ich möchte mit dir heute über etwas sprechen – möchtest du mit mir spazieren gehen, möchtest du dich irgendwo mit mir hinsetzen und reden? Und einige Kinder wollen einfach nur spielen statt zu reden.*" Dieser anspruchsvollen Rolle kann hier entsprochen werden, da es in demokratischen Schulen ein solches Grundverständnis gibt und daher Kulturen und Strukturen vorhanden sind, die solche Praktiken unterstützen.

• Nähe und Verlässlichkeit – eine herausfordernde Geschichte

Gefragt nach einer für sie bedeutsamem Geschichte, erzählt MH: „*Ich hatte ein Mädchen im fünften Jahrgang und es war ihr erstes Jahr an dieser Schule, nachdem sie vorher viereinhalb Jahre an einer staatlichen Schule gewesen war. Und sie war wirklich verschlossen, sie wollte nicht mit Erwachsenen, auch nicht mit Kindern sprechen. Sie war wirklich aggressiv: Jedes Mal, wenn jemand mit ihr sprach, hatte sie das Gefühl, angegriffen zu werden. Und so ging sie immer sehr schnell in eine Verteidigungshaltung. Zum Beispiel waren wir im Kunst-Atelier und ich bat sie, ein Papier vom Fußboden aufzuheben. Und sie: Was? Ich habe es nicht da hingeworfen! Warum denkst du, dass ich es getan habe? – Ich habe dich nicht beschuldigt. Ich hab dich nur gebeten, es aufzuheben. – Ja, immer sagst du solche Sachen, immer beschuldigst du mich. Und jeder war immer gegen sie, sie kämpfte den ganzen Tag mit Kindern. Und ich habe versucht, bei unseren Treffen mit ihr darüber zu sprechen, aber sie ließ es nicht zu. Und ich habe verstanden, dass ich erst ihr Vertrauen gewinnen muss. Also habe ich nicht damit angefangen, mit ihr über solche Vorfälle zu sprechen, sondern mit ihr zusammen zu sein, mit ihr zu spielen, mit ihr zu sprechen. Sie war wirklich gut mit Computern, da hat sie mir alle möglichen Dinge beigebracht, z.B. ein grafisches Präsentationsprogramm. Sie hat mir all solche Sachen am Computer gezeigt, und das war wirklich schön – etwa zwei Monate lang ging das so. Jede Woche, jedes Mal, wenn ich irgendetwas eher Ernstes ansprach, kam das gleiche Angegriffen-Sein und die gleiche Verteidigungshaltung, die gleiche Sache immer und immer wieder.*

Und dann an einem Tag – ich glaube sie hatte eine Auseinandersetzung mit einem anderen Mädchen und sie weinte heftig – setzte ich mich in einem der Klassenräume mit ihr hin. Und ich erinnere, dass ich eigentlich eine Unterrichtsstunde geben musste an dem Tag, aber sie war in einer schlechten Verfassung, und so blieb ich bei ihr anstatt in den Unterricht zu gehen. Und ich redete mit ihr, während sie schluchzte. Und plötzlich … hatten wir einen Moment, in dem sich alles änderte. Es gelang mir mit ihr zu reflektieren, ihr quasi einen Spiegel vorzuhalten, um ihr zu zeigen, wie ihr Verhalten sie in diese Situation gebracht hat. Was sie gemacht hat bei der Auseinandersetzung mit dem anderen Mädchen, was sie da hinbrachte. … Ich konnte mit ihr reflektieren, dass ihr Verhalten für all das die Ursache war. Und sie war echt geschockt und weinte heftig. Sie schrie mich an und sagte: Lass mich allein! Ich hasse dich! Ich will nicht mit dir reden! Du bist gemein! Warum sagst du sowas zu mir? Und sie schrie mich wirklich an. Und ich sagte: Nein, ich gehe nirgendwo hin, ich sitze genau hier, weil ich dich wirklich mag und weil ich dir helfen will. Und sie sagte: Nein, du magst mich nicht! Du willst mir nicht helfen! Du bist einfach nur gemein! Und ich sagte: Nein, ich gehe nirgendwo anders hin und du gehst nirgendwo anders hin, wir bleiben hier beide sitzen. Wir sitzen hier zusammen, weil ich dich mag und ich dir helfen möchte. Und wir saßen etwa zwei Stunden so da und ich ging nicht mehr zu meinem Unterricht. Ich saß nur dort mit ihr. Und am Ende umarmte ich sie, eine wirklich innige Umarmung, und ich denke, von diesem Moment an hat sich unsere ganze Beziehung verändert. Nun konnte ich mit ihr leichter auch andere Dinge reflektieren, jedes Mal, wenn ich ihr später Rückmeldung gab, habe ich ihr immer wieder gesagt: Ich sage dir dies, weil ich dich mag und weil ich dir helfen möchte. Das war immer mein Satz – es wurde unser Slogan. Und ja, das hat viel verändert, auch ihr ganzes Verhalten in der Schule, mit anderen Kindern. Es war die Botschaft an sie: Du bist hier in der Schule willkommen, wir mögen dich, alles ist in Ordnung, du kannst dich entspannen. Nichts Schlimmes wird passieren, du kannst entspannt bleiben – irgendwie so. Und dadurch hat sich alles geändert, auch im Unterricht, auch in der Beziehung zu anderen Kindern. … Sie war viel zufriedener." Hier wird deutlich, wie tief eine solche, strukturell verankerte Begleitung gehen kann – bis hin zu Situationen, in denen Probleme kulminieren und erst dann ein veränderter Umgang miteinander in der Gemeinschaft möglich wird.

- **Konfliktbearbeitung – Unterstützung von Wir-Gestaltung**

Gerade wenn es um Konflikte zwischen den Kindern geht, stellt sich die Herausforderung, neue Möglichkeiten für das Miteinander zu entwickeln. *„Jetzt habe ich einen Jungen, dessen Mentorin ich bin. Er hat ein Gewaltproblem, seine ‚Temperatur' geht sehr schnell sehr hoch. Die ganze Zeit arbeite ich mit ihm an dieser Sache. Und die Frage, die ich ihm immer wieder gestellt habe, ist: Was, denkst du, würde dir helfen, es zu stoppen? Lass uns darüber nachdenken, was dir ermöglicht, dich zu stoppen, wenn du ärgerlich bist, was du dann sagen kannst oder irgendwelche Strategien, was du dann tun kannst. Darüber sprechen wir jetzt im Mentoring. Er hatte auch eine Menge Probleme mit seinen Freunden; sie wollen nicht mehr seine Freunde sein. Und wir denken darüber nach, was an seinem Verhalten der Grund dafür sein könnte. Ich kann beobachten, was sie an seinem Verhalten nervt, denn ich bin ja auch die Mentorin der anderen. Und sie reden die ganze Zeit mit mir über ihn: Oh, ich halte ihn nicht mehr aus, er macht immer dies und das – und ich kann sie wirklich verstehen. Und dann kann ich mit ihm sprechen, ohne ihm zu sagen: Die haben gesagt, du hättest das und das gemacht. Vielmehr sage ich dann: Weißt du, vielleicht … könntest du … ich habe gesehen, dass du … und dann können wir das leichter reflektieren.*"

Diese vielen Einzelsituationen wären sinnvollerweise durch gemeinsame Gespräche zu ergänzen oder womöglich zu ersetzen, *„aber nicht im Morgenkreis. … Wenn alle mit allen befreundet wären, würde ich dieses Thema hier eröffnen. Die Jungen haben sich gegenseitig zum Justizkomitee eingeladen, und da diskutieren sie wirklich interessante Dinge – das ist auch eine gute Sache. Jetzt habe ich entschieden, mit jedem einzeln Gespräche zu führen, und wenn ich sehe, dass sich etwas Ernsteres tut, bringe ich sie zusammen. In dieser Situation ist es nicht einfach, mit ihnen zusammen zu reden, weil sie anfangen, sich gegenseitig zu beeinflussen und in eine alberne Stimmung zu kommen und gerade nicht sehr ernsthaft zu sein. Wenn ich mit ihnen einzeln spreche, sind sie wirklich auf das Thema fokussiert und sagen sehr interessante Sachen, manchmal auch sehr emotionale Dinge.*" In dieser Passage wird deutlich, dass es offensichtlich unterschiedliche Orte in der Schule gibt, an denen (neben einzelnen) auch gemeinsame Gespräche stattfinden – im Morgenkreis und auch im Justizkomitee, wo Regelverstöße behandelt werden und Wiedergutmachung ausgehandelt wird. Hier gilt es zu reflektieren, welche Konstellationen mit welchen Gesprächsformen für die – hier v.a. sozialen – Lernprozesse am sinnvollsten erscheinen, sodass sich zunehmend ein Wir entfalten kann.

· Nachdruck – auch eine Form von Druck?
In einer weiteren Geschichte werden Ernsthaftigkeit und Intensität von Mentoring thematisiert – und es stellt sich hier auch die Frage, ob Mentoring tatsächlich ohne Herrschaftsausübung stattfindet. *„Ich erinnere mich an ein Mädchen im zweiten Jahrgang, sie begann die Schule mit fünfeinhalb Jahren, sie war vorher zwei Jahre in der Schule gewesen und ich war ihre Mentorin. Bis dahin wollte sie nichts in Hebräisch machen, also lesen und schreiben lernen. Sie wollte nicht zu solchen Angeboten kommen. Ich hatte das Gefühl – und es war nur mein Gefühl, vielleicht auch das Gefühl der Eltern, aber ich habe nicht mit ihnen darüber gesprochen –, dass sie ein bisschen Angst davor hatte, zu den Stunden zu gehen, und nicht, dass sie es nicht wollen würde. Wir hatten dann ein Treffen mit mir, ihren Eltern und ihr, am Anfang des zweiten Jahrgangs. Und dann bei diesem Treffen sagte ich ihr: Weißt du, vielleicht kannst du zur Hebräisch-Stunde gehen, um lesen und schreiben zu lernen. Und sie sagte: Das will ich aber nicht! Und ich: Warum nicht? So wir fingen an, darüber zu verhandeln. Ich sagte ihr: Weißt du, du hast irgendwelche Befürchtungen, bist ein bisschen ängstlich vielleicht. Und sie sagte: Nein, ich habe keine Angst. Sie versuchte es abzuwehren. Ich sagte: Lass es uns ausprobieren. Lass es uns versuchen. Zwei Wochen gehst du zu den Stunden, nur zwei Wochen. Wenn du nach den zwei Wochen sagst, du willst es nicht, werde ich dich in Ruhe lassen. Ich werde nicht wieder darüber sprechen. Aber ich finde, du solltest es ausprobieren. Und sie sagte: Nein, das will ich nicht! Und ich: Doch, das musst du, du musst das probieren. Und sie: Ich muss das ausprobieren? – Ja, das musst du! Und sie sagte: Du zwingst mich? Und ich: Ja. … Ja, ich sagte: Du musst! Und sie sagte: Okay. Und ging zu der Stunde. Und nach einer Woche sagte sie: Ich liebe diese Stunden! Und natürlich lernte sie lesen und schreiben, nach zwei, drei Wochen konnte sie schon lesen; das erste Buch war Harry Potter – natürlich, ein dickes Buch!*

Ich blieb sehr lange ihre Mentorin. Sie war wohl im fünften Jahrgang, da hatten wir eine Diskussion beim Mentoring-Treffen über Bücher und übers Lesen, und da meinte sie: Weißt du noch, wie du mich, als ich im zweiten Jahrgang war, dazu gebracht hast zum Hebräisch zu gehen? Du hast mich dazu gezwungen, zu den Hebräisch-Stunden hinzugehen. Und ich sagte: Ja, ich erinnere mich. Und sie: Das war nicht wirklich demokratisch von dir! Und ich: Ja, aber weißt du, du warst wirklich ängstlich. Ich dachte, du bräuchtest nur einen kleinen Schubser. Und sie erwiderte: Aber nett war das nicht! Und ich: Ja, aber sieh mal, jetzt liebst du es zu lesen. Und sie sagte: Ja, ich liebe es! Aber sie behält es immer in Erinnerung, dass ich sie gezwungen habe es zu machen. Ich weiß nicht, vielleicht war es nicht in Ordnung sie zu zwingen, aber sie hat mir letztlich zugestimmt. Und sie liebte es.

Ich will Kinder nicht zu irgendetwas zwingen, aber ich denke, manchmal ist es eine Beziehungssache, dass du dieses Gefühl hast, dass das jetzt ansteht. Es kommt auf die Situation und die Beziehung an, wie ihr euch gegenseitig vertraut." Wichtig ist hierbei, dass es ausschließlich um das Ausprobieren ging: „*Ja, ich denke, ausprobieren ist wirklich wichtig, speziell in demokratischen Schulen. Denn bevor du etwas tust oder auch nicht, ist Probieren wichtig. Einige Kinder vermeiden manchmal größere Themen, weil sie es nicht versucht haben.*"

Dies könnte fast als Abgesang auf demokratische Bildung und die Freiheit, das zu tun, was Einzelne tun wollen, (miss-)verstanden werden. Insofern erscheint es bedeutsam, dass es nicht darum geht, etwas Ungeliebtes zu einer fremdbestimmt festgelegten Zeit tun zu müssen, sondern es geht um einen kräftigen ‚Anschieber', etwas zu einem als richtig empfundenen Zeitpunkt auszuprobieren – mit der Zusicherung, keinerlei weiteren Druck auszuüben, unabhängig von der Entscheidung des Kindes.

- **Qualifizierung – wie Mentor*innen Mentoring lernen**

Angesichts des hohen Anteils an Flexibilität und Brisanz in der Tätigkeit als Mentor*in stellt sich die Frage, wie Mentoring gelernt werden kann. „*Wir studierten das im IDE, wir hatten einen Kurs über Mentoring. ... Der das unterrichtete, war selbst Lehrer, er war in der demokratischen Schule in Hadera eine lange Zeit, etwa 20 Jahre lang. ... Wir haben darüber gesprochen, was es bedeutet, Mentorin an einer demokratischen Schule zu sein. Was die Rolle von Mentoren ausmacht und was die Begrenzungen sind. ... Dieser Kurs war wirklich interessant, und dann hatten wir im ersten Studienjahr auch ein Praktikum in einer demokratischen Schule. Da konnten wir sehen, wie die anderen Mentoren mit den Kindern umgehen, wie sie einen Dialog mit ihnen aufbauen. Und wir hatten viele Diskussionen über Dialoge.*"

Bedeutsam ist im Rückblick jedoch nicht nur das Seminar und die Beobachtung Anderer, sondern auch eine Struktur im Studium: „*Im IDE hatte jeder Student einen Mentor. Im ersten Jahr hatten wir auch, an jedem Sonntag* (in Israel Werktag; d.V.), *glaube ich, ein Treffen mit der Gruppe, so wie ich jetzt jeden Morgen ein Treffen mit meinen Kindern habe. Wir hatten auch einen Kreis mit allen Mentoren der Studierendengruppe, und wir hatten auch gelegentlich Eins-zu-Eins-Treffen mit unserem Mentor – nicht jede Woche, aber wir konnten mit ihm oder ihr über alles Mögliche sprechen. Es war wirklich interessant; wir haben Vieles über uns selbst erfahren durch diesen Kreis. Sie nannten es eine Suche mit vielen Methoden, mit denen ich etwas über mich herausfinden kann: Was interessiert mich? Was ist meine Leidenschaft? Was würde ich gern tun? Was nicht? ... Es war wichtig, diese Selbsterfahrung für mich selbst zu durchlaufen.*"

4 Einordnung der Erfahrungen und Fazit

Aus diesem Expert*innengespräch lassen sich wesentliche Aspekte des Mentoring formulieren: Mentoring...

- ... basiert auf der Wahl der Kinder, ggf. in Relationierung zu ihren Freund*innen.
- ... kann in Kombination mit anderen Rollen ein Problem, aber auch produktiv sein, indem die Beziehung intensiver und das Wissen voneinander größer ist.
- ... bedeutet einen intensiven und verlässlichen Austausch zwischen Kindern und Erwachsenen, der innerhalb eines strukturell verankerten Rahmens entsprechend den Bedürfnissen und Bedarfen des einzelnen Kindes sehr unterschiedlich gestaltet wird, auch was die Rolle der Mentor*innen im Spektrum von Lockerheit bis zu Strenge angeht – ggf. auch für die Kooperation mit Eltern.
- ... schließt auch die Kulmination von Konflikten ein; dabei ist es unverzichtbar, dass Mentor*innen verlässlich an der Seite des Kindes stehen.
- ... nimmt auch die Funktion der Konfliktberatung ein; hierbei kann es hilfreich sein, wenn die*der einzelne Mentor*in mit mehreren Akteur*innen zu tun hat und auch mit anderen Strukturen in der Schule, z.B. dem Justizkomitee, zusammenwirken und so zum Wachstum eines Wir in heterogenen Konstellationen beitragen kann.
- ... schließt konfrontative Momente und solche des (Nach-)Drucks ein – wenn es darum geht, etwas auszuprobieren, und nicht, fremdbestimmte Aktivitäten auf längere Sicht auszuführen.
- ... lässt sich im Studium durch die Kombination von Selbsterfahrung und theoretischer Auseinandersetzung erlernen und durch Beobachtung und zunehmende eigene Erfahrungen verfeinern.

Nun mögen manche Lehrer*innen denken, dass sie dies alles auch seit Jahren tun. Die Frage bleibt jedoch, ob die folgenden zwei spezifischen Qualitäten, die das Mentoring hier kennzeichnen, zum Tragen kommen: Die*der Mentor*in wird aus- und ggf. jährlich wiedergewählt; dies schafft ein spezifisches Potenzial an Vertrauen und Nähe – und dies gilt für Lernende im Alter von drei bis 18 Jahren, die in der Regel demokratische Schulen gemeinsam besuchen. In diesen Schulen sind entsprechende Strukturen vorhanden; Mentoring ist eingeplante und bezahlte Arbeitszeit, die damit Sicherheit für alle Beteiligten mit sich bringt.

Hecht stellt heraus, dass Mentor*innen als gute „Advisors" (2011, S. 226ff.) folgende Fähigkeiten brauchen, um Lernprozesse in demokratischen Schulen begleiten zu können:

- Klarheit über demokratische Bildung mit ihren theoretischen Grundlagen und Zielen,
- Achtsamkeit und Vertrauen auf die Freiheit, ‚Fehler' zu machen,
- Präsenz und Moderation von Dialogen und
- ein Selbstverständnis als aktiver Teil einer ‚Learning Community'.

Gleichwohl erscheint die Geschichte mit den Hebräisch-Stunden auf den ersten Blick wie ein „no go" – Mentoring bedeutet ja Begleitung „without guiding or directing" (Hecht 2011, S. 218). Im Gespräch wird auch selbstkritisch reflektiert, ob es ein Fehler war, das Mädchen massiv zum Ausprobieren aufzufordern, und letztlich bleibt dies fraglich. Die Brisanz nimmt jedoch deutlich ab, wenn bedacht wird, dass es um das einmalige Ausprobieren geht und nicht um die längerfristige Teilnahme an einem Kurs oder Ähnliches. Solches ‚Anschieben' könnte gerade in demokratischen Schulen wichtig sein angesichts der geradezu unüberschaubaren Vielfalt von Möglichkeiten. Denn so individuell die Interessen sind – es gilt immer auch deutlich zu machen, was aktuell oder dauerhaft anstehende gesellschaftliche Schlüsselthemen sind (vgl. Kap. 1), und Lesen und Schreiben Lernen sind hierbei Schlüsseltätigkeiten. Insofern könnte diese Geschichte auch ein Beispiel für die Mentorin als Teil der ‚Learning Community' und für deren Achtsamkeit für ‚Fehler' in gemeinsamen Prozessen sein.

Im Kontext des IDE wird individuelles Mentoring auch über den Ort Schule hinaus als Grundprinzip für das Hineinwachsen in die kommunale Gemeinschaft gesehen (Dvir et al. 2014, S. 98f.): Jugendliche in schwierigen familiären Verhältnissen – „Youth at Risk" – können sich über mehrere Monate mit Menschen aus der Kommune treffen, die als Mentor*innen nur für sie fungieren, und so ein Mehr an Kontinuität und Stabilität in einer sozialen Beziehung mit ‚soliden' Erwachsenen erfahren.

Mentoring in der Demokratischen Bildung lässt sich mit anderen theoretischen Ansätzen verbinden. Besonders ins Auge fällt hier die von Haim Omer mitentwickelte „neue Autorität" (Omer und von Schlippe 2010) auf. Auch wenn der Begriff zunächst eher fragwürdig erscheint – die tragende Haltung und die Handlungen im Mentoring weisen eine große Nähe zu Aspekten der „neuen Autorität" auf, wie Tab. 1 zeigt.

Tab. 1 Formen der Autorität (Quelle: www.beziehungsaspekte.com/de/traditionelle-autoritaet-kontra-neue-autoritaet.html, 01.11.2017)

Herkömmliche Autorität	Neue Autorität	Verweigernde Autorität
Distanz	Präsenz	Grenzenlosigkeit
Kontrolle	Selbstkontrolle	Kontrollverlust
Unmittelbarkeit	Verzögerung	Ignoranz
Willkür	Transparenz	Unentschlossenheit
Strafe	Wiedergutmachung	Keine Konsequenz
Ich	Wir	Chaos
„Einzelkämpfertum"	Netzwerk	„Grüppchenbildung"

Die Ausführungen der Mentorin MH belegen, wie sie

- in einem strukturell vorhandenen Rahmen ihre hohe Präsenz einbringt,
- durch Selbstkontrolle als Modell für selbstkontrolliertes Verhalten auf problematisches Agieren von Kindern eingeht,
- feste verlässliche Zeiten und Orte zum gemeinsamen Reflektieren nutzt und so durch Verzögerung weniger situativen Handlungsdruck schafft,
- als authentische Person in dialogischen Kommunikationsprozessen mit je eigenen Hintergründen transparent macht, was warum wie gefühlt und gedacht, also gemacht wird,
- bei Konflikten das Prinzip der Wiedergutmachung pflegt, so wie es im Kontext von Justizkomitees an demokratischen Schulen üblich ist,
- beim Mentoring das Entfalten eines Wir als Ziel hat und dabei vermittelt, dass niemand allein gelassen wird und im Zuge dessen individuelle Interessen immer Resonanz und in Aushandlungsprozessen soziale Kohäsion, aber auch Reibung erfahren lässt,
- um das Wachstum zu einem tragenden sozialen Netzwerk ringt, das Einzelkämpfer*innentum und Grüppchenbildung überwindet.

Der Unterschied zu „herkömmlicher Autorität", die mit Herrschaftsausübung gleichzusetzen wäre, ist in MHs Schilderungen augenfällig. Es liegt nahe, dass sich Vertreter*innen des Sudbury-Valley-Konzepts innerhalb der Bewegung Demokratischer Bildung mit ihrer kritischen Haltung zu jedweden Initiativen von Erwachsenen tendenziell eher bei der „verweigernden Autorität" verorten würden. Inwieweit dort die in der Tabelle aufgeführten Phänomene zu erleben sind, bedürfte jedoch einer intensiveren Betrachtung. Weitere Querverbindungen ließen sich auch mit anderen Ansätzen wie „Gentle Teaching" (Boban und Hinz 2018) oder

der „authentischen Gemeinschaft“ nach Scott Peck (Wetzel 2017) herstellen, die wir hier nicht weiter ausführen können.

Resümierend erscheint Mentoring als unverzichtbarer Aspekt Demokratischer Bildung. Es ist der konkrete Ausdruck für die Wahrung der Menschenwürde aller Akteur*innen und stellt einen Motor für inklusive Prozesse dar, indem u.a. dort die Balance von Individualität und Gemeinsamkeit ausgehandelt wird, denn es geht nicht nur um die Situation Einzelner in Einzelgesprächen, sondern auch um die Initiierung von Gemeinschaft durch unterschiedliche Gesprächssituationen, in der Einzelne in ihrem So-Sein je sichtbar und bedeutsam sind. Implizit machen die Aussagen im Gespräch die auch im Mentoring zu findende inklusive Grundhaltung deutlich mit der Botschaft ‚So wie du bist, bist du willkommen – und du kannst dich verändern‘.

Entsprechende Situationen und Prozesse gibt es in vielen anderen Kontexten. So haben wir es auch jahrelang im Forschungskolloquium in der Universität Halle erfahren, in dem Ute Geiling als Mentorin eine solche Qualität entstehen ließ. In demokratischen Schulen werden sie als kulturell bedeutsam angesehen und stellen strukturell verankerte Praktiken dar. Davon können sich alle anregen lassen, die sich in eine inklusive Richtung (weiter-)entwickeln wollen. Dies gilt auch und besonders im Hinblick auf jene Kinder, die in benachteiligenden Verhältnissen aufwachsen und daher in besonderem Maß auf Stärkung (Geiling 2000) angewiesen sind.

Literatur

Boban, I. & Hinz, A. (2017a). Gemeinsame Potenziale unterschiedlicher Zugänge für inklusive Bildungsprozesse. In I. Boban & A. Hinz (Hrsg.), *Inklusive Bildungsprozesse gestalten – Nachdenken über Horizonte, Spannungsfelder und mögliche Schritte* (S. 168–190). Seelze: Klett Kallmeyer.

Boban, I. & Hinz, A. (2018). ‚Gentle Teaching‘ – ein radikaler Impuls für eine inklusive Haltung. In D. Jahr & R. Kruschel (Hrsg.), *Inklusion in Kanada – Perspektiven auf Kulturen, Strukturen und Praktiken*. Weinheim/Basel: Beltz (i.V.).

Dvir, R., Arbel, Y., Gilboa-Ater, M. & Schwartzberg, Y. (Eds.) (2014): *Democratic City. An Education City in the 21st Century. A Roadmap to Social – Educational – Communal Change*. Tel Aviv: Institute for Democratic Education. Online bestellbar unter: http://www.democratic.co.il/en/book/. Zugegriffen: 15. September 2016.

Ehnert, K. & Kramer, K. (2017). Democratic Education – Hoffnungsträger menschenrechtsbasierter Bildung in Schule und Lehrer*innenaus- und Weiterbildung!? In R. Kruschel (Hrsg.), *Menschenrechtsbasierte Bildung. Inklusive und Demokratische Lern- und Erfahrungswelten im Fokus* (S. 173–184). Bad Heilbrunn: Klinkhardt.

Geiling, U. (Hrsg.) (2000). *Pädagogik, die Kinder stark macht. Ansätze zur Arbeit mit Kindern in Not*. Opladen: Leske+Budrich.

Geiling, U., Liebers, K. & Prengel, A. (Hrsg.). (2015). *Handbuch ILEA T*. Stand 25.06.2015. Halle (Saale): Martin-Luther-Universität Halle-Wittenberg. http://ilea-t.reha.uni-halle.de/das_handbuch_ilea_t . Zugegriffen: 04. März 2018.

Hartkemeyer, M., Hartkemeyer, J. F. & Hartkemeyer, T. (2015). *Dialogische Intelligenz. Aus dem Käfig des Gedachten in den Kosmos des gemeinsamen Denkens*. Frankfurt am Main: Info3.

Hecht, Y. (2002). *Pluralistic Learning as the Core of Democratic Education*. http://www.democratic-edu.org/International/DataRepository/Files/Articles/PluralisticLearningIDEC 2002.doc . Zugegriffen: 12. Januar 2018.

Hecht, Y. (2011). *Democratic Education: The Beginning of a Story*. Roslyn Heights, New York: AERO.

Hecht, Y. (2017). *Democratic Education: The Missing Piece of the Democratic Puzzle*. Powerpoint von der IDEC 2017. Hadera: Selbstverlag.

Hershkovich, M., Simon, J. & Simon, T. (2017). Menschenrechte, Demokratie, Partizipation und Inklusion – ein (fast) in Vergessenheit geratenes Wechselverhältnis? In R. Kruschel (Hrsg.), *Menschenrechtsbasierte Bildung. Inklusive und Demokratische Lern- und Erfahrungswelten im Fokus* (S. 141–152). Bad Heilbrunn: Klinkhardt.

Kashi, U. (2008). *Demokratiebildung in Israel. Geschichte und aktuelle Ansätze*. Berlin: Stiftung Erinnerung, Verantwortung und Zukunft.

Kasiske, J. (2012). Starke Pflanze im Grünen Dorf. Ein Tag an der Demokratischen Schule Makom Ligdol in Tel Aviv. *unerzogen*, H.4, S. 32–35.

Omer, H. & Schlippe, A. v. (2010). *Stärke statt Macht. Neue Autorität in Familie, Schule und Gemeinde*. Göttingen: Vandenhoeck & Ruprecht.

Ram, E. (2009). *Democratic Education – The Israeli Experience*. Unveröff. Powerpoint von einer Gastvorlesung. Halle: Martin-Luther-Universität.

Raufelder, D. & Ittel, A. (2012). Mentoring in der Schule: Ein Überblick. Theoretische und praktische Implikationen für Lehrer/-innen und Schüler/-innen im internationalen Vergleich. *Diskurs Kindheits- und Jugendforschung*, H.2, S. 147–160.

Wetzel, A. (2017). Authentische Gemeinschaften schaffen inklusive Kulturen. In R. Kruschel (Hrsg.), *Menschenrechtsbasierte Bildung. Inklusive und Demokratische Lern- und Erfahrungswelten im Fokus* (S. 173–184). Bad Heilbrunn: Klinkhardt.

Praxisbezug in der Lehrer*innenbildung

Möglichkeiten und Grenzen einer biographischen Entwicklungsbegleitung am Beispiel des Schüler*innenhilfeprojekts Halle

Livia Makrinus und Claudia Klektau

In der Diskussion um die Professionalisierung von angehenden Lehrer*innen werden die Verknüpfung von Theorie und Berufsfeldorientierung sowie intensive Praxisvorbereitung immer wieder gefordert. Es haben sich dabei verschiedene konzeptionelle Formen des Praxisbezugs entwickelt, die mit unterschiedlichen theoretischen Bezügen die professionelle Entwicklung der Studierenden unterstützen können. Die verschiedenen Konzepte von Praktika lassen sich dabei grob in zwei Argumentationslogiken einordnen: Einerseits werden in der *kompetenztheoretischen* Argumentation „Praktika als Ort der Vermittlung von berufsbezogenen Kompetenzbereichen für den Lehrerberuf“ (Makrinus 2013, S. 63) erachtet. In dieser Tradition fungieren klassische Schulpraktika mit dem Fokus der Einsozialisation in die Schulpraxis. Lehramtsspezifische Kompetenzen sollen unter Anleitung einer*eines fachkundigen Mentorin*Mentors der Schulpraxis vermittelt werden. Andererseits „wird in einer *strukturtheoretischen Argumentation* auf die Ungewissheit und das Technologiedefizit in der Pädagogik verwiesen“ (ebd., S. 75, Herv. i. O). Aus dieser Denkrichtung heraus wird die Vermittlung von reflexiver Distanz zur Schulpraxis (vgl. Helsper 2004, 2007) als notweniger Schwerpunkt von Erfahrungen im beruflichen Feld in der ersten Phase der Lehrer*innenbildung gesetzt. Diesem Ansatz folgen Konzepte der Fallanalyse im Lehramtsstudium mit einem Fokus auf handlungsentlasteten Be-

S. Bartusch et al. (Hrsg.), *Lernprozesse begleiten*,
https://doi.org/10.1007/978-3-658-21924-6_9

obachtungen und reflexiven Analysen der Schulpraxis in ihren unterschiedlichen Dimensionen.

Es lässt sich noch eine weitere Form des Praxisbezugs beschreiben, die sich an verschiedenen Universitäten herausgebildet hat und sich in ihrer zugrundeliegenden Zielrichtung nicht eindeutig den dargestellten Argumentationslinien zuordnen lässt. Es handelt sich dabei um alternative Praxisprojekte mit langfristigem Einbezug in unterschiedliche Praxiskontexte, die im Rahmen dieses Beitrages an einem Beispiel beschrieben werden. Dabei soll eine bildungstheoretische Perspektive herangezogen werden, in der das biographische Entwicklungspotential innerhalb der Praxiserfahrung ausgelotet wird. Im Unterschied zu den theoretischen Ansätzen der Kompetenz- und Strukturtheorie stehen hier nicht nur die rollenspezifischen Anforderungen des pädagogischen Settings im Fokus professioneller Entwicklung, sondern es wird untersucht, inwieweit die „ganze Person" in ihrem biographischen Strukturzusammenhang (vgl. Marotzki 1990) als Bezugspunkt professioneller Reflexion genutzt werden kann. Anhand des beschriebenen universitären Schüler*innenhilfeprojekts werden die Möglichkeiten und Grenzen einer biographisch orientierten Entwicklungsbegleitung in der Lehrer*innenbildung erschlossen und diskutiert.

1 Zur biographischen Dimension in der Lehrer*innenbildung

Mit der bildungstheoretisch orientierten Perspektive der „biographischen Relationierung" (Makrinus 2013) wird in den Fokus gerückt, wie Individuen Erfahrungen verarbeiten und biographisch einordnen (vgl. Marotzki 1990, Dlugosch 2003). Im Mittelpunkt steht hier die*der Akteur*in „als ganze[.] Person" (Marotzki 1990) und die Art und Weise ihrer*seiner Erfahrungsverarbeitung. Wenn Studierende Praktika absolvieren, tun sie dies auf der Grundlage ihrer bisherigen Lebens- und Lernerfahrungen. Wie sie ihr Praktikum in Angriff nehmen, hängt davon ab, welche subjektiven Erfahrungen sie in ihrer Bildungsbiographie bereits gemacht haben und auf welche Art und Weise sie diese biographisch verarbeiten (vgl. Makrinus 2013).

Biographische Entwicklungsräume ergeben sich daher immer dann, wenn die erlebten Erfahrungen im Praxisfeld in Bezug auf die eigene Lebensgeschichte und ihre Bedeutung für das momentane Erleben und Empfinden wahrgenommen und reflektiert werden. Auf die Potentiale der Rekonstruktion der eigenen Biographie verweisen bereits Sabine Reh und Carla Schelle (2000): „Im Vordergrund steht hier die (Selbst-) Reflexion im Sinne einer Rekonstruktion der „persönlichen

Erfahrungen in der und mit der Institution Schule, die das Selbstverständnis der eigenen Berufsrolle und des schulischen und unterrichtlichen Handlungsraumes verändern kann (vgl. Dick 1995)" (ebd., S. 108).

Im Zuge von Praxiserfahrungen in der Lehrer*innenbildung kann mit dieser Perspektive in den Fokus gerückt werden, welche subjektiven Empfindungen, Erinnerungen und Gedankenmuster, die sich aus der eigenen biographischen Entwicklung ergeben, im jeweiligen Setting wahrgenommen werden und wie sie sich auf persönliche Strategien im pädagogischen Handeln auswirken. Damit wird die eigene Biographie Teil der Fallrekonstruktion mit dem Ziel die „Möglichkeiten der Herstellung und Aneignung von Wahlmöglichkeiten und Handlungsspielräumen für den pädagogischen Alltag (Egger 2009)" (Bolland und Spahn 2016, S. 55) zu erweitern. Diese biographische „Verarbeitung" ist dabei immer ein nachträglicher Prozess, der beim Erzählen vollzogen wird. Die Bedeutung eines Ereignisses für die persönliche Entwicklung lässt sich nicht im Moment des Geschehens erfassen, sondern wird stets im Nachhinein durch die Zusammenhangsbildung des Erzählens erfassbar (vgl. Marotzki 1990, Schütze 1987).

Was Studierende also aus ihren Praktika mitnehmen, welche Erfahrungsqualität in ihrer weiteren beruflichen Entwicklung von Bedeutung bleibt, hängt davon ab, in welchen Gesamtzusammenhang der Biographie sie gebettet wird. Damit wächst die Bedeutung von Reflexionsanlässen, die Raum zum Erzählen geben und weitere Perspektiven jenseits der bisherigen Deutungen eröffnen.

2 Das Schüler*innenhilfeprojekt „Bildungsförderung im Grundschulalter" als professionelle und biographische Herausforderung

Alternative Praxisprojekte im Sinne von Schüler*innenhilfeprojekten, die Lehramtsstudierenden professionelle Entwicklungsräume bieten und gleichzeitig Kinder mit ihren Lebens- und Lernperspektiven in den Mittelpunkt rücken, haben sich an verschiedenen Universitäten entwickelt (vgl. Heinzel et al. 2007). In diese Tradition reiht sich auch das Schüler*innenhilfeprojekt an der Philosophischen Fakultät III der Martin-Luther-Universität Halle-Wittenberg, welches von Ute Geiling und Ada Sasse 2002 initiiert wurde und sich seitdem unter der Leitung von Ute Geiling zu einem wesentlichen Baustein der Lehrer*innenbildung für das Förderschullehramt in Halle entwickelt hat. Es richtet sich an Studierende des Lehramts an Förderschulen ab dem dritten Fachsemester und bietet ihnen über zwei Semester und damit über einen längeren Zeitraum als andere Praktika die Möglichkeit sozial benachteiligte Schüler*innen im Grundschulalter bei ihrem

Lernen zu begleiten (siehe auch der Beitrag von Heinzel und Prengel in diesem Band). Dabei stehen konkrete Förderangebote zu den Lernbereichen Mathematik, Deutsch und zum Sozialverhalten als Lernbegleitungsangebote vor allem für Schüler*innen der ersten und zweiten Klasse im Zentrum. Die Verknüpfung fachlicher Ziele im Bereich der Förderung von Kulturtechniken mit der Förderung des sozialen Verhaltens ist ein bewusst angelegter Baustein des Projektes. Begleitseminare bieten Raum für die Reflexion der aufkommenden Erfahrungen und Themen sowie die Unterstützung bei der inhaltlichen Gestaltung der Lernspielstunden. Für das Projekt wurden Ziele sowohl für die Studierenden als auch für die Kinder definiert. Die Studierenden sollen zu ihrer Kindergruppe eine vertrauensvolle Beziehung aufbauen und auf dieser Grundlage entwicklungs- und lernförderliche Bedingungen in den Lernspielstunden herstellen (vgl. Geiling und Sasse 2007, 2014).

Mit Blick auf die Kinder steht die Unterstützung beim Erwerb der Kulturtechniken im Vordergrund. Nicht weniger bedeutsam ist es Lernfortschritte und Erfolgserlebnisse in den Lernspielstunden zu ermöglichen und damit Lernfreude und Selbstbewusstsein der Kinder zu stärken. Sie sollen erfahren, dass sie Dinge gut können und Fortschritte beim Erwerb der Kulturtechniken zeigen (vgl. Geiling und Sasse 2007, S. 65). Im Kern beabsichtigt das Projekt, dass Studierende Kindern aus sozial benachteiligten Familien Zeit und Aufmerksamkeit widmen und diese ein Stück des Weges in ihrem Lernen begleiten und gleichzeitig eigene Erfahrungen in der Praxis machen können. In der Anlage des Projektes eröffnen sich für die Studierenden viele Herausforderungen, die im Folgenden als professionelle und biographische Herausforderungen beschrieben werden.

2.1 Pädagogisches Setting und Zielgruppe

Jede Woche arbeiten zwei Studierende im Tandem mit einer festen Gruppe von maximal acht Kindern in so genannten Lernspielstunden. Dabei handelt es sich um Kinder, die von den Klassenlehrer*innen als „Problemkinder" (Geiling und Sasse 2014, S. 351) markiert werden und denen eine mögliche Gefährdung ihrer Schulkarriere in der Allgemeinen Schule prognostiziert wird. Die Lernspielstunden finden in drei Horteinrichtungen statt, die von der Mehrheit der Kinder am Nachmittag besucht werden. In den spielerischen und handlungsbetonten Lernspielstunden sollen die Kinder am Beginn ihrer Schulzeit beim Erwerb der Kulturtechniken unterstützt werden (Geiling und Sasse 2007, S. 65). Gleichzeitig sollen Lernarrangements bereitgestellt werden, die das soziale Verhalten und die sozialen Beziehungen der Kinder untereinander fördern.

Im Verlauf des Projektes ergeben sich für die Studierenden verschiedene pädagogische Herausforderungen. Zu Beginn des Projektes bedarf es einer Zeit des Kennenlernens der Kinder, der Annäherung, aber auch einer Zeit der Suche nach geeigneten Strukturen in der Gruppe. Vielen Kindern im Projekt ist es besonders in der Anfangszeit kaum möglich, sich auf ein Angebot einzulassen. Bereits in den ersten beiden Schuljahren haben viele der Kinder im Projekt negative Schulerfahrungen gemacht und zeigen abwehrendes Verhalten gegenüber schulähnlichen Lernangeboten. Die Gruppenbildung erfolgt in der Regel nicht selbstläufig. Ein sofortiges Einsteigen in geplante Lernspielangebote ist selten möglich. Die Studierenden beschreiben in den Begleitseminaren, dass sie sich teilweise gegenüber ihren eigenen Ansprüchen, aber vor allem gegenüber der Verweigerungshaltung von Kindern zunächst ohnmächtig fühlen.

Für die Studierenden bedeuten die regelmäßigen Lernspielstunden, dass sie langfristig und zuverlässig für eine Kindergruppe Verantwortung übernehmen und sich unvoreingenommen und offen auf Kinder einlassen, die bereits das Etikett als „Problemkinder" (Geiling und Sasse 2014, S. 351) tragen. Dies setzt voraus, dass die Studierenden sich bestehender Vorurteile, vorgefestigter Meinungen sowie subjektiven Empfindungen bewusst werden und diese reflektieren können und wollen. Studierende stehen vor der Herausforderung, die Kinder in ihrem Sein und Tun, in dem, was sie ausmacht, in den Lernspielstunden wahrzunehmen und die pädagogischen Angebote auf ihre Bedürfnisse abzustimmen. Es ist von basaler Bedeutung für die langfristige Zusammenarbeit zwischen Kindern und Studierenden, dass die Studierenden eine Beziehung zu ihrer Kindergruppe aufbauen. Viele Kinder öffnen sich individuell in Bezug auf Zeit und Intensität gegenüber den Studierenden und berichten aus ihrem Alltag in der Schule und im Elternhaus. Die Studierenden brauchen Gelegenheit, um zu reflektieren, was die Kinder und ihre Schicksale in ihnen selbst auslösen. Es ist auch bedeutsam, dass Widerstände, Reibungen und Konflikte mit den Kindern, wie sie im Projektverlauf immer wieder auftauchen können, ausgehalten werden. Sie können als Lernchance begriffen werden, um gemeinsam mit den Kindern neue Lösungen für das gemeinsame Miteinander zu finden.

2.2 Vorbereitung und Durchführung der Lernspielstunden

Die Studierenden bereiten die Inhalte der Lernspielstunden im Team vor, gestalten diese und werten sie gemeinsam aus. Während die Studierenden in anderen Praktika oder im Referendariat eher „Alleinkämpfer*innen" sind, bietet das Projekt über die Zusammenarbeit im Zweierteam die Möglichkeit Teamwork zu erproben und gleichsam Kompetenzen für kooperatives Arbeiten zu erwerben bzw. zu verfestigen. Die gemeinsame Arbeit im Tandem verlangt aber gleichzeitig sich auf einen möglicherweise auch anstrengenden aufreibenden Teamprozess einzulassen. Die Studierenden müssen sich mit einer anderen Person auseinandersetzen, die gegebenenfalls andere Erfahrungen, Ziele und Werte hat. Notwendig ist damit auch eine Reflexion auf der Beziehungsebene, in dem nachgespürt wird: Was löst das Verhalten der anderen Person in mir aus? Welche biographischen Themen werden in der Begegnung und Zusammenarbeit mit der anderen Person in mir wach? Wie kann man sich gemeinsam damit auseinandersetzen und konstruktive Lösungen finden?

Mit der besonderen Zielgruppe im Projekt ergeben sich weitere Herausforderungen in der Vorbereitung und Durchführung der Lernspielstunden. Die Studierenden, deren Aufwachsen von ihnen selbst meist als materiell, sozial und emotional stabil beschrieben wird, treffen im Projekt auf Kinder, die als sozial benachteiligt beschrieben werden können und meist unter erschwerten Bedingungen heranwachsen (Sasse und Geiling 2007, S.158). Die wachsende soziale Heterogenität der Kinder tangiert verstärkt unmittelbar Schule als auch das außerschulische Projektangebot. Garlichs (2014, S. 335) spricht davon, dass bei manchen Kindern Lebensprobleme das Lernen der Kinder überlagert. In diesen Fällen gilt es, den aktuellen Lebensproblemen zunächst Beachtung zu schenken, um die Grundvoraussetzungen für Lernen überhaupt erst zu schaffen. Soziale Benachteiligung und Armut werden als Lebensweltzusammenhänge deutlich, die nicht ausblendbar sind oder negiert werden können, sondern pädagogisch positiv in Lernangeboten zu berücksichtigen sind. „Das zu Lernende muss Kindern wichtig und lohnend erscheinen. Es muss in ihren Bedeutungshorizont gesetzt werden." (ebd., S. 341)

In der reflexiven Auseinandersetzung mit pädagogischen Alltagssituationen gleichen die Studierenden die Lebenszusammenhänge der Kinder mit ihren eigenen Bedingungen des Aufwachsens und ihrer Biografie ab. Sie erleben in der Begegnung und der Zusammenarbeit mit Kindern, die unter erschwerten Bedingungen aufwachsen, möglicherweise einen Widerspruch zwischen ihrem eigenen Aufwachsen und dem der Kinder und müssen sich damit auseinandersetzen. Oder aber sie erleben, wie sich eigene biografische Erfahrungen in den Schicksalen der Kinder widerspiegeln.

Aufkommende und damit einhergehende Gefühle und Muster müssen die Studierenden wahrnehmen und in der Folge reflektieren, was dies mit ihnen selbst und ihrer Beziehung zu den Kindern macht. Die bewusste und gezielte Beschäftigung mit den biografischen Erfahrungen könnte zumindest tendenziell ermöglichen, dass die eigenen biografischen Erfahrungen die Wahrnehmung und das Handeln nicht unbemerkt lenken. Diese Möglichkeiten der Reflexion und damit der aktiven

Auseinandersetzung könnten gezielt ihren Raum in den Begleitseminaren finden, die im Folgenden skizziert werden.

2.3 Reflexionsanlässe in den Begleitseminaren

Die Erfahrungen der Studierenden aus den Lernspielstunden, Produkte der Kinder und förderdiagnostische Befunde fließen in die projektbegleitenden Seminare ein. Im Sinne einer „Ideenbörse" wird sich mit didaktischen Möglichkeiten, Materialien sowie kooperativen Lernformen auseinandergesetzt. Aufgabe der Studierenden ist es vorab jeweils Angebots- und Kinderportraits vorzubereiten, welche dann im Seminar fallweise vorgestellt und diskutiert werden.

Die Beiträge geben wichtige Anstöße zur Reflexion des eigenen pädagogischen Handelns und liefern gleichermaßen eindrucksvolle Belege für die Heterogenität innerhalb der Kindergruppen, aber auch der Studierenden. In den Begleitseminaren können sich Studierende gemeinsam mit anderen Studierenden und der Seminarleitung regelmäßig über ihre Erfahrungen, Beobachtungen und Vorhaben in den Kindergruppen austauschen, Entscheidungs- und Handlungsunterstützung erhalten und fachlich vertiefend diskutieren. Auf sehr lebendige Weise werden oftmals die Situationen aus den Lernspielstunden berichtet, die auch Schwierigkeiten, Konflikte und Widerstände in der Arbeit mit den Kindern beinhalten. Die Schilderungen und gemeinsame Reflexion darüber eröffnet Raum, um „Kinder verstehen zu lernen und sich selbst in dieser Interaktion kennen zu lernen" (Garlichs 2007, S. 24). Darüber hinaus werden begleitend grundschul- und sonderpädagogische Themenbereiche, wie soziale Benachteiligung als Bildungsbenachteiligung, Schwierigkeiten im Lernen und Verhalten und diagnostische Möglichkeiten im Bereich der Mathematik und des Schriftspracherwerbs besprochen. Die diagnostischen Möglichkeiten werden dann von Studierenden eingesetzt und die Produkte der Kinder als Ergebnisse in den Seminaren gemeinsam ausgewertet und interpretiert. Die in den Lernspielgruppen erprobten Situationen professioneller Praxis werden im Seminar theoretisch durchdrungen. Andererseits bieten die praktischen Erfahrungen Möglichkeiten für die kritische Reflexion von Theorie (vgl. Pietsch 2007). Neben offen angelegten Seminarangeboten, reflexiver Fallarbeit finden auch klar strukturierte Seminare mit theoriegeleiteten Inhalten statt. In der das gemeinsame Projektjahr abschließenden Seminarsitzung legen die Studierenden die Dokumentationen der Kleingruppenarbeit vor. Dazu zählen Arbeitsergebnisse der Kinder, Entwicklungsberichte, Portfolios und Selbstreflexionen. Neben einer gemeinsamen Rückschau und Auswertung des Projektverlaufes mit Blick auf die definierten Ziele wird mit jeder Projektgruppe auch immer über Verbesserungs- oder

Weiterentwicklungsmöglichkeiten nachgedacht. Auch die Auseinandersetzungen im Begleitseminar können als biografische Herausforderungen interpretiert und genutzt werden. In der kollegialen Fallberatung müssen verschiedene Perspektiven auf ein Problem entwickelt und ausgetauscht werden. Inwieweit es gelingt, sich vor der Gruppe zu öffnen und auszuhalten, dass es andere anders machen, hängt wiederum mit den persönlichen biographischen Themen zusammen.

3 Biographisches Lernen im Praxisprojekt – Welche Art von „biographischer" Lernbegleitung brauchen die Studierenden?

In der Darstellung wird deutlich, dass im Vergleich zu herkömmlichen Praktika in der Form des alternativen Praxisprojektes vielseitige Ebenen in der Auseinandersetzung mit Schulpraxis eröffnet werden können. Im Rahmen dieses Projektes gibt es keine Mentor*innen, die als modellartige Vorbilder dienen könnten. Vielmehr sind die Studierenden auf sich selbst zurückgeworfen und herausgefordert, gemeinsam im Studierendenteam Wege zu Problemlösungen zu finden, ohne bewährte Handlungsmuster durch eine Lehrperson zu erhalten.

Gleichzeitig findet diese Auseinandersetzung in den Begleitseminaren im Rahmen einer gleichwertigen Unterstützer*innengemeinschaft von Studierenden statt. Die Offenheit von Gestaltungswegen in Kombination mit aktivierenden Handlungsspielräumen ermöglicht vielfältige Lern- und Reflexionsanlässe. Wie die Studierenden diese annehmen und verarbeiten, steht wiederrum in Zusammenhang mit den biographischen Dispositionen und der Sicht auf die Gegenwart und die Zukunft.

Mögliche Fragen für die biographische Arbeit in der Begleitung von Studierenden könnten sein:

- Welche Erfahrungen habe ich mit „Schule" und „Lernen" gemacht?
- Worin fühle ich mich kompetent? Worin liegen meine persönlichen Ressourcen, Grenzen und Unterstützerquellen?
- Wie nehme ich Lernsituationen wahr? Wie gehe ich Probleme und Aufgaben an?

Die Art und Weise der Auseinandersetzung mit der eigenen Biographie kann methodisch ganz unterschiedlich angelegt werden. Die explizite Auseinandersetzung mit der Biographie bedarf einer sensiblen Betreuung und muss unbedingt im Kontext der Vertraulichkeit und Freiwilligkeit behandelt werden. Eine erschwerende

Bedingung ist, dass auch im Kontext der freiwilligen Teilnahme am Praxisprojekt die Bewertungszwänge des Studiums implizit erhalten bleiben. Die Zielstellung sollte hier sein, gerade die Vieldeutigkeit und Ungewissheit biographischer Entwicklungen herauszuarbeiten. Gleichzeitig sollte aber auch betrachtet werden, in welcher Art und Weise strukturelle Bedingungen, wie gesellschaftliche Rahmenbedingungen und individuelle Verarbeitungs- und Bewältigungsmuster, die lebensgeschichtlichen Entwicklungsprozesse beeinflussen. Dies kann im Projekt am Beispiel der eigenen Biographien sowie der Lebensgeschichten der Kinder reflektiert werden.

Dass diese Reflexionsanlässe als solche auch angenommen und positiv erfahren werden, ist nicht immer garantiert. Es ist sehr wahrscheinlich, dass auch hier Aneignungsprobleme auftreten: dass die Offenheit als nicht zu bewältigende Herausforderung erlebt wird, dass sich der intendierte gemeinsame Austausch auf oberflächliches Rauschen reduziert und „Lernimpulse" als Arbeitsaufgaben abgearbeitet werden.

Inwieweit Praxisprojekte genutzt werden, hängt einerseits von den Akteur*innen selbst ab und wird andererseits durch die organisatorische Einbettung solcher Projekte gerahmt.

Sind langfristige Praxisprojekte fakultative oder obligatorische Angebote im Studienablauf? Gibt es Wahlmöglichkeiten, werden konzeptuelle Veränderungen in studentischer Partizipation geplant und umgesetzt? Biographisches Lernen im Praxisprojekt braucht individuelle Entscheidungsspielräume, die auch strukturell gewollt und vorgesehen werden müssen.

Insgesamt wird deutlich, dass es sich lohnt Praxiserfahrungen nicht auf rollenspezifische Anforderungen und Kompetenzerwerb engzuführen, sondern die vielfältigen Erfahrungsdimensionen aus der Arbeit mit Kindern auch biographisch zu reflektieren und damit die Beziehungsebene des Lehrer*innenhandelns in den Fokus zu rücken.

Literatur

Bolland, A. & Spahn, L. (2016). Zum Ansatz des biographischen Lernens in der Lehrerinnen- und Lehrerbildung. Spurensuche in pädagogischen Werkstätten. In S. Schude, D. Bosse & J. Klusmeyer (Hrsg.), *Studienwerkstätten in der Lehrerbildung* (S. 55–72). Wiesbaden: VS Springer.

Dlugosch, A. (2003). *Professionelle Entwicklung und Biographie. Impulse für universitäre Bildungsprozesse im Kontext schulischer Erziehungshilfe*. Bad Heilbrunn: Klinkhardt.

Garlichs, A. (2007). Auf dem Weg zum Kasseler Schülerhilfeprojekt. In F. Heinzel, A. Garlichs & S. Pietsch (Hrsg.), *Lernbegleitung und Patenschaften. Reflexive Fallarbeit in der universitären Lehrerausbildung* (S. 21–29). Bad Heilbrunn: Klinkhardt.

Garlichs, A. (2014). Persönlichkeits- und Kompetenzentwicklung im Kasseler Schülerhilfeprojekt. In C. Rohlfs, M. Harring & C. Palentien (Hrsg.), *Kompetenz-Bildung. Soziale, emotionale und kommunikative Kompetenzen von Kindern und Jugendlichen* (S. 329–348). 2. überarbeitete Auflage. Wiesbaden: Springer VS.

Geiling, U. & Sasse, A. (2007). Bildungsförderung benachteiligter Kinder im Grundschulalter durch Studierende. In F. Heinzel, A. Garlichs & S. Pietsch (Hrsg.), *Lernbegleitung und Patenschaften. Reflexive Fallarbeit in der universitären Lehrerausbildung* (S. 62–74). Bad Heilbrunn: Klinkhardt.

Geiling, U. & Sasse, A. (2014). Das Schülerhilfeprojekt Halle als Ort sozialen Lernens. In C. Rohlfs, M. Harring & C. Palentien (Hrsg.), *Kompetenz-Bildung. Soziale, emotionale und kommunikative Kompetenzen von Kindern und Jugendlichen* (S. 349–362). 2. überarbeitete Auflage. Wiesbaden: Springer VS.

Heinzel, F., Garlichs, A. & Pietsch, S. (2007). Einleitung. In F. Heinzel, A. Garlichs & S. Pietsch (Hrsg.), *Lernbegleitung und Patenschaften. Reflexive Fallarbeit in der universitären Lehrerausbildung* (S. 8–10). Bad Heilbrunn: Klinkhardt.

Helsper, W. (2004). Antinomien, Widersprüche, Paradoxien: Lehrerarbeit – ein unmögliches Geschäft? Eine strukturtheoretisch-rekonstruktive Perspektive auf das Lehrerhandeln. In B. Koch-Priewe, F.-U. Kolbe & J. Wildt (Hrsg.), *Grundlagenforschung und mikrodidaktische Reformansätze zur Lehrerbildung* (S. 49–99). Bad Heilbrunn: Klinkhardt.

Helsper, W. (2007). Eine Antwort auf Jürgen Baumerts und Mareike Kunters Kritik am strukturtheoretischen Professionsansatz. *Zeitschrift für Erziehungswissenschaft, 10 (2007)*, S. 576–579.

Marotzki, W. (1990). *Entwurf einer strukturalen Bildungstheorie. Biographietheoretische Auslegung von Bildungsprozessen in hochkomplexen Gesellschaften.* Weinheim: Deutscher Studienverlag.

Makrinus, L. (2013). *Der Wunsch nach mehr Praxis. Zur Bedeutung von Praxisphasen im Lehramtsstudium.* Wiesbaden: Springer VS.

Pietsch, S. (2007). „Projekt K – Kinder begleiten und verstehen lernen". Eine Praxisinitiative in der Lehrerausbildung an der Universität Kassel. In F. Heinzel, A. Garlichs & S. Pietsch (Hrsg.), *Lernbegleitung und Patenschaften. Reflexive Fallarbeit in der universitären Lehrerausbildung* (S. 104–116). Bad Heilbrunn: Klinkhardt.

Reh, S. & Schelle, C. (2000). Biographie und Professionalität. Die Reflexivität berufsbiographischer Erzählungen. In J. Bastian, W. Helsper, S. Reh & C. Schelle (Hrsg.), *Professionalisierung im Lehrerberuf* (S. 107–124). Opladen: Leske + Budrich.

Schütze, F. (1987). *Das narrative Interview in Interaktionsfeldstudien. Erzähltheoretische Grundlagen. 1. Merkmale von Alltagserzählungen und was wir mit ihrer Hilfe erkennen können.* Hagen: Fernuniversität Hagen.

Pädagogik der Anerkennung: Gestaltung von Lernprozessen im Unterricht mit Schülern im Jugendstrafvollzug

Sabine Karge

Der Beitrag thematisiert die Herausforderung für Studierende des Lehramts an Förderschulen an der Martin-Luther-Universität Halle-Wittenberg, der sie sich in der individuellen Förderung von (und mit) männlichen Schülern im Jugendstrafvollzug stellen. Im Zentrum der Betrachtung steht der Umgang mit der „Andersartigkeit" des Gegenübers.

Zum Hintergrund

Während des Studiums im Lehramt an Förderschulen an der Martin-Luther-Universität Halle-Wittenberg absolvieren die Student*innen das Modul „Erkundungen in rehabilitationspädagogischen Handlungsfeldern (Außerunterrichtliches pädagogisches Praktikum/Sozialpraktikum)". Das Modul erstreckt sich über zwei Semester und besteht aus Angeboten in verschiedenen schulischen und außerschulischen Handlungsfeldern wie u.a. Bildungsförderung im Hort, Unterrichtsassistenz in Internationalen Klassen der Sekundarschule, Positive Peer-Kultur an der Sekundarschule, Förderung unterstützt kommunizierender Schüler*innen, außerschulische Praxisfelder in der Arbeit mit Menschen mit geistiger Behinderung und autistischen Verhaltensweisen, aus denen gewählt werden kann. Eines dieser Angebote ist die individuelle Förderung männlicher Jugendlicher im Jugendstrafvollzug in den Kulturtechniken Lesen und Schrei-

S. Bartusch et al. (Hrsg.), *Lernprozesse begleiten*,
https://doi.org/10.1007/978-3-658-21924-6_10

ben. Die Student*innen werden mit folgendem Text über das Angebot informiert:

Kompetenzförderung im Lesen und Schreiben im männlichen Jugendstrafvollzug
Die Kulturtechniken Lesen und Schreiben, ebenso Rechnen, sind lebensnotwendige Kompetenzen, um sich in die Gesellschaft integrieren zu können. Leider gibt es zunehmend mehr Jugendliche und Erwachsene, die als funktionale Analphabeten bezeichnet werden müssen. Seit 2007 findet in der Jugendanstalt Raßnitz die Förderung im Lesen und Schreiben mit männlichen Gefangenen durch Studentinnen und Studenten des Lehramts an Förderschulen statt. Ziel des Projektes ist die Lese- und Schreibkompetenz so weit zu fördern, dass die Jugendlichen in der Schule und Berufsschule sowie in der Berufsausbildung mit verbesserten Kompetenzen an der Ausbildung teilnehmen können.
Die Förderung im Lesen und Schreiben findet wöchentlich 90 Minuten im Schulbereich der Jugendanstalt Raßnitz statt. Die Studierenden arbeiten in einem Tandem.

Zur Historie

Leitende pädagogische Mitarbeiter*innen des Landesbetriebes für Beschäftigung und Bildung des Landes Sachsen-Anhalt (LBBG), zuständig für den Schulbereich und Berufsbildungsbereich der Jugendanstalt Raßnitz[1], trugen 2007 zwei Mitarbeiterinnen des Instituts für Rehabilitationspädagogik, Arbeitsbereich Lernbehindertenpädagogik ihr Anliegen vor, durch die Universität Unterstützung in der Förderung von Kompetenzen in der Schriftsprache bei den Schülern der Jugendanstalt zu erhalten. Mit dem Umzug in eine neu entstandene Jugendanstalt und der damit verbundenen Verbesserung der schulischen und beruflichen Ausbildung für die inhaftierten männlichen Jugendlichen wurden ihre Förderbedürfnisse in der Schriftsprache deutlich. Die unzureichende Beherrschung der Schriftsprache führte bei einer Gruppe von Jugendlichen zur Gefährdung des erfolgreichen Schul- bzw. Berufsabschlusses während der Haftstrafe. Der Bitte um Unterstützung wurde durch die Entwicklung des Projektes „Kompetenzförderung im Lesen und Schreiben" entsprochen. Die Verfasserin hat gemeinsam mit Stu-

1 Die *Jugendanstalt Raßnitz* ist eine geschlossene Vollzugsanstalt für männliche Jugendliche und Heranwachsende, die im Jahr 2002 in Betrieb genommen wurde. Sie liegt süd-östlich von Halle (Saale) in Sachsen-Anhalt. „Nach dem Erziehungsauftrag des JStVollzG LSA sind die Gefangenen in der Entwicklung ihrer Fähigkeiten und Fertigkeiten so zu fördern, dass sie zu einer eigenverantwortlichen und gemeinschaftsfähigen Lebensführung in Achtung der Rechte Anderer befähigt werden." (https://ja.sachsen-anhalt.de/themen/vollzugsziel/)

dent*innen das Projekt entwickelt. Verfolgt werden mit dem seit 2007 bestehenden Projekt zwei Ziele für zwei unterschiedliche Zielgruppen: Einerseits richtet es sich an junge Menschen, die ihre Haftstrafe verbüßen und an der Förderung in der Jugendanstalt teilnehmen müssen. Die Pflicht zur Teilnahme ergibt sich aus dem durch Lehrer*innen oder Lehrausbilder*innen festgestellten Förderbedarf der Jugendlichen. Ohne Förderung ist die erfolgreiche Teilnahme am Unterricht und im Berufsvorbereitungsjahr in der Regel eher unwahrscheinlich. Andererseits richtet sich das Projekt an Studierende des Lehramtes an Förderschulen, die in einem Tandem für zwei oder mehr Schüler der (Anstalts-)Schule individuelle Lernangebote zur Kompetenzförderung im Schriftspracherwerb entwickeln, gestalten und evaluieren. Das besondere und außergewöhnliche der Lernsituation besteht sowohl im Lernort als auch im Personenkreis, der hier aufeinandertrifft, miteinander in Beziehung tritt und im Idealfall über zwei Semester bzw. ein Schuljahr trotz unterschiedlicher Zwänge ein Arbeitsbündnis (Oevermann 1996) entwickeln kann.

Zum Lernort

Der Schulbereich ist der Ort für die wöchentlich stattfindende Förderung. Die Schule befindet sich auf dem Gelände der Jugendanstalt und um in sie zu gelangen, müssen die Student*innen sich wöchentlich den vorgeschriebenen Sicherheitsmaßnahmen unterziehen, wie Ausweis abgeben, Handy und persönliche Gegenstände in Schließfächer einschließen. Auch werden sie mit einem Telefon, das gleichzeitig Alarmgerät für den Notfall (PSS – Personensicherungssystem) ist, und Schlüsseln ausgestattet. In die Schule dürfen nur die für die unmittelbare Förderung notwendigen Lehr-Lern-Mittel mitgenommen werden. Anfangs begleitet ein Bediensteter der Haftanstalt die Studierenden vom Eingangsbereich bis in die Schule, er schließt mehrere Türen auf und nach dem Hindurchgehen wieder zu. Diese (wöchentliche) Prozedur vor dem Betreten und nach dem Verlassen der Schule ist für die Student*innen in den ersten Wochen interessant, aber auch irritierend. Sie löst in ihnen verschiedene Emotionen aus und macht ihnen immer wieder bewusst, dass sie sich auf einem geschlossenen und überwachten Territorium befinden – d.h. in einem in höchstem Maße exkludierenden Raum. Bereits nach kurzer Zeit, wenn ihnen die Wege bekannt sind, dürfen sie sich auch ohne Begleitung in bestimmten Bereichen innerhalb der Jugendanstalt bewegen. Im regelmäßig stattfindenden Begleitseminar haben die Studierenden den Raum ihre Eindrücke und Gefühle rund um die Lernprozessbegleitung an diesem für sie ungewöhnlichen bzw. ungewohnten Ort zu thematisieren.

Die Begegnung mit den zugewiesenen inhaftierten Jugendlichen in den Klassenräumen der Schule vermittelt dann den Eindruck von „Normalität". Doch der Blick aus den vergitterten Fenstern erinnert sehr schnell wieder daran, wo sie sich befinden.

Zum Personenkreis

Die der Förderung zugewiesenen Jugendlichen sind im Alter von 14 bis 22 Jahren und nach dem Jugendstrafrecht zu einer Haftstrafe verurteilt worden. Nach dem Jugendstrafrecht wird die Jugendstrafe verhängt, wenn bei dem jungen Menschen „in der Tat hervorgetretene schädliche Neigungen" oder die „Schwere der Schuld" festgestellt werden (§ 17 Abs. 2 Jugendgerichtsgesetz (JGG)). Von „schädlichen Neigungen" wird gesprochen, wenn abzusehen ist, dass der junge Mensch ohne eine längere erzieherische Einwirkung weitere Straftaten begehen könnte. Nach § 2 Abs. 1 JGG verbindet das Jugendstrafrecht mit der Haftstrafe das Ziel „vor allem erneuten Straftaten eines Jugendlichen oder Heranwachsenden entgegenzuwirken". „In Abgrenzung vom Erwachsenenstrafrecht, das Schwere und Auswirkungen der Straftat in den Mittelpunkt stellt, ist das JGG eher als Täterstrafrecht zu bezeichnen. Es zielt vor allem auf die Vermeidung erneuter Straftaten eines Jugendlichen oder Heranwachsenden und ist damit ein spezialpräventives Strafrecht. Zur Zielerreichung ‚sind die Rechtsfolgen und unter Beachtung des elterlichen Erziehungsrechts auch das Verfahren vorrangig am Erziehungsgedanken auszurichten' (§2 Abs. I, JGG). Dies bezeichnet den Vorrang der Erziehung bzw. Nach- oder Umerziehung jugendlicher Rechtsbrecher gegenüber der Sühne und Tatvergeltung" (Walkenhorst und Bihs 2011, S. 249). Hier ist anzumerken, dass der Erziehungsbegriff in diesem Kontext nicht unproblematisch ist. Nach Hörster schließen sich Erziehung und Zwang aus, er formuliert dies wie folgt: „Erziehen ist eine Tätigkeit oder Praxis des Umgangs mit Menschen […], die prinzipiell Freiheit, Hilfe und Unterstützung" will (Hörster 2005, S. 438). Dem Erziehungsgedanken des Jugendgerichtsgesetzes wird in der Jugendanstalt Raßnitz durch Beschulung und Berufsausbildung der inhaftierten Jugendlichen entsprochen. Der Erwerb des Schul- bzw. Berufsabschlusses während der Haftstrafe durch jeden Jugendlichen ist eins der vorrangigen Ziele im Jugendstrafvollzug. In diesem Prozess sind die Student*innen mit ihren förderpädagogischen Kompetenzen in der individuellen Förderung willkommen. Die an der Förderung teilnehmenden Schüler werden von den Lehrkräften der Schule der Jugendanstalt ausgewählt, ein Mitspracherecht wird ihnen hier nicht eingeräumt. Dies ist Ausdruck für eine geschlossene Einrichtung.

Die Student*innen entscheiden sich aus unterschiedlichen Motiven für das Handlungsfeld „Förderung von Schülern in der Jugendanstalt". In vorbereitenden Seminaren haben sie die Möglichkeit ihre Motive, aber auch ihre Erwartungen zu thematisieren. Die Möglichkeiten hinter „Gefängnismauern" zu blicken und mit Jugendlichen zu arbeiten, die eine völlig andere Lebens- und Lern-Biographie als die eigene aufweisen, die kriminell geworden und aus dem gesellschaftlichen öffentlichen Leben zeitweise ausgeschlossen sind, tragen oft zur Entscheidung bei. Auch das Bedürfnis in eine einem sonst verschlossene Welt zu blicken, trägt zur Wahl dieses Handlungsfeldes bei.

Vor Beginn der ersten Förderung werden die Studierenden zum Verhalten in der Jugend-anstalt und gegenüber den Gefangenen belehrt und müssen ein polizeiliches Führungszeugnis vorweisen. In der Belehrung wird den Studierenden die Notwendigkeit der Einhaltung von Verhaltensregeln verdeutlicht: Die Gefangenen sind zu siezen und auch sie müssen sich von ihnen siezen lassen; sie dürfen keine detaillierten Informationen über die eigenen Lebensumstände preisgeben; es gilt die strenge Einhaltung des Datenschutzes; es gilt eine deutliche Grenze im Nähe-Distanz-Verhältnis zu beachten und deren Überschreitung durch die Schüler zu sanktionieren. Letzteres einzuhalten fällt den Studierenden zum Teil schwer, da sie sich nicht nur im ähnlichen Alter wie die Jugendlichen befinden. Auch widerspricht das Aussprechen von Sanktionen ihren Vorstellungen vom anerkennenden pädagogischen Handeln. Um den Student*innen Möglichkeit zu geben den Schülern ohne Vorbehalte zu begegnen, erhalten sie keine Informationen über die Art der Straftat und die Dauer der Haftstrafe. Dieses Vorgehen ist sowohl im Datenschutz begründet, als auch in dem Anspruch, dem Schüler unvoreingenommen gegenübertreten zu können, ihm mit Achtung und Respekt begegnen und zu ihm eine anerkennende und wertschätzende Beziehung (vgl. Prengel 2013) entwickeln zu können.

Zur Lernsituation

Das pädagogische Handlungsfeld des Unterrichts mit gefangenen Jugendlichen, und hier ist die Bezeichnung bewusst gewählt, um das Besondere der Lebens- und Lernsituation der Jugendlichen, aber auch das Besondere der Gestaltung der Lernsituation zu verdeutlichen, bietet den Student*innen die Möglichkeit sich mit der von Annedore Prengel entwickelten Pädagogik der Vielfalt im pädagogischen Handeln mit inhaftierten Schülern auseinanderzusetzen. Prengel hat in ihrem 1993 erschienen Buch 17 Thesen als Elemente der Pädagogik der Vielfalt formuliert. Diese „sind dem Ziel verpflichtet, für alle Schülerinnen- und Schülergruppen auf den unterschiedlichen Ebenen der Schulpädagogik den gleichberechtigten Zugang zu den materiellen und personellen Ressourcen der Schule zu schaffen, um auf der Basis solcher Gleichberechtigung die je besonderen, vielfältigen Lern- und Lebensmöglichkeiten zu entfalten." (Prengel 1995, S. 185) In den wöchentlichen Begegnungen mit dem „Anderen" in der Jugendanstalt Raßnitz besteht für die Student*innen die Chance die drei Dimensionen der Anerkennung nach Honneth, „die Dimension der Anerkennung der einzelnen Person in intersubjektiven Beziehungen, die Dimension der Anerkennung gleicher Rechte, hier auch gleicher institutioneller Zugänge und die Dimension der Anerkennung der Zugehörigkeit zu (sub-)kulturellen Gemeinschaften" (ebd.) in der und durch die Lernsituation zu gestalten und hier Erfahrungen zu sammeln. Das Kennenlernen des Anderen ist verbunden mit der „Haltung der Anerkennung von Getrenntheit und Einmaligkeit der Einzelpersonen", die „das Klima der Lernsituation bestimmt" (ebd., S. 186).

Die Kontaktaufnahme, die erste Begegnung mit dem Anderen ist auf beiden Seiten von Aufregung und Unsicherheit begleitet. Die für die Förderung ausgewählten Schüler werden dem studentischen Tandem „zugwiesen". Dies ist im Jugendstrafvollzug ein üblicher Vorgang und befördert für die Schüler die „Normalität" des Geschehens. Auch werden die Studierenden von der peinlichen Situation entbunden, sich für zwei Schüler aus der Schülergruppe entscheiden zu müssen. In der Regel arbeitet das studentische Tandem mit zwei Schülern, um das Optimum der individuellen Förderung zu ermöglichen. In der ersten Begegnung im Klassenraum stellen die Studierenden sich und ihr Anliegen für die Förderung, für das gemeinsame Lernen vor. In dieser Situation bietet sich für alle Beteiligten die Gelegenheit eigene Bedürfnisse und Ansprüche an den gemeinsamen Lernprozess zu artikulieren. Die Jugendlichen werden motiviert über ihre persönlichen Interessen und Hobbys zu sprechen. Dies dient nicht nur dem gegenseitigen Kennenlernen, es dient den Studierenden auch als Grundlage für die inhaltliche und besonders für die methodische Gestaltung, für die Auswahl und Entwicklung der individuellen Lernmaterialien[2]. Oft müssen die Studierenden Schüler dazu ermutigen, eigene Wünsche zu artikulieren, über eigene Bedürfnisse vor dem noch fremden Gegenüber zu sprechen. Diese Hemmungen sind der Situation des ersten Kennenlernens geschuldet. Nicht zu vernachlässigen ist in diesem Zusammenhang aber auch die Tatsache, dass die männlichen Jugendlichen, zwischen 14 und 22 Jahren, in der Regel Studentinnen, also jungen Frauen gegenübersitzen, die sich

2 Obgleich für einen ganz anderen Kontext entwickelt, lässt sich hier auf das ILEA T-Material (Geiling et al. 2015) verweisen, bei dem das Aufgreifen von Themen und Interessen im Kontext professioneller Lernprozessbegleitung ebenfalls sehr bedeutsam ist.

für ihre Person und ihre Wünsche interessieren. Diese (mögliche) Irritation legen die Schüler während der folgenden Begegnungen in der Regel sehr bald ab, indem sie die Akzeptanz ihrer Person, die Achtung ihrer Kompetenzen durch die*den Studentin*Studenten erfahren.

Als Ausdruck für das Arbeitsbündnis wird der Abschluss eines „Arbeitsvertrages" zwischen dem Schüler und der*dem mit ihm arbeitenden Studentin*Studenten angeregt. Mögliche Vorbehalte des Schülers oder der*des Studentin*Studenten werden akzeptiert und es kommt zu keinem „Vertragsabschluss", obgleich dennoch gemeinsam gearbeitet wird. Der Inhalt des Arbeitsvertrages wird zwischen dem Schüler und der*dem Studentin*Studenten individuell gestaltet. Zum Beispiel:

> „Für unser Arbeitsbündnis existieren folgende Bedingungen:
> · Toleranz
> · Akzeptanz
> · Freundlichkeit
> · Angemessene Ausdrucksweise
> · Offenheit
> · Veränderungsvorschläge
> Ich erwarte von Frau/Herrn…, dass sie/er mir dabei hilft meine Fähigkeiten im Fach Deutsch zu verbessern und grammatische Regeln zu verinnerlichen."

Die unterzeichnete Vereinbarung soll die Motivation und Verbindlichkeit des gemeinsamen Lernens fördern. Zum Schulhalbjahr und am Schuljahresende wird auf der Grundlage des Arbeitsvertrages eine Teilnahmebescheinigung für jeden Schüler durch die*den Student*in mit den bearbeiteten Lerninhalten erstellt. Diese kann auf Wunsch des Jugendlichen in seine Vollzugsakte eingehen und beim Haftprüfungstermin oder einer Bewerbung nach der Haftentlassung vorgelegt werden. Der Arbeitsvertrag als Bestandteil des gleichberechtigten pädagogischen Miteinanders hat sich in den vergangenen Jahren bewährt.

Zur Ermittlung der Lernstände

Die Ermittlung des Lernstandes jedes Schülers in der Schriftsprache stellt für die Studierenden eine große pädagogische Herausforderung dar, obwohl es auch immer wieder Schüler gibt, die ihren Förderbedarf konkret formulieren wie z.B.: „Ich brauche Hilfe beim Satzbau.", „Ich verwechsle große und kleine Buchstaben." Zur ersten Annäherung an den aktuellen Lernstand in der Schriftsprache wird das kompetenzorientierte Verfahren der Hamburger Schreib-Probe (HSP) von Peter May (1998) für die Klassenstufe 9 eingesetzt. Bevor die*der Student*in die Durchführung erläutert, wird dem Schüler verdeutlicht, dass es sich um keinen (Leistungs-)Test handelt und das Ergebnis der Schreib-Probe nicht der Fehlerfeststellung dient, sondern der aktuelle Lernstand ermittelt wird, um in der nächsten Förderung daran anzuknüpfen. Während der Schreib-Probe ist die Unsicherheit manches Schülers deutlich spürbar. Hier ist das ermutigende Handeln der*des Studentin*Studenten verlangt. Die Analyse der Schreib-Probe, auf die Auszählung von Punkten wird vollständig verzichtet, findet im Begleitseminar an der Universität statt. Es werden die verschiedenen Zugänge zum Lernen des einzelnen Schülers entworfen und gemeinsam diskutiert. Das studentische Tandem entwickelt die Lernziele für eine überschaubare Lerneinheit, wie z.B. Erarbeitung von Regeln für die Groß- und Kleinschreibung und fixiert differenzierte Lernziele für die nächsten Förderstunden. Bei der Wahl der Lernmaterialien wird sich an den Interessen und am Alter des Schülers orientiert. Auch fließen die Beobachtungen aus den Förderstunden und geäußerte Wünsche ein, so dass nach relativ kurzer Zeit der Lernprozess an Individualität zunimmt, ohne das Gemeinsame zu vernachlässigen. Fester Bestandteil jeder Stunde sind spielerische Aktivitäten (Lernspiele, Wissensspiele), die nicht nur der Motivation des Einzelnen dienen. Hier geht es auch um die Schaffung des Gefühls der Gemeinsamkeit in einer Lerngruppe auf Zeit. Das gemeinsame Entwickeln individueller Lernangebote fordert die Studierenden heraus, bietet ihnen aber auch die Chance aus verschiedenen Perspektiven pädagogisches Handeln zu betrachten. In der Intensität der Arbeit bei der Planung und Evaluation der Förderung, im gemeinsamen Handeln in der Lernsituation mit den Schülern, nähern sich die Studierenden des Tandems immer mehr an und entwickeln eine Gemeinsamkeit besonderer Qualität. In diesem Kontext wird die dritte These der Pädagogik der Vielfalt von Prengel „Entwicklungen zwischen Verschiedenen" von den Student*innen mit Leben erfüllt. „Einander wahrnehmen und kennen-lernen [...] Neues zu probieren und sich weiterzuentwickeln. Wenn verschiedene Menschen einander kennenlernen, eröffnen sich neue Handlungsperspektiven". (Prengel 1995, S. 187)

Diese These dient auch als Folie für die Lernsituation während der Förderstunden, die Akteur*innen lernen sich von Woche zu Woche intensiver kennen, stellen sich zunehmend mehr aufeinander ein, lernen die*den Andere*n schätzen. Unerwartete Situationen, die durch Unverständnis oder auch zeitweilige Über- oder Unterforderung des Schülers oder der*des Studentin*Studenten eintreten können, führen nicht mehr zur Verunsicherung. Auch bauen die Schüler ihre anfängliche Zurückhaltung im Umgang mit den Studierenden von Woche zu Woche ab. Das mit- und voneinander Lernen lassen Gemeinsamkeit wachsen und das „Besondere“ nicht mehr am Lernort festmachen, sondern an der Intensität und Einmaligkeit der Lernsituation und ihrer Akteur*innen.

Fazit

Als Fazit der mittlerweile zehnjährigen Erfahrungen des gemeinsamen Lernens von Schülern der Jugendanstalt Raßnitz und Student*innen des Lehramts an Förderschulen der Martin-Luther-Universität Halle-Wittenberg steht die Aussage von Jens, aufgeschrieben auf die Bitte um Reflexion der Förderung am Schuljahresende:

> *„Ich habe früher immer gedacht, Schule – was bringt das schon!“*
> *Jens 19 Jahre, Jugendanstalt Raßnitz*

Literatur

Eisenberg, U. (2016). *Jugendgerichtsgesetz (JGG).* München: Verlag C.H. Beck.

Geiling, U., Liebers, K. & Prengel, A. (Hrsg.). (2015). *Handbuch ILEA T.* Stand 25.06.2015. Halle (Saale): Martin-Luther-Universität Halle-Wittenberg.

Hörster, R. (2005). Erziehung. In H.-U. Otto & H. Thiersch (Hrsg.), *Handbuch der Sozialarbeit/Sozialpädagogik* (S. 438–447). 3. Auflage. München: Ernst Reinhard Verlag.

May, P. (1998). *HSP 5–9. Hamburger Schreibprobe für die Klassen 5 bis 9. Hinweise zur Durchführung und Auswertung.* Hamburg: Verlag für Pädagogische Medien (vpm).

Oevermann, U. (1996). Theoretische Skizze einer revidierten Theorie professionalisierten Handelns. In A. Combe & W. Helsper (Hrsg.), *Pädagogische Professionalität. Untersuchungen zum Typus pädagogischen Handelns* (S. 70–182). Frankfurt am Main: Suhrkamp.

Prengel, A. (1995). *Pädagogik der Vielfalt. Verschiedenheit und Gleichberechtigung in Interkultureller, Feministischer und Integrativer Pädagogik.* 2. Auflage. Opladen: Leske + Budrich.

Prengel, A. (2013). *Pädagogische Beziehungen zwischen Anerkennung, Verletzung und Ambivalenz.* Opladen: Verlag Barbara Budrich.

Walkenhorst, P. & Bihs, A. (2011). Kriminalität junger Menschen. Grundlagen-Entwicklungen-jugendstrafrechtliche Behandlung und förderschulische Interventions-perspektiven. *Zeitschrift für Heilpädagogik 62 (7)*, 244–257

Beratung im Kontext der Aufnahme und Beschulung von neu zugewanderten Kindern und Jugendlichen

Stephanie Teumer

Eine Beratung kann im Allgemeinen als „eine Form der Interaktion zwischen Menschen“ verstanden werden, die darauf abzielt, „Fragen, Probleme, Unsicherheiten durch Informationen, Gespräche, Entscheidungs- und Orientierungshilfen zu bearbeiten, einer Lösung zuzuführen bzw. sich dieser anzunähern“ (Ziemen 2017, S. 27). Da Lernprozesse in der Regel mit Unsicherheiten bzw. Verunsicherungen von Gewohntem und Bekanntem einhergehen, spielt die Beratung im Kontext von Lernprozessbegleitungen potenziell eine große Rolle. Im Kontext des Schulsystems kann sie sich auf unterschiedliche Akteur*innen-Konstellationen beziehen (z.B. die Beratung von Eltern oder Schüler*innen durch Lehrkräfte, die kollegiale (Fall-)Beratung zwischen Lehrkräften, die Beratung zwischen Schüler*innen im Sinne des Peer-Counceling).

Der folgende Beitrag gibt Einblicke in die Arbeit der im Frühjahr 2016 eingerichteten „Koordinierenden Beratungsstelle für Migration“ im Landesschulamt Sachsen-Anhalt. Diese wurde vor dem Hintergrund geschaffen, dass auch in Sachsen-Anhalt die Zahl der neu zugewanderten Kinder und Jugendlichen in das Schulsystem rasant anstieg. Im Text wird ein Bogen von der ursprünglichen Idee der Arbeit der Akteur*innen in der Beratungsstelle, über eine vorsichtige Zwischenbilanz, hin zu einem visionären Ausblick gespannt. Ausgangspunkt der Betrachtung ist eine bildungspolitische und pädagogische Akteur*innenperspektive.

S. Bartusch et al. (Hrsg.), *Lernprozesse begleiten*,
https://doi.org/10.1007/978-3-658-21924-6_11

1 Zur Grundidee und Zielstellung für die Einrichtung der Beratungsstelle aus der Akteur*innenperspektive

Die steigende Zahl der Kinder und Jugendlichen, die durch Flucht aus ihren Heimatländern in Sachsen-Anhalt Asyl suchen, stellte und stellt die Schulen und die Schulverwaltung bei der Organisation, personellen Absicherung und inhaltlichen Ausgestaltung des Unterrichts vor besondere Herausforderungen. Den Grundsatz vertretend, dass – neben den betreffenden Kindern und Jugendlichen selbst sowie deren Familien – alle am Prozess der Integration der zugewanderten Kinder und Jugendlichen Beteiligten einen Anspruch auf Unterstützung bei der Bewältigung der Aufgaben haben, die im Zusammenhang mit dieser Herausforderung stehen, wurden im Herbst 2015 für die Einrichtung einer „Koordinierenden Beratungsstelle für Migration" insgesamt vier neue Stellen ausgeschrieben, die im Ergebnis mit zwei Referentinnen aus dem Bereich der Schulpsychologie und zwei Referentinnen aus dem schulfachlichen Bereich besetzt werden konnten. Über die Zusammenarbeit der Referent*innen aus unterschiedlichen Bereichen inklusive ihres unterschiedlichen Expert*innenwissens eröffnete sich die Möglichkeit, ein breit aufgestelltes Beratungs- und Unterstützungsangebot vorzuhalten.

2 Zum wissenschaftlich-theoretischen Beratungsmodell der Beratungsstelle

Wie bereits oben angedeutet, zielte bzw. zielt die „Koordinierende Beratungsstelle für Migration" darauf, die Lernprozesse von Schulen bzw. Lehrkräften im Kontext der für diese z.T. neuen Aufgabe zunehmender migrationsbedingter Heterogenität in Schule und Unterricht zu unterstützen. Da es im Kontext pädagogischer Beratung unterschiedliche Beratungsmodelle gibt (vgl. z.B. Teumer 2012, S. 38ff.), soll das Beratungskonzept, das der Beratungsstelle für Migration originär zugrunde gelegt wurde, hier kurz beschrieben werden.

Ausgangspunkt für die Beratung bildete das vom Marc Willmann aus dem Kontext der Erziehungshilfe entwickelte Konsultationsmodell. Willmann stellt in seinem Konzept von schulischer Beratung Konsultation als ein alternatives Beratungsmodell vor, das als indirektes Unterstützerformat konzipiert ist. Beratung wird durch Konsultation ersetzt und definiert als ein: „(1) helfender, problemlösender Prozess zwischen einem (2) professionellen Helfer (dem Berater) und einem Hilfe suchenden Professionellen, der die Verantwortung für das Wohlergehen einer anderen Person trägt, wobei die Beratung als (3) freiwillige Arbeitsbeziehung (4) der gemeinsamen Erarbeitung von Problemlösungen dient, mit dem (5)

Ziel, ein bestehendes arbeitstechnisches Problem des Rat suchenden Professionellen in Hinblick auf dessen Klienten zu lösen, wobei (6) der Rat suchende Kollege von der Beratung auch derartig profitiert, dass er zukünftig ähnliche Problemkonstellationen besser bewältigen kann“ (Willmann 2007, S. 214).

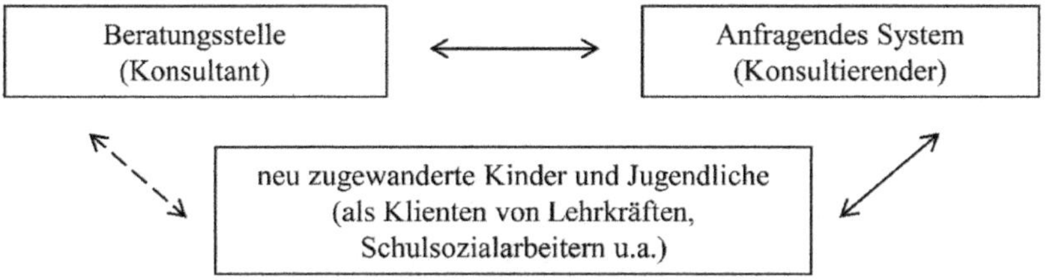

Abbildung 1 Beratungsmodell der „Koordinierenden Beratungsstelle für Migration“ in Anlehnung an Willmann (2007)

Das Beratungsmodell nach Willmann wurde als theoretisches Modell für die „Koordinierende Beratungsstelle für Migration“ ausgewählt, weil es in besonderer Weise darauf ausgerichtet ist, dass innerhalb des Beratungsprozesses bisher noch unentdeckte Ressourcen einer Institution oder Person aufgedeckt werden. Diesem Modell ist sozusagen eine Empowerment-Perspektive inhärent. Die Ratsuchenden werden dahingehend bestärkt, sich den entwickelten Lösungsansätzen zu öffnen und sich als kompetent wahrzunehmen, die Zuständigkeit für Kinder und Jugendliche mit Fluchterfahrung oder Migrationshintergrund nicht an andere Kolleg*innen zu delegieren. Dies kann auch als Versuch gedeutet werden, eine durch spezifische, klientelbezogene (Nicht-)Zuständigkeiten forcierte pädagogische Dichotomie zu verhindern, die es in Bezug auf das Phänomen „sonderpädagogischer Förderbedarf“ in Deutschland in tradierter Form seit langem gibt und deren Überwindung als bedeutend für die Realisierung inklusiver Bildung gilt (vgl. Geiling und Simon 2014, S. 67 sowie S. 72).

3 Zur zugrundeliegenden inklusionspädagogischen Haltung und den Beratungs- und Unterstützungsangeboten der Beratungsstelle

Neben dem skizzierten Beratungsmodell liegt der „Koordinierenden Beratungsstelle für Migration“ eine inklusionspädagogische Orientierung zugrunde, die die vielfältigen Aufgaben der Beratungsstelle rahmt und die an die Lehrkräfte weiterzugeben versucht wird. So soll den Lehrkräften trotz ggf. bestehender Unsicherheiten und Herausforderungen vermittelt werden, dass neu zugewanderte Schüler*innen großes und vor allem vielseitiges Potenzial mitbringen, das es in der Schule zu entdecken und zu fördern gilt. Damit die einzelnen Schüler*innen ihre Potenziale bestmöglich entfalten, bedarf es der Feststellung und Berücksichtigung ihrer mitgebrachten Ressourcen, wie z.B. Wissen und Erfahrungen, ihrer Sprach- und Lernbiografie, ihrer Interessen sowie weiterer Heterogenitätsdimensionen (z.B. Alter, …). Aufgrund der besonderen Bedeutung von Überzeugungen und Einstellungen für pädagogisch professionelles Handeln (vgl. z.B. Baumert und Kunter 2006, Baumert et al. 2009), wird die angedeutete Haltung im Rahmen der Beratungstätigkeit explizit vermittelt. Dieses Anliegen ist nicht nur rein normativ, sondern es korrespondiert auch mit aktuellen Forschungsbefunden, laut denen Kinder und Jugendliche sowie angehende Lehrkräfte positive Einstellungen gegenüber geflüchteten Kindern und Jugendlichen bzw. gegenüber Kindern und Jugendlichen mit Migrationshintergrund zeigen (vgl. Götz und Holler 2017, Merten et al. 2014, Gebauer et al. 2013).

Beispiele für das Beratungs- und Unterstützungsangebot der Beratungsstelle sind:

- **Schulspezifische Beratung**: Einzelfall- und Systemberatung
- **Kommunikation und Koordination:** schulbezogener Materialien, Hilfen und Strukturen für die Beschulung der neu zugewanderten Schülerinnen und Schüler
- **Konzeptioneller und interdisziplinärer Fachaustausch:** bspw. Sprachförderung, Gestaltung sprachsensiblen Unterrichts, Umgang mit heterogenen Klassenverbänden
- **Übergeordnete Vernetzungs- und Beratungsangebote**: Themenvorträge auf Anfrage bzw. Vermittlung von Referent*innen, Fallberatungen/Supervision zum Schwerpunkt Migration

4 Zur Umsetzung der Aufgaben der Beratungsstelle – Reflexionen aus dem Kontext der Beratungsangebote

Alle Angebote wurden mit der Zielstellung geplant und umgesetzt, dass neu zugewanderte Kinder und Jugendliche sich zum einen als willkommen in einer für sie neuen Lernumgebung wahrnehmen können; zum anderen, dass sie sich unter Berücksichtigung ihrer bisherigen Biografie und mit Blick auf ihre individuellen Lernvoraussetzungen, Begabungen und Lernbedürfnisse entfalten können. Damit dies gelingen kann, rückte vorrangig die Unterstützung von Lehrkräften in den Mittelpunkt der Arbeit der Akteur*innen in der Beratungsstelle. Es galt und gilt für Lehrkräfte, als Ansprechpartner*innen rund um alle Fragen im Zusammenhang mit der Aufnahme- und Beschulung von zugewanderten Kindern und Jugendlichen zur Verfügung zu stehen.

So wurden Lehrkräfte eingeladen, sich bei Fragen oder auch mit ihren konkreten Anliegen an die Beratungsstelle zu wenden. Diese wurden in unterschiedlicher Form verbreitet, wie z. B. über die Homepage des Landesschulamtes oder durch Schulleiter*innenbriefe wie den folgenden.

> Sehr geehrte Schulleiterinnen und Schulleiter,
> wir möchten Sie gern auf die aktuellen Veranstaltungen der Supervision Schwerpunkt Migration hinweisen und bitten Sie, dieses Angebot der Beratungsstelle an betreffende und interessierte Lehrkräfte, welche sich der Beschulung und Sprachförderung von Schülerinnen und Schülern mit Migrationshintergrund widmen, weiterzuvermitteln.
> Es stehen Veranstaltungen an den Standorten Magdeburg, Blankenburg, Naumburg, Gardelegen, Dessau und Halle zur Verfügung. Alle Veranstaltungen finden an einem Donnerstag zwischen 14 und 16 Uhr statt. Die genauen Termine und Veranstaltungsorte entnehmen Sie bitte der Übersicht in der Anlage der Mail.
>
> Die Anmeldung zu einer Veranstaltung erfolgt über elTIS unter https://eltis-online.de/.
> Das Fortbildungsangebot richtet sich sowohl an Lehrkräfte zur Sprachförderung von Schülerinnen und Schülern mit Migrationshintergrund als auch an Klassenlehrkräfte, die bereits in ihren Regelklassen integrierte Schülerinnen und Schüler unterrichten.
>
> Sie erhalten hiermit die Möglichkeit, Ihre Kompetenz im Unterrichten von neu zugewanderten Schülerinnen und Schülern mit Hilfe von Supervision zu erweitern. Anhand konkreter, selbst eingebrachter Fälle reflektieren Sie die migrationsspezifischen Herausforderungen in der Beschulung. Dabei bietet die Veranstaltung den strukturellen Rahmen insbesondere psychologische Aspekte der Begleitung und Unterrichtung zu reflektieren und weiter zu entwickeln. Anhand Ihrer eigenen Fälle können Erfahrungen ausgetauscht und die kollegiale Professionalität genutzt werden.

> Die Referentinnen bieten den fachlichen Rahmen. Die konkreten Themen bestimmen Sie als Teilnehmer durch Ihre thematische oder persönliche Fragestellung. Die Veranstaltung dient neben der Thematisierung psychologischer Aspekte in der Beschulung von neu zugewanderten Kindern auch der Anleitung zur persönlichen Entlastung als Lehrkraft.
>
> Diese Veranstaltung ist auch weiterhin als regelmäßiges regionales Supervisionsangebot geplant. Die Regelmäßigkeit des Angebotes kann den Aufbau regionaler Netzwerke unterstützen und ist Baustein der multiprofessionellen Zusammenarbeit für diese Zielgruppe.
>
> Für Rückfragen stehen wir Ihnen sehr gern zur Verfügung.

Im Ergebnis der bisher stattgefundenen Beratungen ist zu beobachten, dass seitens der Lehrkräfte häufig Fragen gestellt bzw. konkrete Bedarfe geäußert werden, die sich auf die Aufnahme der Kinder und Jugendlichen, die Bewertung ihrer Leistungen, auf die Gestaltung von Übergängen zwischen Schulformen und Schulstufen sowie auf zu wenig zur Verfügung stehenden Ressourcen konzentrierten. Beispiele für konkrete Anfragen bzw. Bedarfsanzeigen von Lehrkräften sind:

Fragen zur Aufnahme:
„Wie werden „Neuzugänge" eingetaktet?", „Oftmals sind die Kinder am Anfang des Jahres geboren, viele haben Kinder haben am gleichen Tag Geburtstag. Das ist fragwürdig. Wie sollen wir damit umgehen?", „Es kann nicht sein, dass wir als Grundschule prüfen müssen, wann die Aufenthaltsgenehmigung endet!! (dürfen Kinder dann nicht beschulen) Dies müsste eine andere Behörde überwachen."

Fragen zur Bewertung:
„Ab wann sollten die Kinder Noten bekommen?, Wir möchten auf Zensuren verzichten, sind aber nicht sicher, ob das erlaubt ist."

Fragen zu Übergängen bzw. zu den ‚richtigen' Lernorten:
„Sollen die Kinder länger in der Schuleingangsphase verbleiben? Oder sollen sie die Klassenstufe wiederholen?", „Eigentlich müsste die Schülerin im nächsten Jahr an die Sekundarschule wechseln. Sie lernt aber erst ein halbes Jahr in meiner Klasse und es würde ihr gut tun, wenn sie noch ein Jahr an der Grundschule bleiben könnte. Geht das? Oder muss sie, weil sie das Alter erreicht hat wie alle anderen deutschen Kinder wechseln?", „Ich unterrichte an einer Berufsschule. In meiner Klasse lernt ein Jugendlicher, der durchaus Potential für das Gymnasium hat. Ist ein Übergang möglich und was ist dann zu tun?", „Wie bekommen wir heraus, ob die Förderschule nicht doch der geeignetere Lernort ist?"

Schulrechtliche Fragen:
„Es fehlen eindeutige Aussagen zum Kopftuchtragen. Was geschieht im Sportunterricht bzw. im Werkunterricht?", „An unserer Schule fasten einige Schüler gemeinsam mit ihren Familien. Es stehen zeitnah umfangreiche Sportveranstaltungen an (Fußballturnier/Wettkampf sowie Sportfest). Der verantwortliche Sportlehrer meiner Schule macht sich Sorgen um die Gesundheit der Kinder, vor allem bei diesem heißen Wetter. Können wir verantworten, dass die betreffenden Kinder den Tag gut überstehen? Können wir Ausnahmeregelungen gelten lassen? Die Kommunikation mit den Eltern gestaltet sich schwierig. Wie können/ sollten wir uns verhalten? Vielleicht können Sie uns weiterhelfen?"

Bedarfe, die geäußert wurden:
„Wir brauchen Dolmetscher", „DaZ-Lehrer fehlen", „Die Schulen haben nicht die Voraussetzungen, um gerade Grundschulkinder ohne jegliche Sprachbasis bilden zu können.", „Traumatisierte Kinder sofort in einer deutschen Einrichtung zu beschulen, ohne die Eltern in unmittelbarer Umgebung zu wissen, das ist traurig. Auch die Aussage, Kinder lernen unter Kindern viel schneller und besser, ist da nicht immer die Lösung.", „Ein Muss! Eltern und Kinder müssten vor der Beschulung intensive Förderung erhalten."

In den Beratungsprozessen gilt es ausreichend Zeit einzuplanen, damit Probleme und Schwierigkeiten offen angesprochen werden können, um von dort aus Lösungsansätze zu entwickeln, die dazu beitragen, dass die Lehrkräfte ihren Blick öffnen können für das, was die Kinder an vielseitigen Potenzialen mitbringen und für das, was sie als Lehrkräfte bereits an Ressourcen zum Umgang mit den für sie zum Teil neuen Herausforderungen haben. Hier die richtige Balance zu finden war und ist keineswegs einfach und erfordert von den Akteur*innen, sich mit Blick auf die mit der Beratungsstelle verbundenen Aufgabe selbst auch fortlaufend weiter zu qualifizieren.

5 Vorsichtige Zwischenbilanz

Inzwischen kann innerhalb der „Koordinierenden Beratungsstelle für Migration" im Landesschulamt Sachsen-Anhalt auf eine fast zweijährige Arbeitserfahrung zurückgeblickt werden. Es war beeindruckend mit zu erleben, wo sich im Ergebnis der Beratung für Lehrkräfte Räume eröffnet haben, sich als zuständig für Kinder und Jugendliche mit Migrationshintergrund wahrzunehmen, auch wenn die schulrechtlichen Vorgaben hier andere Entscheidungen ermöglicht hätten. Dies zeigt sich beispielsweise am nachfolgenden Auszug aus einem Schreiben einer ehrenamtlich Engagierten vom Februar 2017:

„S. ist einer der wenigen Unbegleiteten Minderjährigen Flüchtlinge, die noch einen Familiennachzug beantragen konnten. Gemeinsam leben sie nun in einer vom Landkreis finanzierten Neubauwohnung (…) und werden in Kürze in eine eigene Wohnung umziehen. Nun zu meinem Anliegen: S. Schwester D. ist 16 Jahre alt und besuchte bis Sommer 2015 die 10. Klasse des Gymnasiums in Syrien. (…) 2016 schloss sie die 11. Klasse in der Türkei erfolgreich ab. Das Mädchen ist sehr intelligent und spricht neben ihrer Muttersprache noch drei weitere; Englisch, Französisch und Türkisch. Aktuell liegt ihr syrisches 9.-Klasse-Zeugnis zur Anerkennung im Landesschulamt (…). Seit ihrer Ankunft saugt sie die sechs Lehrbücher aus dem damaligen Deutsch – Kurs von der Volkshochschule förmlich auf; drei hat sie bereits auswendig gelernt. D. möchte unbedingt an das Gymnasium und in die dortige 9. Klasse einsteigen. Allerdings hat sie, wie es aktuell vorgeschrieben ist, eine Schulzuweisung für die BVJ – Sprachklasse der Berufsbildenden Schule (…). Ihr Plan ist es, nun in einen schon laufenden Deutsch – Kurs einzusteigen und die B 1 – Prüfung zu meistern mit der Voraussicht, dass sie dann eine Zulassung für das Gymnasium erhält. Natürlich verletzt sie dadurch ihre eigentliche Schulpflicht. (…) Auch M., S. jüngerer Bruder, will diesen Weg gehen. Er ist 15 Jahre und müsste in die Sekundarschule (…).
Wir brauchen Ihre Hilfe! Könnten D. und M. in die bspw. 9. Klasse und 6. Klasse einsteigen, würden sie sich tatsächlich integrieren. Über die Umwege einer Berufsbildenden Schule und Sekundarschule bräuchten sie viel länger, um zum Abitur zu gelangen und würden immer wieder ihr Lernumfeld und somit entstandene soziale Beziehungen wechseln und verlieren. Ich halte das nicht für förderlich. (…)“

Das Schreiben zum Anlass nehmend organisierte die Beratungsstelle ein Gespräch an einem „runden Tisch“, zu dem die Kinder mit ihren Eltern, die Autorin des Briefes und die Lehrkräfte des bevorzugten Gymnasiums eingeladen wurden. Ziel war es, sich kennen zu lernen, Fragen stellen zu können, Bedenken offen anzusprechen und gemeinsam nächste Schritte zu vereinbaren. Vorangegangen waren mehrere Gespräche, um das Umfeld besser verstehen zu können und das Gespräch im Sinne der Grundphilosophie der Beratungsstelle moderieren zu können. Im Ergebnis wurden dann tatsächlich nächste Schritte festgelegt, die dazu führten, dass die Familie im März 2017 einen Bescheid über die Aufnahme ihrer Kinder am Gymnasium erhielt.

Sichtbar geworden sind in der zweijährigen Arbeit der Beratungsstelle aber auch Barrieren, die auf unterschiedlichen Ebenen existieren und die den Prozess der Integration von geflüchteten Kindern und Jugendlichen in unser Schulsystem erschweren. Dazu gehört auf der personellen Ebene, dass Lehrkräfte sich selbst nicht als ausreichend qualifiziert und vorbereitet wahrnehmen, um Verantwortung für die Beschulung von Kindern mit Migrationshintergrund zu übernehmen. Die Forderung nach speziell ausgebildeten Lehrkräften, die dann die Verantwortung für die Beschulung übernehmen, wurde vielfach formuliert mit dem Tenor „Das können wir hier nicht leisten“. In diesem Zusammenhang waren auch Diskussionen zu verfolgen, die mit Blick auf das gegliederte und selektive Schulsystem die Frage nach dem geeigneten Förderort in den Mittelpunkt stellten. Wie zum Beispiel bei nachfolgender Anfrage:

> *„A. lernt seit März 2017 an unserer Grundschule. Es gibt erhebliche Probleme, sowohl, sprachlich als auch im sozial-emotionalen Bereich. A. macht nur das, was sie will. Sie stört erheblich den Unterricht, lässt sich nicht integrieren. Sie kann nach wie vor keinen Buchstaben, kann und will nicht lesen. Rechnet im Zahlenraum bis 20. Sie wurde am 01.01.2006 geboren. Ist also für unsere Schulform überaltert, gehört nicht zum Einzugsgebiet. Sie wird jeden Tag mit dem Taxi zu uns gefahren. Oft kommt sie nicht, weil sie zu spät zum Taxi kommt. Sie lässt sich nichts sagen, schreit lautstark herum, verweigert, verlässt unerlaubt den Unterrichtsraum, muss dann gesucht werden. Sie schlägt nach Lehrern, haut grundlos Kinder. Schläft die ersten Stunden in der Schule.*
> *Wir waren damals bereit A. aufzunehmen, nachdem sie bereits zweimal die Schulen gewechselt hat. Leider können wir ihr auch nicht helfen, zumal sie selber nicht will und uns das Leben und Lernen schwer macht. Jegliche Versuche sie in eine Klasse zu integrieren sind bisher gescheitert.*
> *In einem Gespräch am Montag, d. (…) bekam ich die Information, dass Sie im Fall A. weiterhelfen könnten. Ich bitte dringend um Hilfe.“*

Zum heutigen Zeitpunkt ist es noch ungewiss, ob das Beratungsmodell hier trägt und es gelingt, die Ratsuchenden zu stärken bzw. neue, bisher unentdeckte Ressourcen zu fördern, oder ob sich die Ratsuchenden am Ende des Beratungsprozesses dafür entscheiden, die Zuständigkeit abzulehnen und sich dafür einsetzen, diese auf ein anderes System zu übertragen. Eine interne oder externe wissenschaftliche Begleitung der „Koordinierenden Beratungsstelle für Migration“ im Landesschulamt Sachsen-Anhalt war nicht möglich, sodass u.a. Fragen wie die folgenden offen bleiben:

- Inwiefern war es (nicht) möglich, die inklusionspädagogische Orientierung innerhalb der Beratungsprozesse zu transportieren?
- Welche Angebote wurden viel, welche weniger oder alle gleich viel in Anspruch genommen?

6 Visionärer Ausblick

Von Beginn an gab es bei der Einrichtung der Beratungsstelle auch parallele Diskussionen, in denen der Wunsch geäußert wurde, die „Koordinierende Beratungsstelle für Migration" in eine „Koordinierende Beratungsstelle für Inklusion" zu überführen. Bis zum gegenwärtigen Zeitpunkt bleibt dies eine Vision. Und dennoch gibt es auch Entwicklungen, die Mut machen können. Dazu gehört gegenwärtig die Diskussion um die Novellierung des Schulgesetzes. Hier werden unter anderem auch schulstrukturelle Veränderungen ins Blickfeld gerückt.

So hat Ute Geiling im Rahmen ihrer Berufung in eine Fachgruppe[1] des Bildungsministeriums mit Ideen zu einer Angebotsschule entwickelt, die mit Blick auf die oben genannten Erfahrungen vielversprechend erscheinen.

Ihre Ideen aufzunehmen würde bedeuten, dass Schulen sich am Konzept der Gemeinschaftsschule orientieren, die durch nachfolgende Parameter geprägt sind (vgl. Geiling 2017, S. 40):

- Schule für alle, unabhängig von individuellen intellektuellen, sozialen und sonstigen Voraussetzungen,
- Gemeinsames Lernen bis zum Ende der Sekundarstufe
- Kein „Sitzenbleiben"
- Schulabschlüsse der Sekundarschule (außer Abitur) möglich, bei Bedarf auch das Abschlusszeugnis der Förderschule Lernen
- Mitgliedschaftsrecht in der Angebotsschule nur auf Wunsch der Schüler*innen und Eltern

Von dieser Grundidee ausgehend beschreibt Geiling weiterhin drei Organisationsformen wie folgt:

„1. Schuleingangsstufe

- Dreijährige Verweildauer als Regelangebot für schulpflichtige, entwicklungsverzögerte Kinder in den Bereichen Lernen, Verhalten, Sprache mit kompensatorischer Zielstellung
- Konsequent jahrgangsübergreifend organisiert

1 Der Bildung der Arbeitsgruppe ging ein Beschluss des Landtages im September 2016 voraus. Auftrag war es, Organisationsmodelle der sonderpädagogischen Förderung im Bereich Lernen, die separierende Förderung unter den gegebenen Bedingungen (Mindestschüler*innenzahl an einer Förderschule Lernen) ermöglichen, zu beschreiben (vgl. Geiling 2017).

- Individuelle Unterstützung entsprechend der jeweiligen Problemlagen
- Arbeit mit Kompetenzrastern, Lernlandkarten, keine Benotung
- Multiprofessionelle Teams
- Standards der Grundschule als Perspektive

2. Primarstufe
- Orientiert an Standards der Grundschule, wenn Standards der Schuleingangsphase erreicht wurden oder
- Lernen nach individuellen Lernplänen nach dem Modell des Gemeinsamen Unterrichts
- Übergang nach Klasse 4 in ein Gymnasium oder weiteres Lernen in der Gemeinschaftsschule

3. Sekundarstufe
- Vielfältige Angebote zur Berufsorientierung, z.B. Schülerfirma
- Vielfältige Angebote im Freizeitbereich
- Hauptschulabschluss nach 5 oder 6 Schulbesuchsjahren
- Realschulabschluss nach 6 oder 7 Schulbesuchsjahren
- Lernen entsprechend individueller Lernpläne, die sich an den Standards der Lehrgänge der Sekundarschule orientieren, untercurriculare Lernziele auf der Basis der Feststellung sonderpädagogischen Förderbedarfs möglich (Modell gemeinsamen Unterrichts)“ (Geiling 2017, S. 41ff.)

Die von Ute Geiling zusammengetragenen Überlegungen fassen bedeutsame Forderungen der Integrations- und Inklusionspädagogik zusammen. Sie eröffnen eine neue Qualität der Auseinandersetzung auch um Kinder, die durch Migration in eine Notlage geraten und können die Diskussion lenken zu Überlegungen, dass schulorganisatorische Innovationen, wie sie zum Beispiel mit der „Pädagogik der Vielfalt“ (Prengel) beabsichtigt werden, sicher geeignet sind, Kinder verschiedener Herkünfte und Kulturen in einer Schule für alle zu unterrichten und sie im Sinne demokratischer Gleichberechtigung gemeinsam zu erziehen (Prengel 2000, S. 33). Gleichsam ist aber die persönliche Haltung von allen Beteiligten ausschlaggebend für den professionellen Umgang mit Vielfalt. In Beratungsprozessen können Lehrkräfte erfahren, dass es andere Lehrkräfte gibt, die mit ähnlichen Problemlagen konfrontiert sind und dass hier der kollegiale Austausch entlastend wirken kann. Gleichzeitig geht es aber auch darum, sich mit eigenen Verhaltensmustern und zum Teil eingefahrenen Sichtweisen auseinander zu setzen. Beratung kann so die Arbeit mit neu zugewanderten Kindern erleichtern und gleichzeitig dazu herausfordern, neue Handlungsperspektiven, die dann allen Kindern zugutekommen, zu entwickeln. Idealerweise trägt Beratung dazu bei, dass Lehrkräfte ein pädagogisches Konzept entwickeln, innerhalb dessen Schwierigkeiten beim Lernen als normal wahrgenommen werden, sie zu ökosystemischen Analysen der Lebens- und Lernsituation der Kinder und ihrer Familien anregen und in Unterstützungsstrategien einmünden, die Kinder stärker machen (Geiling 2000, S 53). Es geht darum, anerkennend und wertschätzend auf die Entwicklungsprozesse von Kindern und Jugendlichen zu schauen und Lehrkräfte in ihrer positiven Haltung gegenüber der Verschiedenheit von den ihnen anvertrauten Schüler*innen zu bestärken.

Literatur

Baumert, J., Maaz, K. & Trautwein, U. (Hrsg.). (2009). *Bildungsentscheidungen*. Wiesbaden: VS Verlag.

Baumert, J. & Kunter, M. (2006): Stichwort: Professionelle Kompetenz von Lehrkräften. *Zeitschrift für Erziehungswissenschaft, 9, 4*, S. 469–520.

Gebauer, M. M., McElvany, N. & Klukas, S. (2013). Einstellungen von Lehramtsanwärterinnen und Lehramtsanwärtern zum Umgang mit heterogenen Schülergruppen in Schule und Unterricht. In N. McElvany, M.M. Gebauer, W. Bos & H.G. Holtappels (Hrsg.), *Jahrbuch für Schulentwicklung. Band 17. Sprachliche, kulturelle und soziale Heterogenität in der Schule als Herausforderung und Chance der Schulentwicklung* (S. 191–216). Weinheim: Beltz Juventa.

Geiling, U. (2000). *Pädagogik, die Kinder stark macht. Zur Arbeit mit Kindern in Not. Leske + Budrich, Opladen*

Geiling, U. (2017). *Lernbehindertenpädagogik… Gestern, heute, morgen? Versuch einer Bestandsaufnahme und der vorsichtigen Suche nach tragfähigen Modellen*. Fachvortrag im Rahmen der Mitgliederversammlung des vds-Landesverbandes Sachsen-Anhalt e.V. am 21.10.2017 in Halle (Saale). Unveröffentlichtes Manuskript.

Geiling, U. & Simon, T. (2014). *Zuständigkeitserleben und berufliche Zufriedenheit von Grund- und Förderschullehrkräften in inklusionsorientierten Settings der Schuleingangsstufe. In M. Lichtblau, D. Blömer, K. Jüttner, K. Koch, M. Krüger & R. Werning (Hrsg.), Forschung zu inklusiver Bildung. Gemeinsam anders lehren und lernen* (S. 62–75). Bad Heilbrunn: Klinkhardt.

Götz, M. & Holler, A. (2017). *Wie Kinder und Jugendliche das Thema Geflüchtete verstehen. Studienreihe des Internationalen Zentralinstituts für das Jugend- und Bildungsfernsehen (IZI) und der Landesanstalt für Medien Nordrhein-Westfalen (LfM) zu Wissen, Meinungen und Vorstellungen von 6- bis 19- Jährigen in Deutschland*. Forschungsbericht. http://www.br-online.de/jugend/izi/deutsch/forschung/Aktuelle_Forschung/Wie_Kinder_u-_Jugendliche_das_Thema_Gefluechtete_verstehen.pdf. Zugegriffen: 27. Januar 2018

Merten, M., Yildirim, D. & Keller, C. (2014). *Einstellungen zu Heterogenität und Unterrichtskriterien bei Lehramtsstudierenden: Eine quantitative Studie zu Stereotypen und Vorurteilen*. Essen: Universität Duisburg-Essen. https://www.uni-due.de/imperia/md/content/biwi/migrations-ungleichheitsforschung/einstellungen_von_lehramtsstudierenden_2014.pdf. Zugegriffen am: 27. Januar 2018

Prengel, A. (2000). *Pädagogik der Vielfalt als Pädagogik auch für Kinder in Not*. Opladen: Leske + Budrich.

Teumer, St. (2012). *Beratung als Herausforderung für Grund- und Förderschullehrkräfte im Spannungsfeld der Neugestaltung des Schulanfangs. Fallporträts im Spiegel des Arbeitsbogenkonzeptes*. Bad Heilbrunn: Klinkhardt

Willmann, M. (2007). *Steigerung der erzieherischen Kompetenzen von Lehrern durch sonderpädagogische Konsultation. Zeitschrift für Heilpädagogik (2007) 6*, S. 214–222

Ziemen, K. (2017). Beratung. In K. Ziemen (Hrsg.), *Lexikon Inklusion* (S. 27–29). Göttingen: Vandenhoeck & Ruprecht.

Teil III
Empirische Zugänge

Perspektivenwechsel: Kinder in schulischen Nöten verstehen lernen

Erfahrungen aus Lehramtsstudiengängen und Fortbildungsworkshops

Friederike Heinzel und Annedore Prengel

Wenn Kinder in der Schule in Notsituationen geraten, sind sie darauf angewiesen, dass Lehrkräfte sowie sozial- und sonderpädagogische Fachkräfte etwas von ihrer Lage und ihrer Art, darauf zu reagieren, verstehen (vgl. Geiling 2000). Denn Kinder in Not zeigen ihre Bedürfnisse oft nicht eindeutig und klar, sondern auf verdeckte und widersprüchliche Weise. Zur professionellen pädagogischen Arbeit gehört der Perspektivenwechsel als Versuch, den subjektiven Sinn kindlicher Handlungsweisen im ökosystemischen Kontext zu entschlüsseln. Der Beitrag zeigt Beispiele für einen solchen Perspektivenwechsel auf: In Lehramtsstudiengängen begleiten Studierende in Patenschaftsprojekten Kinder in riskanten Lebenslagen, lernen soziokulturelle Bedingungen und subjektive Bedürfnisse kennen und nehmen auch schulische Erfahrungen der Kinder in den Blick. In einem Fallseminar, flankierend zum Praxissemester im Lehramt an Grundschulen, notieren Studierende Fallsituationen aus Schul- und Unterrichtssituationen, beraten ausgewählte Fälle im Seminar und dokumentieren diese Fälle in Fallsammlungen. In Fortbildungsveranstaltungen erkunden Pädagoginnen und Pädagogen in Workshops zum Perspektivenwechsel ihre impliziten Vermutungen über innerpsychische Prozesse der Kinder, mit denen sie arbeiten. Sie gewinnen so explizite Arbeitshypothesen, um zu passenden pädagogischen Angeboten zu finden. Möglichkeiten und Grenzen der Ansätze werden analysiert.

S. Bartusch et al. (Hrsg.), *Lernprozesse begleiten*,
https://doi.org/10.1007/978-3-658-21924-6_12

1 Fallarbeit in Patenschaftsprojekten und im Praxissemester (Friederike Heinzel)

Die im Folgenden dargestellten hochschuldidaktischen Konzeptionen der „Patenschaftsprojekte" und der „Fallarbeit im Praxissemester" verbinden Praxisangebote in der universitären Lehrerbildung mit Formaten zur Reflexion. Dabei werden verschiedene Verfahren der Beobachtung, Protokollierung und Beschreibung von als pädagogisch betrachteten Situationen und deren Analyse auf unterschiedliche Weise eingesetzt und geübt (vgl. Reh et al. 2013; Alexi et al. 2014).

1.1 Zu den beiden hochschuldidaktischen Lernumgebungen[1]

An der Universität Kassel startete im Oktober 2015 die Umsetzung des vom Bundesministerium für Bildung und Forschung (BMBF) im Rahmen der Qualitätsoffensive Lehrerbildung geförderten Projekts „Professionalisierung durch Vernetzung" (PRONET).[2] Im Zuge von PRONET verorten sich zwei bereits seit Jahrzehnten in der Kasseler Lehrerbildung etablierte Service-Learning-Projekte gemeinsam in dem Teilprojekt „Patenschaftsprojekte in der LehrerInnenbildung" und werden in Bezug auf die Professionalisierung von LehrerInnen für inklusive Schulen weiterentwickelt und evaluiert. Die Patenschaftsprojekte „Projekt K" und „Kultur Kids Nordstadt" ermöglichen zweisemestrige Mentoringbeziehungen von Lehramtsstudierenden und Kindern (vgl. Alexi et al. 2014; Alexi et al. 2016; Garlichs 2000; Heinzel et al. 2007; Pietsch 2009). Es handelt sich um Service-Learning-Projekte, in denen praktisches soziales Engagement mit bildungswissenschaftlichen Inhalten der Lehrerbildung verknüpft wird. Das „Projekt K" kooperiert mit dem „Kasseler Beratungs- und Förderzentrum Astrid-Lindgren-Schule" und dem „Kasseler Familienberatungszentrum". Das Projekt „Kultur Kids Nordstadt" arbeitet mit Schulen in der Kasseler Nordstadt, einem als benachteiligt geltenden Stadtteil, zusammen. Über diese Partner werden die Kinder an die Projekte vermittelt. Im Zuge der zweisemestrigen Praxisprojekte übernehmen Lehramtsstudierende eine Patenschaft für ein Kind in schwieriger Lebenslage. Sie ermöglichen dem Kind Zugang zu gesellschaftlichen, sozialen, bildungsbezogenen oder

1 Ich danke Christina Heise und Benjamin Krasemann für Unterstützung und Hinweise.

2 Das Vorhaben wurde im Rahmen der gemeinsamen Qualitätsoffensive Lehrerbildung von Bund und Ländern mit Mitteln des Bundesministeriums für Bildung und Forschung unter dem Förderkennzeichen 01JA1505 gefördert. Die Verantwortung für den Inhalt dieser Veröffentlichung liegt bei der Autorin.

sportlichen Bereichen und erweitern damit den Interaktionsradius der Kinder. Die Studierenden wiederum erhalten durch die Projekte Einblicke in die Diversität heutiger Kindheiten und in Lebenslagen von Kindern, die oftmals nicht den eigenen (kulturellen wie sozialen) Bedingungen des Aufwachsens entsprechen (siehe hierzu auch der Beitrag von Klektau und Makrinus in diesem Band). Sie beobachten die Kinder bei gemeinsamen Aktivitäten, in der Familie und Schule und sie nehmen auch zu therapeutischen und sozialpädagogischen Fachkräften Kontakt auf, falls diese im Alltag der Kinder eine Rolle spielen. Begleitet werden die Studierenden durch ein wissenschaftliches Seminar und Angebote zur Supervision. Am Ende der Patenschaften verfassen sie zu dem von ihnen betreuten Kind einen Fallbericht, der auf den ethnografischen Beobachtungen während der Patenschaft, die in einem Feldtagebuch dokumentiert werden, beruht.

In einem anderen Projekt konnte mit Unterstützung der Qualitätsoffensive Lehrerbildung im Rahmen von PRONET ein flankierendes Seminar „Lernen am Fall im Praxissemester" konzipiert, mehrfach durchgeführt und evaluiert werden. Das Praxissemester, ein vom Land Hessen zur Erprobung gestellter Modellversuch, muss an der Universität Kassel im Lehramt an Grundschulen seit dem Wintersemester 2014/2015 im dritten oder vierten Semester des nur siebensemestrigen Lehramtsstudiengangs umgesetzt werden. Im Seminar „Lernen am Fall im Praxissemester" werden verschiedene Formate der Fallarbeit mit der Absicht genutzt, die Studierenden zur wissenschaftlichen Reflexion von Erfahrungen aus dem Praxissemester und zu einer reflexiven Haltung anzuregen. Es wird, vorwiegend werkstattförmig in Gruppen, mit den drei im Rahmen des Online-Fallarchivs für die LehrerInnenbildung entwickelten Formaten „Aufgabenbasierte Fallarbeit", „Kollegiale Fallbesprechung fremder Fälle" und „Sequentielles Interpretieren" gearbeitet (vgl. Heinzel und Krasemann 2015). Grundlage der Fallanalysen bilden zunächst Fälle aus dem Online-Fallarchiv Schulpädagogik und überdies Fälle der Studierenden aus dem Praxissemester, die von ihnen als Situationsbeschreibungen oder Interaktionsprotokolle dokumentiert und – auf Wunsch – im Seminar bearbeitet werden. Weiterhin erstellen die Studierenden Fallsammlungen mit ihnen wichtig gewordenen Fällen und sie werden zudem dazu aufgefordert, zu jedem Fall folgende Fragen zu beantworten: 1. Warum wurde der Fall ausgewählt? 2. Was ist der Fall? 3. Welche theoretischen Bezüge gibt es? 4. Was bedeutet der Fall für mein (zukünftiges) Handeln als Lehrperson? Die dokumentierten Fälle sollen auf diese Weise nicht nur abgeheftet, sondern auch kommentiert werden.

Im Folgenden werden einige Auszüge aus Fallberichten im Rahmen der Patenschaftsprojekte sowie aus Fallsammlungen im Kontext des Praxissemesters mit dem Ziel dokumentiert, diese Angebote einer kritischen Würdigung zu unterziehen.

1.2 Zwei Auszüge aus den Fallberichten im Rahmen der Patenschaftsprojekte

Fallbericht Studentin J. über Aysu (Namen anonymisiert)

In der Schule weist Aysu schwerwiegende Probleme auf. Bis zum Ende ihrer Grundschulzeit war nicht sicher, ob sie überhaupt versetzt werden würde oder gar auf eine Sonderschule gehen muss, weil sie in fast allen Hauptfächern auf fünf steht. Ihre Lehrerin sagte, dass sie zudem auch schon zweimal die Klasse wechseln musste, weil ihre Lehrerinnen nicht mehr mit ihr zurechtkamen. Sie hätten damals auch einen Intelligenztest durchgeführt, um zu überprüfen, ob sie auf die Sonderschule gehen sollte. Da der Test aber gezeigt habe, dass sie einen durchschnittlichen Intelligenzquotienten besitzt, sei man dem aber nicht weiter nachgegangen. Ihre neue Lehrerin ist sehr bemüht, den besonderen Ansprüchen gerecht zu werden und hat ihr deshalb beispielsweise einen Platz in der Nachhilfe organisiert. Während des ersten halben Jahres des Projekts hat Aysu diesen Platz auch zweimal in der Woche wahrgenommen. Sie habe dabei einen Schwerpunkt auf Mathematik gelegt, hätte aber beispielsweise auch in Deutsch Hilfe bekommen. Zum zweiten Halbjahr hin besuchte sie die Nachhilfeschule aber nicht mehr, weil ihr Vater den Vertrag noch nicht verlängert habe. Obwohl sie so große Probleme in Mathematik hat, gibt Aysu dennoch an, dass es ihr Lieblingsfach sei. Sie weist aber auch große Probleme im Lesen und der Rechtschreibung auf. So hat sie sich für die Buchvorstellung ein Buch ausgewählt, welches für Kleinkinder gedacht ist, die gerade lesen lernen. (…) Ihre Lehrerin sagte einmal zu mir, Aysu würde nur das im Leben tun, was sie will und der Rest würde sie nicht interessieren. Zudem sei sie „übergriffig und respektlos" (KLW 11)[3]. Trotz ihrer Probleme in der Schule sagte Aysu, dass sie gern dort hingehen würde. So hatte sie beispielsweise auch schon Ende der dritten Klasse alle Pflicht-AGs belegt, obwohl sie dafür noch ein Jahr Zeit gehabt hätte. (Fallbericht J_KKN-D1)

Der Fallbericht ist in einem eher beurteilenden Stil verfasst. Studentin J. diagnostiziert Aysu „schwerwiegende Probleme" in der Schule und verweist dabei auf Noten, Klassenwechsel, eine drohende Überweisung an eine Sonderschule und die Durchführung eines Intelligenztestes. Außerdem geht sie darauf ein, dass Aysu für

3 Es handelt sich hier um einen Verweis auf das Feldtagebuch; KLW 11 bedeutet Kalenderwoche 11.

ihre Lehrkräfte ein Kind zu sein scheint, welches Anstrengung und eine professionelle Haltung verlangt.

Der Bericht enthält aber auch Aysus Sichtweisen auf Schule, die im Widerspruch zu ihren Schulschwierigkeiten zu stehen scheinen, denn die Studentin beschreibt, dass Aysu gerne zur Schule geht, besonders interessiert am Mathematikunterricht ist und motiviert die Arbeitsgruppen belegt.

Fallbericht Studentin M. über Tomas (Namen anonymisiert)

In Situationen, die ihn sehr stark fordern, z.B. laute Gruppensituationen, habe ich beobachtet, dass er sich von alleine sehr zurückzieht, aber dann schnell aggressiv reagiert, wenn man seine empfundene Grenze übertritt (vgl. Anhang, Reflexion 11.03.16). Was solche Situationen anbelangt, wird ihm offiziell eine verhältnismäßig geringe Frustrationstoleranz zugeschrieben (vgl. Anhang, Reflexion 19.10.16)[4]*. Diese konnte ich persönlich v.a. dann wahrnehmen, wenn ihm nicht klar ist, warum er etwas machen sollte (vgl. Anhang, Reflexion 15.01.16). Sofern ihm während unserer Patenschaft Dinge unsinnig erschienen, konnte das ein sehr energisches Verhalten auslösen. Wenn er sich aber für etwas interessierte, dann kann er sich m.E. stundenlang damit beschäftigen (vgl. Gespräche über GTA*[5]*). Dabei ist es mir so vorgekommen, als ließe er sich schnell für Neues begeistern, hätte aber größere Probleme, diese Begeisterung bei Rückschlägen eigenständig aufrechtzuerhalten (vgl. Anhang, Reflexion 15.01.16 und Reflexion 29.04.16). Sowohl beim Schlittschuhfahren als auch beim Bowlen hatte ich das Gefühl, ihn über Hürden hinweg begleiten zu müssen, damit er seine eigenen Grenzen erweitert (ebd.). Wenn ich diesen Aufwand nicht betrieben habe, flaute sein Interesse mitunter ab (vgl. Anhang, Reflexion 12.02.16).*
(…)
In meinen Beobachtungen während meines Schulbesuches nur wenige Wochen nach dem Schulwechsel beschreibe ich ihn vorwiegend eher als im Klassenverband wenig integriert (vgl. Beobachtungsbogen, s. Anhang S 89f.). In meinem entsprechenden Reflexionstagebucheintrag heißt es: „Er erzählte auch sofort seiner Lehrerin, was wir vorhatten, allerdings stimmte es mich nachdenklich, dass er es keinem der anderen Kinder erzählte. Als ich ihn fragte, wer denn

4 Die Studentin verweist hier auf ihr Feldtagebuch. Sie bezieht sich hier auf Informationen, die sie durch ein Telefonat mit der Mitarbeiterin des Beratungs- und Förderzentrums, die für das Kind zuständig ist, bekommen hatte.

5 GTA (Grand Theft Auto) ist eine Computerspielserie.

> *seine Freunde wären, antwortete er: 'Gute Frage. Das weiß ich jetzt nicht mehr." (Anhang, Reflexion 11.03.16).* (Fallbericht M_K_D1)

Der Fallbericht der Studentin M. ist beschreibend angelegt und verweist kontinuierlich auf die Feldtagebücher, die während der Patenschaft angefertigt werden müssen. Beobachtungen aus der Patenschaft werden mit solchen verknüpft, die sie bei Schulbesuchen protokolliert oder den Informationen von Kooperationspartnern entnommen hat.

Die Studentin bringt Sichtweisen ihres Patenkindes Tomas in den Bericht ein, indem sie versucht, dessen Widerstand in verschiedenen Situationen zu verstehen und ihn auch selbst zu Wort kommen lässt. Sie geht darauf ein, dass für Tomas der Kontakt zu Gleichaltrigen im schulischen Kontext eine besondere Herausforderung darstellt und er teilweise schwer zu motivieren ist. Obgleich sie auch selbst in herausfordernde Situationen mit Tomas geraten ist, versucht sie mit Zuschreibungen im Feld vorsichtig umzugehen.

Während der Patenschaft wechselt Tomas die Grundschule. Die Studentin stellt heraus, dass dieser Schulwechsel für Tomas mit dem Verlust sozialer Beziehungen mit Gleichaltrigen verbunden ist. Dabei ringt sie mit einer Einordnung, wenn sie ihn „vorwiegend eher als im Klassenverband wenig integriert" bezeichnet und greift doch auf schulisch übliche Formulierungen der Einschätzung von sozialem Verhalten von Schülerinnen und Schülern zurück.

Die beiden Auszüge aus den Fallberichten verweisen auf Möglichkeiten und Grenzen des hochschuldidaktischen Ansatzes der Patenschaften und der damit verbundenen Konzeption von Fallarbeit in der Lehrerbildung. Einerseits können die Patenschaftsprojekte den Studierenden umfassende Einsichten in die heterogenen Lebenslagen benachteiligter Kinder vermitteln und sie für schulische Nöte der Kinder sensibilisieren. Doch ist die Feldlogik der Patenschaftsprojekte, indem sie sich sozial benachteiligten Kindern widmen, auch exkludierend angelegt, obgleich die Absicht der Teilhabe von Kindern und das Ziel der Förderung inklusiver Einstellungen von Lehramtsstudierenden verfolgt wird (vgl. Heinzel und Prengel 2016). Zudem wird erkennbar, dass Lehramtsstudierende, die sich in Patenschaftsprojekten engagieren, dann, wenn schulische Erfahrungen der Kinder thematisiert werden, auf Praktiken des schulischen Bewertens und Einordnens zurückgreifen.

1.3 Drei Fallsituationen von Studierenden aus dem Seminar „Lernen am Fall im Praxissemester"

Ein Fall von Differenzierungsantinomie[6]

B. beendet ihren Buchvortrag. Sie ist das letzte Kind, welches ihr Buch vorstellen soll. Frau K. will mit ihrem Unterricht weitermachen. Plötzlich meldet sich B. und Frau K. fragt, ob sie noch eine Frage hat. „Frau K. was ist eigentlich mit G.? Sie hat ihr Buch noch nicht vorgestellt", antwortet ihr B. Es wird unruhig in der Klasse. Frau K. wendet sich an G. und fragt: „G. hast du eine Buchvorstellung vorbereitet?" G. wird rot und schüttelt schnell ihren Kopf. „Sie hatte doch jetzt 4 Wochen Zeit, wir mussten es auch alle machen!", schreit B. nun ärgerlich. Nun mischen sich auch die anderen Kinder ein. Sie beschweren sich, dass es unfair sei, wenn G. nichts vorstellen muss. „Jetzt mal ganz langsam! Ihr wisst doch, dass es G. schwerer fällt, vor der Klasse zu stehen. Außerdem spricht sie noch nicht so gut Deutsch. Darauf müssen wir Rücksicht nehmen", antwortet Frau K. „Ja, aber E. und S. mussten auch und die sprechen auch nicht so gut Deutsch!", entgegnet B. nun. „Ich verstehe euch ja, aber E. und S. mussten am Anfang auch nicht vor der Klasse stehen. Ihr müsst versuchen, euch in G. hineinzuversetzen. Und jetzt möchte ich weitermachen", sagt Frau K. und schreibt die Aufgabe für die Stunde an die Tafel. Langsam beruhigt sich die Klasse und das Thema scheint abgeschlossen zu sein.

Kommentar:
Der Fall ist meiner Meinung nach interessant, da man die Spannung zwischen der Gleichbehandlung aller Schüler und die notwendige Differenzierung bei einzelnen Schülern erkennt. Die Lehrerin muss ihr Vorgehen hier vor der gesamten Lerngruppe begründen. Ich empfand das Verhalten der Lehrerin als vorbildhaft. Sie versucht, auf beide Parteien einzugehen und nicht einfach über die Köpfe der Lernenden hinweg zu entscheiden.

Für mein späteres Handeln als Lehrerin habe ich hier erkannt, dass es schwierig ist, alle SuS gleich zu behandeln. In manchen Fällen muss man individuell auf die Lernenden eingehen und dies aber immer begründen können.

(Studentin N1)

Die Überschrift, die die Studentin dem Fall gibt, die Darstellung der Fallsituation und der Kommentar sind orientiert an theoretischen Bezügen, die im Seminar

6 Die Überschriften der Studierenden wurden beibehalten.

angeboten wurden und subsumtionslogisch für die Falldarstellung herangezogen werden, um die Situation zu beschreiben und einzuordnen. Die Studentin verweist auf Widersprüche im Lehrer- und Lehrerinnenhandeln, die von Helsper als Antinomien ausgearbeitet wurden (Helsper 1996, 2002, 2016). Dabei handelt es sich um divergierende Funktionen, Rollen, Interessen oder Perspektiven, die in einer Situation virulent sind und ausbalanciert werden müssen (vgl. auch Schlömerkemper 2006). Die Studentin stößt hier auf Strukturprobleme pädagogischen Handelns.

Das Verhalten der Lehrerin wird von der Studentin als „vorbildhaft“ beim Versuch des Ausbilanzierens der Not des Kindes G. und dem Anspruch der homogenisierenden Gleichbehandlung aller SchülerInnen eingeordnet. Zudem verweist die Fallsituation und ihre Kommentierung auch darauf, dass im Praxissemester nach Orientierungen gesucht wird und der Wunsch besteht, am Vorbild zu lernen. Unsere Analysen der Fälle aus dem Praxissemester deuten darauf hin, dass die Bewältigung der Praxis zum Maß fast aller Reflexionen wird.

Näheantinomie

Ein Mädchen aus meiner Klasse, welches erst vor kurzem zu uns kam und kaum beziehungsweise keine Deutschkenntnisse besitzt, baute ein ziemlich großes Vertrauen zu mir auf. Es handelt sich dabei um die Schülerin P. Über ihr Verhalten hatte ich bereits in einem Protokoll berichtet.[7] *Auf Grund der Tatsache, dass ich die einzige Person bin, welche P. Aufmerksamkeit schenkt, indem ich ihr differenzierte Aufgaben im Unterricht gebe und ihr auch bei deren Bearbeitung helfe, scheint sie in mir eine „Freundin“ gefunden zu haben. Es macht sogar teilweise den Anschein, als ob sie sich weigert, Kontakt zu anderen Kindern aufzubauen. Darüber hinaus reagiert sie des Öfteren eifersüchtig, wenn ein anderes Kind in Kontakt mit mir tritt. Daraus folgt, dass P. sich häufiger regelrecht an mir festklammert und mich oft dann nicht mehr loslässt, auch wenn ich ihr dies deutlich machte. Einmal mussten mir die anderen Schüler aus der Klasse sogar helfen, damit P. mich loslässt und ich nach vorne gehen kann, um dort einem anderen Schüler zu helfen. Einen anderen*

7 Die Studentin berichtet in einer früheren Falldarstellung, dass es sich um eine Schülerin handelt, die während des Praktikums neu in die Klasse kommt. Sie spricht so gut wie kein Deutsch und wird in einer hinteren Reihe, neben einem sehr schüchternen Kind platziert. Die Studentin beobachtete, dass die Schülerin kaum Arbeitsmaterial hatte und sich im Unterricht langweilte. Nach einem Gespräch mit dem Mentor, der – aus ihrer Sicht – wenig Interesse zeigte, begann sie, sich mit der Schülerin zu beschäftigen, gab ihr Aufgaben und unterstützte sie. Die Schülerin heftet sich daraufhin immer enger an die Studierende.

Tag kam P. zu mir und wollte mich umarmen. Dabei zog sie mich an meinem Arm herunter, sodass ich keine Möglichkeit hatte, mich ihr zu entziehen. Ich entschied, mich der Umarmung „hinzugeben". Sie schloss mich fest in ihren Arm und küsste mich plötzlich mehrmals hintereinander auf die Wange. In diesem Moment, der so plötzlich kam, fühlte ich mich nicht besonders wohl. Ich hatte das Gefühl, eine Grenze übertreten zu haben, auch wenn ich dafür nichts konnte. Im Nachhinein fragte ich mich des Öfteren, ob es überhaupt richtig war, mich auf die Umarmung einzulassen und ob ich den Körperkontakt im Allgemeinen vorher hätte unterbinden sollen, auch wenn es unfair gewesen wäre, da andere Kinder auch öfters zu mir kommen, um mich zu umarmen oder meine Hand zu halten.

Kommentar:
Interessant war der Fall für mich, da es sich für mich um einen Grenzfall handelte, bei dem ich mir selbst unsicher war, inwieweit ich eine Grenze überschritten habe bzw. ich dies hätte zulassen sollen als Lehrperson.

Es ist wichtig, sich selbst bewusst zu werden, wo bei sich die Toleranzgrenze liegt und was darüber hinaus auch rechtliche Folgen haben könnte (im Ernstfall!).

(Studentin F2)

Auch hier ist die Überschrift an den im Seminar vermittelten Antinomien des Lehrerhandelns orientiert. Die Studentin thematisiert, dass eine Schülerin mit sprachlichen und sozialen Problemen eine Nähe zu ihr entwickelt hat, die ihr unangenehm ist und sie verstrickt. Sie erkennt, dass sich das schulisch-pädagogische Handeln nicht einfach als distanziert-spezifisches Tun vollziehen kann. Als Lehramtsstudierende im Praxissemester wird sie in herausfordernde Dynamiken involviert, die von der Schülerin ausgehen und mit denen sie umgehen muss (vgl. Helsper und Reh 2012). Die Praktikantin fühlt sich in eine emotionale und diffuse Beziehung hineingezogen, muss aber eine reflektierte Distanz einnehmen und die „Abstinenzregel" einhalten (Oevermann 1996). Gleichzeitig kann zu viel an Distanz – gerade Kinder in schulischen Nöten – zusätzlich verletzen. Die Studentin ist sich darüber hinaus bewusst, dass körperliche Grenzverletzungen auch rechtliche Folgen haben können.

Antinomien im Lehrerberuf – Nähe-/Distanzantinomie

In der zweiten Klasse gibt es einen Jungen, der öfter durch sein Sozialverhalten auffällt. Er ist in einer Gruppe, wo Streitereien, die teilweise auch handgreiflich werden, an der Tagesordnung sind. Dadurch, dass die Lehrerschaft

sich fast täglich mit Problemen beschäftigen muss, in welche dieser Schüler involviert ist, ist er bei ihr quasi gebrandmarkt. Sie zeigt meist kein Verständnis für ihn.
Als die zweite Klasse einen Ausflug machen wollte, hat man kurz vor dem Aufbruch den Schüler weinen hören, woraufhin ein Lehrer sagte: „Gut, dann muss er wenigstens nicht mitkommen."

Kommentar:
Dieser Fall hat mich sehr schockiert. Ich kannte den Jungen noch nicht lange, daher hatte ich eine neutrale Sicht und konnte diese Antipathie gar nicht nachvollziehen. Obwohl der Lehrer es eher im Spaß gesagt hatte, nehme ich für mich als zukünftige Lehrerin daraus mit, dass man jeden Tag aufs Neue versuchen muss, bei Schülern, wo eine gewisse Antipathie herrscht, neutral zu bleiben und das Gute an dem Kind zu sehen. Als Lehrer kann man nicht voreingenommen sein.
(Studentin M_2)

Hier beschreibt die Studentin das beobachtete Handeln der Lehrerschaft gegenüber einem Jungen als erschreckend und nicht nachvollziehbar. Sie problematisiert die negativen Emotionen der Lehrkräfte gegenüber dem Schüler, die Stigmatisierung des Kindes und das fehlende Bemühen um seine Integration. Die Studentin muss beobachten, dass die Lehrerschaft hier an der Daueranstrengung professioneller Lehrer-Schüler-Beziehungen scheitert.

Auch diese dritte ausgewählte Fallsituation ist mit der Bezeichnung von Antinomien überschrieben. Erwähnt werden soll an dieser Stelle, dass die Studierenden häufiger Überschriften wählen, die den Fall durch ein Zitat aus der Beschreibung charakterisieren (hier z.B. denkbar: „Gut, dann muss er wenigstens nicht mitkommen") oder die eine eigene Position zum Fall kennzeichnet (hier z.B.: „Schockiert"). Insgesamt zeigen die Fallsammlungen, dass das strukturtheoretische Konzept der Antinomien des Lehrerhandelns für die Studierenden im Praxissemester durchaus Erklärungskraft zu entfalten vermag.

Der Vergleich der Fallarbeit in den Patenschaftsprojekten und im Seminar, das zu Reflexionen von Praxiserfahrungen im Praxissemester anregen soll, macht deutlich, dass in den Patenschaftsprojekten die Person und Lebenswelt des Kindes im Zentrum steht, wobei die schulischen Erfahrungen nur einen Ausschnitt der Beobachtungen bilden. Im Seminar „Lernen am Fall im Praxissemester" werden konkrete Interaktionssituationen aus Schule und Unterricht thematisiert, womit die Strukturen von Lehrer-Schüler-Beziehungen und die Herausforderungen der Generationenvermittlung (Heinzel 2011) stärker in den Blick geraten. In den Fallberichten im Rahmen der Patenschaftsprojekte ist ein diagnostischer Sprachstil erkennbar, während die Falldarstellungen szenisch verfasst und mit kommentierenden Reflexionen versehen sind. In beiden Seminarformaten sind die Praxisreflexionen – anders als bei der Arbeit mit Textfällen aus dem Online-Fallarchiv Schulpädagogik (vgl. dazu Alexi et al. 2014) – nicht handlungsentlastet, denn die Lehramtsstudierenden befinden sich sowohl in den Patenschaftsprojekten als auch im Praxissemester selbst in pädagogischen Handlungssituationen.

2 Perspektivenwechsel in Fortbildungsworkshops[8] (Annedore Prengel)

Seit drei Jahrzehnten biete ich in Aus- und Fortbildungsseminaren für Angehörige pädagogischer Berufe Workshops an, in denen es um Annäherungen der Teilnehmenden an die Perspektiven von Kindern und Jugendlichen, mit denen sie arbeiten, geht. Im Folgenden werden zunächst Ziele und Arbeitsschritte des Verfahrens dargelegt, anschließend wird eine Auswahl der in diesem Kontext entstandenen Texte vorgestellt und im Hinblick auf manifeste Inhalte analysiert.

2.1 Sich in den inneren Monolog eines anderen hineinversetzen – systematische Anregung zum professionellen Perspektivenwechsel

Die hier vorzustellenden Fortbildungen beabsichtigen zu einem Perspektivenwechsel anzuregen, der es ermöglicht, implizites Wissen explizit zu machen und so rationalen Zugang zu professioneller Intuition zu gewinnen. Im Zentrum der Workshops steht das Aufschreiben von erinnerten Szenen in Form von kurzen, im Präsens gehaltenen Ich-Geschichten, die man sich wie einen Text in einem erahnten Schülertagebuch vorstellen kann. Die Kurzgeschichten erzählen aus imaginierter Kinder- oder Jugendlichenperspektive eine Interaktionsszene mit einer Pädagogin oder einem Pädagogen und erwähnen meist noch weitere Umfeldaspekte.

Eine klare Folge von Arbeitsschritten rahmt und sichert das Erinnern und Aufschreiben (vgl. ausführlich Prengel 2014, 2014a; Heinzel und Prengel 2016). In der *Einführungsphase* werden – meist nach einer Vorstellungsrunde – Regeln eines Arbeitsbündnisses, das für diese Erinnerungsarbeit unerlässlich ist, vorgegeben, es umfasst *Freiwilligkeit, Nichtbewertung* und *Vertraulichkeit.* Das Befolgen der

8 Herzlich danke ich Ingrid Auras, Steffen Bartusch, Danela Schirmer, Christina Trost, Marcel Veber und Patrick Widmer für hilfreiche Hinweise.

Anleitung zu den Arbeitsschritten ist freiwillig, sodass die Aktivitäten von den Teilnehmenden verantwortet werden. Die mitgeteilten Erinnerungen werden nicht bewertet, sodass eine unbedingte Anerkennung der persönlichen Erfahrungen möglich wird. Es gilt die Schweigepflicht, die auch beinhaltet, dass die Namen der Protagonisten beider Generationen ausschließlich in anonymisierter Form vorkommen und es wird nicht aufgedeckt, ob es sich um einen fremden oder eigenen Fall handelt. In der zweiten, der *kreativen Phase* wird den Teilnehmenden eine meditativ gestimmte Erinnerungsreise zu einer von ihnen jeweils aus dem persönlichen Erfahrungsschatz auszuwählenden interaktiven Szene angeboten, die als Kurzgeschichte in Identifikation mit einem Kind oder Jugendlichen in der ersten Person Singular im Präsens aufgeschrieben wird. Die so entstehenden Texte werden von den Teilnehmenden, die das möchten, im Plenum in einem achtsamen Leseritual zu Gehör gebracht. In der *Auswertungsphase* werden soeben gemachte persönliche Erfahrungen des Erinnerns, Aufschreibens, Vorlesens, Zuhörens reflektiert und im Partnergespräch besprochen. In der auswertenden Plenumsrunde werden methodische und inhaltliche Aspekte erwogen und weitere Informationen dazu angeboten.

Im Laufe der Jahre ist eine Textsammlung mit Ich-Geschichten entstanden, weil zahlreiche Teilnehmende mir gern ihre Texte überlassen haben, um weiter damit arbeiten zu können. Was leisten diese Geschichten? Sie bilden ab, was Pädagoginnen und Pädagogen im Hinblick auf die subjektiven Erfahrungen von Kindern und Jugendlichen intuitiv erahnen und sprachlich mitteilen. Im Folgenden werden erstmals mehrere der gesammelten narrativen Kurzgeschichten veröffentlicht und systematisch durchgesehen.

2.2 Acht Ich-Geschichten[9]

Für diesen Beitrag wurde eine Auswahl aus Texten getroffen, die an 37 verschiedenen Orten in west- und ostdeutschen sowie nord- und süddeutschen Bundesländern und im deutschsprachigen Ausland verfasst wurden. In der Textsammlung wurde nach Ich-Geschichten gesucht, die verschiedene schulische Nöte thematisieren. Empathisch durch die Lehrkräfte vermutete und verbalisierte Notlagen sowie Aspekte der Auseinandersetzung damit werden in den folgenden acht Texten dargestellt. Die Geschichten werden zunächst jeweils einzeln auf ihr diagnostisches

9 Die anonymisierten Ich-Geschichten wurden geringfügig orthografisch korrigiert.

Potential hin befragt. Anschließend werden ihre thematischen Schwerpunkte herausgearbeitet und ihre sprachliche Form wird betrachtet.

Erahnte Notlage: Härte der Erzieherin

Geschichte I: *ohne Titel*

Die Sonne scheint und es ist heut sehr warm draußen. Das Mittagessen gibt es heut im Garten, lecker Vanillesoße mit Buchteln. Ich sitze mit anderen Kindern aus meiner Kita auf einer Bank, vor mir das Essen und ich tunke mit der Buchtel in die Vanillesoße. So mag ich es am liebsten. Plötzlich schreit mich meine Erzieherin an, ob ich nicht ordentlich essen könne. Immer dieses Kleckern. Ich zucke zusammen, weil ich total erschrocken bin, schaue fassungslos die Erzieherin an, die mir den Teller wegzieht und die Buchtel aus der Hand reißt. Ich dürfe nicht mehr weiteressen, wenn ich es nicht ordentlich kann, sagt die Erzieherin laut. Dann wischt sie die Soße vom Tisch. Erst da merke ich, dass da wohl was danebengegangen ist. Ich schaue sie ängstlich an – dann auf meinen Teller. Darf ich weiteressen? Immer wieder versuche ich, den Blick der Erzieherin zu erhaschen, in der Hoffnung, dass ich weiteressen darf, aber sie ist wohl sehr böse auf mich. Ich bleibe stumm, bin immer noch erschrocken. Endlich schiebt sie mir den Teller grob hin und legt demonstrativ den Löffel daneben. Ich trau mich kaum, aber der Appetit ist groß. Vorsichtig nehme ich den Löffel und esse weiter, aber so richtig schmeckt es mir nicht mehr.

Der Text thematisiert die Lust des Kindes beim Essen und den durch die aggressive Intervention der Erzieherin entstandenen erschreckenden Einbruch. Er lässt danach fragen, wie eine kinderfreundliche Anleitung zu Tischsitten zu gestalten wäre.

Erahnte Notlage: Nicht gut genug gerechnet

Geschichte II: *Die Lesekönigin*

Herr S. ist heute wieder da. Er kommt ins Klassenzimmer und holt mich ab. Er gratuliert mir, denn gerade wurde ich zur Lesekönigin der Klasse gekürt. Ich freue mich so sehr. Ich nehme meine Federmappe mit und wir gehen den leeren Schulflur entlang. Ich rede mit Herrn S. wie mit einem Freund oder einem Onkel. Er kommt zu mir wegen Mathe und will mir helfen. Da mache ich immer noch zu viele Fehler und bekomme schlechte Noten. Mama ist ver-

zweifelt deswegen und meine Mitschüler wissen auch, dass ich nicht so gut rechnen kann. Aber heute bin ich Lesekönigin! Ich fühle mich so leicht und voller Freude. Frau K. begegnet uns auf dem Flur. Sie sieht Herrn S. und mich an. Sie bemerkt die Lesekrone und sagt: „Ach, wenn es doch beim Rechnen bei dir auch so gut klappen würde." Ich sage nichts und wir gehen weiter. Ich fühle plötzlich, als wenn ich etwas Schweres tragen müsste. Die Lesekrone stört und ich nehme sie vom Kopf. Ich erwarte Herrn S. Aufgaben.

Der Text thematisiert die Freude des Kindes über eine besondere Auszeichnung und den durch die ambivalent-sorgenvolle Ansprache ausgelösten resignativen Einbruch. Er lässt danach fragen, wie für jedes Kind einer heterogenen Lerngruppe eine herausgehobene Würdigung realisiert werden kann, und danach, wie eine gut gemeinte besorgte Ansprache sich belastend auswirken kann.

Erahnte Notlage: Schülerin und Schule bleiben einander fremd

Geschichte III: *Was soll ich da? Mein falsches Leben*

Ich bin Marie. Ich bin schlank, hab lange blonde Haare und zieh gern enge Sachen an. Heute muss ich mit meiner Sozialarbeiterin in meine Klasse gehen. Die redet immer ganz ruhig, aber ich weiß nicht, was das Getue soll. Hier muss ich immer mit dem Kopf nicken und so tun, als wär ich der gleichen Meinung wie die Erwachsenen.
Zurück in meine Klasse? Was soll das? Mich interessieren die Leute nicht und die Schule nicht. O.k., heute tun alle so freundlich, aber ich glaub's denen nicht. Weiß doch, wie sie über mich herziehen, wenn ich nicht da bin. Klar, sie machen so, als würd ich dazugehören, aber ich gehör da nicht hin, auch wenn sie heute geholfen haben und ich ganz schnell was verstanden hab. Will zu meinem Freund und zu dem Baby meiner Schwester. Leben kann doch jeder, wie er will. Und meine Mutter ist doch voll die falsche Schlange. Hat mich vor's Gericht gezerrt. Was soll ich dann bei ihr?

Der Text bietet Einblick in die vermutete Welt der Schülerin, er lässt danach fragen, wie das Team kreativ neue Zugänge zu ihr finden könnte.

Erahnte Notlage: Noch nicht selbst gehen wollen

Geschichte IV: *Schritt für Schritt*

Ich heiße Lisa und bin 17 Monate alt. Ich sitze hier auf dem Boden im Flur und ich möchte, dass Du mich trägst. Deshalb strecke ich Dir doch auch meine Arme entgegen. Du sagst, dass ich aufstehen soll, weil wir auf den Spielplatz gehen wollen. Aber ich will doch gar nicht aufstehen! DU sollst mich tragen. Ich beginne zu weinen, weil du mich nicht aufhebst. Du sagst zu mir, dass Du mit mir wartest, bis ich es schaffe, ganz alleine aufzustehen. Ich schaue Dich an. Oh je, die anderen Kinder gehen los. Da, Anna ist aufgestanden und läuft zur Tür. Ich möchte mit Anna gehen und strecke Dir den Arm entgegen. Du lächelst mich an und reichst mir deine Hand. Ich glaube, es ist vielleicht doch eine gute Idee aufzustehen und zum Spielplatz zu gehen. Alle Kinder sind fast draußen. Ich gehe sehr gern auf den Spielplatz. Ich gebe Dir meine Hand, ziehe mich nach oben, laufe in Richtung Tür und sage „Da!" Du sagst zu mir: „Ja genau. Wir gehen raus! Toll gemacht, Lisa! Das hast Du ganz alleine geschafft! Super!" Ja, das finde ich auch. Ich hab's geschafft! Los geht's!

Der Text veranschaulicht die erzieherische Möglichkeit, unmittelbare Wunscherfüllung zu versagen und zugleich entwicklungsförderlichen Kontakt zu halten.

Erahnte Notlage: Einsamkeit bei existentiellem Leiden

Geschichte V: *Tagebucheintrag*

Heute habe ich gespürt, wie wichtig ich meinem Klassenvorstand Frau Z. bin. Meine Mutter ist krebskrank und hat nicht mehr lange zu leben. Ich halte es oft nicht zu Hause aus, wenn ich sie anschaue, „schaue ich dem Tod in die Augen". Aus diesem Grund war ich auch die letzten Tage statt in der Schule mit älteren Freunden unterwegs, da muss ich dann nicht daran denken. Mit meinem Vater kann ich über die Situation auch nicht reden, der arbeitet und hat kaum Zeit für mich – wenn, dann streiten wir nur.

Frau Z. hat meinen Vater über meine Abwesenheit informiert. Sie und Frau R. haben dann meinen Vater und mich eingeladen in die Direktion. Da haben wir dann über alles gesprochen. Frau Z. hat mir gesagt, dass es für sie ganz wichtig ist, dass ich wieder in die Schule komme, dass wir den anderen nur sagen, dass ich zu Hause Schwierigkeiten habe, aber nicht mehr.

Ich habe richtig gemerkt, dass es den beiden – Frau Z. und Frau R. – sehr wichtig ist, dass ich wiederkomme und auch mit meinem Vater über alles reden soll und auch mit ihm gemeinsam weinen soll, wenn mir danach ist. Es hat sehr gut getan, dass ich anderen Menschen nicht egal bin, dass ich ihnen wichtig bin, sie sich für mich Zeit nehmen.
Morgen, Freitag, brauche ich noch ein bisschen Zeit für mich – am Montag gehe ich wieder in meine Klasse. Darauf freue ich mich schon.

Der Text macht bewusst, in welch existentiellen Nöten manche Kinder leben, richtet die Aufmerksamkeit auf den möglichen subjektiven Sinn ihres zunächst unverstandenen Handelns und zeigt, welch gute Wirkungen ein konstruktives Gespräch mit allen Beteiligten haben kann.

Erahnte Notlage: Wegen Schaden bestraft

Geschichte VI: *Der beste Hausmeister der Welt*

Ich bin sauer und wütend: In der Pause habe ich mit meinen Kumpels gespielt. Dabei ist etwas kaputtgegangen. Keiner hat Ärger gekriegt, nur ich, immer ich!
Ich muss drei Sozialstunden ableisten, beim Hausmeister. Widerwillig gehe ich zu Herrn B. und melde mich für die Stunden an. Ich muss ihm helfen, schwere Pakete und Möbel zu transportieren. Dafür gibt es ein Gerät, das so ähnlich ist wie ein Gabelstapler (Name unbekannt). Dieses Gerät kann vorwärts und rückwärts fahren, um die Kurve und etwas hochhieven. Der Hausmeister zeigt mir, wie es geht, und ich mache es nach. Beim dritten Mal macht es mir sogar richtig Spaß. Der Hausmeister bedankt sich für meine Hilfe. Gott sei Dank, nun habe ich die drei Stunden endlich abgearbeitet. Es wurmt mich aber immer noch, dass die anderen nichts machen mussten. Ein paar Tage später klopft es an die Klassentüre. Der Hausmeister kommt herein und erklärt vor allen, dass ich meine Arbeit gut gemacht habe und übergibt mir eine Urkunde zum Führen des „Gabelstaplers“. Wenn ich Lust habe, kann ich jederzeit kommen und mit dem Gerät arbeiten. Nun freue ich mich und bin sehr stolz, vor allen gelobt zu werden. Ich strahle…

Der Text gibt Einblick in die Welt eines als problematisch etikettierten Jungen und portraitiert die Bedeutung einer nachhaltigen konstruktiven Intervention. Betont wird die Einflussmöglichkeit aller Erwachsenen, hier des Hausmeisters.

Erahnte Notlage: Sich als schwul zu erkennen geben

Geschichte VII: *Mut fühlen*

Ich fühle heute Mut.
Das ist echt gut, fühlt sich klasse an.
So ein starkes Feld in mir,
ein irres Gefühl.
Außerdem bin ich wirklich neugierig,
was passiert.
Da ist Halime.
Die weiß schon Bescheid
Und wird mich unterstützen.
Da ist Frau H.
Die wird gut finden,
wenn ich sage,
ich bin schwul
und mich respektieren.
Die kennt bestimmt dieses Mut-Gefühl auch.
Burak, mein Feind, weiß,
er hat hier an der Schule keine Chance mehr,
mich fertigzumachen.
Und die anderen?
Es kann sich zeigen,
mit wem ich wirklich was zu tun haben kann.
Boah, bin ich aufgeregt.

Der Text macht spürbar wie viel Mut und wie viel Freude mit einem Coming Out einhergehen können. Dabei wird die Bedeutung der haltgebenden Unterstützung durch die Mitschülerin und durch die Lehrerin, ja durch die ganze Schule, sichtbar gemacht, die die Angst vor dem feindlichen Mitschüler verschwinden lässt.

Erahnte Notlage: Anders als die Mädchen von hier

Geschichte VIII: *Kleine Freude*

Ich freue mich, dass mich jemand nach meinem Namen gefragt hat und ob ich verstehen kann, was der Lehrer gerade erzählt. Seit sechs Monaten bin ich nun hier in Deutschland. Fatima, mit dem Kopftuch. Soooooo anders als die Mädchen aus Mittelsinn, Burgsinn, Obersinn … Und trotzdem gefällt es mir auch, weil meine Eltern gesagt haben, dass ich hier sicher bin und wir alle keine Angst mehr haben müssen. Doch was sind Verkehrswege? Was sind Gründe für eine Standortbestimmung einer Firma, was heißt Unternehmen, was ist eine Firma? Was meint Herr X. da vorne? In meinem Kopf sind so viele Fragezeichen. Es wäre schön, wenn jemand mit mir lernen könnte. DAS würde mir Spaß machen. Ich will einen Beruf lernen! Nur noch zwei Jahre, dann ist die Schulzeit zu Ende.

Der Text zeigt im ersten Satz, wie sehr die Schülerin auf persönliche Ansprache angewiesen ist und erschließt in der Folge etwas von der Lernsituation, dem Lebenskontext und den Wünschen des jungen Mädchens.

Überschaut man die Inhalte aller imaginierten und notierten Erfahrungen, zeichnet sich ein recht klares Bild ab: Alle erzählen in einem Spannungsbogen von einem dynamisch sich entwickelnden schulischen bzw. frühpädagogischen Ereignis. Die ersten drei Erzählungen enthalten problematische Kita- und Schulerfahrungen, die durch Lehrkräfte und pädagogische Fachkräfte direkt verursacht werden oder denen sie hilflos gegenüberstehen. Die darauf folgenden beiden Kurzgeschichten widmen sich biografisch existentiellen Nöten, in denen Kinder hilfreiche Unterstützung durch ihre Pädagoginnen erfahren. In den letzten drei Texten geht es um Kinder, die diskriminierten Gruppen angehören und deren Lehrerinnen sich für die Wahrnehmung ihrer Interessen engagieren.

Die Geschichten I bis III inszenieren konflikthafte Ereignisse mit unglücklichem Ausgang. In den ersten beiden Texten erfahren die portraitierten Kinder während einer beglückenden Situation unverhofft eine negative Ansprache durch die Erwachsenen – in Geschichte I offen aggressiv, in Geschichte II verdeckt destruktiv. Von da an ist ihre Stimmung im weiteren Verlauf der Handlung belastet. In Geschichte III finden die Lehrkräfte des Teams, obwohl sie sich sehr bemühen, keinen Zugang zu ihrer Schülerin.

In den Geschichten IV und V werden biografisch relevante und existentielle Entwicklungsaufgaben zu großen pädagogischen Herausforderungen. Ein kleines Mädchen äußert weinend den starken Willen, dass die Erzieherin es auf dem Arm zum Spielen tragen soll. Aber sie gibt nicht nach, sondern versteht es, geduldig den Willen, selbst laufen zu wollen, wachsen zu lassen und reicht nur die Hand, sodass das Mädchen sich seinen Wunsch schließlich selbst erfüllt und sich freut. In dem anderen Fall ist ein Junge von einem sehr schweren Schicksalsschlag betroffen, seine Mutter ist todkrank und er schwänzt die Schule. Den Lehrerinnen des zuständigen Teams gelingt es, ihn davon zu überzeugen, dass er ihnen nicht gleichgültig ist, sodass er sich wieder auf die Schule einlässt.

Junge Menschen in schulischen Außenseitersituationen sind Gegenstand der drei letzten hier zitierten Erinnerungsgeschichten. Sie sind betroffen von Ausgrenzungen wegen zugeschriebener Verhaltensprobleme, anderer sexueller Orientierung und sprachlich-kultureller Differenz. In den drei Erzählungen gelingt es verantwortlichen Erwachsenen auf jeweils individuell angemessene Weise, die Jugendlichen zu ermutigen und zu stärken.

Die Durchsicht der Texte für diesen Beitrag ermöglicht – neben den genannten inhaltlichen Unterschieden und Gegensätzlichkeiten – auch die Entdeckung erstaunlicher Gemeinsamkeiten. Sie beruhen darauf, dass an der alltäglichen Oberfläche oft verdeckte Motive des Agierens von Heranwachsenden (Reiser 2018; Becker und Prengel 2016) in dem Zeitfenster der Konzentration, in dem die Kurzgeschichten entstehen, erahnbar werden können. Alle notierten Ereignisse sind relationale Ereignisse. Die Qualität der pädagogischen Beziehungen und der Peer-Beziehungen bestimmt das subjektive Erleben der Protagonistinnen und Protagonisten. Problematische Erfahrungen sind relationale Erfahrungen. Gute Erfahrungen sind relationale Erfahrungen. Als ein zentrales Thema der jungen Protagonisten in allen Ich-Geschichten wird Anerkennung beziehungsweise Mangel an Anerkennung durch Lehrer und Peers erkenntlich (Prengel 2013). Entwicklung und Lernen werden als sozial-emotional eingebettete, schmerzliche oder freudvolle Prozesse dargestellt (vgl. dazu Oser und Spychiger 2005; Malti et al. 2009). Interdisziplinäre Studien zur Relevanz von Gefühlen (vgl. z.B. Neckel 2006; Singer und Bolz 2013) regen dazu an, ihnen in der Fortbildung Aufmerksamkeit zu schenken. Es verwundert dabei nicht, dass während der Erinnerungsübung oft recht dramatische, für Lehrende und Lernende persönlich bedeutsame Szenen fokussiert werden, denn diese drängen aus dem Hintergrund der unübersichtlichen Fülle erlebter Ereignisse in den bewussten Vordergrund und werden prägnant.

Die Texte geben Einblick in innere Bilder zur Befindlichkeit von Kindern und Jugendlichen, darüber hinaus aber auch zur Erzieher- und Lehrerarbeit. Diese wird teilweise als offen aggressiv oder subtil destruktiv präsentiert, sodass Nöte so erst ausgelöst werden. In anderen Texten wird einem intensiven Bemühen der Fach- und Lehrkräfte um Hilfe für Kinder in Notlagen Ausdruck verliehen (Müller-Using 2015; Liekam 2004).

Zur sprachlichen Form lässt sich sagen, dass die rahmenden Vorgaben (erste Person Singular, Präsens) zu narrativen Miniaturen führen, die sich in hohem Maße auf eine interaktive Szene konzentrieren. Die minimalistischen Fallgeschichten (Shulman 2004) sind meist außerordentlich ausdrucksstark. Oft klingen sie ästhetisch und poetisch, sodass der Eindruck, den sie hinterlassen, in vielen Fällen auch über die Entstehungs- und Lektüresituation hinausreicht.

3 Fazit

Die Dokumente aus verschiedenen Aus- und Fortbildungssituationen, über die wir in diesem Beitrag berichten, weisen Gemeinsamkeiten auf. Sie regen mit ihrer Perspektivendezentrierung zu Reflexion im Sinne einer rekursiven Form des Denkens in einem rückbezüglichen bzw. selbstbezüglichen Modus (Häcker et al. 2017) an. Mit ihrer fallbezogenen narrativen Struktur (Shulman 2004; Baake und Schulze 1993) können sie nachhaltiges Lernen und zugleich Zugänge zu theoretischem Wissen ermöglichen. Sie thematisieren Erfahrungen und Lebenslagen von Kindern und Jugendlichen in notvollen Situationen, die den subjektiven Sinn ihres zunächst oft unverständlichen Verhaltens erkennbar werden lassen (Reiser 1993) und damit die Fähigkeit zur stellvertretenden Deutung (Oevermann 1996) fördern. Dabei fällt auf, dass in allen Texten emotionale, relational verursachte Spannungen eine zentrale Rolle spielen. Damit öffnen sie den Blick für Nöte, die im Interesse der Heranwachsenden durch pädagogisches professionelles Handeln zu mindern sind, aber auch für Nöte, die durch problematisches pädagogisches Handeln erst erzeugt werden.

Literatur

Alexi, S., Heinzel, F. & Marini, U. (2014). Papierfall oder Realfall? Zwei Konzepte der Hochschulausbildung im Vergleich. In I. Pieper, P. Frei, K. Hauenschild & B. Schmidt-Thieme (Hrsg.), *Was der Fall ist. Fallarbeit in Bildungsforschung und Lehrerbildung* (S. 227–241). Wiesbaden: Springer Fachmedien.

Alexi, S., Romba, S. & Heinzel, F. (2016). Mentoring als Lern- und Handlungsfeld in der universitären Lehrerbildung. Ergebnisse der Evaluation des „Projekt K – Kasseler Schülerhilfeprojekt". *journal für lehrerInnenbildung* 2/2016, S. 60–68.

Baake, D. & Schulze, T. (1993). *Aus Geschichten lernen. Zu Einübung pädagogischen Verstehens.* Weinheim und München: Juventa.

Becker, U. & Prengel, A. (2016). Pädagogische Beziehungen mit emotional-sozial beeinträchtigten Kindern und Jugendlichen – Ein Beitrag zur Inklusion bei Angst und Aggression. In M. Meyer & D. Zimmermann (Hrsg.), *Ausgrenzung und Teilhabe. Perspektiven einer kritischen Sonderpädagogik auf emotionale und soziale Entwicklung* (S. 94–104). Bad Heilbrunn: Klinkhardt.

Garlichs, A. (Hrsg.). (2000). *Schüler verstehen lernen. Das Kasseler Schülerhilfeprojekt im Rahmen einer reformorientierten Lehrerausbildung.* Donauwörth: Auer.

Geiling, U. (Hrsg.). (2000). *Pädagogik, die Kinder stark macht. Zu Arbeit mit Kindern in Not.* Opladen: Leske + Budrich.

Häcker, T., Berndt, C. & Walm, M. (2017). Reflexive Lehrerinnen- und Lehrerbildung in ‚inklusiven Zeiten'. In C. Bernt, T. Häcker & T. Leonhard (Hrsg.), *Reflexive Lehrer-*

bildung revisited: Traditionen – Zugänge – Perspektiven (S. 261–278). Bad Heilbrunn: Klinkhardt.
Heinzel, F. (2011). Kindgemäßheit oder Generationenvermittlung als grundschulpädagogisches Prinzip? In F. Heinzel (Hrsg.), *Generationenvermittlung in der Grundschule. Ende der Kindgemäßheit?* (S. 40–68). Bad Heilbrunn: Klinkhardt.
Heinzel, F., Garlichs, A. & Pietsch, S. (Hrsg.). (2007). *Lernbegleitung und Patenschaften. Reflexive Fallarbeit in der universitären Lehrerausbildung*. Bad Heilbrunn: Klinkhardt.
Heinzel, F. & Krasemann, B. (2015). Lehrerbildung mit dem Online-Fallarchiv Schulpädagogik. In J. Wildt (Hrsg.), *Neues Handbuch Hochschullehre* (S. 43–69). Berlin: Raabe Verlag.
Heinzel, F. & Prengel, A. (2016). Lehrerbildung mit Fallgeschichten – ein Beitrag zur inklusiven Pädagogik. In I. Esslinger-Hinz, H. Hahn & A. Panagiotopoulou (Hrsg.), *Paradigmen und Paradigmenwechsel. Was die Schule in den letzten Jahrzehnten bewegte* (S. 276–292). Baltmannsweiler: Schneider Verlag.
Helsper, W. (1996). Antinomien des Lehrerhandelns in modernisierten pädagogischen Kulturen. Paradoxe Verwendungsweisen von Autonomie und Selbstverantwortlichkeit. In A. Combe & W. Helsper (Hrsg.), *Pädagogische Professionalität*, (S. 521–569). Frankfurt a. M.: Suhrkamp.
Helsper, W. (2002). Lehrerprofessionalität als antinomische Handlungsstruktur. In M. Kraul, W. Marotzki & C. Schwepp (Hrsg.), *Biographie und Profession* (S. 64–102). Bad Heilbrunn: Klinkhardt.
Helsper, W. (2016). Antinomien und Paradoxien im professionellen Handeln. In M. Dick, W. Marotzki & H. Mieg (Hrsg.), *Handbuch Professionsforschung* (S. 50–62). Bad Heilbrunn: Klinkhardt.
Helsper, W. & Reh, S. (2012). Nähe, Diffusität und Asymmetrie in pädagogischen Interaktionen. In W. Thole, M. Baader, W. Helsper, M. Kappeler, M. Leuzinger-Bohleber, S. Reh, U. Sielert & C. Thompson (Hrsg.), *Sexualisierte Gewalt, Macht und Pädagogik* (S. 265–290). Opladen u.a.: Barbara Budrich.
Liekam, S. (2004). *Empathie als Fundament pädagogischer Professionalität. Analysen zu einer Schlüsselvariable der Pädagogik*. München: Ludwig-Maximilians-Universität.
Neckel, S. (2006). Kultursoziologie der Gefühle. In R. Schützeichel (Hrsg.), *Emotionen und Sozialtheorie. Disziplinäre Ansätze* (S. 124–139). Frankfurt am Main u.a.: Campus.
Malti, T., Häcker, T. & Nakamura, Y. (2009). *Kluge Gefühle? Sozial-emotionales Lernen in der Schule*. Baltmannsweiler: Schneider Verlag.
Müller-Using, S. (2015). Empathie und pädagogisch-professionelles taktvolles Handeln. Ein integrativer pädagogischer Wissensbestand. *Bildung und Erziehung 68*, S. 41–59.
Oevermann, U. (1996). Theoretische Skizze einer revidierten Theorie professionellen Handelns. In A. Combe & W. Helsper (Hrsg.), *Pädagogische Professionalität* (S. 70–183). Frankfurt a.M.: Suhrkamp.
Oser, F. & Spychiger, M. (2005). *Lernen ist schmerzhaft. Zur Theorie des Negativen Wissens und zur Praxis der Fehlerkultur*. Weinheim & Basel: Beltz.
Pietsch, S. (2009). *Begleiten und Begleitet werden. Praxisnahe Fallarbeit. Ein Beitrag zur Professionalisierung in der universitären Lehrerbildung*. Kassel: Kassel University Press.
Prengel, A. (2013). *Pädagogische Beziehungen zwischen Anerkennung, Verletzung und Ambivalenz*. Opladen u.a.: Barbara Budrich.

Prengel, A. (2014). Introspektion und Empathie in pädagogischer Ausbildung, Fortbildung und Forschung – Zur Arbeit mit szenischen Narrationen und Feldvignetten. In M. Gerspach, A. Eggert-Schmid Noerr, T. Naumann & L. Niederreiter (Hrsg.), *Psychoanalyse lehren und lernen an der Hochschule. Theorie, Selbstreflexion, Praxis* (S. 219–246). Stuttgart: Kohlhammer.

Prengel, A. (2014a). Fallarbeit mit „Ich-Geschichten“ – Übungen zur Perspektivenübernahme in pädagogischen Beziehungen. In A. Pithan & R. Möller (Hrsg.), *Inklusive Religionslehrer_innenbildung. Inklusion, Religion, Bildung. Bd. 2, Teil B3* (S. 1–4). Münster: Comenius-Institut.

Reiser, H. (1993). Entwicklung und Störung – Vom Sinn kindlichen Verhaltens. *Behindertenpädagogik, 32. Jg., 3/1993*, S. 254–263.

Reiser, H. (2018). Arbeitsplatzbeschreibungen. Veränderungen der sonderpädagogischen Berufsrolle. In F. J. Müller (Hrsg.), *Blick zurück nach vorn – WegbereiterInnen der Inklusion* (S. 97–114). Gießen: Psychosozial.

Reh, S., Geiling, U. & Heinzel, F. (2013). Fallarbeit in der Lehrerbildung. In B. Friebertshäuser, A. Langer & A. Prengel (Hrsg.), *Handbuch Qualitative Forschungsmethoden in der Erziehungswissenschaft* (S. 911–924). 4. Auflage. Weinheim & München: Beltz Juventa.

Schlömerkemper, J. (2006). Die Kompetenz des antinomischen Blicks. In W. Plöger (Hrsg.), *Was müssen Lehrerinnen und Lehrer können? Beiträge zur Kompetenzorientierung in der Lehrerbildung* (S. 281–308). Paderborn: Schöningh.

Shulman, L. S. (2004). *The Wisdom of Practice. Essays on Teaching, Learning and Learning to Teach*. San Francisco: Jossey-Bass.

Singer, T. & Bolz, M. (Hrsg.). (2013). *Mitgefühl in Alltag und Forschung*. München: Max-Planck-Gesellschaft.

Zur Bedeutung der Lernbegleitung für eine inklusionsorientierte Sonderpädagogik

Marek Grummt

Ausgehend von der Verortung einer Sonderpädagogik als unterstützende Profession im inklusiven Unterricht wird die Thematik der Lernbegleitung bezogen auf deren disziplinäre und professionsorientierte Bedeutung für die heutige Sonderpädagogik diskutiert. Hierbei werden im Beitrag verschiedene Aussagen inklusionsorientiert arbeitender Sonderpädagoginnen rekonstruktiv-interpretatorisch bearbeitet. Geschlossen wird mit vier Thesen der am Material herausgearbeiteten Potentiale und Erschwernisse einer sonderpädagogischen Lernbegleitung in inklusionsorientierten Settings.

In diesem Artikel sollen zwei Diskurslinien verknüpft werden: (1) die umstrittene Aufgabe und Position einer inklusionsorientierten Sonderpädagogik sowie (2) die Debatte um eine konstruktivistisch orientierte Didaktik, nach der Lehrpersonen nicht primär Lernprozess-dominierende Instrukteure, sondern Begleiter*innen im Lern- und Konstruktionsprozess der Schüler*innen sind.

1 Sonderpädagogik und Inklusion

Die Position der Sonderpädagogik in der inklusiven Schule ist hoch umstritten und kann als noch nicht geklärt eingestuft werden (vgl. Schumann 2013, Ellger-Rüttgardt 2017). So wird, vor allem auf Verbandsebene (vgl. Verband Sonderpädagogik e.V. 2014), an den professionsprägenden Konstrukten der Diagnostik, Förderung und Therapie festgehalten, die durch die Kultusministerkonferenz schon 1994 als „Grundlegung sonderpädagogischer Förderung“ (KMK 1994, S. 4) fest-

S. Bartusch et al. (Hrsg.), *Lernprozesse begleiten*,
https://doi.org/10.1007/978-3-658-21924-6_13

gelegt wurden. Allerdings ist mittlerweile zahlreich deren segregierendes Potential herausgearbeitet wurden (vgl. Schumann 2013; Boban und Hinz 2017). Dass die Abschaffung einer spezifischen Berufsgruppe an potentiell diskriminierenden Praktiken allerdings nicht viel ändern kann, wird ebenso diskutiert (vgl. Grummt 2018) und auch die Politik hält an einer ‚Integration' der Sonderpädagogik in das allgemeine Schulsystem fest (vgl. Lindmeier 2014). Somit ist die Sonderpädagogik als eine Disziplin und Profession in der Transformation zu verstehen (vgl. Deppe-Wolfinger und Moser in diesem Band); auch der Unterricht der allgemeinen Schulen muss sich dementsprechend anpassen:

> „In den multiprofessionellen Teams sind die jeweiligen Expertisen der unterschiedlichen Professionen zu wahren und weiter zu entwickeln." (Geiling 2013, S. 125)

Unumstritten ist dagegen, dass Inklusion nicht alleine Aufgabe der Sonderpädagogik ist, sondern das gesamte Bildungssystem in der Verantwortung steht, Veränderungen zu initiieren, die eine Teilhabe aller Schüler*innen im allgemeinen Unterricht ermöglichen. Eine inhaltliche Debatte wird dabei über die Abkehr von einer Lehr-Logik der Ausbildung hin zu einer Fokussierung auf die Begleitung der Prozesse des Lernens geführt.

2 Lernbegleitung auf Basis konstruktivistischer Erkenntnistheorie

Eine bedeutende Veränderung schulischer Theorie- und Praxis-Entwicklung stellt die Adaption konstruktivistischer Erkenntnistheorie (vgl. Foerster et al. 1992, Glasersfeld 1996) bezüglich Didaktik sowie Unterrichts- und individuelle Lernprozesse dar (vgl. bspw. Reich 1996, Arnold 2007). Spätestens seit der breiten Akzeptanz dieser didaktischen Grundlegungen kann statuiert werden, dass das Lehrmodell eines ‚ausbildenden Lehrers' im Sinne des ‚Nürnberger Trichters' nicht mehr ausreichend ist für heutige Schulklassen, geschweige denn eine inklusive Pädagogik.

Es sind also Vielfalt der Schüler*innenschaft und die unterschiedlichen Konstruktionen der Lernenden, die die Adaption der schulischen Praxis erfordern: „Kinder brauchen aufgrund ihrer unterschiedlichen frühen biografischen Erfahrungen auch unterschiedliche Beziehungs- und Lernangebote. Alltägliche Erfahrungen in der Praxis und wissenschaftliche Studien zeigen übereinstimmend, dass es ‚das Kindergartenkind' und ‚das Grundschulkind' nicht gibt. So haben Kindertagesstätten und Grundschulen gemeinsam, dass sie von sehr heterogenen Kindergruppen besucht werden [...] und sich zunehmend stärker der Herausforderung stellen müssen, ausnahmslos alle Kinder tatsächlich willkommen zu heißen." (Geiling et al. 2015, S. 11)

Eine solche Herangehensweise an Unterricht und Schule, die sowohl konstruktivistisch orientiert ist als auch durch eine Pädagogik der Vielfalt (vgl. Prengel 1993) untermauert wird, impliziert eine andere Rolle für die Lehrenden: Eine kritische Distanz zur*zum Lehrmeister*in hin zu einer*einem Begleiter*in von Lernprozessen. Diese Veränderung der professionellen Rolle der Pädagog*innen und der schulischen Praxis ist deutlich in den flexiblen Schuleingangsphasen zu beobachten, die in fast allen Bundesländern Einzug gehalten haben. „Wenn Inklusion im Anfangsunterricht realisiert wird, müssen Lehrkräfte ihren Unterricht so umstellen, dass alle Kinder auf ihren jeweiligen Kompetenzständen angeleitet werden. Sie müssen damit eine individualisierende und gleichsam die Gemeinschaft der Kinder achtende Unterrichtspraxis und Teamarbeit realisieren, einschließlich der damit verbundenen Fragen der Leistungsdokumentation, Bewertung und der Kompetenz im Bereich der pädagogischen Diagnostik sowie des sich zuständig Fühlens für eine erweiterte Schülergruppe und mögliche Problemlagen, die im Regelfall nicht mehr an andere Institutionen delegiert werden können." (Geiling 2013, S. 126)

In dieser Diskussion um Lernbegleitung wird die Position der sich verändernden Sonderpädagogik hin zu einer inklusionsunterstützenden Profession (vgl. Dlugosch 2005, Moser und Demmer-Dieckmann 2012, Lindmeier 2017, Grummt 2018) nur wenig bedacht, was auf Grund der Fokussierung auf die Lernenden nachvollziehbar erscheint. Dennoch ist auch ein konstruktivistisch orientiertes, differenziertes und handlungsorientiertes Lernen ohne Lernbegleitung potentiell nur Chaos. Die Lernbegleitung bietet also Chancen für die inklusionsorientierte Unterstützung durch Sonderpädagog*innen im Unterricht der allgemeinen Schulen. Welche Bedeutung Lernbegleitung für inklusionsorientierte Sonderpädagog*innen haben kann und welche die Profession für diese Praxis hat, wird in diesem Beitrag ergründet.

Im Folgenden werden unter diesem Blickwinkel Ausschnitte aus Interviews mit Sonderpädagoginnen dargestellt, die mit voller Stelle an Grundschulen ohne Pro-Kopf-Zuweisung und entsprechend ohne Etikettierungs-Ressourcen-Dilemma arbeiten, welche objektiv-hermeneutisch rekonstruiert wurden. Aufgrund der Lesbarkeit ist die Feininterpretation nur verkürzt dargestellt.

3 Rekonstruktionen zur Bedeutung von Lernbegleitung für eine inklusionsorientierte Sonderpädagogik

Interview 1: Individuumsbezogene Lernbegleitung von Schüler*innen mit Lernschwierigkeiten

Im ersten Interviewabschnitt einer Sonderpädagogin, die, wie alle hier zitierten Interviewpartnerinnen, mit voller Stelle an einer Grundschule arbeitet, fragt der Interviewer, was ‚sozusagen als erstes hinten runter gefallen lassen wird', nachdem die Befragte berichtet hat, dass sie den von ihr übernommenen Vertretungsunterricht als Störung ihrer Arbeit wahrnimmt.

> Interviewer: (.) Was lassen Sie dann sozusagen als erstes hinten runter fallen? um die Vertretung zu machen?
> Befragte: (3) mh (5) ja schwierig. (räuspern) (3) Es verkürzt sich vieles. (.) weil ich kann kein GU-Kind, das nach Individualplan lernt und in Mathematik nach Kutzer unterrichtet wird weil es eben ein Lernen-Kind ist zum Beispiel (.) das kann ich nicht runterfallen lassen. (.) dann schreib ich die Pläne, dann guck ich mir das an, dann fehlt vielleicht ähm (..) die Ruhe und die Zeit für die Instruktion. //Interviewer: ja.// zu diesem Plan (.) dann wird eher eine, knappe Instruktion eine knappe Anweisung und wenn du Fragen hast wende dich doch bitte an. (.) ja? Was sonst in aller Ruhe laufen würde. (.) mhm (bejahend) (3)

Die Vertretung wird negativ gerahmt (‚ja schwierig') und die ‚Verkürzung' von vielem wird dementsprechend beanstandet. Und ‚verkürzt' wird die Begleitung einzelner Schüler*innen. Lernbegleitung wird hier allerdings nicht als die Begleitung bei einem möglichst selbstständigen Lernen gesehen, sondern als ‚Instruktion, die nicht runterfallen kann', auch wenn das ‚Fallenlassen' sich auf das Kind selbst bezieht. Die Qualität der Instruktion ist dabei offenbar verhandelbar (‚dann fehlt die Ruhe und Zeit für die Instruktion', ‚eher eine knappe Instruktion eine knappe Anweisung'). Damit wird auf mehrere Spannungsfelder verwiesen. Es scheint, dass das Spannungsfeld von Konstruktion vs. Instruktion (vgl. Hansen 2009) hier für Schüler*innen im Förderschwerpunkt Lernen wesentlich in Richtung Instruktion verschoben ist. Die Begleitung des Lernens wird hier als bewusste Einflussnahme auf die Konstruktionen der Schüler*innen verstanden. Man könnte dementsprechend sagen, dass Lernbegleitung für Schüler*innen mit Schwierigkeiten im Lernen hier als individuelle Instruktion gedeutet wird, die nicht verhandelbar ist (‚das kann ich nicht runterfallen lassen').Diese Instruktion ist auch nicht willkürlich. ‚Dann schreib ich die Pläne' sowie ‚Individualplan' verweisen auf eine individuumsbezogene Vorplanung der konkreten Vorgehensweise der Instruktion.

Als ein weiteres Spannungsfeld erscheint die Priorität zwischen der Planung und Durchführung der Lernbegleitung. Offenbar wird hier die Lernbegleitung zumindest eingeplant und diese Planung darf auch nicht verkürzt werden, doch die Umsetzung der Begleitung selbst scheint, wenn zu wenig Zeit ist, entbehrlich zu sein, auch wenn genau das mit ‚schwierig' gekennzeichnet wird. Man kann also sagen, dass hier eine Didaktik verfolgt wird, die Lernbegleitung von vornherein mitdenkt, ein Unterricht, der Schüler*innen mit Schwierigkeiten auf Individualebene betrachtet. Die Bedeutung der Lernbegleitung für eine inklusionsorientierte Sonderpädagogik besteht in diesem Fall also darin, sowohl die Individualplanung als auch die Begleitung selber im Unterricht zu übernehmen. Man könnte von einer Parallelbeschulung in einer spezifischen Klasse sprechen, denn es werden andere Materialien, Vorgehensweisen und sogar andere Lehrpersonen für einzelne Kinder eingesetzt und zugewiesen.

Das ist nicht nur kritisch zu sehen, auch wenn dies einer integrativen Sonderpädagogik entspricht, die zu Zeiten, in denen eine inklusionsorientierte Beschulung angestrebt wird, schon lange hinterfragt wird (vgl. bspw. Hinz 2002). Denn die individuelle Lernbegleitung, zumindest die Planung dieser, wird hier als nicht verhandelbar gerahmt, die sogar so bedeutsam ist, dass sie, wenn eigentlich der Vertretungsunterricht Priorität haben sollte, dennoch verfolgt wird. Die individuelle Lernbegleitung von Schüler*innen mit Lernschwierigkeiten erscheint dementsprechend als erste, sicherlich auch zu erwartende, Variante einer sonderpädagogischen Lernbegleitung in der allgemeinen Schule, die seit Jahren kritisch betrachtet wird, aber sich zahlreich in der Praxis findet.

Interview 2: Lernbegleitung als problembezogene Intervention

Im Folgenden wird eine differente Bedeutung der Lernbegleitung für die sonderpädagogische Unterstützung in allgemeinen Schulen diskutiert.

> Interviewer: Wie arbeiten Sie mit den Schülern?
> Befragte: Also ich arbeite in der Lerngruppe zum Beispiel mit allen Kindern. (.) Und habe natürlich meine Förderkinder im Blick. Aber wenn mich andere Kinder brauchen, dann bin ich (.) da. Manchmal wechseln wir uns auch ab. Sodass es in Richtung Team-Teaching gehen könnte. Aber (...) ich glaub dazu bedürfte es ähm viel regelmäßigere inhaltliche Absprachen.

Es ist auffällig, dass betont werden muss, dass mit allen Kindern gearbeitet wird, was die gesonderte Position einer begleitenden Sonderpädagogik verdeutlicht: Noch immer scheint es eine Struktur einer besonderen Profession für gesonderte Kinder zu geben. Diese gesonderten Kinder gibt es weiterhin, die ‚Förderkinder', und offenbar haben diese ein Vorrecht oder einen höheren Anspruch auf die Lernbegleitung der Sonderpädagog*innen.

Für die ‚anderen Kinder' gibt es Begleitung, wenn sie durch die Kinder gebraucht wird. Ab wann genau Kinder sie brauchen oder bis wann eben nicht, kann nur gemutmaßt werden. Was aber damit deutlich wird, ist, dass ihre Lernbegleitung hier als eine Begleitung mit Problemfokus gedeutet wird. Die Begleitung des Lernens erfolgt zwar offenbar nicht erst wenn es zu spät ist, doch auf jeden Fall nicht als Dauerbegleitung. Sie ist dementsprechend als problemfokussierte Interventionspraxis einzuordnen. An dieser Stelle ließe sich allerdings fragen, ob der Begleitungsbegriff für eine solche Praxis der richtige ist.

Des Weiteren wird noch kurz der Aspekt des Team-Teachings angesprochen, vermutlich wird auf eine gemeinsame frontale Praxis rekurriert, diese wird allerdings auch direkt relativiert, da hierfür eben kontinuierliche Absprachen nötig wären.

> Und ähm durch diese Lernstraße (.) ist es aber jeder Zeit möglich (.) genauso wie die Klassenlehrkraft (.) mitzuarbeiten. Ich kenne die Inhalte ich kenne die Verfahrensweise ähm das ist (.) weil (.) wir das ja gemeinsam hergestellt haben, also ist das für mich auch gar kein Problem (.) da (.) hundertprozentig mit zu arbeiten.

Als Vergleichsmaßstab wird hier die Klassen-Lehrkraft angeführt, was auch in Verbindung mit dem Rekurs auf die Lernstraßen impliziert, dass der Kernunterricht der allgemeinen Schule in diesem Fall relativ offen gestaltet ist. Die eben benannte Lernbegleitung als problemfokussierte Intervention ist vor allem möglich, weil die Arbeitsmaterialien sehr gut gekannt werden. Das steht im Kontrast zu einer additiven sonderpädagogischen Service-Leistung (vgl. Reiser 1998) bei der ein*e Sonderpädagog*in von außerhalb die Klasse besucht und eine individuumsspezifische Förderung, die durch Anweisung der*des Klassenlehrer*in oder durch pure Willkür der*des Sonderpädagog*in initiiert wird, bei der separate Fördermaterialien bevorzugt werden.

Es mag selbstverständlich klingen, dass eine gelingende Lernbegleitung von einer guten Kenntnis des genutzten Materials durch die Pädagog*innen abhängt. Umso verwunderlicher ist es, dass sich Sonderpädagog*innen oftmals in Einzelförderungen und sonderpädagogischen Intervention ausschließlich auf eigenes Material oder auch sehr spezifisches Fördermaterial beziehen (wie bspw. im Interview zuvor oder auch bei Claßen 2013). Aber auch die zahlreichen separaten Materialveröffentlichungen durch Lehrbuchverlage unter spezifischen Titeln wie „Fördern und Diagnostizieren" (Cornelsen), „Das Inklusionspaket" (Midenberger) oder „SoPäd Förderung" (Persen) reproduzieren diese Logik des eigenen Materials. Ein Lernverständnis, das den Prozesscharakter des Lernens berücksichtigt, müsste doch genau bei diesem Prozess ansetzen und keinen neuen, separaten Förderprozess favorisieren. Eine solche materiallosgelöste Einzelförderung kann also nicht als inklusionsorientierte Lernbegleitung verstanden werden. Das bedeutet natürlich nicht, dass in der sonderpädagogischen Unterstützung im inklusionsorientierten Unterricht kein Platz für individuumsbezogene Einzelförderungen mit spezifischen Fördermaterialien wäre. Oftmals ist es auch nötig, einen Schritt zurückzugehen und bestimmte Lernprozesse in einer differenten Logik aufzuarbeiten; das Zurückgehen zum Zahlverständnis in der Dyskalkulie-Therapie wäre hier ein Beispiel. Doch wird bei Lernproblemen nur abgesondert gearbeitet, besteht die Gefahr, an eigentlich sehr langfristig ausgelegten Lernprozessen (geplante Einheiten vs. einzelne Förderstunden) quasi vorbei zu fördern.

Die interviewte Sonderpädagogin hebt ihre Rolle in der Prozessbegleitung im Rahmen der ‚Lernstraßen' stark hervor: ‚Ich kenne die Inhalte', ‚ich kenne die Verfahrensweise', ‚also ist das für mich auch gar kein Problem (.) da (.) hundertprozentig mitzuarbeiten'. Sie weiß also nicht nur Bescheid, was behandelt wird, sondern auch wann und wie die Aufgaben in der Lernstraße durch die Schüler*innen bearbeitet werden. Interessant ist die Formulierung ‚mitzuarbeiten': zwar arbeitet sie auch mit den Schüler*innen, doch bei der Lernbegleitung dieser würde man nicht von ‚mitarbeiten' sprechen, sondern eben eher von Begleitung, Anleitung oder Unterstützung bei der Mitarbeit. Als Lehrperson arbeitet sie trotz aller Begleitungs-Diskussion in der Regel nicht nur mit, sondern leitet an, erklärt oder kommt ihrem Erziehungsauftrag nach. Hiermit sind also nicht die Schüler*innen gemeint. ‚Hundertprozentig mitzuarbeiten' bezieht sich dementsprechend auf die Kooperation mit den Klassenlehrer*innen der allgemeinen Schule. Somit bekommt sonderpädagogische Lernbegleitung eine weitere Ebene: die Begleitung der Klassenlehrer*innen. In diesem Fall ist diese Kooperation gut vorstellbar, denn sowohl (1) die Hierarchie, (2) die Zuständigkeiten, als auch (3) die didaktische Vorgehensweise scheinen hier geklärt zu sein:

(1) Hierarchisch ordnet sich die Interviewte unter der*den Klassenlehrer*in ein, denn es handelt sich um ‚Mitarbeit', die Hauptverantwortung obliegt hier der*dem Klassenlehrer*in.

(2) Sonderpädagogische Lernbegleitung wird hier als begleitende Unterstützung bei Problemen, in einer Interventionslogik gedeutet. Für die*den Klassenlehrer*in muss dieser Problembezug nicht zwingend gelten, verfolgt diese*r ja auch eine Kontroll- und Bewertungsfunktion. Die Vermeidung von Zuständigkeitsdiffusionen wird zudem auch durch die Nutzung geöffneter Unterrichtsdidaktik ermöglicht.

(3) Die didaktische Vorgehensweise ist über die Methodik der Lernstraßen geklärt, bei der alle Schüler*innen in ihrem eigenen Lerntempo die selbsterklärenden Aufgaben bearbeiten.

Interview 3: Lernbegleitung als sozialfokussierte Intervention

Eine weitere Sonderpädagogin stellt eine andere Thematik heraus, die für eine sonderpädagogische Lernbegleitung von Bedeutung sein kann: die Beachtung von Schüler*innen, die sonst ‚untergehen'.

> Interviewer: Gibt es so etwas, was Sie als ihre persönlichen Aufgaben in der Schule ansehen?

Auf die Frage ob es ‚so etwas' gäbe, was als persönliche Aufgabe in der Schule anzusehen sei, ist etwas zu erwarten, das distinguiert und als persönliche Mission angesehen wird. Durch die Kopplung der schulischen Aufgabe als ‚ihre persönliche' sind standardisierte Antworten, wie Förderung, Diagnostik, eher unwahrscheinlich.

> Befragte: naja diesen, diesen Kindern, die oft unter gehen in der großen Masse auch äh ne Plattform zu geben, auch wichtig zu sein

‚Diesen, diesen Kindern, die oft in der Masse untergehen' kann als eine politisch möglichst korrekte Bezeichnung einer bestimmten Schüler*innengruppe angesehen werden. Es gibt offenbar eine Gruppe von Schüler*innen, die im regulären Unterrichtsalltag weniger beachtet werden. Ihre persönliche Mission ist es zu erkennen, wer diese Kinder sind und ihnen eine ‚Plattform' zu bieten, die es ohne ihr persönliches Engagement möglicherweise nicht geben würde. Würde man den Satz streng wörtlich nehmen, sind die Kinder, die in der Masse untergehen, nicht die Kinder, die durch Leistungsexzellenz oder niedrige Leistungen herausstechen, sondern jene, die im mittleren Durchschnitt, im Mittelfeld verortet sind und genau dadurch wenig Beachtung finden. Allerdings ist diese Differenz für die grundlegende Thematik nicht weiter von Bedeutung, es handelt sich um die im Klassenvergleich subjektiv wenig beachteten Schüler*innen. Damit kann auf ein Strukturproblem der Anerkennungsverteilung in Schulklassen verwiesen werden. In allen Schulklassen gibt es eine ‚ungerechte' Verteilung von Anerkennung, da es nicht möglich ist, alle Schüler*innen gleichmäßig zu beachten.

Eine ‚Plattform' ist an sich erstmal keine Unterstützung, sondern nur ein Raum, in dem sich Schüler*innen wichtig fühlen können. Auch ‚Plattformen' in anderen Kontexten sind Räume zur Erbringung einer spezifischen Leistung, beispielsweise eine Bühne oder Ausstellungsräume; die Hilfe bei der Leistungserbringung ist damit noch nicht impliziert. Würde man ihre persönliche Mission in Bezug auf Lernbegleitung als ‚Plattform' rahmen, bedeutet Lernbegleitung hier noch keine Unterstützung, sondern erst einmal das Geben eines Raumes, in dem es um subjektiv erfahrene Anerkennung und Bedeutsamkeit einzelner Schüler*innen geht.

Möchte man den Gedanken noch weiter denken, ließe sich kritisieren, dass durch den Versuch der Einbindung unterschiedlichster Differenzkategorien eben das ‚Mittelfeld' verloren geht: Es gibt institutionalisierte Systeme für Begabungsförderung oder Einzelförderung, und durch den Ausbau immer spezialisierterer Förder- und Fordersysteme bleiben weniger Ressourcen für Schüler*innen, die nicht in diese Kategorien einzuordnen sind. In diesem Sinne könnte man kritisieren, dass die Diskussion einer besonderen pädagogischen Anerkennung fast immer an den herausgehobenen Fällen ansetzt.

Für die Befragte ist somit das Grundproblem, dass nicht allen Kindern gleichermaßen Anerkennung zukommt, sehr wichtig. Sie wendet sich denen zu, die ihrer Meinung nach quasi zu kurz kommen. Es geht somit nicht um Untersetzung in Mathematik oder dem Schriftspracherwerb, sondern um Wertschätzung. Lernbegleitung in diesem Verständnis wäre somit als Gewährung von Anerkennung für spezifische, subjektiv wenig beachtete Schüler*innen und nicht als fachdidaktisch spezifizierte Hilfe zu verstehen. Man könnte von einer sozialfokussierten Intervention sprechen, im Gegensatz zu einer inhalts- oder leistungsbezogenen.

Interview 4: Sonderpädagogische Lernbegleitung als ‚Beiwerk'

Im letzten hier dargestellten Interview wird eine weitere Bedeutung von Lernbegleitung für die inklusionsorientierte Sonderpädagogik benannt.

> Interviewer: Wenn Sie sagen, jetzt nicht mehr, wie sieht es denn *jetzt* aus?

In der Interviewerfrage wird nach einer Ansicht über die aktuelle Praxis gefragt, zu welcher im Vergleich eine historische Dimension aufgerufen wird. Es scheint dementsprechend so, als bestehe derzeit eine Differenz zu vergangenen Strukturen und Praktiken. Im Anschluss ist somit eine positive oder negative Bewertung dieser Differenz zu erwarten.

> Befragte: Na jetzt ist es eigentlich so, dass ich nur so eine Unterrichts*begleitung* bin.

Das ‚Na' deutet darauf hin, dass für sie die Antwort eindeutig ist, im Sinne von ‚Na, ist doch klar'. Sowohl das ‚eigentlich' also auch ‚nur so eine' verweisen darauf, dass die ‚jetzige' Position der Unterrichtsbegleitung ambivalent, vermutlich sogar negativ gerahmt wird. Die vermutete Differenz wird somit zu einer vergangenen besseren Praxis bestätigt.

Daraus lassen sich mehrere Dinge schlussfolgern:

(1) Sie ist nicht zufrieden mit der aktuellen Praxis.

(2) Für sie stellt die Unterrichtsbegleitung keine erstrebenswerte Position dar.

(3) Offenbar gibt es andere, hierarchisch höherer Positionen, die sie ausfüllen könnte oder wahrscheinlich sogar ausgefüllt hat.

‚Nur so eine' verweist auf die Beliebigkeit der Position der Unterrichtsbegleitung, was mit einem Professionalitätsverlust einhergeht. Lernbegleitung für eine inklusionsorientierte Sonderpädagogik ist für diese Pädagogin mit einem Verlust an subjektiv empfundener Wichtigkeit, Autonomie und Gestaltungsmöglichkeiten verbunden.

Bestätigt sich diese Aussage, kann von einem subjektiv empfundenen Verlust von Anerkennung, Macht und Autonomie durch eine Praxis der Lernbegleitung ausgegangen werden.

> d.h., wenn ich dann mal da bin, das ist so ein bis zwei Stunden in der Woche, dann bin ich im Unterricht mit drin, oder wenn ich sehe, da ist jetzt wirklich eine kleine Gruppe, die kriegen das mit der 10er-Überschreitung nicht hin, dann sammele ich mir die ein, trainiere das mit denen noch mal. Also ich bin schon so ein Beiwerk

‚Wenn ich dann mal da bin' verweist darauf, dass es nicht regelmäßig zur Begleitung kommt und damit auch auf die Beliebigkeit ihrer Anwesenheit, was die Hypothese der verringerten subjektiven Wichtigkeit bestätigt. Es ist nicht gesichert, dass die Lernbegleitung regelmäßig zu Stande kommt und wenn diese der Fall ist, dann auch nur ‚so ein bis zwei Stunden'.

Ihr selbst bleiben zwei Optionen um ihre Position zu gestalten:

(1) ‚Im Unterricht mit drin' erweckt den Anschein, dass sie keine professionelle Aufgabe hat. Sie verweist auf eine Teilnahme am Unterricht, ohne zu unterrichten, sie besitzt also keine Strukturierungsmacht.

(2) Die zweite Option ist die Herauslösung einzelner Schülerinnen und Schüler und entsprechend die Etablierung einer Kleingruppenarbeit. Diese Option geht zwar mit mehr Autonomie einher ‚sammele ich mir die ein', ist aber auch kein Unterricht sondern ‚Training'.

‚Ich bin schon so' deutet auf eine gewisse Selbsterkenntnis bzw. ein Selbsteingeständnis hin. Ein ‚Beiwerk' ist eine Nebensächlichkeit, die in der Regel als entbehrlich eingestuft werden kann. Die Minderung von Anerkennung und Macht wurde bereits in den ersten Sequenzen vermutet, wohingegen in der letzten Sequenz deutlich wird, dass sie ihre Position oder gar sich als Professionelle sogar als entbehrlichen Zusatz einschätzt.

Lernbegleitung wird in dieser Deutung als eine Verringerung von Autonomie, Macht und Anerkennung gerahmt. Das verweist auf ein Anerkennungsproblem der sonderpädagogischen Profession in konstruktivistisch orientierten Lernsettings. Je differenzierter ein Unterricht von vornherein ist, umso weniger bedeutsam wird die ‚besondernde' Begleitung.

4 Thesen zur Bedeutung von Lernbegleitung für eine inklusionsorientierte Sonderpädagogik

Die Fragen, welche Bedeutung die Lernbegleitung für eine inklusionsorientierte Sonderpädagogik hat und welche Bedeutung diese wiederum für eine inklusive Didaktik einnehmen kann, kann mit den vier Interviewabschnitten thesenhaft beantwortet werden.

These 1: Eine individuumsbezogene Lernbegleitung birgt die Gefahr einer verschleiernden positiven Diskriminierung.

Eine auf konstruktivistische Didaktik bezogene Lernbegleitung bietet die Chance, alle Schüler*innen individuell zu unterstützen. Wird die Lernbegleitung allerdings fest oder gar unverhandelbar an einzelne Schüler*innen geknüpft, entsteht ein besonderndes Setting. Es kommt zur Schaffung eines neuen, potentiell diskriminierenden Labels, das eine – theoretisch schon überwundene – Praxis der Behinderungszuweisung (vgl. hierzu schon Jantzen 1973) verschleiert: das Label lernbegleitungsbedürftig.

These 2: Sonderpädagogische Lernbegleitung ist als problembezogene Interventionspraxis zu deuten, die nicht nur die Schüler*innen, sondern auch die Lehrer*innen begleitet.

Die Bindung einer sonderpädagogischen Lernbegleitung an bestimmte Probleme und nicht Schüler*innen, erscheint teilhabeorientierter. Probleme sind dabei stets als Problemsysteme in ihrem systemischen Zusammenhang zu verstehen (vgl. Barthelmess 2005, Palmowski 2011). Sonderpädagogik wird somit als subsidäre Profession in Ergänzung zur Hauptverantwortung der Klassenlehrer*innen gedeutet. Essentiell erscheint dabei die Anerkennung und Kenntnis der etablierten Klassen-Praktiken und -Didaktik. So könnten Sonderpädagog*innen und Lehrer*innen der allgemeinen Schule, unter anderem durch die Nutzung der selben Materialien und einer geöffneten Unterrichtsmethodik, Hierarchieproblematiken und Zuständigkeitsdiffusitäten umgehen; auch Besonderungen über Labeling wären in diesem Fall nicht notwendig. Dennoch gilt auch hier die benannte These 1 der potentiellen Verschleierung positiver Diskriminierung. Sonderpädagogische Lernbegleitung sollte somit in inklusionsorientierten Settings als sozialsensible problembezogene Interventionspraxis vollzogen werden.

These 3: Sonderpädagogische Lernbegleitung sollte sich nicht nur auf inhaltliche Unterstützung beziehen, sondern auch sozialfokussierte Interventionen bedenken.

Wird davon ausgegangen, dass in jeder sozialen Gruppe, vor allem auch in Schulklassen, Anerkennung und Wertschätzung nur ungleich gewährt werden können, könnte auch hier ein Aufgabenfeld ansetzen. Durch die weithin genutzten Labels wie ‚hochbegabt', ‚lernbehindert' oder ‚verhaltensauffällig' rücken bestimmte Schüler*innengruppen in den Vordergrund, während die Kinder, die nicht gelabelt werden, potentiell weniger Beachtung finden. Würde sich die These bestätigen, dass durch immer spezialisiertere Förder- und Fordersysteme weniger Ressourcen für Schüler*innen, die nicht herausstechen, vorhanden sind, müsste man von einem strukturellen Anerkennungsproblem sprechen. Dementsprechend könnte man einer sonderpädagogischen Lernbegleitung auch die Fokussierung einer sozial- und anerkennungsbezogenen Intervention zusprechen. Diese müsste dementsprechend reflektiert werden, da auch hier die Gratwanderung der Besonderung stetig reflexiv zu bearbeiten ist.

These 4: In einer differenzierten und heterogenitätssensiblen Unterrichtspraxis geht sonderpädagogische Lernbegleitung mit einem Verlust an Anerkennung, Macht und Autonomie einher.

Gelingt es einer Klasse, ein differenziertes Unterrichtssystem zu gestalten, das den individuellen Schüler*innen gerecht wird und in dem die Schüler*innen entsprechend ihres jeweiligen Lerntempos Unterstützung erhalten, bedeutet Sonderpädagogik in inklusionsorientierten Settings nur noch ‚Begleitung'. Diese Begleitung, auch als problemfokussierte Interventionspraxis, geht potentiell mit einer Loslösung von Labels, besondernden Lernprogrammen und entsprechend dem Verlust der Rolle als Diagnostiker*in und Einzelförder*in einher. Sonderpädagogische Lernbegleitung in inklusionsorientierten Settings impliziert die Akzeptanz eines Verlusts von Autonomie, Gestaltungsmacht und infolgedessen möglicherweise auch Anerkennung.

Literatur

Arnold, R. (2007). *Ich lerne, also bin ich. Eine systemisch-konstruktivistische Didaktik.* Heidelberg: Auer.

Barthelmess, M. (2005). *Systemische Beratung. Eine Einführung für psychosoziale Berufe.* 3. Auflage. Weinheim und München: Juventa.

Boban, I. & Hinz, A. (Hrsg.). (2017). *Inklusive Bildungsprozesse gestalten. Nachdenken über Horizonte, Spannungsfelder und Schritte.* Seelze/Velber: Klett-Kallmeyer.

Claßen, A. (2013). Classroom-Management im inklusiven Klassenzimmer. Verhaltensauffälligkeiten: vorbeugen und angemessen reagieren. Mühlheim an der Ruhr: Verlag an der Ruhr.

Dlugosch, A. (2005). Professionelle Entwicklung in sonderpädagogischen Kontexten. In D. Horster, U. Hoyningen-Süess & C. Liesen (Hrsg.), *Sonderpädagogische Professionalität. Beiträge zur Entwicklung der Sonderpädagogik als Disziplin und Profession* (S. 27–51). Wiesbaden: Springer VS.

Ellger-Rüttgardt, S. L. (2017). Historische Perspektiven sonderpädagogischer Professionalität. In C. Lindmeier & H. Weiß (Hrsg.), *Sonderpädagogische Förderung heute. 1. Beiheft. Pädagogische Professionalität im Spannungsfeld von sonderpädagogischer Förderung und inklusiver Erziehung und Bildung* (S. 8–31). Weinheim: Beltz Juventa.

Foerster, H. v., Glasersfeld, E. v. & Hejl, P. M. (1992). *Einführung in den Konstruktivismus.* München, Zürich: Piper.

Geiling, U. (2013). Die neue Schuleingangsphase aus inklusionspädagogischer Perspektive – ein barrierefreier Schulstart? In V. Moser (Hrsg.), *Die inklusive Schule. Standards für die Umsetzung* (S. 116–127). 2. Auflage. Stuttgart: Kohlhammer.

Geiling, U., Liebers, K. & Prengel, A. (Hrsg.). (2015). *Handbuch ILEA T. Individuelle Lern-Entwicklungs-Analyse im Übergang.* Halle (Saale): Martin-Luther-Universität Halle-Wittenberg.

Glasersfeld, E. v. (1996). *Der Radikale Konstruktivismus. Ideen, Ergebnisse, Probleme.* Frankfurt am Main: Suhrkamp.

Grummt, M. (2018). Kritische, systemische Sonderpädagogik. In E. Feyerer, W. Prammer, E. Prammer-Semmler, C. Kladnik, M. Leibetseder & R. Wimberger (Hrsg.), *System. Wandel. Entwicklung. Akteurinnen und Akteure inklusiver Prozesse im Spannungsfeld von Institution, Profession und Person* (S. 169–175). Bad Heilbrunn: Klinkhardt.

Hansen, G. (2009). *Unterstützende Didaktik. Ein Konzept zur Planung und Durchführung von Unterricht an Allgemeinen Schulen und Förderschulen.* Berlin: De Gruyter Oldenbourg.

Hinz, A. (2002). Von der Integration zur Inklusion. *Zeitschrift für Heilpädagogik, 53*, S. 354–361

Jantzen, W. (1973). Behinderung und Gesellschaft. *Behindertenpädagogik, Jg. 1 (Heft 1)*, S. 2–5.

Kultusministerkonferenz der Bundesrepublik Deutschland (KMK) (1994). Empfehlungen zur sonderpädagogischen Förderung in den Schulen in der Bundesrepublik Deutschland. Berlin.

Lindmeier, B. (2017). Sonderpädagogische Professionalität und Inklusion. In C. Lindmeier & H. Weiß (Hrsg.), *Sonderpädagogische Förderung heute. 1. Beiheft. Pädagogische*

Professionalität im Spannungsfeld von sonderpädagogischer Förderung und inklusiver Erziehung und Bildung (S. 51–79). Weinheim: Beltz Juventa.

Lindmeier, C. (2014). Aktuelle bildungspolitische Bemühungen um eine inklusionsorientierte Erneuerung der deutschen Lehrerausbildung. *Zeitschrift für Heilpädagogik, 65(3)*, S. 84–97.

Moser, V. & Demmer-Dieckmann, I. (2012). Professionalisierung und Ausbildung von Lehrkräften für inklusive Schulen. In V. Moser (Hrsg.), *Die inklusive Schule. Standards für die Umsetzung* (S. 153–174). Stuttgart: Kohlhammer.

Palmowski, W. (2011). *Systemische Beratung. Systemisch denken und systemisch beraten.* Stuttgart: Kohlhammer.

Prengel, A. (1993). *Pädagogik der Vielfalt. Verschiedenheit und Gleichberechtigung in Interkultureller, Feministischer und Integrativer Pädagogik.* Opladen: Leske + Budrich.

Reich, K. (1996). *Systemisch-konstruktivistische Pädagogik. Einführung in die Grundlagen einer interaktionistisch-konstruktivistischen Pädagogik.* Neuwied u.a.: Luchterhand.

Reiser, H. (1998). Sonderpädagogik als Service-Leistung? Perspektiven der sonderpädagogischen Berufsrolle. Zur Professionalisierung der Hilfsschul- bzw. Sonderschullehrerinnen. *Zeitschrift für Heilpädagogik 49(2)*, S. 46–54.

Schumann, B. (2013). *Inklusion – eine Herausforderung für die Sonderpädagogik?* https://bildungsklick.de/schule/meldung/inklusion-eine-herausforderung-fuer-die-sonderpaedagogik/. Zugegriffen: 20. Januar 2018.

Verband Sonderpädagogik e.V. (2014). *Positionspapier Berufsbild der Sonderpädagoginnen und Sonderpädagogen im inklusiven Kontext.* http://www.verband-sonderpaedagogik.de/upload/pdf/Positionen/Berufsbild_Sonderpdagoge_-_Langfassung.pdf. Zugegriffen: 20. Januar 2018.

Die hohe Kunst der Adaptivität

Ein Kind verändert seinen Blick auf sein Lernen

Irmtraud Schnell

1 Die Primus-Schulen in NRW als Schulen der Kontinuität

In den fünf Primus-Schulen in Nordrhein-Westfalen können Kinder seit 2014 ohne Übergangsentscheidung in die Sekundarstufe wechseln, weil dort alle Bildungsgänge bis Klasse 10 vorgehalten werden. Primus-Schulen sollen den Erhalt der Lernkultur ermöglichen, deren Bruch nach dem in der Regel vierten Schuljahr im gegliederten System viel Energie kostet – auf Seiten von Kindern, Eltern und Lehrkräften. In den Primus-Schulen hingegen, die Ganztagsschulen sind, arbeiten Primar- und Sekundarstufenlehrkräfte gemeinsam an Konzepten, welche die in der Primarstufe entwickelte Lernkultur in der Sekundarstufe weiterführen. Zu dieser Lernkultur gehören zentral Altersgemischtes Lernen, Freie Arbeit, Arbeit in fächerübergreifenden Projekten, ein hoher Stellenwert des Sozialen Lernens und auf das einzelne Kind bezogene Lernberatung.

Die vom Land finanzierte wissenschaftliche Begleitung widmet sich verschiedenen Fragen der Schulentwicklung (Wissenschaftliche Begleitung: Prof. Dr. Christina Huf, Uni Münster und Prof. Dr. Sebastian Idel, Uni Bremen). Gemeinsam mit Christina Huf führt die Autorin im Rahmen eines von der Max-Traeger-Stiftung finanzierten Projekts leitfadengestützte Interviews mit den Schüler*innen der vierten Schuljahre durch. Uns interessiert, inwiefern und wie die Kinder in die

S. Bartusch et al. (Hrsg.), *Lernprozesse begleiten*,
https://doi.org/10.1007/978-3-658-21924-6_14

Entscheidung am Übergang eingebunden werden[1] und welche Gründe für die Entscheidung die Kinder selbst geltend machen; nach wie vor steht Kindern neben der Primus-Schule der Wechsel in eine Schule des gegliederten Systems offen (Schnell und Huf 2017). Einige der Schüler*innen begleiten wir im Projekt längsschnittlich weiter.

Der Beitrag hier fußt auf Interviews, die Christina Huf und ich als leitfadengestützte Interviews geführt haben, die aber von Jahr zu Jahr eher den Charakter eines Gesprächs mit Steven annahmen. Wir führten die Interviews zu zweit und haben sie anschließend auch zu zweit ausgewertet – deshalb spreche ich im Plural.

Der Beitrag hier basiert auf Interviews, die wir mit einem Schüler – wir nennen ihn Steven – in drei aufeinander folgenden Jahren geführt haben – zunächst als Interview zum Übergang von der Primar- in die Sekundarstufe. Der Übergang in die Primus-Schule war sein eigener Wunsch. In fast allen Interviews, die wir beim Übergang geführt haben, erfuhren wir von der Bedeutung der Freunde und Freundinnen beim Übergang zur Sekundarstufe, von der Bedeutung des Erhalts von Freundschaften und von den Gedanken an Verluste. Allein die Bedeutung von Freundschaft für Kinder (vgl. Krappmann 2006) lässt über Schulstruktur nachdenken – oder umgekehrt: Was mutet die Erwachsenenwelt Kindern mit der Gliederung des Schulsystems und dem diesbezüglichen Entscheidungszwang eigentlich zu?

Als Schüler mit einer Realschulempfehlung hätte Steven der Zugang zu Schulen des gegliederten Schulsystems offen gestanden und seine Mutter und die Erziehungsberechtigte präferierten zunächst die Realschule. Ihm kam die Ablehnung an der gewünschten Realschule entgegen, sodass die Entscheidung dann doch zu Gunsten der Primus-Schule fiel. Wir baten ihn in den darauf folgenden Jahren, uns seine Erlebnisse und Erfahrungen in der Primus-Schule zu berichten. Steven besuchte die Primarstufe der Primus-Schule seit dem ersten Schuljahr. Er soll zu Beginn der Grundschulzeit ein Kind gewesen sein, wie sie sich nicht selten finden: Verwirrende Lebensverhältnisse bewirken seelische Irritationen, die im sozialen und kognitiven Verhalten ausagiert werden. Ein Rahmen von grundsätzlicher Akzeptanz und regelhafter Ordnung sowie die zugesicherte Teilhabe am Leben der Kindergruppe sind unerlässlich für die Entwicklung von Kindern in solchen Lebenslagen.

Wir erfahren in seinen Äußerungen, welche Faktoren des Lernens von ihm selbst für wichtig gehalten werden und können daraus schließen, wie er sich beim Lernen unterstützt fühlte. Zunächst stellen wir die Adaptivität der Lernangebote

1 Mit dieser Frage setzt sich auch der Beitrag von Claudia Klektau (in diesem Band) bezüglich des Übergangs von der Kita in die Schule auseinander.

in den Mittelpunkt, wie sie sich in den Äußerungen von Steven widerspiegelt. Das erstaunliche Vertrauen des Schülers in die Lernangebote, wie es sich im Interview offenbart, scheint uns ursächlich für seine Lernbereitschaft. Woher rührt dieses Vertrauen? Wodurch entsteht die Sicherheit bezüglich der Eignung und Zukunftsfähigkeit der Lernangebote? Wir fragen danach, ob die Adaptivität der Aufgaben allein genügt, um Kinder zum Lernen anzuregen. Gibt es darüber hinaus Bedingungen, die zusammenwirken müssen, damit ein pädagogisches Konzept bei den Kindern „ankommt", damit Kindern Entwicklungen und ein Bewusstsein ihrer eigenen Entwicklungen ermöglicht werden?

Wenn seit Ende der 60er Jahre von der Passung der Lernangebote geschrieben und gesprochen wird, ging und geht es im Allgemeinen um bestimmte Aufgabenformate und um Inhalte, die an die Lernstände von Schüler*innen anknüpfen – weitgehend unabhängig von anderen Prozessen und Bedingungen wie den Themen, Interessen oder Beziehungen. So heißt es z.B. im Bericht '75 der Bildungskommission des Deutschen Bildungsrates: „Die Möglichkeiten individueller Förderung können angemessen genutzt werden, wenn die Anforderungen zu den individuellen Lernvoraussetzungen „passen". (…) Die Lernprozesse sollten daher flexibel angelegt sein, so daß die ungleichen individuellen Voraussetzungen der Lernenden curricular aufgefangen werden können" (Die Bildungskommission 1975, S. 23). Die pädagogische Sorgfalt und Lehrkompetenz, die auf diese Passung verwendet wird, müssen aber offenbar vom Kind aufgenommen werden können, damit Vertrauen und Sicherheit entsteht, sich weiteren Aufgaben zu unterziehen. Im Interview erfahren wir, dass die Passung der Lernangebote notwendig, aber für Lernentwicklungen offenbar nicht hinreichend sind.

Zuletzt werden wir fragen, welche Bedeutung die Struktur der Schule als Langzeitschule dabei hat. Welche Rolle spielt die Lern- und Entwicklungszeit, die gerade Kindern, die zu Beginn der Schulzeit Schwierigkeiten mit dem Lernen und dem sozialen Leben haben, zugestanden wird? Und umgekehrt: Welche Rolle spielt für die Lehrkräfte das Wissen, dass sie für die Schüler*innen nicht nur vier, sondern zehn Jahre lang Verantwortung tragen?

Ohne in die Geschichte der Integrations- und Inklusionsforschung tiefer einzutauchen, ist zu konstatieren, dass der Frage der Schulstruktur und der Frage einer Schule für Alle nach meinem Überblick zu wenig Aufmerksamkeit und Engagement gewidmet wurde (Schnell 2003, S. 284). Auch heute könnten die Gesamtschulbewegung und -forschung mit der Inklusionsforschung zusammen mehr Überzeugungskraft entfalten, indem deutlich gemacht würde, dass Unterrichtsentwicklung allein an die Grenzen der bestehenden Schulstruktur stößt. Unterrichtsentwicklung fordert also den Zusammenhang mit Schulentwicklung und Schulstrukturfragen ein – in unserem Zusammenhang bezüglich der Übergänge von der Primar- in die Sekundarstufe[2]. Dazu gäben Erfahrungen der Langzeitschulen wichtige Daten (vgl. Sack 2015). Von daher werden die Ergebnisse der wissenschaftlichen Begleitung der Primus-Schulen auch für die Inklusionsforschung von hoher Relevanz sein.

Zunächst konzentrieren wir uns auf Stevens Äußerungen, in denen er das Eingehen der Lehrkräfte auf sein Interesse am Zeichnen erläutert. Offenbar unterstützt dieses Eingehen auf ihn die Adaptivität des Lernangebotes.

2 Adaptivität des Lernangebotes

2.1 Differenzierung der Aufgaben

Steven besucht schon das sechste Schuljahr; das Interview, 2016, findet also kurz vor dem Wechsel ins siebte Schuljahr statt. Er schildert unaufgeregt seinen Alltag in der Schule als unspektakuläre Routine, die auf der Erfahrung von Freundschaft und Leistungsfähigkeit beruht.

> S: Ja, es läuft in der Schule- ((hustet)) es läuft in der Schule gut. Ähm, ich weiß noch nicht. Irgendwie ist auch nichts Spektakuläres. Ich hab mich halt mit Freunden angefreundet, ähm, alles läuft gut. Ich bin nicht gerade schlecht in der Schule, habe nichts zu meckern.

Das Zeichnen, das zentrale Interesse von Steven, wird bei den Aufgaben auch in anderen Fächern berücksichtigt und mit anderen Aufgaben verbunden. So entsteht die Erfahrung von Anerkennung:

> S: Mein Lehrer- meine Lehrerin lassen mich ziemlich oft malen eigentlich. Haben auch für manche Deutsch- oder Englischaufgaben extra so gemacht, dass ich malen kann und bauen halt Malaufgaben ein. Ich finde das megatoll, weil ich mag malen echt doll- echt dolle.

Im Eingehen auf sein Interesse nimmt er die Offenheit für seine Interessen wahr. Das will er nicht als Beliebigkeit des Lernens verstanden wissen; vielmehr anerkennt er die Balance zwischen Offenheit und Strukturiertheit:

2 „Im Sinne der Überwindung des Mehrgliedrigkeitsprinzips in einem inklusiven Bildungswesen sind diese weiterführenden Schulen Gesamtschulen." (Geiling und Simon 2017, S. 103)

S: Ja, das ist nicht so, dass ich, ähm, echt wirklich in der frei- also in der freien Arbeit wenn irgendwie arbeiten. Das ist nicht so, dass ich jetzt einfach anfangen darf zu malen. Ähm, aber wenn alles abgebrochen ist und wenn ich zu wirklichen Themen arbeite, ähm, die auch auf dem Programm sind, dann darf ich auch malen und das finde ich eben toll.

Die Integration seiner Interessen in das alltägliche Lernprogramm versteht er als Ansporn zur Differenzierung seiner Fähigkeiten:

S: Jjja, also es gibt verschiedene Aufgaben. Nicht nur immer „Male diese Person, wie sie aussehen könnte.", oder „Mal diese Person, die so aussehen könnte." Es gibt auch so gewisse komplika- komplizierte Sachen zum Malen. Zum Beispiel jetzt die Szene und „Bringe irgendwie die Emotion her- ähm, zum Ausdruck, wie er sich fühlt.", oder so. Und so welche Aufgaben sind halt schwieriger. Und wenn das halt zu Deutsch oder so gehört, dann arbeite ich und hab noch dabei Spaß – und das ist das Gute.

2.2 Lernberatung

Zum pädagogischen Konzept der Primus-Schule gehört ab dem sechsten Schuljahr das Projekt „Herausforderung". Kinder sollen entscheiden, welche Arbeit, welches Arbeitsfeld, welche Tätigkeit für sie eine Herausforderung darstellt und diese über einen bestimmten Zeitraum hinweg durchhalten – Herausforderungen können sich auch auf die Erprobung eventueller Berufswünsche beziehen.

Stevens Herausforderung ist, einen ganzen Comic zu malen. Im Interview begründet er sorgfältig, warum sich das für ihn als Herausforderung darstellt. Dabei entwickelt er eine kritische Perspektive auf sich selbst und seine Sprunghaftigkeit und Ablenkbarkeit:

S: Ja. Meine Herausforderung ist, einen ganzen Comic zu malen. ((...)) Die Herausforderung ist ein Fach, wo man halt entscheiden- Muss man halt versuchen, was, ähm, was zu lernen, was halt eine Herausforderung für i- ihn sein könnte. Bei mir ist halt die Herausforderung: Wenn ich eine Sache anfange, dann kriege ich halt mittendrin eine neue Idee und will die dann wieder anfangen. Und dann beende ich halt das andere nicht. Und das ist halt ein Riesenproblem und wenn ich einfach eine Idee- Weil das ist so, ich kriege immer so viele Ideen, ich fange dann eine an, kriege dann eine neue Idee. Dann fange ich – versuche ich dann noch, diese Idee weiterzuführen und dann noch die andere. Und dann höre ich einfach ganz mit dieser Idee auf, fange wieder mit dieser, ähm- konzentriere mich auf diese Idee. Und dann habe ich wieder

> eine neue Idee und dann – das läuft dann halt so weiter. Und ich- Und, ähm, in dieser Herausforderung muss ich halt lernen, wenn ich eine Idee habe, muss ich sie zu Ende bringen, bevor ich eine ganz neue Idee haben kann.

Das Aufgabenformat macht das Zeichnen, das Stevens Metier ist und in dem er sich kompetent fühlt, zum Ausgangspunkt der Herausforderung. Das Überwinden seiner Schwierigkeit, sich ausdauernd einer Sache zu widmen, kann an einem Gegenstand bzw. in einem Bereich gelernt bzw. eingeübt werden, der für ihn keinerlei Problem darstellt. So hat er die Möglichkeit, seine Stärke einzubringen und dabei die Aufgabe zu erfüllen. Indem sein Interesse am Zeichnen als Ausgangspunkt für die Herausforderung eingebunden wird, wird anerkannt, dass es das Zeichnen ist, an dem sich Steven weiterentwickeln möchte. Diese Anerkennung, verbunden mit dem Grundsatz der Herausforderung, ermöglicht ihm wiederum, den hohen Anspruch der Aufgabenstellung anzunehmen. So entsteht ein Passungsverhältnis zwischen dem, was er will und was an Leistung erwartet wird[3].

Sein großes Vertrauen in die Kompetenzen der Lehrkräfte, die Potentiale und die Schwierigkeiten von Schüler*innen zu erkennen und sie entsprechend zu beraten, wird im Folgenden deutlich. Steven anerkennt die Lernberatung als hoch bedeutsam für sich selbst und ist bereit, sich in seinen Überlegungen korrigieren zu lassen.

> S: Die versuchen dich halt, ähm- Die versuchen halt, dich- ((...)) Ich weiß nicht, wie ich das sagen soll. Die versuchen dir immer zu helfen, ähm und, ähm, die wissen halt, wie du bist, was du kannst, was du halt nicht kannst und dann wissen die- Und wenn du dann halt sagst: „Ja, ich will das machen." Dann sagen sie: „Es wäre besser, wenn du das machst. Weil du kannst das viel besser und, ähm, das passt viel mehr zu dir. Ja, und das könnte ich mir bei dir auch als Zukunft vorstellen." Das finde ich ziemlich toll.

2.3 Vertrauen in die Bedeutsamkeit und Zukunftsfähigkeit der Lernangebote

Die Anerkennung seiner Fähigkeiten stützt Steven auch in anderen Zusammenhängen seiner Lernentwicklung und lässt ihn offen sein für Korrekturen seiner Vorstellungen:

3 Eine solche Passung erachten Geiling und Simon als wichtigen Aspekt inklusiver Didaktik (vgl. Geiling und Simon 2017, S. 103).

> S: Es gibt halt Situationen, da denkt man in dieser Schule: „Man, ist voll unnötig, wieso brauch ich das, wieso muss ich das jetzt machen?" Und erst später checkt man so. Ja, das hat man gemacht um zu merken, um zu lernen, ob man das wirklich mag. Weil manche Schüler mögen das und vielleicht wollen sie das auch später machen.

Die schulischen Aufgaben werden Steven plausibel, einerseits als Angebot für seine Zukunft, andererseits als bezogen auf mögliche Interessen anderer Schüler*innen und ihre Zukunft. Sein Vertrauen in die Begründetheit und die Sinnhaftigkeit der Lernanforderungen ist groß. Es trägt über Situationen hinweg, in denen ihm die Anforderungen nicht einleuchten, weil er als Kind noch nicht alles wissen könne.

> S: Und ja, auch wenn manche Sachen manchmal langweilig scheinen, hat es immer irgendwie einen tieferen Grund. Und ich muss ja auch selber sagen, manchmal finde ich so manche Sachen unnötig, weil ich bin halt noch ein Kind und ich kann halt nicht wirklich sagen: „Och, ähm, ja das war bestimmt wichtig." Ich werde immer irgendwann sagen: „Ja man, voll unnötig. Will ich nicht mehr machen." Und später werde ich halt checken: „Ja, war ziemlich wichtig."

Wir verstehen in einem ersten Resümee, dass Steven sich anspruchsvollen Aufgaben widmen kann, weil die Lehrkräfte ihm zwar eine komplexe Aufgabe zuweisen, ihm aber ermöglichen, an eine anerkannte und für ihn zentrale Kompetenz anzuknüpfen. In der Anerkennung dieser Kompetenz erfährt er eine Würdigung seiner Person, die trägt. Dass ihm die Herausforderung im Einzelnen offenbar kognitiv und emotional zugänglich ist und plausibel erscheint, zeigt den kommunikativen und reflexiven Charakter der Lernberatung, die ihm wiederum das Interesse der Lehrkräfte an seinen Lernfortschritten verdeutlicht, das sein Vertrauen stärkt. Es entsteht ein Kreislauf von gegenseitiger Anerkennung und wechselseitigem Interesse, der für Steven eine sichere Basis darstellt, sich weiter zu entwickeln.

Die Lernberatung und Stevens Vertrauen in die Lehrkräfte und ihre Kompetenzen, ihn in seiner Entwicklung gut zu begleiten, sowie sein Wohlbefinden in der Schule speist sich aus weiteren Faktoren, die er als bedeutsam für sich erfasst. Dazu gehören die ungebrochene Kontinuität im Hinblick einerseits auf die eigene Schulbiographie, andererseits im Hinblick auf die soziale Kontinuität und zum anderen die Gestaltung des Unterrichts und Schullebens, die ihm Kind-Sein und die Förderung von Talenten erlauben – dies in der Schule, die ihm alle Abschlüsse offenhält. Nicht zuletzt ist es die Atmosphäre von Freundschaftlichkeit, die zu seiner emotionalen Sicherheit beiträgt.

3 Bedingungen der Adaptivität

3.1 Freundschaftliche Beziehungen zwischen Lehrkräften und Schüler*innen als Basis

Stevens Vertrauen in die Sinnhaftigkeit der Aufgaben wird gefördert durch die Sicherheit im sozialen Zusammenhang. Er nimmt wahr, dass das Glück der Kinder und ihre Loyalität untereinander den Lehrkräften wichtige Anliegen sind.

> S: Die versuchen dir halt immer zu helfen, deine Lehrer, dein- Alle halt. Das ist halt in der Primus-Schule den Lehrern ziemlich wichtig, dass jeder glücklich ist und zusammen, ähm, loyal lebt.

Auch die Lernberatung stellt er in diesen Zusammenhang. Lehrkräfte und Schüler*innen begegnen sich freundschaftlich[4]; das sieht Steven als Kontrast zu anderen Schulen:

> S: Weil in andere Schulen ist es ja vielleicht so, dass in- Dass es halt nur so ist bei den Lehrern: Das ist der Lehrer, das ist der Schüler. Irgendwie ist es hier so: Das sind alles Freunde.

3.2 Die hohe Bedeutung sozialer Kontinuität

Im ersten Interview, beim Übergang zur Sekundarstufe, 2014, ist der Erhalt von Freund*innen für ihn das zentrale Motiv für die Wahl der Primus-Schule. Freund*innen sind offenbar von existentieller Bedeutung für Steven, auch wenn sie nur punktuell als einzelne Personen erwähnt werden – Steven redet eher abstrakt über sie, Freund*innen als existentiell bedeutsames Element des Lebens. Soziale Kontinuität und der Erhalt der Anerkennung bei den schulischen Veränderungen stehen im Mittelpunkt seines Interesses. Sie geben Sicherheit. Stevens Äußerungen betonen die Bedeutsamkeit sozialer Bezüge und die Bedeutung sozialer Kontinuität, die ihm in spezieller Weise durch die Altersmischung ermöglicht wird.

> S: em, ich wollte, ja es war so mein erster Gedanke, wenn ich bei der Primus bin, dann seh ich da Freunde von mir in der Schule, und vom Hort, wo ich vorher war

4 Zur Bedeutung der Beziehung zwischen Schüler*innen und Mentor*innen siehe Boban und Hinz in diesem Band.

> (...)
> und ich seh auch meine Freunde, die jetzt im dritten oder vierten Schuljahr kommen, dann seh ich sie bei Schulfesten und alles und dann kann ich über meine Schule reden, und wie es so ist und so alles, und da sind auch frühere Viertklässler, die auch meine Freunde waren.

Die Frage, worauf er sich freue, wenn er auf die neue Schule komme, beantwortet er: „Auf neue Freunde und auf Erfolg". Die Antwort auf die Frage nach etwas, was ihm möglicherweise Sorge bereite, unterstreicht die hohe Bedeutung des sozialen Eingebunden-Seins:

> S: Dass ich keine Freunde finde, und dass ich ganz unten bin, und dass keiner mich mag, dann würd ich, glaub ich, auch Selbstmord machen.

3.3 Der Ausgleich von Lernen und Kind-Sein

Nach einem Jahr auf der Sekundarstufe der Primus-Schule, 2015, differenziert sich Stevens Blick, Freunde spielen in anderer Weise eine Rolle. Dienten Freunde beim Übergang vor allem der Sicherung der sozialen Kontinuität, werden sie jetzt als Kinder im Unterschied zu Erwachsenen wahrgenommen: Die Primus-Schule als Schule, die Kind-Sein auch weiterhin ermöglicht:

> S: Man kann nicht sagen, dass man, wenn man auf diese Schule kommt, dass man erwachsener wird, weil man ähm, man trifft viele coole Freunde, die ähm dann alle kindisch sind. ... Und das ist ziemlich cool, find ich jedenfalls; weil man, wenn man zu schnell erwachsen wird, dann verpasst man den ganzen Spaß, den man ähm kriegen könnte.

Nach dem Vergleich zur Grundschule gefragt, stellt er die Kontinuität heraus, die sich durch die Schulstruktur ergibt: Grundschule und Sekundarstufe sind eine Schule, die neben bestimmten Regeln auch Räume für individuelle Interessen lässt; bei Steven, wie oben erwähnt, ist es das Malen und Zeichnen: „wenn niemand zuguckt, dann mal ich einfach".

> S: Ich ja jetzt, ich fühl mich wie immer und ich glaube, dass die anderen sich auch wie immer fühlen; irgendwie fühl ich mich nicht älter oder so; ich vermisse sie (die Grundschule; I.Sch.), aber es ist eigentlich nicht völlig anders; es gelten die gleichen

> Regeln und ich bin eigentlich immer noch auf meiner Grundschule[5], wenn man so, die Primus ist eine Gesamtschule und ein, also wir sind eine Schule, also bin ich eigentlich noch auf dieser Schule. (...) Jaa ... da hatte ich viele Freunde, ähm tolle Lehrer und so; aber ... es war halt schön da. Und hier ist es auch schön; also bin ich nicht so deprimiert. Ich wär echt ähm traurig und so, wenn es hier einfach nur so wie in der Militärschule oder sowas ähnliches wär, dass man nicht seine Fantasie auslassen darf und so, das wär halt nicht so schön.

Das Lernen stand bislang nicht im Mittelpunkt von Stevens Äußerungen. Es erfährt insofern eine Aufwertung, als es als soziale Praxis erfahren wird, die sich durch ein hohes Maß an freundschaftlicher Hilfsbereitschaft auszeichnet.

> S: Ähm, lernen macht Spaß, aber das ist nicht mein Ding. Also lieber will ich zu Hause sitzen und rummalen. ... Zusammen mit ihnen zu lernen ist spaßig, weil sie auch ähm, weil sie auch, ah warte, weil sie helfen dir auch, die Schüler helfen dir auch, ohne dass man jetzt so schreien muss „hey ich brauch Hilfe", sondern man kann auch einfach sagen, man muss eigentlich nicht, ... man muss einfach nur eine Miene aufsetzen, dass man das nicht versteht und dann kommt direkt jemand zu dir geeilt und ähm fragt dich, ob du Hilfe brauchst.

Bedenkt man die Äußerungen zum Lernen hier im Vergleich zu seiner differenzierten Darstellung der Lernberatung ein Jahr später, ergeben sich gravierende Entwicklungen in seiner Haltung zum Lernen, in der Zumessung der Bedeutung von Lernen und von Fortschritten beim Lernen. Innerhalb von zwei Jahren hat Steven offensichtlich eine Ernsthaftigkeit gegenüber seiner Entwicklung und seinen Möglichkeiten entfaltet, die ihn nun ans Lernen bindet und ihn Zukunftsaussichten entwerfen lässt. Diese Zukunftsaussichten sind gebunden an eine realistische Einschätzung des Verhältnisses von Lernen in der Jetzt-Zeit als Voraussetzungen für Möglichkeiten in der Zukunft.

> S: Das ((unverständlich)) und das war schon wichtig für meinen Vater. Der hat gesagt: „Mach das, was du wirklich machen willst und, ähm, sei dir hundertprozentig sicher.", und so. Und dann hab ich gesagt: „Ja, ich will halt ein Abitur machen und deswegen mache ich auch Französisch." Also das ist jetzt nicht so, dass die Lehrer so gesagt haben, bei einem Zwölfjährigen, der das von alleine entscheidet, was er später machen will. Das geht halt nicht so. Weil später kann er das halt bereuen. Bei einem Zwölfjährigen, da denkt man halt nicht so viel darüber nach. Man ist halt noch ein Kind und wenn man dann sagt: „Ja, ich will Hauswirtschaft machen." Und dann ma- kann man halt später deswegen kein Abitur machen, dann bereut man das. Und deswegen, ähm, redet man mit den Eltern, danach mit den Lehrern und den Eltern

5 Hier wird im Original der Name der Grundschule genannt.

und das Kind zusammen und versuchen die Entscheidung des Kindes auch zu berücksichtigen. Ja. und es gibt, glaub ich, noch genug Zeit, sich zu ändern, weil das sind ja noch nicht nächstes Jahr – hoffe ich jedenfalls, dass man das noch ändern kann. Ich bin halt sicher, aber für die anderen Kinder hoffe ich das. Mh, ich würde- ich würde immer zu Französisch gehen, weil ich halt wirklich mein Abitur machen will. Und ich mag Französisch.

4 Resümee

Die Äußerungen von Steven reflektierend und zusammenfassend, konstatieren wir die hohe Bedeutung der Adaptivität des Lernangebotes[6], die eingebunden ist in einen kommunikativen Zusammenhang zwischen seinen Lehrkräften und ihm als Erwachsenen und Kind auf Augenhöhe[7], der das Kind-Sein gleichwohl bestätigt. Das Vertrauen in die Fähigkeiten der Lehrkräfte und in ihren Überblick darüber, was zu lernen wichtig sei, erlaubt es Steven, Kind sein zu können[8]. Die Verantwortung bleibt beim Erwachsenen, seine Angebote zum Lernen und zur Entwicklung sind aber der gemeinsamen Reflexion zugänglich und fordern so zur Verantwortungsübernahme durch Steven heraus. So entsteht ein Entwicklungsraum für das Kind, in dem es sich selbst verorten kann. Der Entwicklungsraum wird erweitert, wenn alle Kinder einer Gruppe in die kommunikativen Prozesse eingebunden sind.

Solch ein Vertrauen in die Kompetenz der Lehrkräfte kann nur entstehen, wenn sich die Lehrkräfte weder auf die Vermittlung von Wissen oder die Steigerung der Leistungsfähigkeit allein beschränken, noch die Selbstoptimierung der Individuen erwarten. Ein Kind muss sich offenbar als ganze Person mit seinen Interessen und seinen sozialen Erfahrungen wahrgenommen sehen, wenn die Lernberatung ihr Ziel erreichen soll. Das erfordert eine intensive Auseinandersetzung mit den Bezügen, in denen ein Kind sich bewegt, mit den Begabungen eines Kindes, seinem Lernstand sowie mit den Schwierigkeiten eines Kindes und die Bereitschaft, mit ihm in der Lernberatung auf Augenhöhe und Gegenseitigkeit zu kommunizieren.

Schulstrukturell und schulorganisatorisch sind Primus-Schulen auf die Heterogenität ihrer Lerngruppen eingestellt. Es scheinen sich Formen zu etablieren, die

---

6 vgl. Simon 2015

7 Geiling und Simon 2017, S. 103 bezeichnen dies mit dem schönen Begriff „Gleichwürdigkeit".

8 Janusz Korczak hat die Rechte von Kindern energisch verteidigt als „Recht des Kindes auf Achtung" und als „Recht des Kindes auf den heutigen Tag". Seine Texte sollten in der Ausbildung von Lehrkräften zur Pflichtlektüre gehören.

unterstützen, „dass alle Kinder auf ihren jeweiligen Kompetenzständen angeleitet werden" (Geiling 2012, S. 124). Die Tatsache, dass Kinder bzw. Jugendliche von der Klasse 1 bis 10 eine Schule besuchen und Lehrkräfte in Klasse 1 bis 10 arbeiten, scheint zu bewirken, dass Lehrkräfte eine größere Verantwortung für das Lernen der Kinder und Jugendlichen und „ein neues Zuständigkeitserleben für Kinder mit unterschiedlichen Problemlagen" (Geiling 2008, S. 348) entwickeln. Das Ziel der Lehrkräfte ist, „eine individualisierende und gleichsam die Gemeinschaft der Kinder achtende Unterrichtspraxis" (a.a.O.) zu realisieren. Die Arbeit multiprofessioneller Teams in der Primus-Schule ermöglicht, die Schüler*innen in ihrer Vielfalt aufmerksam, nah und nachgehend zu begleiten. Es scheint auf Seiten der Schüler*innen die Erfahrung von Eingebunden-Sein zu bewirken.

Aber nicht nur auf Seiten der Lehrkräfte scheint die Zeit eine bedeutsame Rolle zu spielen. Die Zeit, die Kindern für ihre Entwicklung zugestanden wird, scheint essentiell zu sein, wie die Entwicklung von Steven zeigt. Die Kontinuität in sozialer Hinsicht und im Hinblick auf geltende Regeln und die Gestaltung der Lernangebote geben Orientierung und lassen Sicherheit wachsen. Der Bedarf an Kontinuität wird im gegliederten System missachtet. Gerade für Kinder in Schwierigkeiten scheint sie jedoch von hoher Bedeutung zu sein.

Literatur

Die Bildungskommission (1975). *Bericht '75. Entwicklungen im Bildungswesen*. Herausgegeben vom Deutschen Bildungsrat. Stuttgart: Klett.

Geiling, U. (2008). Die neue Schuleingangsstufe: Inklusionschancen und Exklusionsrisiken für benachteiligte Kinder. In G. Biewer, M. Luciak & M. Schwinge (Hrsg.), *Begegnung und Differenz: Menschen – Länder – Kulturen. Beiträge zur Heil- und Sonderpädagogik* (S. 339–349). Bad Heilbrunn: Klinkhardt.

Geiling, U. (2012). Die neue Schuleingangsstufe aus inklusionspädagogischer Perspektive – ein barrierefreier Schulstart für alle schulpflichtigen Kinder? In V. Moser (Hrsg.), *Die inklusive Schule. Standards für die Umsetzung* (S. 114–125). Stuttgart: Kohlhammer.

Geiling, U. & Simon, T. (2017). Inklusion in der Grundschule. In K. Ziemen (Hrsg.), *Lexikon Inklusion* (S. 102–104). Göttingen: Vandenhoeck & Ruprecht.

Krappmann, L. (2006). Kindheit ohne Freundschaft? Neue Aufgaben für die Schule. In G. Opp, T. Hellbrügge & L. Stevens (Hrsg.), *Kindern gerecht werden – Kontroverse Perspektiven auf Lernen in der Kindheit* (S. 224–233). Bad Heilbrunn: Klinkhardt.

Sack, L. (2015). Warum Langzeitschulen besser sind. Erfahrungen mit einer verheimlichten und unterschätzten Schulstruktur. In I. Schnell (Hrsg.), *Für uns kommt nur 1–13 in Frage. Entwicklungsimpulse aus und für PRIMUS Berg Fidel* (S. 30–37). Baltmannsweiler: Schneider Verlag Hohengehren.

Schnell, I. (2003). *Geschichte schulischer Integration. Gemeinsames Lernen von SchülerInnen mit und ohne Behinderung in der BRD seit 1970.* Weinheim und München: Juventa.

Schnell, I. & Huf, C. (2017). Übergangsentscheidungen von Viertklässler_innen im Kontext des Schulversuchs ‚PRIMUS'. In B. Lütje-Klose, M.-A. Boger, B. Hopmann, & P. Neumann (Hrsg.), *Leistung inklusive? Inklusion in der Leistungsgesellschaft. Band I Menschenrechtliche, sozialtheoretische und professionsbezogene Perspektiven* (S. 168–177). Bad Heilbrunn: Klinkhardt.

Simon, T. (2015). Adaption – woran und wofür? Adaption als Kerngeschäft inklusionsorientierter Sachunterrichtsdidaktik. In K. Liebers, B. Landwehr, A. Marquardt & K. Schlotter (Hrsg.), *Lernprozessbegleitung und adaptives Lernen in der Grundschule* (S. 229–234). Wiesbaden: Springer VS.

Schulisches Lernen und Leben aus Perspektiven von Schulbegleitungen

Kirsten Puhr, Julia Bauer, Lisa Hammer, Monika Mosch-Wedel, Florian Schmitt[1]

Zusammenfassung

Die Begleitung schulischen Lernens und Lebens von Schüler*innen, die den Leistungsansprüchen des allgemeinen Schulsystems nicht bzw. nicht ohne individuelle Unterstützungen entsprechen können, stellt eine Anforderung an pädagogische Institutionen und ihre Akteur*innen dar, die unter Stichworten wie zum Beispiel „Integrative/inklusive Qualität, Bildungsstandards und Bildungsbarrieren" (Geiling und Gille 2005, S. 103ff.) seit langem diskutiert wird. Mit der Forderung Bildungsbenachteiligungen zu reduzieren legitimieren sich zahlreiche schulpolitische, schulpädagogische und didaktische Programme. Als eines dieser Konzepte

1 Die Erzählungen von Praxen der Schulbegleitung, die in den Beschreibungen und in Formen direkter Zitate in diesem Beitrag vorgestellt werden, entstammen der textuellen Transformation eines narrativen Interviews, das im Dezember 2017 stattfand. Der geschehensdarstellende Text des Interviews kann für Lehr- und Forschungszwecke zur Verfügung gestellt werden. Für den hier vorliegenden Beitrag legte Kirsten Puhr einen Entwurf vor, den alle anderen Beteiligten autorisierten, z.T. kommentierten und ergänzten. Für die textuellen Darstellungen der erzählten Erfahrungen in der Geschehensdarstellung des Interviews (GI) wurden die inhaltlichen Aussagen entsprechend forschungsethischer Grundsätze anonymisiert und zudem mit Zuordnungsnummern versehen, die auf verschiedene Ich-Erzähler*innen hinweisen. Drei Schulbegleiter*innen entschieden sich für eine anonymisierte Autor*innenschaft.

S. Bartusch et al. (Hrsg.), *Lernprozesse begleiten*,
https://doi.org/10.1007/978-3-658-21924-6_15

für mehr Bildungsgerechtigkeit kann die sozialrechtlich begründete Eingliederungshilfe der Schulbegleitung für Schüler*innen, die als seelisch, geistig und/oder körperlich behindert gelten[2], verstanden werden.

Mit diesem Verständnis thematisieren wir in diesem Beitrag exemplarisch Strukturen und Praxen von Schulbegleitungen. Die Grundlage für die hier zur Diskussion gestellten Beispiele bilden aktuelle Studien zu Konzepten und Praxen von „Schulbegleitung in der inklusiven Schule" (Laubner et al. 2017) sowie ein narratives Interview. In diesem Interview erzählten vier Pädagog*innen von ihren Erfahrungen als Begleiter*innen von Schülern[3] mit diagnostizierten Behinderungen[4], die sozialrechtlich begründete Leistungen zur Unterstützung integrativer schulischer Teilhabe erhalten.

Schulbegleitungen in inklusionsorientierten Schulen

Im Folgenden werden Beispiele von *Schulbegleitungen im Kontext des inklusionsorientierten Anspruchs gemeinsamen Lernens und Lebens von Schüler*innen* vorgestellt, in dem sich Fragen von Inklusion mit Heterogenitätsvorstellungen verbinden, die gleichberechtigte Teilhabe angesichts individueller Verschiedenheiten proklamieren (vgl. Puhr 2017, S. 16ff.).

Der Anspruch gemeinsamen schulischen Lernens und Lebens wird aktuell zumeist unter dem Stichwort Inklusion diskutiert. Das *Leitbild der inklusionsorientierten Schule*[5] kann als eines vorgestellt werden, das Leistungen des Bildungssys-

2 Nach deutschem Sozialrecht gilt: „Menschen mit Behinderungen sind Menschen, die körperliche, seelische, geistige oder Sinnesbeeinträchtigungen haben, die sie in Wechselwirkung mit einstellungs- und umweltbedingten Barrieren an der gleichberechtigten Teilhabe an der Gesellschaft mit hoher Wahrscheinlichkeit länger als sechs Monate hindern können" (SGB IX, § 2.1).

3 Alle Schulbegleitungen, die im Folgenden exemplarisch thematisiert werden, betreffen Jungen. Deswegen wird an dieser Stelle und im Weiteren die Formulierung „Schüler" verwandt, wenn inhaltliche Aussagen ausschließlich Jungen thematisieren.

4 Der Begriff „Behinderungen" wird in diesem Beitrag entsprechend der Sozialgesetzgebung der BRD verwendet, der Begriff „sonderpädagogische Förderbedarfe" entsprechend der Empfehlung der Kultusministerkonferenz von 1994 bzw. der Schulgesetzgebungen der Bundesländer. Es sei darauf verwiesen, dass der Begriff „sonderpädagogischer Förderbedarf" als Kritik gegen Behinderungsklassifikationen eingeführt wurde und eine Fokussierung auf Entwicklungspotentiale ermöglichen sollte.

5 Die Formulierung „inklusionsorientierte Schule" verwenden wir aus einem theoretischen Verständnis heraus anstelle von Bezeichnungen wie „integrative" oder „in-

tems im Kontext des Anspruchs gleichberechtigter Bildungsmöglichkeiten für alle Kinder und Jugendlichen beschreibt. Das heißt, ein inklusionsorientiertes Schulsystem wäre bestrebt, allen Schüler*innen, unabhängig von sozialen Merkmalen und individueller Exklusivität, sowohl den *gemeinsamen Zugang zu Bildung* zu ermöglichen als auch *individuell angemessene Lernangebote* zu realisieren. Das Konzept der inklusionsorientierten Schule gilt damit auch als ein Gegenmodell zu gruppenspezifisch separierenden Schulmodellen für Schüler*innen mit diagnostizierten sonderpädagogischen Förderbedarfen. Durch den Besuch von allgemeinen Schulen sollen ihnen gleichberechtigte Bildung und mehr soziale Teilhabe ermöglicht werden.

Inzwischen wurden in allen Bundesländern Richtlinien, Positionspapiere oder Aktionspläne verabschiedet, die aufzeigen sollen, wie Entwicklungen hin zu einem inklusionsorientierten Bildungssystem verwirklicht werden können. Beschreibungen und Analysen konkreter Umsetzungen in schulische Praxen zeigen jedoch viele Barrieren für gleichberechtigte Bildung und soziale Teilhabe, auf der Ebene des Schulsystems ebenso wie auf den Ebenen der Organisation einzelner Schulen und der Interaktion zwischen verschiedenen Akteur*innen in einer Schule. Bezogen auf Schüler*innen mit zugeschriebenen sonderpädagogischen Förderbedarfen verweisen diverse Studien, nicht zuletzt wegen dieser Barrieren, auf die große Bedeutung *individueller Lernbegleitungen* für die Teilhabe am Leben und Lernen in allgemeinen Schulen (vgl. Lübeck und Demmer 2017, S. 13ff.). Leistungen der Eingliederungshilfe in Formen von Schulbegleitungen (nach SGB XII, §54 und SGB VIII, § 35a) für Schüler*innen, die als seelisch, geistig und/oder körperlich behindert gelten, werden als eine der Möglichkeiten zur individuellen Unterstützung von Kindern und Jugendlichen mit diagnostizierten Behinderungen in allgemeinen Schulen diskutiert (s.u.a. Deger et al. 2015, S. 27f.). Modellartig unterscheiden lassen sich vorwiegend assistierende Schulbegleitungen von pädagogisch-begleitenden Unterstützungen des Lernens und Lebens von Schüler*innen mit diagnostizierten seelischen Behinderungen bzw. sozial-emotionalen Auffälligkeiten (vgl. ebd., S. 184ff.). Als pädagogisch-begleitende Unterstützungen sind auch die Schulbegleitungen zu verstehen, die in diesem Text thematisiert werden. Unsere Beispiele zeigen jedoch auch fließende Übergänge zwischen pädagogisch-begleitenden Schulbegleitungen und assistierenden Hilfen. Mit Verweis auf die Idealtypik der Unterscheidungen skizzieren wir diese zunächst zusammenfassend.

klusive“ Schule. Mit dieser Formulierung verweisen wir auf Selbstbeschreibungen schulischer Bildungsangebote in unterschiedlichen schulorganisatorischen Formen, welche das Ziel chancengerechter Teilhabe aller Schüler*innen am Bildungssystem thematisieren.

Die schulische Teilhabe von Schüler*innen mit körperlichen Beeinträchtigungen kann durch assistierende Schulbegleitungen unterstützt werden, die *Hilfen bei lebenspraktischen Verrichtungen* leisten. Dazu gehören beispielsweise physische Hilfen bei der Überwindung räumlicher Barrieren, die Übernahme von manuellen Tätigkeiten wie das Schreiben und die Unterstützung bei der Benutzung von Arbeitsmaterialien oder auch Hilfestellungen bei medizinisch relevanten Eigentätigkeiten. Zur Unterstützung von Schüler*innen mit massiven Beeinträchtigungen der körperlichen Funktionsfähigkeiten können pflegerische Tätigkeiten, wie das Reichen von Nahrung und Medikamenten und Hilfen bei der Körperhygiene hinzukommen. Begleitende Hilfen für Schüler*innen mit Sinnesbeeinträchtigungen beinhalten neben praktischen Unterstützungen im Unterricht und Schulalltag insbesondere technische Kommunikationshilfen oder die Organisation und gegebenenfalls auch Herstellung spezifischer bedarfsgerechter Arbeits- und Unterrichtsmaterialien. Ein großer Teil der beschriebenen Aufgaben assistierender Schulbegleitungen erfordert keine explizite berufliche Qualifikation, jedoch die persönliche Eignung sowie Kenntnisse und Fertigkeiten, die in Anlernphasen, beispielsweise im Rahmen von Freiwilligendiensten, erworben werden können. Für diese Tätigkeiten scheinen Eingliederungshilfen in Form von Schulbegleitungen besonders geeignet. Voraussetzung für deren Qualität ist die Sicherstellung qualifizierter Schulungen, Beratungen und Prozessbegleitungen, die je nach den Bedarfen der zu begleitenden Schüler*innen von Sonderpädagog*innen und/oder medizinisch oder pflegerisch ausgebildeten Fachkräften geleistet werden können. Allerdings zeigen Einzelfallstudien, dass in dieser Aufgaben- und Organisationsstruktur auch wesentliche Konfliktpotentiale liegen können, wie ein häufiger Wechsel der Schulbegleiter*innen und deren fehlende Einbindungen in schulinterne Strukturen (s.u.a. ebd.).

Die Aufgaben pädagogisch-begleitender Hilfen schulischer Teilhabe von Kindern und Jugendlichen, die als seelischen behindert beziehungsweise sozial-emotional beeinträchtigt gelten, unterscheiden sich grundlegend von assistierenden Schulbegleitungen. *Unterstützungen bei der Orientierung im Schul- und Unterrichtsalltag* stellen sich hier insbesondere als bedarfsgerechte Übersetzungen und Modifikationen vorhandener schulischer Orientierungshilfen und Regelungen dar[6]. Dazu kommen *Aufgaben im Rahmen psycho-sozialer Förderungen* der Schüler*innen, wie strukturgebende Hilfestellungen zur Vermittlung von Stabilität und Sicherheit, zur Lösung von Spannungen und dem Abbau von Stress, zur Überwindung sozialer Ängste, aber auch zur Vermeidung von Fremd- und

6 Dazu gehören z.B. Raum- und Vertretungspläne, Unterrichtsmaterialien und soziale Regeln.

Selbstverletzungen. *Kommunikationshilfen* dienen der Förderung der individuellen Kommunikations- und Beziehungsfähigkeit ebenso wie der Entwicklung bedarfsangepasster Kommunikationsstrukturen. Um diese Hilfen leisten zu können, benötigen die Schulbegleiter*innen fundiertes pädagogisch-therapeutisches Wissen, entsprechende Erfahrungen sowie geeignete Kooperations-, Beratungs- und Supervisionsstrukturen. Einzelfallstudien (und auch das diesem Text zugrunde liegende Interview) verdeutlichen, in welchen Weisen derartige pädagogisch-begleitende Unterstützungen von qualifizierten Pädagog*innen geleistet werden. Es zeigt sich aber auch, wie deren Arbeit durch ungünstige strukturelle Rahmenbedingungen erschwert wird (s.u.a. ebd.).

Schulbegleitungen wird „eine Schlüsselfunktion in der Entwicklung eines inklusiven Schulsystems" (Laubner et al. 2017a, S. 7) zugeschrieben, deren Aufgabe es ist, „die Kluft zu überbrücken zwischen den Unterstützungsbedürfnissen einzelner Kinder und dem, was die Schule derzeit an Unterstützung leisten kann – insbesondere an solchen Schulen, die noch ganz am Anfang ihres Weges zu einer inklusiven Schule stehen" (ebd.). „Ausgewählte Forschungsergebnisse zu Schulbegleitung" (Lübeck und Demmer 2017, S. 11ff.) vermerken anhand verschiedener Erhebungen einen „starken Anstieg an Schulbegleitungen an den Regelschulen" (ebd., S. 16). Dieser wird mit Praxen allgemeiner Schulen begründet, die sich angesichts der Aufhebung der gesetzlichen Sonderschulpflicht noch nicht „ausreichend auf ihre neuen Schüler/innen eingestellt" (ebd.) hätten. In der Konsequenz heißt es dann, dass Schüler*innen mit diagnostizierten Förderbedarfen, für die formal keine Sonderschulpflicht mehr besteht, ohne Schulbegleitungen ihr Recht auf Lernen und Leben an einer allgemeinen Schule nicht wahrnehmen könnten (vgl. ebd.).

Dass es sich bei den als *notwendig* erachteten Unterstützungen allgemeiner Schulen um sozialrechtlich legitimierte Eingliederungshilfen in Form von Schulbegleitungen handelt, scheint schulkonzeptionell fraglich. Angesichts diagnostizierter Förderbedarfe wären vor allem Unterstützungen durch Sonderpädagog*innen und durch pädagogische Mitarbeiter*innen in den Formen zu erwarten, wie sie in Förderschulen üblich sind (vgl. Dworschak 2017, S. 47f). Schulbegleitungen können als *Ergänzungen allgemein- und sonderpädagogischer Lernangebote* verstanden werden, deren besondere Aufgaben darin bestehen, „Hilfen zu einer angemessenen Schulbildung" (SGB XII, § 54) zu leisten, die dazu beitragen sollen, „behinderten Menschen die Teilnahme am Leben in der [schulischen] Gemeinschaft zu ermöglichen oder zu erleichtern" (ebd., § 53.3). Als solche Ergänzungen wären die folgenden vier Darstellungen von Schulbegleitungen zu lesen. Sie können beispielhaft einen Eindruck von Bewilligungskriterien für *pädagogisch-begleitende individuelle Unterstützungen* und von Praktiken der Umsetzung vermitteln.

„Bei uns war es für alle, außer für die Schüler mit Förderbedarf" (1 aus GI).

Die folgende Erzählung thematisiert Aufgaben und Kritiken einer pädagogischen Schulbegleitung, die als Eingliederungshilfe für einen Jungen vorgestellt wird, der nach dem Kinder- und Jugendhilfegesetz als 'seelisch behindert' (vgl. SGB VIII, §35a) gilt:

> *„Ich habe einen kleinen Jungen in der Regelgrundschule, acht Jahre alt, zweite Klasse, mit dem Förderschwerpunkt Lernen und einer Impulskontrollstörung*[7]. *Wegen dieser Impulskontrollstörung, verbunden mit ADHS*[8], *bin ich da. […] Ich begleite ihn einfach immer, ich begleite ihn im Unterricht, in den Pausen, beim Mittagessen. […] Ich kenne nur die Erzählungen, wie es am Anfang der ersten Klasse war, da war das, glaub ich, sehr schwierig, weil er auch gewalttätig gegenüber Mitschüler*innen war. – Das hat sich gelegt und ich glaube, die Mitschüler*innen haben jetzt einfach Vertrauen gefasst, dass er nicht mehr so unberechenbar ist und sie spielen mit ihm. – Also in der Pause hat er immer jemanden zum Spielen. Und sie wissen, er ist manchmal so ein Quatschkopf und springt im Unterricht auf und macht irgendwelche wilden Geräusche und Fratzen und dann wird gelacht. – Dann hat man ihn gerade wieder ruhig und dann wird gelacht. – Aber ich glaube, er hat echt seinen Platz in der Klasse gefunden. […] Und jetzt sind wir so langsam auf dem Weg uns ein bisschen zurück zu ziehen, so dass er auch mal alleine irgendwo hin kann und ich nicht immer daneben steh. […] Die Schüler mit ‚Lernen' und ‚geistiger Behinderung' werden sehr viel separat unterrichtet, von der Sonderpädagogin. […] Dann ist das auch oft so, dass ich einfach draußen bin […] und wenn ich gebraucht werde reingehe. Und dann geht es tatsächlich auch dort meistens darum […] zu gucken, dass er weiterarbeitet, dass er nicht andere Sachen macht. […]*
>
> *Es ist eine sogenannte Inklusionsklasse. […] Das Schulamt hat halt beschlossen: Ihr seid jetzt eine inklusive Schule und wir machen jetzt diese Klasse bei euch und das ist eure Klasse. – Und dem entsprechend stehen sie halt dahinter und dem entsprechend viel Mühe wird sich auch gegeben, das irgendwie offen zu gestalten. […] Dann schlägt die Mathelehrerin ihr Mathebuch auf und dann wird das abgearbeitet und dann möchte sie von uns wissen, wie sie ‚unsere' Kinder da unterbringen soll. […] Also sie machen in Mathe auch wahnsinnig anschauliche Sachen. Da hat die Lehrerin ihren halben Haushalt geplündert und lauter Körper mitgebracht und hat die unter einer Decke versteckt und dann konnten die Kinder fühlen und tasten. –*

7 Als Impulskontrollstörung gelten nach der ICD 10 der Weltgesundheitsorganisation „abnorme Gewohnheiten und Störungen der Impulskontrolle" (icd-code. F63).

8 Eine Aufmerksamkeitsdefizit-/Hyperaktivitätsstörung (ADHS) wird in der ICD 10 „als einen Mangel an Ausdauer bei Beschäftigungen, die kognitiven Einsatz verlangen, und eine Tendenz, von einer Tätigkeit zu einer anderen zu wechseln, ohne etwas zu Ende zu bringen [beschrieben]; hinzu kommt eine desorganisierte, mangelhaft regulierte und überschießende Aktivität. […] Sekundäre Komplikationen sind dissoziales Verhalten und niedriges Selbstwertgefühl" (ebd., F90).

Und nur durch Zufall kriegen wir es mit und fragen: Können wir da nicht dabei sein? Das können unsere doch auch machen! – Die haben mit ihren sämtlichen Körperlängen das Klassenzimmer, die Tische, die Tafel vermessen. Da waren wir nicht dabei. […] Und das könnte man vermeiden, würde man sich einfach darüber unterhalten. […]
Bei uns war es für alle, außer für die Schüler mit Förderbedarf. […] Man muss halt einen anderen Unterricht machen, um das zusammen zu kriegen. […] Gruppenarbeit gibt es eigentlich gar nicht. Das ist entweder Frontal- oder eben Stillarbeit. Und da fallen wir auf. […] Wenn Unterricht im großen Klassenverband ist, dann ist es aktuell so, dass ich neben ihm sitze, dass ich ihm helfe bei der Sache zu bleiben, zuzuhören, sitzen zu bleiben und ruhig zu sein. Ja und ich helfe ihm, Arbeitsblätter, die ausgeteilt werden, irgendwie zu bearbeiten. […] Er kann nicht lesen. Er kann nur ganz wenige Wörter schreiben. Also da braucht er immer Unterstützung, das heißt, dass man ihm den Text, die Aufgaben vorliest, dass man ihm vielleicht mal Wörter vorschreibt, die er dann abschreiben kann. […] das ist im großen Klassenverband genau das Problem, dass wir nur damit beschäftigt sind hinterher zu kommen. […] Wir müssen immer Druck machen und sagen: auf geht's, die machen schon weiter" (1 aus GI).

Die Schulbegleitung begründet sich in dieser Vorstellung formal mit medizinischen Kategorien, welche in der ICD 10, einer Klassifikation zur Beschreibung und Diagnose von Gesundheitsproblemen und -störungen, zu finden sind (vgl. ICD-Code). Mit diesem Bezug werden „Unberechenbarkeit" und Gewalt gegen Mitschüler*innen sowie „Aufmerksamkeitsdefizite" benannt, gegen welche die Schulbegleitung zu intervenieren hat. Die Erzählung erweckt den Eindruck, dass die Schulbegleitung ihren Zweck insofern erfüllt, als dass das Verhalten des begleiteten Schülers keine Gefahr mehr für seine Mitschüler*innen darstellt, dass er mit den beschriebenen ausagierenden Verhaltensweisen zu einem akzeptierten Mitglied der Lern- und Spielgruppe wurde, der er strukturell angehört und dass im (separierenden) Unterricht, den eine Sonderpädagogin gestaltet, eine individuelle Unterstützung nach situativem Bedarf praktiziert werden kann. In dieser Erzählung wird zudem auf den „Förderschwerpunkt Lernen" verwiesen. Dieser legitimiert entsprechend einer „Abgrenzung von Tätigkeitsbereichen" (Kremer 2016, S. 20) zwischen Lehrer*innen und Schulbegleiter*innen nicht die Schulbegleitung. Dennoch werden vor allem Praxen der Begleitung vorgestellt, die eben diesem Förderbedarf bzw. seiner Nicht-Berücksichtigung im gemeinsamen Unterricht geschuldet scheinen. Diesbezüglich erscheint die Schulbegleitung hier als Möglichkeit für eine Schule, formal eine Struktur gemeinsamen Lernens und Lebens einzulösen, jedoch in Praxen (der Organisation von und Interaktionen im Unterricht) pädagogische und didaktische Anforderungen inklusionsorientierter schulischer Lernprozesse zu ignorieren.

„Die ganze Inklusion sehe ich sehr kritisch und schwierig, zumindest jetzt an dieser Schule" (4 aus GI).

Im folgenden Beispiel wird als ‚eigentlicher' pädagogischer Anlass für die Schulbegleitung eine eingeschränkte schulische Aktivität (ein „Nicht-Arbeiten-Wollen") des Schülers lesbar, die insbesondere als Folge von Praxen der Unterrichtsgestaltung und fehlender Kommunikation und mangelndem Verständnis der Grundschullehrer*innen thematisiert wird. Das Aufrufen einer medizinischen Diagnose und eines sonderpädagogischen Förderbedarfes beschreiben in diesem Beispiel weniger einen Unterstützungsbedarf des Schülers als nichtrealisierte Veränderungsbedarfe der Schul- und Unterrichtsgestaltung angesichts beobachtbarer Lernschwierigkeiten. So stellt diese Darstellung den Anspruch der Inklusion „zumindest jetzt an dieser Schule" (4 aus GI) grundlegend in Frage.

> *„Ich bin auch an einer Grundschule, in einer zweiten Klasse mit einem Jungen in der Inklusion […] ein autistisches*[9] *Kind mit einer geistigen Behinderung. […] Das ist sein großes Problem, dass er oft halt überhaupt gar nicht arbeiten möchte. – Und dafür bin ich eigentlich da, dass ich ihn motiviere überhaupt mal sein Mäppchen raus zu holen, zu starten. […] Wir versuchen ihn mit verschiedenen Systemen zu belohnen, ihn irgendwie zu motivieren oder wenn halt gar nichts geht […] dann bleib ich mit ihm in der Pause drin, damit er halt irgendwann mal irgendwas macht. […] Gut, er kann gar nicht schreiben und wenn die Lehrerin sagt: Wir schreiben jetzt was in dieses Elternheft. Dann haben die anderen schon aufgeschrieben und er hat noch nicht mal sein Heft rausgeholt, dann, ja, dann mache ich das halt schnell. – Ich weiß nicht wie es an einer G-Schule [Förderschule für Schüler*innen mit dem zugeschriebenen Förderbedarf ‚geistige Entwicklung'] wäre, ob dann die Kinder einfach einen Zettel einkleben würden? […]*
>
> *Die Sonderpädagogin macht das super gut. Die gibt sich unheimlich viel Mühe mit Material und Aufgaben, auf dem Flur mit Bewegung und so. – Also die macht da schon sehr viel. Aber es ist halt // Wir sind so … alleine immer, also drei Erwachsene mit drei Kindern, so. […] Und irgendwie hat keiner Zeit für Teambesprechungen. […] Es gibt überhaupt keinen Austausch mit den Lehrer*innen. […] Ich sehe halt keine Inklusion, wenn wir immer unser eigenes Ding machen. […] Ich hab das Gefühl, wir laufen irgendwie so neben der Spur in diesem ganzen Schulalltag. – Wir sind halt da, jeder kennt uns: das sind halt die Schulbegleiter*innen mit ihren … ‚Spezis'. – So wird man manchmal auch angeguckt. […] Es ist halt kein Verständnis da. […]*
>
> *Die ganze Inklusion sehe ich sehr kritisch und schwierig, zumindest jetzt an dieser Schule. […] Also mein Schüler der hat schon irgendwie seinen Platz in der Klasse.*

9 Autismus gilt als „tiefgreifende Entwicklungsstörung […] gekennzeichnet durch qualitative Abweichungen in den wechselseitigen sozialen Interaktionen und Kommunikationsmustern und durch ein eingeschränktes, stereotypes, sich wiederholendes Repertoire von Interessen und Aktivitäten" (ebd., F84).

Er fühlt sich auch wohl. – Es ist aber schon so, wenn es ums Wählen geht, würde ihn keiner wählen. – Es sitzt auch keiner unbedingt gerne neben ihm, weil er die Hände in den Mund macht und auch mal bisschen Speichel rausläuft und so. – Manche Kinder sagen auch, sie wollen ihm nicht die Hand geben, weil er halt dann diese nassen Finger dann hat. – Und er wird auch schon mal ein bisschen nachgeäfft. [...] Ich weiß gar nicht wie ich das benennen soll. [...]
*Die drei Schüler mit sonderpädagogischem Förderbedarf werden in den Fächern Deutsch und Mathematik von der Sonderpädagogin in einem Nebenraum unterrichtet. Jeder der Schüler arbeitet dann an seinen individualisierten Aufgaben. Das heißt, jeder macht was anderes. So ist es ebenfalls in den Lernzeiten. Die finden manchmal aber auch gemeinsam mit dem Rest der Klasse statt. In letzter Zeit kommen zudem andere Schüler*innen auf eigenen Wunsch zum individuellen Lernen in den Nebenraum. [...] Im Unterricht des großen Klassenverbandes gibt's keine Differenzierung. [...] Wir müssen gucken, dass wir hinterher kommen und das Kind irgendwie ruhig halten, weil man halt sonst stört. – Und möglichst wenig reden dabei. [...] Das stört beim Frontalunterricht und auch in der Stillarbeit. Wenn alle Kinder eine Stillarbeit haben, dann stört das, wenn ich meinem Schüler was erkläre, obwohl ich flüstere. [...] Und wir werden halt auch, finde ich, oft überrumpelt mit Dingen, auf die man das Kind vielleicht auch vorbereiten könnte, wenn man wüsste, dass das kommt. – Die Sonderpädagogin versucht schon vieles an uns heranzutragen, damit wir auch vorbereitet sind auf Unterrichtssituationen. – Aber manchmal ist es doch so, dass ich denk: Hätte ich das jetzt gewusst, hätte ich mit meinem Kind vorher darüber gesprochen und hätte ihm das erklärt. Dann wäre er vielleicht dann auch nicht so drauf: Ich mach da nicht mit, ich will das nicht und // – Er ist auch Autist, also Autist und geistig behindert" (4 aus GI).*

Die hier beschriebenen Beobachtungen können als ein Beispiel dafür verstanden werden, welche schul-, unterrichtsorganisatorischen und didaktischen Anforderungen heterogene Lern- und Leistungspotentiale von Schüler*innen im gemeinsamen Unterricht mit sich bringen. Die aufgeführten Kritiken werden an dieser Stelle mit einem Verweis auf eine Behinderungskategorie und einen sonderpädagogischen Förderbedarf begründet. Aus dieser Perspektive könnte die Darstellung „im Interesse eines individualisierten pädagogischen Angebots" (Geiling und Prengel 2017, S. 81) für eine differenzierte sonderpädagogische Diagnostik sprechen, die revidierbare Arbeitshypothesen z.B. in Form didaktischer Kompetenzstufen formuliert (vgl. ebd., S. 89). Eine solche Diagnose würde im Konzept einer inklusionsorientierten Schule strukturell eher eine systematische sonderpädagogische Unterstützung im gemeinsamen Unterricht nahelegen, eventuell ergänzt um eine situativ (re)agierende Schulbegleitung. Allerdings könnte sich deren formale Begründung damit in Frage stellen.

In dem aufgerufenen Beispiel wird sonderpädagogische Förderung jedoch nicht im gemeinsamen Unterricht, sondern als separierendes Angebot vorgestellt, das sich mit Leistungsansprüchen des allgemeinen Schulsystems begründet, denen ein*e Schüler*in mit sonderpädagogischem Förderbedarf „der geistigen Entwicklung“ (im zweiten Schuljahr) kaum genügen könne. Die Schulbegleitung scheint in diesem Beispiel mehr separierende als gemeinsame Lernangebote pädagogisch zu ergänzen, wenn es heißt:

> *„Es ist schwierig mit einem geistig behinderten Kind an der Regelschule, weil der Stoff mittlerweile für ihn viel zu schwierig ist. – Am Anfang war alles noch ein bisschen spielerisch, da ist er so mitgelaufen. – Und jetzt sind wir halt sehr viel draußen im Differenzierungsraum. Dort macht die Sonderpädagogin mit ihm Aufgaben, halt sehr leichte Aufgaben, die er lösen kann, wenn er will. [...]*
> *Und weiß auch nicht, ob ich das gut finden kann was wir da so machen, für dieses Kind jetzt. [...] Der war dann immer ganz arg verunsichert wenn ich nicht da war [...], weil sich auch niemand so richtig zuständig gefühlt hat. [...]*
> *Also, ich war eigentlich mit 32 Stunden in der Woche bei diesem Kind. Das wurde mittlerweile reduziert, weil er es einfach nicht schafft diese vielen Stunden in diesem Rhythmus. [...] Er hat angefangen einzukoten und solche Sachen, hat ganz stark Überforderung gezeigt. [...] Man traut diesen Kindern gar nichts zu, weil man solche Angst hat, dass irgendwas passieren könnte, hab ich das Gefühl. [...] Also, ich hab das Gefühl, ‚mein‘ Kind ist total abhängig von mir, abhängig gemacht worden, weil ich ja immer da bin und ihm gar nicht diese Freiheit geben kann, weil das nicht gewünscht ist, dass er alleine was bewältigt. [...] Wenn immer jemand da ist, der das alles macht, muss man sich schon mal nicht selber um das Kind kümmern“ (4 aus GI).*

Die „Abhängigkeit“ und fehlende „Freiheit“, von der hier berichtet wird, scheint eine weit verbreitete Problematik zu sein. Sie wird als „Ungleichgewicht von Nähe und Distanz“ (Hoyer 2017, S. 123) diskutiert, z.B. mit dem Vorwurf, „dass Aktivitäten von Schulbegleitungen Grenzverletzungen bei Kindern und Jugendlichen zur Folge haben können, auch wenn von einer unterstützenden Motivation der Schulbegleitung ausgegangen werden könne“ (ebd.). In unserem Beispiel begründet sie sich als Folge der Zuschreibung einer alleinigen Verantwortung der Schulbegleitung für das Kind. Von Unterstützungen, welche die Schule leisten würde, wenn sie es könnte, ist nicht zu lesen. Damit scheint die Überbrückungsfunktion der Schulbegleitung für eine Schule, die am Anfang ihrer Erfahrungen mit „Inklusion“ steht, in diesem Fall nicht realisiert, vor allem mit der Begründung, dass es keine Zusammenarbeit zwischen den Lehrer*innen und Schulbegleiter*innen gibt.

„So macht er wenigstens seine Aufgaben entsprechend seines Förderbedarfs“ (3 aus GI).

In diesem Beispiel wird bezüglich der Verständigung der Pädagog*innen in der Schule von ganz anderen Erfahrungen berichtet.

*„Die Zusammenarbeit mit allen Lehrer*innen klappt eigentlich sehr gut. […] Man muss dazu sagen, die Klassenlehrerin war – das sagt sie auch selbst immer wieder – heilfroh, dass am Anfang, als sie die fünfte Klasse übernommen hatte […] Unterstützung da war, weil sie mit dem Thema Autismus und mit dem ganzen Inklusionsthema neu konfrontiert wurde. Und wir haben uns sehr schnell gut verstanden, auch oft ausgetauscht. Viele Gespräche haben stattgefunden. – Sie hat sich die Zeit aber auch genommen, muss man sagen. […] Aber auch zu den anderen Lehrer*innen, muss ich sagen, hab ich einen guten Draht. – Alle zueinander. Wir tauschen uns aus, sind auch alle per du“* (3 aus GI).

Auch hier wird neben einem sonderpädagogischen Förderbedarf eine medizinische Diagnose sowie sozial-emotional auffälliges Verhalten benannt, welche die Schulbegleitung formal legitimieren. Erzählt wird jedoch von aktuell fehlenden und vorhandenen schulischen Kompetenzen, von individueller Bildung und sozialer Teilhabe. In dieser Erzählung scheinen die sozialrechtlich relevanten Diagnosen nicht von Bedeutung.

„Ich begleite ebenfalls einen Jungen, der ist allerdings schon in der achten Klasse. Er ist vierzehn Jahre alt, hat die Diagnose Asperger-Syndrom[10]. […] Und er hatte auch noch eine geistige Behinderung[11]. Im siebenten Schuljahr wurde dann der Förderschwerpunkt Lernen diagnostiziert. […] Ich habe ihn schon in seinen letzten anderthalb Wochen in der Grundschule übernommen und dort wurde er mir auch als Problemkind vorgestellt. Da habe ich mir gedacht, weiß Gott was ich da jetzt für einen bekomme. […] Ich fand den Jungen gleich relativ sympathisch und er mich anscheinend auch. Die Chemie hat gestimmt. […] Am Anfang war es echt so, dass er gar nicht alleine in die Pausen gehen konnte. Er ist auch auf andere Kinder los gegangen, hat Fremdaggressionen gezeigt oder herausforderndes Verhalten im Pausenhof. Er konnte einfach seine Kraft nicht dosieren. Das musste ihm am Anfang gezeigt werden. – Wir haben viel gesprochen. Wir haben dann auch bei ihm Sachen vorgeführt, damit er ein bisschen ein Gespür dafür entwickelt. […]
Bei dem Jungen sind die Hauptschwerpunkte eigentlich in den ganzen Kulturtechniken, lesen, schreiben, rechnen. Da ist er weit hinter dem Niveau seiner Klassenkameraden. […] In Mathe ist man dann noch bei dem kleinen Einmaleins und bei der schriftlichen Subtraktion und solche Sachen. […] In vielen Nebenfächern, den ganzen naturwissenschaftlichen Fächern, da ist er sehr stark. […] Er hat eine super Allgemeinbildung durch Filme und durch Dokumentationen und auch von zu Hau-

10 Das sogenannte Asperger-Syndrom wird in der ICD 10 als medizinisch nicht sicher zu beschreibende Störung vorgestellt, die sich „vom Autismus in erster Linie durch fehlende allgemeine Entwicklungsverzögerung bzw. den fehlenden Entwicklungsrückstand der Sprache und der kognitiven Entwicklung“ (ebd.) unterscheidet.

11 Die ICD 10 thematisiert beim Stichwort „geistige Behinderung“ das Konstrukt der Intelligenzminderung und beschreibt diese als einen „Zustand von verzögerter oder unvollständiger Entwicklung der geistigen Fähigkeiten“ (ebd.).

se, von Zeitschriften, von seinen Eltern, von Erzählungen. – Aber halt viel durch Videos, weil er eben ganz große Probleme hat, zu lesen. […] Der Junge ist auch sehr gut in die Klasse integriert, wie man dann so sagt, hat auch Freunde in der Klasse. Dadurch, dass der Großteil seit der fünften Klasse zusammen ist, haben sie sich gefunden. […] Und die fahren auch mit dem Bus zusammen nach Hause, weil sie im Nachbarort wohnen. – Und sie haben teilweise gleiche Interessen" (3 aus GI).

Folgt man dem Ratgeber „Schulbegleiter erfolgreich einbinden" (Kremer 2016), legitimieren die hier benannten Hauptschwerpunkte der Begleitung schulischen Lernens keine Schulbegleitung. Hier heißt es explizit: „Zu den Aufgaben des Schulbegleiters gehören nicht: Ergänzung und/oder Vertiefung des Lernstoffs, Binnendifferenzierung im Unterricht" (ebd., S. 20). Derartige individualisierte Angebote, „ausgehend von der Analyse des Lerngegenstands mit seiner Anforderungsstruktur" (Geiling 2000, S. 52) sowie einer „Analyse der Fähigkeiten und Bedürfnisse des Kindes in Bezug auf eine besondere Anforderung" (ebd.) könnten in einer inklusionsorientierten Schule angesichts der Schülerbeschreibung erwartet werden. In diesem Beispiel wird, vielleicht angesichts der vielfältigen Kenntnisse und Fähigkeiten des Schülers, nicht mehr eine sogenannte „geistige Behinderung", sondern ein Förderbedarf des Lernens thematisiert. Das kann wahrscheinlich auch im Zusammenhang mit der erfolgreichen Schulbegleitung verstanden werden. Dennoch wird weiterhin von einem unbedingten Unterstützungsbedarf des begleiteten Schülers ausgegangen. Er begründet diesen mit den Leistungsanforderungen des Schulsystems und einer fehlenden Passung zwischen allgemein angenommenen Leistungserwartungen und den erzählten individuellen Kompetenzen des Schülers.

*„Bei mir ist es auch so, dass er jetzt in der Schule definitiv die Unterstützung braucht, und das obwohl einige Lehrer*innen die Lernmaterialen entsprechend der Leistungsniveaus der Schüler*innen differenzieren. Da bin ich mir sicher. Und da sind wir uns auch alle sicher. […] Er kann auch durchaus mit Talent glänzen und mit Können, Fähigkeiten, die andere in seiner Klasse nicht haben. – Grad im Werken und in BK und so, da bewundern die anderen ihn immer wieder. – Aber auch am PC hat er manchmal kreative Ideen wie er irgendwas gestalten kann. […] Ich denke, dass er seinen Weg machen kann. Nur in der Schule, schwierig, mit dem Schulsystem, mit den Anforderungen, die da jetzt bestehen. […]*
*In Englisch und in Mathe ist er gar nicht dabei, da bekommt er von der Sonderpädagogin das Material erstellt. […] Wenn sie [die Klassenlehrerin] dann sagt, sie macht jetzt Englisch, dann gehen wir in diesen Differenzierungsraum oder auch mal in den Computerraum und bearbeiten da dann eben seine Materialien. […] Im Hilfeplan wird das immer neu formuliert: Wie sieht die Eingliederungshilfe aus und wie sieht die spezielle Aufgabe des Schulbegleiters[*der Schulbegleiterin] aus? Bei dem[*der] einen ist es eben wie jetzt bei mir: in zwei Fächern rausgehen. […] Da*

kann er natürlich nicht am Unterricht teilnehmen. – Aber wenn ich nicht da wäre, würde er da sitzen und, ich weiß nicht, er würde vielleicht irgendwelche Schiffchen malen. [...] Er wäre auch nicht beteiligt. [...] So macht er wenigstens seine Aufgaben entsprechend seines Förderbedarfs. [...] Und der Junge hat so, in meinen Augen, sehr viel gelernt, weil er eben nicht alles abgenommen bekommt und nicht noch eine zweite Person mit dran denkt. [...] Wenn er die Hausaufgaben vergessen hat, dann wird man schon mal angeguckt und gefragt, aber ich verweis dann auf ihn. – Ich sag mal so, die Klassenlehrerin macht das immer noch, obwohl wir seit drei Jahren ganz eng zusammenarbeiten. Und dann guckt er mich auch manchmal an und daran merkt man halt, dieses Gefüge ist schon sehr eng" (3 aus GI).

Wenn Schulbegleitung wie hier als notwendige individuelle Unterstützung verstanden wird, wäre zu fragen, in welchen Weisen sie sich als Ergänzung allgemein- und sonderpädagogischer Lernangebote zeigt. In der beschriebenen Praxis zeigt sie sich eher als zeitweilige Ersetzung dieser. Dabei lassen sich sowohl der Ausschluss aus dem gemeinsamen Unterricht als auch die Zuweisung von Aufgaben sonderpädagogischer Förderung an die Schulbegleitung kritisieren; ersteres mit der Aufmerksamkeit für einen systematischen Widerspruch zur Inklusionsorientierung, die differenzierte Lernangebote für heterogene Lerngruppen unter Berücksichtigung sonderpädagogischer Förderbedarfe erwarten lässt; letzteres unter Verweis auf die strukturelle Zuständigkeit der allgemeinen Schulen und der sonderpädagogischen Dienste sowie die erwarteten Ressourcen und Kompetenzen der Lehrer*innen für die Planung und Realisierung des Unterrichts sowie besonderer Förderangebote[12]. Im vorliegenden Beispiel mangelt es (wie in den anderen Beispielen auch) nicht an sonderpädagogischen Kompetenzen, wohl aber an Strukturen gemeinsamen Unterrichts und an der formal zugebilligten Zeit für den sonderpädagogischen Förderbedarf, wenn es heißt:

„Der wird allerdings nur mit zwei Stunden pro Woche gedeckt. – Sie [die Sonderpädagogin] ist donnerstags da und die Kooperation findet hauptsächlich mit ihr statt. [...] Das Fördermaterial wird von ihr erstellt und das gibt sie uns an die Hand, also hauptsächlich mir. – Und ich arbeite dann eben mit dem Jungen immer so was

12 Die allgemeinen Schulen sollen laut den Schulgesetzen mit sonderpädagogischen Diensten zusammenarbeiten. Die Pädagog*innen der sonderpädagogischen Dienste können und sollen behinderungsspezifische Bedarfe diagnostizieren, aus den Diagnosen Unterstützungsmöglichkeiten ableiten, Lehrer*innen entsprechend beraten und gegebenenfalls individuelle Förderungen übernehmen. Nur in den Fällen, in denen über die sonderpädagogische Beratung und Förderung hinaus individuelle Unterstützungsbedarfe zur Teilhabe am Unterricht und am Schulleben notwendig werden, sollen Schulbegleitungen inklusionsorientierte schulische Maßnahmen unterstützen (vgl. Deger et al. 2015, S. 219).

wie einen Wochenplan und das klappt sehr gut. Das Erlernen neuer Inhalte findet fast ausschließlich innerhalb der zwei Stunden mit der Sonderpädagogin statt. Das Üben und Wiederholen erfolgt sowohl im Klassenverband, als auch im Differenzierungsraum" (3 aus GI).

So erscheint die Schulbegleitung weniger als zusätzliche Unterstützungsleistung, sondern vielmehr als Ergänzung sonderpädagogischer Lernangebote, welche diese zum Teil ersetzt. In dieser Weise instrumentalisiert, erscheint auch bezogen auf Eingliederungshilfen in Form von Schulbegleitungen „[d]ie von Kostenträgern vielfach vorgebrachte Argumentation [einsichtig; d.A.], Personaldefizite im Schulbereich ausgleichen zu müssen und somit als Ausfallbürgen für den Kultusbereich zu dienen" (Dworschak 2017, S. 47).

„Warum dürfen die das und ich nicht?" (2 aus GI)

Auch die vierte Vorstellung einer bewilligten Eingliederungshilfe legt eine schulpädagogische Aufgabe nahe, die nach dem bereits zitierten Ratgeber nicht zu denen einer Schulbegleitung gehört, die „Disziplinierung des Schülers" (Kremer 2016, S. 20).

„Ich begleite in einer normalen Grundschule, Zweitklässler, auch acht Jahre alt. – Der war davor auf einer anderen Grundschule, ist dort gegangen worden oder der Vertrag wurde aufgelöst, weil er halt auch sehr aggressiv ist und Lehrer und die Mitschüler geschlagen und gebissen hat. […] Jetzt hat er bei uns einen Neuanfang mit Schulbegleiter. – Er hatte davor niemand. – Er wurde jetzt getestet auf Asperger. […]
‚Mein' Kind war schon im Kindergarten mit vielen zusammen. – Er kam auf die andere Grundschule, aber hat sich in diese Klasse gewünscht. – Und da sind zwei, drei, mit denen ist er auch befreundet. Die spielen zusammen Fußball, sind im Verein. […] Und die können ihn auch ganz gut nehmen. Die wissen auch, wenn er dann mal wieder aufspringt und einen drückt, dass er das nicht immer böse meint, sondern dass er manchmal einfach aufgeregt ist. […] Da gibt's auch so ein paar, die gucken immer so ein bisschen ängstlich, wenn er aufspringt und halten sich lieber fern von ihm. Aber ist nicht so, dass sie was Böses zu ihm sagen. […] Also er ist schon integriert und darf auch bei den Spielen überall mitmachen" (2 aus GI).

Strukturell begründet sich dieser Fall von Schulbegleitung mit einem Ausschluss aus der Schule aufgrund aggressiven Verhaltens. Im Zusammenhang der Erzählung lässt sich das sozial-emotionale Verhalten auch als erfolgreicher Widerstand gegen verwehrte schulische Teilhabe in der vertrauten Kindergemeinschaft lesen. Als Erziehungs- und Ordnungsmaßnahme ist ein Ausschluss schulrechtlich zulässig, „wenn es einem Mitschüler wegen Art und Schwere der Beeinträchtigungen und deren Folgen nicht zumutbar ist, mit dem Schüler weiter dieselbe Schule zu besuchen, oder einer Lehrkraft, ihn weiter zu unterrichten“ (SchG BW, § 90). Allerdings widerspricht diese Art der Exklusion sowohl dem Erziehungs- und Bildungsauftrag der Schule, der Kindern und Jugendlichen „das Recht auf eine seiner Begabung entsprechende Erziehung und Ausbildung“ (ebd., § 1) zusichert als auch der Schulpflicht (ebd., § 76). So erscheint die hier thematisierte Schulbegleitung zunächst als ein Instrument gegen eine langfristige Schulverweigerung bzw. Exklusion aus dem Schulsystem.

Die angekündigte „Testung“ einer Behinderung liest sich dabei wie eine nachträgliche Legitimation der Schulbegleitung: Weil Behinderungen sozialpolitisch als Exklusionsrisiken gelten und Menschen mit Behinderungen als Bevölkerungsgruppe, die potentiell von gesellschaftlicher Ausgrenzung bedroht ist, kann eine Behinderungsdiagnose, die dem Sozialrecht entspricht, eine Eingliederungshilfe in Form von Schulbegleitung begründen. Diese Zuschreibungen von Behinderungen sind die Voraussetzung für die Bewilligung von Eingliederungshilfen, auch wenn sie im Kontext von schulischer Inklusion nicht sinnvoll erscheinen. Pädagogisch begründet wird die Schulbegleitung mit der Disziplinierung eines potentiell fremdverletzenden Verhaltens des begleiteten Schülers, das ihn als „nicht beschulbar“ (2 aus GI) darstellt.

> *„Er war ja in der anderen Schule auch schon nicht beschulbar und das ist jetzt definitiv so, so wie er gerade drauf ist. […] Ich bin nur vier Stunden jeden Tag drin und wenn er noch fünfte, sechste Stunde hätte, dann muss er gehen. Er kann im Moment nicht alleine da bleiben […], weil er immer wieder aufspringt und dann will er jemanden drücken, dann drückt er immer am Hals. […] Also ich muss ganz in der Nähe sein. […] Ich bin jetzt also den ganzen Morgen bei ihm, auch in den Pausen, halt immer. – Dann gucke ich, dass er sitzen bleibt, nicht rein ruft, niemanden schlägt, niemanden haut. – Manche Tage bin ich auch nur draußen mit ihm, weil es gar nicht geht im Unterricht. Und dann arbeite ich halt draußen im Einzelzimmer mit ihm die Sachen.*
> *Dann gibt es wieder gute Tage, da sind wir im Unterricht. […] Es ist manchmal halt schwierig. Wenn ich grad versuche ihn zu zügeln, damit er nicht dauernd aufspringt und die anderen springen rum. Dann sagt er zu mir: Warum dürfen die das und ich nicht? Ja, weil du eine Schulbegleiterin hast und weil ich jetzt hier bin. […] Ich meine, es gibt ja immer auch ein paar, die ähnlich oder anders auffällig sind […]. Und da ist man immer so bisschen im Zwiespalt: weil wenn ich ihn aufspringen lasse, dann sagt die Lehrerin wieder: dein Kind! […] Und ich will ihn ja fokussieren, dass er seine Arbeit schafft und dann sagt er: Ja guck mal, die schaffen auch nicht“ (2 aus GI).*

Die Schulbegleitung erscheint hier als in Frage zu stellende exklusive Unterstützung eines Schülers im gemeinsamen Unterricht, welche diesen mehr diszipliniert als andere Schüler*innen. Mit der Aufgabe des Schutzes vor Verletzungen wird sie als notwendige Bedingung für die Teilhabe am schulischen Lernen und Leben in doppelter Weise thematisiert: a) insofern, als dass der Schüler, von dem erzählt wird, von dem Unterricht ausgeschlossen wird, für den keine Begleitung zur Verfügung steht, b) indem die Verantwortung für das Verhalten des Schülers der Schulbegleitung zugeschrieben wird. Die Legitimität der Exklusionspraxis kann, wiederum mit Verweis auf Bildungsrecht und Schulpflicht, in Frage gestellt werden. Die Verantwortungszuschreibung kann als Ignoranz gegenüber dem Schüler als aktiven Gestalter seines Lernens oder auch als Abwehr der Verantwortung der Schule bzw. der Lehrer*innen für dessen Ermöglichung verstanden werden (vgl. Geiling 2000, S. 52).

Fazit

Die hier vorgestellten Beispiele von Schulbegleitungen können als ambivalente Angebote für schulische Lernprozesse angesichts des Inklusionsgebotes verständlich werden. Sie beschreiben pädagogisch-begleitende Unterstützungen für Schüler, die als seelisch behindert bzw. sozial-emotional beeinträchtigt adressiert werden. Als solche können sie „keinesfalls als ideale Lösung für die Entwicklung eines inklusiven Bildungssystems angesehen werden" (Dworschak 2017, S. 48), aber kritische Diskussionen zu Fragen von Bildungsgerechtigkeit, Inklusion und Heterogenitätsvorstellungen im inklusionsorientierten Schulsystem anregen und entsprechend reflexive Lernprozesse in Schulen begleiten.

Keines der vier Beispiele von Schulbegleitungen kann als eines gelten, das Eingliederungshilfen im Kontext des inklusionsorientierten Anspruchs gemeinsamen Lernens und Lebens von Schüler*innen realisiert. Sie stellen Erzählungen von Praxen des Lernens und Lebens von Schüler*innen mit und ohne sonderpädagogischen Förderbedarfen an einer gemeinsamen Schule dar, die inklusionspädagogischen Vorstellungen von Bildungsgerechtigkeit, der Anerkennung von Heterogenität und von gleichberechtigter Teilhabe an gemeinsamen Lernangeboten angesichts individueller Verschiedenheiten nicht entsprechen.

Die Aufgabe der ‚Überbrückung einer Kluft zwischen den Unterstützungsbedürfnissen einzelner Kinder und dem, was die Schule derzeit an Unterstützung leisten kann' (vgl. Laubner et al. 2017a, S. 7), die Schulbegleitungen zugeschrieben wird, ließe sich mit der Idee legitimieren, dass „Inklusion von der Schule eigentlich ein grundlegendes Umdenken" (Dworschak 2017, S. 48) fordert, weg von einheitlichen Lernarrangements hin zu individualisierten Lernangeboten einschließlich angepasster Hilfen und Unterstützungsleistungen (nicht nur) für Schüler*innen mit diagnostizierten Förderbedarfen (vgl. ebd.). Entgegen diesem Anspruch zeigt sich (auch) in den vorgestellten Beispielen von Schulbegleitungen immer wieder, „dass die Maßnahme der Schulbegleitung den Veränderungsdruck, der auf der Schule lastet, insofern abmildert, als dass die Schulbegleitung dem Kind hilft, sich an das bestehende System anzupassen" (ebd.) und dass sie Lehrer*innen hilft, die pädagogische Verantwortung für die Ermöglichung systematischer Lern- und Bildungsprozesse von Schüler*innen zu delegieren.

Trotz aller strukturellen Barrieren und exkludierenden Praktiken werden die dargestellten Praxen von Schulbegleitungen als mögliche Unterstützungen für die Reduktion von Bildungsbenachteiligungen verständlich, die entsprechend des Anspruchs der Inklusion auch anders möglich wären. Als Angebote für reflexive Lernprozesse in Schulen könnten derartige Beispiele „eine Schlüsselfunktion in der Entwicklung eines inklusiven Schulsystems" (Laubner et al. 2017a, S. 7) einnehmen.

Literatur

Deger, P., Jerg, J. & Puhr, K. (2015). *Inklusion von Kindern und Jugendlichen mit einer Behinderung in allgemeinen Einrichtungen der Kindertagesbetreuung und Schulen.* Stuttgart: Kommunalverband für Jugend und Soziales. http://kvjs.de/fileadmin/datein/kvjs-forschung/Transfer/Abschlussbericht_Inklusion-Kita-Schule.pdf. Zugegriffen: 12. Januar 2018.

Dworschak, W. (2017). Zur Gewährung von Schulbegleitung – Wer erhält in welchem Umfang eine Schulbegleitung? In M. Laubner, B. Lindmeier & A. Lübeck (Hrsg.), *Schulbegleitung in der inklusiven Schule. Grundlagen und Praxishilfen* (S. 37–49). Weinheim & Basel: Beltz.

Geiling. U. (2000). Integrative Pädagogik mit Kindern in erschwerter Lernsituation – oder: Für eine Pädagogik, die Kinder stark macht. In U. Geiling (Hrsg.), *Pädagogik, die Kinder stark macht. Ansätze zur Arbeit mit Kindern in* Not (S. 41–58). Opladen: Leske + Budrich.

Geiling, U. & Gille, N. (2005). Integrative/inklusive Qualität, Bildungsstandards und Bildungsbarrieren. In U. Geiling & A. Hinz (Hrsg.), *Integrationspädagogik im Diskurs. Auf dem Weg zu einer inklusiven Pädagogik?* (S. 103–106). Bad Heilbrunn: Klinkhardt.

Geiling, U. & Prengel, A. (2017). Schubladisierung? Notizen zum Nachteil und Nutzen sonderpädagogischer Kategorien und fachdidaktischer Kompetenzstufen. In R. Kruschel (Hrsg.), *Menschenrechtsbasierte Bildung. Inklusive und Demokratische Lern- und Erfahrungswelten im Fokus* (S. 81–91). Bad Heilbrunn: Klinkhardt.

Hoyer, J. (2017). Strukturbedingte Reflexionskriterien für multiprofessionelle Zusammenarbeit im Handlungsfeld Schule. In M. Laubner, B. Lindmeier & A. Lübeck (Hrsg.), *Schulbegleitung in der inklusiven Schule. Grundlagen und Praxishilfen* (S. 118–126). Weinheim & Basel: Beltz.

ICD-Code. http://icd.code.de/icd/code/icd-10-GM.html. Zugegriffen: 16. Januar 2018.

Kremer, G. (2016). *Schulbegleiter erfolgreich einbinden. Förderschule: Ratgeber und Praxishilfen für Lehrer.* Hamburg: Persen.

Laubner, M., Lindmeier, B. & Lübeck, A. (Hrsg.). (2017). *Schulbegleitung in der inklusiven Schule. Grundlagen und Praxishilfen.* Weinheim Basel: Beltz.

Laubner, M., Lindmeier, B. & Lübeck, A. (2017a). Schulbegleitung in der inklusiven Schule. Einführung in das Herausgeberwerk. In M. Laubner, B. Lindmeier & A. Lübeck (Hrsg.), *Schulbegleitung in der inklusiven Schule. Grundlagen und Praxishilfen* (S. 7–10). Weinheim & Basel: Beltz.

Lübeck, A. & Demmer, C. (2017). Unüberblickbares überblicken – Ausgewählte Forschungsergebnisse zu Schulbegleitung. In M. Laubner, B. Lindmeier & A. Lübeck (Hrsg.), *Schulbegleitung in der inklusiven Schule. Grundlagen und Praxishilfen* (S. 11–27). Weinheim & Basel: Beltz.

Puhr, K. (2017). Theoretische Einsätze in Erzählungen von Teilhabe, Ausgrenzungen und Behinderungen im Kontext inklusionsorientierter Schulvorstellungen. In K. Puhr & J. Geldner (Hrsg.), *Eine inklusionsorientierte Schule. Erzählungen von Teilhabe, Ausgrenzungen und Behinderungen* (S. 13–61). Wiesbaden: Springer VS.

Schulgesetz für Baden Württemberg (SchG BW). http://landesrecht-bw.de/jportal/?quelle=jlink&query=SchulG+BW&psml=bsbawueprod.psml&max=true. Zugegriffen: 16. Januar 2018.

Sozialgesetzbuch (SGB VIII) Achtes Buch. Kinder- und Jugendhilfe. http://sozialgesetzbuch-sgb.de/sgbviii.html. Zugegriffen: 12. Januar 2018.

Sozialgesetzbuch (SGB IX) Neuntes Buch. Rehabilitation und Teilhabe von Menschen mit Behinderungen. http://sozialgesetzbuch-sgb.de/sgbix.html. Zugegriffen: 12. Januar 2018.

Sozialgesetzbuch (SGB XII) Zwölftes Buch. Sozialhilfe. http://sozialgesetzbuch-sgb.de/sgbxii.html. Zugegriffen: 12. Januar 2018.

Digitale Lernstandsanalysen in der inklusiven Grundschule?

Katrin Liebers, Eric Kanold und Ralf Junger

In der inklusiven Grundschule wird formatives Assessment als eine zentrale Bedingung für gelingende Lernprozesse aller Kinder angesehen. Eine Digitalisierung von formativem Assessment bietet insbesondere in inklusiven Settings die Chance, eine höhere psychometrische Qualität, ein Mehr an Adaptivität sowie eine höhere Professionalität der Lehrkräfte bei der Gestaltung passfähiger Lernangebote im Unterricht zu unterstützen. In diesem Beitrag werden Chancen und Grenzen digitaler formativer Assessments in inklusiven Settings theoretisch konzeptualisiert, das Projekt *ILeAplus Deutsch* umrissen und erste Befunde aus der Erprobung des digitalisierten Lernstandsanalyseverfahrens *ILeAplus Deutsch* vorgestellt.

1 Lernstandsanalysen in inklusiven Settings

Der inklusive Umbau des Schulsystems sowie die notwendige Inklusion zahlreicher geflüchteter Kinder erfordern intensivierte Bemühungen in Deutschland, das unterrichtliche Lernen aller Kinder zu fördern und fachdidaktisch sowie lernprozessdiagnostisch begründete Zugänge für die Planung inklusiven Unterrichts weiterzuentwickeln. So verweisen die Befunde der jüngsten IGLU-Studie auf eine deutliche Zunahme der Heterogenität von Grundschulklassen, zugleich wird die gestiegene Herausforderung einer guten Förderung aller Kinder betont (vgl. Hußmann et al. 2017).

In der Vergangenheit richtete sich der didaktische Blick in der Inklusionspädagogik zunächst vor allem auf Kategorien der Makroebene (z.B. Unterrichtskon-

S. Bartusch et al. (Hrsg.), *Lernprozesse begleiten*,
https://doi.org/10.1007/978-3-658-21924-6_16

zepte) oder der Mesoebene (z.B. Sozialformen), die hinsichtlich ihrer Eignung für inklusive Lerngruppen diskutiert wurden. Im gegenwärtigen Diskurs wird der didaktische Blick verstärkt auf die Tiefenstrukturen und damit auf die Mikroebene des Unterrichts gerichtet. Zu den zentralen Herausforderungen gehört die Frage, wie es gelingt, möglichst alle Schüler*innen angemessen kognitiv zu aktivieren und ihre Verstehensprozesse individuell zu unterstützen. Dazu bedarf es einer pädagogischen Diagnostik, die sich auf Lern- und Verstehensprozesse richtet. Eine solche unterrichtsimmanente Diagnostik im Dienst der Didaktik wird auch als didaktische Diagnostik bezeichnet (vgl. Geiling et al. 2015; Ingenkamp und Lissmann 2005) und lässt sich den Ansätzen des formativen Assessments zurechnen (vgl. Prengel 2016).

Formatives Assessment umfasst neben einer lernprozessbegleitenden, didaktisch orientierten Diagnostik noch weitere Strategien und lässt sich definieren „als unterrichtliches Handeln, welches gekennzeichnet ist durch einen transparenten Umgang mit Lernzielen und Bewertungskriterien, die kontinuierliche Verwendung diagnostischer Instrumente, die Aufschluss über die je aktuelle Lernausgangslage geben, ein differenziertes Feedback und eine aktive Schülerbeteiligung. Die diagnostische Information wird prozessorientiert und vorrangig für die Adaption der pädagogischen Angebote und die individuelle Rückmeldung an die Schülerinnen und Schüler genutzt, wobei Diagnose und Didaktik als ineinandergreifende zyklische Prozesse zu verstehen sind“ (Schmidt und Liebers 2015, S. 134). Regelmäßige Lernstandsanalysen stellen somit einen grundlegenden Baustein formativen Assessments dar.

Gleichwohl formatives Assessment in der Grundschule einen festen Stellenwert innehat und viele Lehrpersonen die Notwendigkeit eines formativen Unterrichts artikulieren, zeigt sich in der Praxis, dass sie oft zu wenig Zeit finden, formative Handlungspraxen in den Unterricht zu integrieren, dass sie vielfach Schwierigkeiten benennen, aus den Verfahren Schlussfolgerungen für die Planung von Unterricht zu ziehen (vgl. Kuhl und Sheik 2009) und dass sie zuweilen einem eher traditionellen Verständnis von Assessment verhaftet sind (vgl. Schmidt 2017). Diagnostische Strategien, wie Beobachtungen, Gespräche und Fehleranalysen, sind als *Low-Cost-Assessments* (vgl. Maier 2010) weiter verbreitet als *High-Cost-Assessments*, die einen zusätzlichen zeitlichen oder inhaltlichen Aufwand erfordern, wie z.B. der Einsatz individueller Lernstandserhebungen. Nicht selten erleben sich Lehrkräfte in inklusiven Settings in paradoxen Handlungsanforderungen, die für sie den Sinn und Nutzen von pädagogischer Diagnostik in Frage stellen (vgl. Amrhein 2015; Walm et al. 2017).

2 Chancen und Grenzen der Digitalisierung von formativen Assessments

Digitalisierung prägt als ein zentraler Transformationsfaktor die Veränderung von Arbeitsprozessen und Freizeitgestaltung in unserer Gesellschaft. Durch immer neue und fortwährend innovierte Infrastrukturen für die Erfassung, Speicherung und Kommunikation von Informationen ergeben sich ebenso für schulische Handlungsfelder Chancen zur Prozessoptimierung und Entlastung der Akteur*innen. Im Digitalisierungsdiskurs geraten zunehmend die Potentiale digitalisierter Lernumgebungen und individualisierter Förderung in heterogenen Settings in den Fokus (vgl. Schaumburg 2015; Zierer 2017). International und national werden digitalisierte Assessmentverfahren für die Schule entwickelt, seien es Verfahren landesweiter Lernstandserhebungen, wie z.B. CITO oder PIPS (vgl. CITO 2014; Tymms und Wylde 2004), Schulleistungstests, z.B. FIPS oder ELFE II (vgl. Bäuerlein et al. 2012; Lenhard et al. 2017) oder Lernstandsüberprüfungsverfahren von Schulbuchverlagen. Dabei steht ein Nachweis der Wirksamkeit dieser Verfahren im Sinne einer verbesserten Adaptivität des Unterrichts oder besserer Lernergebnisse noch überwiegend aus (vgl. Zierer 2017).

Unter inklusiven Zielstellungen bieten folgende Aspekte eines digitalisierten Assessments erweiterte Chancen für die Erfassung von Lernausgangslagen von Schüler*innen in der Grundschule:

2.1 Digitalisierung als Basis für eine höhere psychometrische Qualität

Objektivität. Während bislang Assessments von Lehrkräften persönlich durchgeführt werden, können Testleitereffekte während der Durchführung, Auswertung und Interpretation weitgehend reduziert werden. Digitalisierte Assessments weisen ihrem Wesen nach ein hohes Maß an Standardisierung auf und Testergebnisse werden von der Software fehlerfrei bestimmt (vgl. Frey 2005). Wie weit die Unterstützung durch die Software bei der Interpretation der Ergebnisse geht, ist abhängig von den zugrundeliegenden theoretischen Modellen und ihrer softwaretechnischen Umsetzung. Zugleich kann der Objektivitätsanspruch auch kritisch hinterfragt werden (vgl. dazu Simon und Simon in diesem Band).

Zeitökonomie und Praktikabilität für Lehrkräfte. Digitale Assessments versprechen eine zeitökonomischere Durchführung und Auswertung als papiergestützte Verfahren, denn sie ermöglichen eine probandenbestimmte Bearbeitungszeit bzw. -geschwindigkeit und eine sofortige Testwertbestimmung (vgl. Maier

2015). Geben die Programme zusätzlich noch Interpretationshilfen und Förderhinweise aus, kann das weitere Zeitressourcen in der Schulpraxis sparen. Außerdem können digitalisierte Verfahren praktikabler sein als herkömmliche, weil sie bei entsprechender technischer Ausstattung jederzeit verfügbar sind. Damit entfallen Bestellaufwand, Lieferzeit und die gelegentlich fehlende Verfügbarkeit papier- oder materialgestützter Assessments. Allerdings ist die gegenwärtige technische Ausstattung an vielen Schulen noch nicht auf dem dafür notwendigen Stand (vgl. Schaumburg 2015).

Testökologie. Digitale Assessments bieten die Möglichkeit, die Nutzeroberfläche und Interaktionen an zeit- und kindgemäße Erfahrungen anzupassen. Zudem können mithilfe von Gamification Einflüsse von Demotivation durch langwierige oder als langweilig empfundene Aufgabenbatterien vermindert werden (vgl. Sailer 2016; Urh et al. 2015). Dennoch können Computerängstlichkeit und die bisherigen Erfahrungen mit digitalen Medien die Erhebung des Lernstands beeinflussen (vgl. Frey 2012; Maier 2015; Schaumburg 2015).

Testfairness. Digitale Assessments können sich dem Anspruch annähern, allen Schüler*innen in inklusiven Settings den Zugang zu diesen zu ermöglichen, unabhängig von sprachlichen, sensorischen oder motorischen Barrieren. So ist eine Anpassung der Interaktionstechniken zwischen Kind und der Assessmentsoftware, z.B. hinsichtlich Erst- und Zweitsprache, programmierbar. Für Schüler*innen mit besonderen Bedürfnissen in sensorischer oder motorischer Hinsicht können spezifische Interaktionen ermöglicht werden, z.B. über wahrnehmungsnahe Interaktionen mit Touchscreen, durch Sprachein- und ausgabe, Braillezeilen oder Augensteuerung.

Vermeidung von Stereotype Threat. Ein wesentliches Kennzeichen inklusiven Assessments ist die Anerkennung von Schüler*innen und eine wertschätzende Erfassung ihrer Kompetenzen. Werden digitalisierte Assessmentanweisungen für alle Schüler*innen vergleichbar, ohne äußere negative Einflüsse (z.B. Zuweisung von negativen Stereotypen) in der Testsituation dargeboten, kann die Aktivierung von Stereotype Threat (vgl. Martiny und Götz 2011) vermieden werden. Voraussetzung ist jedoch, dass alle Schüler*innen Zugang zum digitalen Assessment erhalten und nicht wegen z.B. vermeintlich fehlender Sprachkenntnisse oder unzureichender Lernerfahrungen ausgeschlossen werden.

2.2 Digitalisierung als Basis für adaptierbare und adaptive Assessments

Adaptierbare und adaptive Assessments sind anpassbar an die unterschiedlichen Bedürfnisse und Voraussetzungen von Schüler*innen und damit sensitiv für vielfältige Heterogenitätsdimensionen sowie unterschiedliche Kompetenzen in einem sehr breiten Spektrum. Um darauf nicht nur mit der Erweiterung von Testbatterien zu reagieren, können Assessments nach dem Grundgedanken des adaptiven Testens so individualisiert werden, dass bei einer möglichst geringen Anzahl an bearbeiteten Aufgaben möglichst viele diagnostische Informationen erzeugt werden (vgl. Frey 2012).

Zur Anpassung von Assessments gibt es zwei Möglichkeiten, die begrifflich unterschieden werden können. Von adaptierbaren Assessments ist die Rede, wenn dem eigentlichen Assessment (*measurement test*) ein zweites Verfahren (*routing test*) vorausgeht, das zielgruppen- oder nutzerspezifische Merkmale erfasst. Auf Basis dieser Informationen wird dann der *measurement test* angepasst, weswegen von zweistufigen Verfahren gesprochen wird. Die zweite Möglichkeit bieten adaptive Assessments, die während der Befragung auf Basis der gewonnenen Informationen ständig angepasst und deswegen als mehrstufige Verfahren bezeichnet werden (vgl. ebd.).

Digitale Assessments können hinsichtlich der Aspekte Inhalt, Präsentation und Interaktionstechniken angepasst werden (vgl. Lorz 2010). Inhalte können entsprechend des zu erfassenden Lernbereichs und des Schwierigkeitsgrades variiert und angepasst werden. Die Adaption der Art und Weise der Präsentation, also die Gestaltung von Inhalt und Aufgaben, kann einen Beitrag zur Alters- und Entwicklungsgemäßheit des Assessments beitragen.

Der wesentliche Vorteil digitalisierter adaptierbarer und adaptiver Assessments liegt darin, dass zeitsparende Gruppentests durchgeführt werden können, die trotzdem individualdiagnostisch gestaltbar sind. Der bisher angenommene Vorteil der Motivationssteigerung ist zu relativieren und gilt anscheinend vor allem für leistungsschwächere Personen, weil sie auf ihre Fähigkeiten abgestimmte lösbare Items präsentiert bekommen. Leistungsstärkere Personen erfahren adaptive Tests dagegen eher als demotivierend, weil sie entgegen ihrer sonstigen Erfahrungen in Leistungssituationen nur einen geringeren Anteil der Items lösen können und das unabhängig von der eigenen Anstrengungsbereitschaft (vgl. Frey 2012).

2.3 Digitalisierung als Unterstützung professionellen Handelns

Für die im inklusiven Unterricht unumgängliche Adaption der unterrichtlichen Angebote an den Könnensstand der Schüler*innen bedarf es der Verknüpfung vielfältiger fachspezifischer und fachdidaktischer Wissensbestände sowie pädagogischer und diagnostischer Kompetenzen (vgl. Beck et al. 2008). Zahlreiche Forschungsbefunde zeigen, dass es Lehrkräften zwar in der Regel gut gelingt, die Schüler*innen anhand ihrer Leistungen in eine Rangreihe zu bringen, sie aber Schwierigkeiten haben, die Leistungen z.B. innerhalb eines Kompetenzstufenmodells zu verorten (vgl. Südkamp et al. 2012; Spinath 2005; Westphal et al. 2016) oder für die Planung nachfolgender Unterrichtsaktivitäten zu nutzen (vgl. Heritage et al. 2009; Hesse und Latzko 2011, 2013).

Mittels digitalisierter Auswertungstools können Lehrkräfte darin unterstützt werden und umfangreiche, digital verfügbare Anregungen zu einer evidenzbasierten Förderung erhalten. Solche Tools können jedoch fehlendes professionelles Handlungswissen und soziale Interaktionen nicht ersetzen (vgl. Zierer 2017), denn die individuelle Passung von Lernausgangslage und Lernangebot im Unterricht kann mit wenigen Ausnahmen nur durch die Lehrkräfte selbst erfolgen (vgl. Hesse und Latzko 2013). Digitalisierte Assessmentinterpretationen bergen zudem die Gefahr abstrakter Interpretationen ohne Kenntnis sinnstiftender, ökologischer Kind-Umfeld-Bezüge.

Nicht zuletzt gilt auch für digitalisiertes Assessment der Grundsatz, dass professionelle Diagnostik stets zum Nutzen der Schüler*innen, also zum Befördern und Verändern von Lernvoraussetzungen und Lernleistungen, durchgeführt werden sollte. Professionelles Diagnostizieren bedeutet auch und besonders in inklusiven Settings, dass Lehrkräfte ihre Arbeitshypothesen sowie ggf. (Vor)Urteile durch explizite Diagnostik überprüfen und diese Urteile dann auf der Grundlage der erhobenen Daten präzisieren, modifizieren oder korrigieren können und wollen (vgl. Hesse und Latzko 2011).

3 Das digitalisierte Lernstandsanalyseverfahren ILeA-plus Deutsch

Seit dem Jahr 2006 ist im Land Brandenburg die Durchführung von *Individuellen Lernstandsanalysen (ILeA)* in den Klassenstufen 1, 3 und 5 in den Fächern Deutsch und Mathematik in den ersten sechs Wochen des Schuljahres mit allen Schüler*innen verbindlich durchzuführen. Über die Ergebnisse sowie darauf basierende Förderansätze werden die Eltern in Lernstandsgesprächen informiert. Bislang erfolgte die Erfassung der Lernstände mittels papiergestützter Verfahren in der gesamten Lerngruppe, was einen signifikanten Zeitaufwand in der Vorbereitung, Durchführung und vor allem in der Auswertung bedeutete. Für vertiefende Diagnostiken standen weitere *ILeA*-Einzelverfahren zur Verfügung. Zugleich zeigte sich, dass die klassenstufenbezogene Zuordnung der Aufgaben nicht adäquat war, um die Kompetenzen aller Schüler*innen angemessen erfassen zu können. Deshalb wurde bereits 2011/12 eine neue papiergestützte Erprobungs-Fassung *ILeA Deutsch inklusiv* für die Bereiche Lesen und Rechtschreiben entwickelt, die adaptive Annäherungen an die jeweiligen Lernausgangslagen aller Schüler*innen ermöglichen sollten (vgl. Kroner und Liebers 2012). Diese Fassung erforderte einen mindestens ebenso hohen Zeitaufwand und eine ausgeprägte diagnostische Kompetenz. Vor diesem Hintergrund entschied das Bildungsministerium 2015, dass *ILeA* digitalisiert werden soll, um die Lehrkräfte mit entsprechenden Durchführungs- und Auswertungstools zu unterstützen.

Ziel des Projektes *ILeAplus Deutsch*[1] ist es, ein digitalisiertes Verfahren zur lernprozessbegleitenden Diagnostik und Förderung im Fach Deutsch in der Primarstufe zu entwickeln, zu erproben und zu validieren (vgl. Liebers et al. 2016a). Die Umsetzung erfolgt unter Berücksichtigung der neuen, inklusiv orientierten Rahmenlehrpläne des Landes Brandenburg, die ab dem Schuljahr 2017/2018 unterrichtswirksam wurden. Sie beinhalten curriculare Ziele für alle allgemeinen Bildungsgänge bis Klassenstufe 10 und ebenso für Schüler*innen im sonderpädagogischem Förderschwerpunkt Lernen. Basis dafür ist ein Modell gestufter Standards, die ein gemeinsames und zugleich lernzieldifferentes Lernen ermöglichen und einen Blick über Klassenstufen hinweg auf die Lernentwicklung in der Grundschule gestatten (Liebers et al. 2016b).

Die vier Aufgabenpakete von *ILeAplus Deutsch* für die Grundschule umfassen korrespondierend zu den Standards in den Rahmenlehrplänen im Paket A Aufgaben zur Erfassung früher Literalität (vgl. Liebers et al. 2016a) sowie in den Paketen B, C und D Aufgaben zur Erfassung der Leseflüssigkeit und des Leseverständnisses sowie Aufgaben zur Erfassung der Rechtschreibfertigkeiten in den Klassenstufen 2 bis 6 (vgl. Ritter et al. 2017). Bei der Konzeption der Aufgaben zur frühen Literalität am Schulanfang wurde an Entwicklungsarbeiten aus dem

1 Das Forschungsvorhaben *ILeAplus Deutsch* (2016–2019) ist ein gemeinsames Projekt der drei Arbeitsgruppen von Katrin Liebers, Brigitte Latzko (Uni Leipzig) und Michael Ritter (Uni Halle). Die Entwicklung und Digitalisierung wird unterstützt von Mitarbeiter*innen des Landesinstituts für Schule und Medien Berlin-Brandenburg (LISUM).

Projekt ILeA T (vgl. Geiling et al. 2015) angeschlossen und besonderer Wert auf eine entwicklungsspezifische Umsetzung gelegt. So wurde ein vermutlich vielen Schulanfänger*innen bekannter Situationsbezug gewählt und eine möglichst authentische Erhebungssituation (vgl. Scott-Little und Niemeyer 2001) mit den Gestaltungsmerkmalen eines Computerspiels konzipiert. Auf der narrativen Ebene begleiten die Schulanfänger*innen die Spiel-Protagonist*innen Lea und Leo durch einen Erlebnispark und helfen ihnen bei verschiedenen Aufgaben. Das Paket A Deutsch wurde als ein zweistufiges adaptierbares Verfahren konzipiert. Ebenso wurden aufwendige grafische Gestaltungen der Aufgaben in den Paketen B, C und D umgesetzt und Überlegungen zur adaptiven Gestaltung dieser Aufgabenpakete getroffen.

Die Erhebung wie auch die Auswertung der gewonnenen Daten erfolgt im gesamten Verfahren computergestützt. Die Lehrkräfte können die Rückmeldungen auf Individual- und Klassenebene abrufen. Die Schüler*innen sollen perspektivisch eine Rückmeldung zur Ablage in ihr Portfolio erhalten, die ihre Selbstevaluation unterstützen kann.

4 Design der Entwicklungs- und Transferstudien

Für die Entwicklung der Aufgabenpakete und die damit verbundene Studie zur Verfahrensentwicklung wurde ein dreistufiges Modell von Aufgabenentwicklung (inklusive Präpilotierung und Pilotierung), Erprobung und erster Validierung der Aufgaben (vgl. Liebers 2017) sowie Normierung und Validierung der endgültigen Aufgaben (vgl. Gottlebe et al. 2018) entwickelt. Die Entwicklung der browserbasierten Aufgaben wurde im Sommer 2017 abgeschlossen. Von September bis Oktober 2017 erfolgte die Erprobung der Aufgabenpakete A bis C in 11 Schulen in 55 Klassen der Jahrgangsstufen 1 bis 5 mit insgesamt 1046 Schüler*innen. Das Aufgabenpaket D ist zum gegenwärtigen Zeitpunkt noch in der Erprobung. Parallel wurden in den Erprobungsklassen im Bereich Deutsch die Testverfahren SLS 2–9 (N = 726), ELFE II (N = 451) sowie HSP 1–5 (N = 710) eingesetzt, um die Validität der einzelnen Skalen zu prüfen.

Im Rahmen der Transferstudie wurden in allen beteiligten Schulen jeweils an ein bis zwei Tagen die Erprobung der Aufgaben durch die Schüler*innen von Projektmitarbeiter*innen beobachtet und die Beobachtungsergebnisse mithilfe standardisierter Beobachtungsbögen und freier Beobachtungen dokumentiert.

Mittels eines Rückmeldebogens beurteilten Lehrkräfte die technische Handhabung und die Lösbarkeit der Aufgaben. Darüber hinaus wurde ein standardisierter Fragebogen für Schüler*innen eingesetzt, der deren Aussagen zum allgemeinen

Nutzungsverhalten neuer Medien, zum Umgang mit dem Computer und zum Aufgabenverständnis erfasste.

5 Erste Befunde aus der Erprobung

Die Beobachtungen der Projektmitarbeiter*innen während der Erprobung der Aufgabenpakte von *ILeAplus Deutsch* in den Schulen vor Ort erbrachten zahlreiche Hinweise auf notwendige technische Programmanpassungen, z.B. zur Gestaltung des Browserfensters oder zur eindeutigen Markierung des Programmendes. Darüber hinaus zeigte sich, dass die meisten Schüler*innen mit Neugier und Begeisterung die Aufgaben am Computer bearbeiteten. Insbesondere bei Schulanfänger*innen wurden aber auch Probleme bei der Handhabung der Eingabegeräte (PC-Maus, Tastatur) beobachtet.

Die schriftlichen Rückmeldungen der Lehrkräfte (N = 35, Rücklaufquote 64 %) ergaben nicht nur, dass die Aufgabendarbietung ansprechend war, sondern auch, dass die Schüler*innen der ersten fünf Klassenstufen durch die grafische Gestaltung der Anwendung bei der Lösung der Aufgaben angemessen unterstützt wurden. Dabei konnten sie nach Einschätzung ihrer Lehrkräfte die technischen Anforderungen gut bewältigen. Circa ein Viertel der befragten Lehrkräfte für die erste, zweite und dritte Klassenstufe gab allerdings an, dass die Schüler*innen teilweise durch die Nutzung von Maus und Tastatur als Eingabegeräte an der erfolgreichen Bewältigung der Aufgaben u.a. auch feinmotorisch gehindert wurden. Vermutlich waren einige Schüler*innen nicht mit diesen Eingabegeräten vertraut oder die vorhergehende technische Einweisung im Tutorial war nicht ausreichend. Die Beobachtung einzelner Schüler*innen lässt die Vermutung zu, dass Probleme mit der Tastatur auch durch eine noch nicht voll ausgeprägte Buchstabenkenntnis verursacht werden. Für die vierte und fünfte Klassenstufe ergaben sich in dieser Hinsicht weniger Schwierigkeiten.

Erste Befunde aus der Befragung der Schüler*innen (N = 875) verweisen darauf, dass ca. drei Viertel der Schüler*innen ihrer eigenen Einschätzung nach gut mit der Maus und ca. zwei Drittel gut mit der Tastatur umgehen können. Ein Viertel der Erstklässler*innen benennt Schwierigkeiten mit der Tastatur. Die Selbsteinschätzungen der Schüler*innen korrespondieren in dieser Hinsicht mit den Rückmeldungen der Lehrkräfte sowie den Beobachtungen während der Erprobung durch die Projektmitarbeiter*innen.

6 Ausblick

Für den inklusiven Unterricht deuten sich zahlreiche Chancen eines digitalen Assessments an, wenn inklusionsadäquate Soft- und Hardwarelösungen gefunden werden und Lehrkräfte über ausreichend diagnostische, fachdidaktische und pädagogische Kompetenzen verfügen, die gewonnenen Befunde in individuell sinnstiftende und adaptive Lernangebote zu integrieren. Dabei sind neue Herausforderungen für die Professionalisierung, verbesserte Adaptionen im Hinblick auf Nutzungsbarrieren und nicht zuletzt auch mögliche Nachteile einer zunehmenden Digitalisierung für die Entwicklung von Schüler*innen kritisch zu diskutieren.

Das Lernstandsanalyseverfahren ILeA plus Deutsch ist mit dem Anspruch entwickelt worden, ein Tool für eine inklusive Diagnostik in der Grundschule zu schaffen, welches zu passfähigen Lernangeboten für alle Schüler*innen beitragen soll. Die Befunde der Erprobung lassen als einen ersten vorsichtigen Schluss zu, dass mit den digitalisierten Aufgabenpaketen erfolgversprechende Schritte aus der Sicht von Lehrkräften und Schüler*innen gegangen worden sind. Die faktorenanalytische und psychometrische Prüfung der Skalen- und Itemqualität ist noch nicht abgeschlossen und bleibt abzuwarten.

Im nächsten Schritt wird im Herbst 2018 eine überarbeitete Fassung der Aufgaben von ILeAplus an 80 Grundschulen im Land Brandenburg in je 40 Klassen der Jahrgangstufen 1 bis 6 (zweifach geschichtete Zufallsstichprobe, $N = 5400$) erneut erprobt. Diese werden kriterial und jahrgangsstufenbezogen normiert, sowie in einer kleineren Zufallsstichprobe ($n = 1800$) validiert.

Abschließend darf die Frage danach, inwieweit mit digitalisierten Lernstandserhebungen tatsächlich auch besserer Unterricht gestaltet werden kann, nicht aus dem Blick verloren werden.

Literatur

Amrhein, B. (2015). Professionalisierung für Inklusion – Impulse für die Lehrerinnenbildung. In E. Kiel (Hrsg.), *Inklusion im Sekundarbereich* (S. 140–159). Stuttgart: Kohlhammer.

Beck, E., Baer, M., Guldimann, T., Bischoff, S., Brühwiler, C., Müller, P., Niedermann, R., Rogalla, M. & Vogt, F. (2008). *Adaptive Lehrkompetenz: Analyse und Struktur, Veränderbarkeit und Wirkung handlungssteuernden Lehrerwissens.* Münster u.a.: Waxmann.

Bäuerlein, K., Beinicke, A., Berger, N., Faust, G., Jost, M. & Schneider, W. (2012). *FIPS: Fähigkeitsindikatoren Primarschule.* Göttingen: Hogrefe.

CITO Centraal Instituut voor Toetsentwikkeling (2014). *Cito-Sprachtest Version 3. Digitale Sprachstandfeststellung im Elementarbereich.* Doetinchem. http://www.cito-sprachtest.de/. Zugegriffen: 30. Januar 2018.

Frey, A. (2005). Validitätssteigerungen durch adaptives Testen. Frankfurt am Main: Peter Lang.

Frey, A. (2012). Adaptives Testen. In H. Moosbrugger & A. Kelava (Hrsg.), *Testtheorie und Fragebogenkonstruktion* (S. 275–293). Berlin, Heidelberg: Springer.

Geiling, U., Liebers, K. & Prengel, A. (Hrsg.) (2015). Handbuch ILEA T. *Individuelle Lernentwicklungsanalyse im Übergang. Pädagogische Diagnostik als verbindendes Instrument zwischen frühpädagogischen Bildungsdokumentationen und individuellen Lernstandsanalysen im Anfangsunterricht.* Halle: Universität Halle, http://ilea-t.reha.uni-halle.de/das_handbuch_ilea_t/. Zugegriffen: 30. Januar 2018.

Gottlebe, K., Dietrich, S. & Latzko, B. (2018). *Methodik der Normierungserhebung Deutsch.* Unveröffentlichtes Projektdokument. Leipzig: Universität Leipzig.

Heritage, M., Kim, J., Vendlinski, T. & Herman, J. (2009). From evidence to action: A seamless process in formative assessment? *Educational Measurement: Issues and Practice, 28(3)*, S. 24–31.

Hesse, I. & Latzko, B. (2011). *Diagnostik für Lehrkräfte.* 2. Aufl. Opladen u.a.: Budrich. http://nbn-resolving.de/urn:nbn:de:bsz:352-182669. Zugegriffen: 30. Januar 2018.

Hesse, I. & Latzko, B. (2013). Pädagogisch-psychologische Diagnostik. In T. Bohl & S. Meissner (Hrsg.), *Expertise Gemeinschaftsschule. Forschungsergebnisse und Handlungsempfehlungen für Baden-Württemberg* (S. 211–226). Weinheim: Beltz.

Hußmann, A., Wendt, H., Bos, W., Bremerich-Vos, A., Kasper, D., Lankes, E., McElvany, N., Stubbe, T.C. & Valtin, R. (2017). IGLU 2016. Lesekompetenzen von Grundschulkindern in Deutschland im internationalen Vergleich. *Pressemappe.* Münster: Waxmann.

Ingenkamp, K. & Lissmann, U. (2005). *Lehrbuch der Pädagogischen Diagnostik.* Weinheim: Beltz.

Kroner, H. & Liebers, K. (Hrsg.). (2012). *ILEA I – Individuelle Lernstandsanalysen Deutsch Lesen/Rechtschreiben für inklusive Grundschulen.* Erprobungsfassung 2012/2013. Ludwigsfelde: LISUM.

Kuhl, P. & Sheik, H. (2009). *Evaluation der Akzeptanz und Praktikabilität des Instrumentes ‚ILeA1' in Brandenburg.* Berlin: ISQ.

Lenhard, W., Lenhard, A., & Schneider, W. (2017). *ELFE II: Ein Leseverständnistest für Erst- bis Siebtklässler – Version II.* Göttingen: Hogrefe.

Liebers, K. (2017). *Antrag auf Erteilung einer Genehmigung zur Durchführung einer Befragung / Testung an Schulen Brandenburgs zum Thema: Erprobung ILeAplus Deutsch.* Unveröffentlichter Erprobungsantrag. Leipzig: Universität Leipzig.

Liebers, K., Junger, R., Koch, F. & Wagner, S. (2016a). *Definition, Operationalisierung und Aufgabenformatentwürfe für den Bereich früher Literalität für ILeAplus.* Unveröffentlichtes Projektdokument. Leipzig: Universität Leipzig.

Liebers, K., Latzko, B., Reinhold, S. & Ritter, M. (2016b). *Vorhabenbeschreibung zum Angebot „Erstellung, Erprobung und Normierung zur lernprozessbegleitenden Diagnostik und Förderung".* Unveröffentlichter Antrag. Leipzig & Halle: Universität Leipzig, Martin-Luther-Universität Halle-Wittenberg.

Lorz, A. (2010). *Adaptierbare und adaptive Fragebögen für virtuelle Organisationen.* Dissertation. http://nbn-resolving.de/urn:nbn:de:bsz:14-qucosa-61743. Zugegriffen: 30. Januar 2018.

Maier, U. (2010). Formative Assessment – Ein erfolgversprechendes Konzept zur Reform von Unterricht und Leistungsmessung? *Zeitschrift für Erziehungswissenschaft, 13(2)*, S. 293–308.

Maier, U. (2015). *Leistungsdiagnostik in Schule und Unterricht.* Bad Heilbrunn: Klinkhardt.

Martiny S. E. & Götz, T. (2011). *Stereotype Threat in Lern- und Leistungssituationen.* http://nbn-resolving.de/urn:nbn:de:bsz:352-182669. Zugegriffen: 30. Januar 2018.

Prengel, A. (2016). Didaktische Diagnostik als Element alltäglicher Lehrerarbeit – „Formatives Assessment" im inklusiven Unterricht. In B. Amrhein (Hrsg.), *Diagnostik im Kontext inklusiver Bildung – Theorien, Ambivalenzen, Akteure, Konzepte* (S. 49–63). Bad Heilbrunn: Klinkhardt.

Ritter, M., Ritter, A. & Kirchner, S. (2017). *Prozessablauf und Aufgabenkonzeptionen ILeAplus Deutsch.* Unveröffentlichtes Projektdokument. Halle: Martin-Luther-Universität Halle-Wittenberg.

Sailer, M. (2016). *Die Wirkung von Gamification auf Motivation und Leistung.* Wiesbaden: Spinger Fachmedien.

Schmidt, C. (2017). Formatives Assessment als Aspekt professioneller diagnostischer Kompetenz im Kontext des Grundschulunterrichts. In S. Miller, B. Holler-Nowitzki, B. Kottmann, B. Lesemann, B. Letmathe-Henkel, N. Meyer, R. Schroeder & K. Velten (Hrsg.), *Profession und Disziplin. Grundschulpädagogik im Diskurs* (S. 158–163). Wiesbaden: Springer VS.

Schmidt, C. & Liebers, K. (2015). Formatives Assessment an Grundschulen – Praxis und Bedingungsfaktoren. In K. Liebers, B. Landwehr, A. Marquardt & K. Schlotter (Hrsg.), *Lernprozessbegleitung und adaptives Lernen in der Grundschule. Forschungsbezogene Beiträge* (S. 133–138). Wiesbaden: Springer VS.

Schaumburg, H. (2015). *Chancen und Risiken digitaler Medien in der Schule: Medienpädagogische und -didaktische Perspektiven.* https://www.bertelsmann-stiftung.de/de/publikationen/publikation/did/chancen-und-risiken-digitaler-medien-in-der-schule/. Zugegriffen: 30. Januar 2018.

Scott-Little, C., & Niemeyer, J. (2001). *Assessing Kindergarten Children: What Schools Need to Know.* https://earlysuccess.org/sites/default/files/website_files/files/2012-10-Inter-State-Dicsussion-Time-Doc-2.M.Boyajian.pdf . Zugegriffen: 30. Januar 2018.

Spinath, B. (2005). Akkuratheit der Einschätzung von Schülermerkmalen durch Lehrer und das Konstrukt der diagnostischen Kompetenz. *Zeitschrift für Pädagogische Psychologie, 19 (1/2)*, S. 85–95.

Südkamp, A., Kaiser, J. & Möller, J. (2012). Accuracy of teachers' judgements of students' academic achievement: A meta-analysis. *Journal of Educational Psychology, 104(3)*, S. 743–762.

Tymms, P. & Wylde, M. (2004). Basisprüfverfahren und Dauerbeobachtung in der Grundschule. In G. Faust (Hrsg.), *Anschlussfähige Bildungsprozesse im Elementar- und Primarbereich* (S. 190–203). Bad Heilbrunn: Klinkhardt.

Urh, M., Vukovic, G., Jereb, E. & Pintar, R. (2015). The Model for Introduction of Gamification into E-learning in Higher Education. *Procedia – Social and Behavioral Sciences, 197*, S. 388–397.

Westphal, A., Becker, M., Vock, M., Maaz, K., Neumann, M. & McElvany, N. (2016). The link between teacher-assigned grades and classroom socioeconomic composition: The role of classroom behavior, motivation, and teacher characteristics. *Contemporary Educational Psychology, 46*, S. 218–227.

Walm, M., Schultz, C., Häcker, T. & Moser, V. (2017). Diagnostik und Leistungsbewertung im Dienste des Lernens – Theoretische Perspektiven auf ein inklusives Entwicklungsfeld. In A. Textor, S. Grüter, I. Schiermeyer-Reichl & B. Streese (Hrsg.), *Leistung inklusive? Inklusion in der Leistungsgesellschaft* (S. 113–120). Bad Heilbrunn: Klinkhardt.

Zierer, K. (2017). Digitales Lernen. Möglichkeiten und Grenzen einer Digitalisierung im Bildungsbereich. *Analysen & Argumente 238/2017.* http://www.kas.de/wf/doc/kas_47914-544-1-30.pdf?170213164206 . Zugegriffen: 30. Januar 2018.

Fachdidaktik(en) auf dem Weg zur Inklusion

Ein hochschuldidaktisches Qualifizierungskonzept

Toni Simon und Vera Moser

Im vorliegenden Beitrag wird das Projekt „Fachdidaktische Qualifizierung Inklusion angehender Lehrkräfte an der Humboldt-Universität zu Berlin (FDQI-HU)“[1], ein Entwicklungsforschungsprojekt auf der Grundlage des Design-Based-Research-Ansatzes, vorgestellt. Das Projekt zielt auf eine nachhaltige, optimierte Lehrkräftebildung hinsichtlich der Umsetzung schulischer Inklusion mit einem besonderen Fokus auf die Fachdidaktik und nimmt dabei Lehr-Lern-Prozesse auf schulischer, hochschuldidaktischer und empirisch-forschender Ebene in den Blick. Im Fokus des Beitrages stehen einerseits die zentralen Ergebnisse der theoretisch und empirisch gestützten Entwicklung eines Modells für inklusives Lehren und Lernen, das einen heterogenitätssensiblen, anerkennenden Modus der Lernprozessbegleitung evozieren soll, sowie andererseits die im Projekt entwickelte Konzeption inklusionsorientierter hochschuldidaktischer Lehr-Lern-Formate und Hinweise zum Evaluationsdesign.

1 FDQI-HU wird im Rahmen der gemeinsamen „Qualitätsoffensive Lehrerbildung“ von Bund und Ländern aus Mitteln des Bundesministeriums für Bildung und Forschung gefördert. Weitere Informationen zum Projekt sind im Internet unter https://hu.berlin/FDQI zu finden.

S. Bartusch et al. (Hrsg.), *Lernprozesse begleiten*,
https://doi.org/10.1007/978-3-658-21924-6_17

1 Ziele des Projektes FDQI-HU

Im Rahmen der Diskussionen um schulische Inklusion wurde innerhalb der letzten Jahre deutlich, dass es einen besonderen Bedarf professioneller Entwicklung in Bezug auf inklusionsdidaktisches Handeln gibt – vor allem im Bereich der Sekundarstufe, wo nach wie vor besondere „Berührungsängste mit dem Thema Inklusion" beobachtet werden (Kiel 2014, S. 12). Insofern stellt die (fach-)didaktische Inklusionsforschung nach wie vor ein besonderes Desiderat dar (vgl. Seitz 2004; Preuss-Lausitz 2015).

Im Projekt „Fachdidaktische Qualifizierung Inklusion angehender Lehrkräfte an der Humboldt-Universität zu Berlin (FDQI-HU)" wurden auf der Basis eines eigens entwickelten „Didaktischen Modells für inklusives Lehren und Lernen" Lehrveranstaltungen konzipiert, mit denen die Heterogenitätssensibilität, die adaptive Lehrkompetenz und die Selbstwirksamkeitsüberzeugung angehender Lehrkräfte verschiedener Sekundarstufen-Fachdidaktiken (Englisch, Latein, Informatik, Geschichte, Arbeitslehre) in Bezug auf das Unterrichten heterogener Lerngruppen gesteigert werden sollen. Damit zielt FDQI-HU auf eine Verbesserung der Lehrkräftebildung im Hinblick auf schulische Inklusion mit einem Schwerpunkt auf den Bereich der Fachdidaktiken und knüpft an den bisherigen Forschungsstand der Integrations- und Inklusionsforschung sowie an die Theoriebildung und empirische Arbeiten im Bereich der Allgemeinen Didaktik und in den Fachdidaktiken an. Begründet durch die methodologische Orientierung am Ansatz des Design-Based-Research (vgl. z.B. The Design-Based Research Collective 2003; van den Akker et al. 2006) kommt es dabei zu einer engen Verzahnung theoretischer und empirischer Impulse und einem Verständnis von Forschung als Prozess ständiger (Weiter-)Entwicklung.

FDQI-HU umfasst die folgenden Arbeitsschritte: Erstens wurde ein theoretisches Modell inklusiver Lehr-Lern-Prozesse entwickelt, das zugleich anschlussfähig an unterschiedliche Fachdidaktiken ist. Zweitens wurden auf der Grundlage dieses Modells hochschuldidaktische Lehrformate konzipiert und durchgeführt, die in einem dritten Schritt evaluiert wurden, um sie entsprechend für eine zweite Erprobungsphase weiterzuentwickeln. Im Rahmen dieser Arbeitsschritte wurden parallel auch Prozesse der professionellen Entwicklung der beteiligten Forscher*innen und Dozent*innen angeregt.

Tab. 1 Übersicht über (Teil-)Ziele sowie konkrete Maßnahmen von FDQI-HU

FDQI-HU strebt die…
…Vernetzung und Weiterentwicklung vorhandener hochschuldidaktischer Kompetenzen in den Bereichen Rehabilitationswissenschaft, allgemeine sowie Fachdidaktik und Sprachbildung an. …fachdidaktische Qualifizierung für Inklusion durch die verbesserte Ausbildung von Heterogenitätssensibilität, adaptiver Lehrkompetenzen und Selbstwirksamkeitsüberzeugungen in Bezug auf das Unterrichten heterogener Lerngruppen an.
Teilziele von FDQI-HU
1. Identifikation fachübergreifender didaktischer Prinzipien, Konzeptionen etc., die für das Unterrichten inklusiver / heterogener Lerngruppen geeignet sind 2. Identifikation und Beschreibung fachübergreifender Qualitätsmerkmale für inklusiven (Fach-)Unterricht 3. Entwicklung eines fachübergreifenden didaktischen Modells, das die Qualitätsmerkmale inklusiven Unterrichts berücksichtigt und im Rahmen der Lehrkräftebildung an der Hochschule eingesetzt werden kann 4. Entwicklung und Erprobung hochschuldidaktischer Lehrformate für die Professionalisierung von Lehramtsstudierenden für inklusiven Fachunterricht
Maßnahmen mit Blick auf eine Unterstützung nachhaltiger professioneller Entwicklung und Professionalisierung an der Humboldt-Universität zu Berlin
1. Entwicklung und Erprobung von inklusionspädagogischen Lehrveranstaltungsformaten in den am Projekt beteiligten Fachdidaktiken 2. Entwicklung eines Messinstruments zur Evaluation der Wirksamkeit der Seminare u.a. bezüglich der Konstrukte Heterogenitätssensibilität, adaptive Lehrkompetenz und Selbstwirksamkeitsüberzeugung in Bezug auf das Unterrichten heterogener Lerngruppen 3. Evaluation der Seminare u.a. bezüglich der Konstrukte Heterogenitätssensibilität, adaptive Lehrkompetenz und Selbstwirksamkeitsüberzeugung in Bezug auf das Unterrichten heterogener Lerngruppen 4. Institutionelle Verankerung und Verstetigung der inklusionsdidaktischen Grundlagen an der Humboldt-Universität zu Berlin

2 Der Ansatz des Design-Based-Research

Der dem Projekt FDQI-HU zugrundeliegende Ansatz des Design-Based-Research impliziert ein grundlegendes Verständnis von Forschung als ein zyklischer Lern- und Veränderungsprozess: „development and research take place through continuous cycles of design, enactment, analysis, and redesign (Cobb, 2001; Collins, 1992)" (The Design-Based Research Collective 2003, S. 5). Das zyklische Vorgehen des Design-Based-Research-Ansatzes zielt auf das Identifizieren und Analysieren von ‚Unzulänglichkeiten' im Design. Das heißt, es wird planmäßig nach Fehlern – die als produktives Moment im Forschungsprozess betrachtet werden –

gesucht und eine positive Fehlerkultur im Sinne der Akzeptanz eines partiellen, temporären Scheiterns wissenschaftlicher Entwicklung und Forschung evoziert. In diesem Ansatz sind Phasen der retrospektiven Analyse von Gelingen und Scheitern – und damit auch der Einschätzung der (Nicht-)Produktivität von Fehlern – methodisch angelegt, indem ein Agieren in „Erfahrungsräumen für [z.T.; Anm. d. Verf.] unsichere Handlungen" (Wehner und Mehl 2016, S. 229) und eine „Fehlerfreundlichkeit" ermöglicht wird, die Wehner und Mehl als Haltung „der bewussten Hinwendung zum und nicht der Abwendung oder Tabuisierung von Fehlern" (ebd.) beschreiben. Dass Scheitern keine per se negative Kategorie ist, hat auch Oser (2016, S. 12) betont. Gleichsam gibt er jedoch zu bedenken, dass die Produktivität des Scheiterns „immer nur posthoc untersucht werden" kann (ebd.). Entsprechend werden wissenschaftliche Entwicklung und Forschung in FDQI-HU per se nicht als kontinuierliche ‚Erfolgsgeschichte' antizipiert bzw. konstruiert.

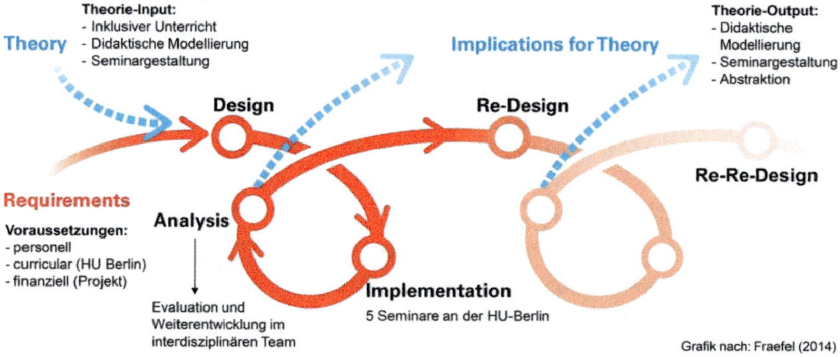

Abb. 1 Grafik zur Entwicklung und Forschung in FDQI-HU anhand des Design-Based-Research-Ansatzes (Frohn 2017, S. 15 in Anlehnung an Fraefel 2014)

3 Interdisziplinarität und Kooperation als Kerngedanke von FDQI-HU

Die Arbeiten in FDQI-HU erfolgen in einem interdisziplinären Team, für das zunächst vielfältige Kommunikations-, Vernetzungs- und Kooperationsstrukturen etabliert wurden. Dabei wurde die Expertise aus den Bereichen Sprachbildung, Rehabilitationswissenschaften, allgemeine Didaktik und Fachdidaktiken (Anglistik, Arbeitslehre, Geschichte, Informatik, Latein) einbezogen.

Der Aspekt der Sprachbildung sei hier besonders hervorgehoben, da diese eigentlich ein integraler Bestandteil inklusiver Lehr-Lern-Prozesse darstellt, bislang in der Inklusionsforschung aber kaum thematisiert wurde (vgl. Hahn und Simon 2017; Rödel und Simon 2018), obgleich bei inklusiven, maximal heterogenen Lerngruppen „alle für den Bildungserfolg relevanten Differenzlinien [...] berücksichtigt werden" müssen (Kullmann et al. 2014, S. 90) und somit auch sprachliche Kompetenzen eine bedeutende Rolle spielen.

Aus den Kommunikations-, Vernetzungs- und Kooperationsstrukturen von FDQI-HU ist ein Netzwerk entstanden, das sich durch eine hohe Komplexität auszeichnet und aus dem vielperspektivische Impulse mit Blick auf das gemeinsame Entwicklungsforschungsprojekt gewonnen werden. In die Kommunikations- und Kooperationsprozesse des Netzwerkes sind dabei auch Lehrkräfte eingebunden, um eine dauerhafte praxisorientierte Rückkopplung zu erzielen. Der Aspekt konsequenter interdisziplinärer Kooperation folgt dem Anliegen von FDQI-HU, die Entwicklungsarbeit nicht im Sinne eines Top-Down-Prozesses anzulegen. Vielmehr zielt das Projekt auf die Herstellung oder Intensivierung des Dialogs zwischen den beteiligten Disziplinen, um die spezifischen Perspektiven und mit ihnen verbundene Expertisen hinsichtlich der Suche nach Möglichkeiten einer inklusionsorientierten Weiterentwicklung der Lehrkräftebildung zu fokussieren. Abbildung 2 zur Organisationsstruktur des FDQI-HU-Netzwerkes soll die Komplexität der Kooperationsstrukturen des Projektes verdeutlichen, die sich als besonderes Potenzial und gleichsam auch als Herausforderung darstellt. Die interdisziplinäre Konzeption des FDQI-HU-Netzwerkes trägt auf der Ebene der Forschung insgesamt der Forderung Rechnung, dass Inklusion eine interdisziplinär und kooperativ zu bewältigende Aufgabe ist, die die Zusammenführung von mitunter noch getrennten Expertisen sowie einen zielgerichteten Theorie-Empirie-Transfer notwendig macht. Neben den Aspekten der Interdisziplinarität und Kooperation wird im Kontext von FDQI-HU insgesamt angestrebt, den innerhalb des Projektes herausgearbeiteten Prozessmerkmalen (siehe unten) im Sinne eines Parallelisierungsmodells (auch als „didaktischer Doppeldecker" bekannt) auf der Ebene der Projektdurchführung gerecht zu werden.

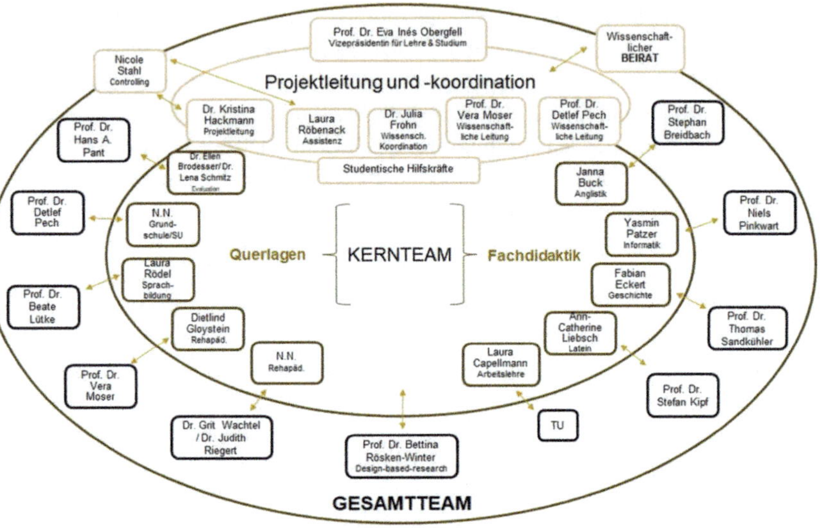

Abb. 2 Organisationsstruktur des FDQI-HU-Netzwerkes

4 Das „Didaktische Modell für inklusives Lehren und Lernen" und seine Nutzungsmöglichkeiten

Das „Didaktische Modell für inklusives Lehren und Lernen", das sowohl für schulische Praxis als auch für den Kontext der Lehrkräftebildung an der Hochschule einsetzbar sein soll und ein bedeutsamer (Lern-)Gegenstand der in FDQI-HU konzipierten hochschuldidaktischen Lehrformate ist, basiert auf zwei Entwicklungsschritten: Einerseits auf der Identifikation fachübergreifender didaktischer Prinzipien, Konzeptionen etc., die für einen inklusionsorientierten Unterricht relevant erscheinen, und andererseits auf der Identifikation und Beschreibung fachübergreifender Qualitätsmerkmale für einen inklusionsorientierten Unterricht. Beide Schritte erfolgten über eine intensive Auseinandersetzung u.a. mit neueren (vgl. z.B. Kullmann et al. 2014) und älteren (vgl. z.B. Seitz 2006) Diskussionen und Forschungen zur inklusiven Didaktik (zusammenfassend vgl. Wocken 2016) sowie mit tradierten Modellen wie der bildungstheoretischen bzw. kritisch-konstruktiven Didaktik Klafkis (1994), der lerntheoretischen Didaktik von Heimann et al. (1979) bzw. Schulz (1981) und deren Diskussion im Kontext der Inklusionsforschung (vgl. z.B. Textor 2012).

Im Zuge der Modellierung wurde insbesondere das Hamburger Modell als Ausgangspunkt herangezogen und um spezifische, für die Herausforderung Inklusion, relevante Prozessmerkmale ergänzt. Zudem wurde eine Erweiterung durch die Explikation von Rahmenbedingungen inklusiver Lehr-Lern-Settings auf drei Ebenen vorgenommen: die *gesamtgesellschaftlichen* Bedingungen (vgl. Klafki 1994), die spezifischen *fachdidaktischen* Bedingungen (dies impliziert u.a. die Frage nach fachspezifischen Traditionen, Beständen und dem Selbstverständnis des Faches und seiner Didaktik) und die jeweiligen *schulorganisatorischen* Bedingungen (hierzu zählen u.a. die räumlichen, materiellen und personellen Ressourcen). Ferner wurde das Modell durch die Dimension des *Selbst- und Weltverhältnisses schulbezogen Handelnder* erweitert, das in Anlehnung an neo-institutionalistische Theorien (vgl. z.B. Koch und Schemmann 2009) mit den benannten Rahmenbedingungen korrespondiert, indem es von diesen beeinflusst werden und gleichsam auf dieselben einwirken kann. Das *Selbst- und Weltverhältnis schulbezogen Handelnder* impliziert u.a. auch eine kritische Reflexion ethischer Grundlagen (vgl. Moser 2018; Dederich 2017; Prengel et al. 2017) im Zusammenspiel mit den jeweils vorliegenden Rahmenbedingungen sowie deren Interdependenz mit den Struktur- und Prozessmerkmalen. Diese Reflexion schließt die Suche nach Möglich- und Notwendigkeiten inklusionsorientierter Veränderung in konkreten Settings mit ein.

Im Zentrum des Modells steht die individuelle Kompetenzentwicklung als wesentliches und über Maßnahmen der inneren Differenzierung zu erreichendes Ziel eines inklusionsorientierten (Fach-)Unterrichts. Dabei ist festzuhalten, dass das Modell hier als ein Vexierbild zu lesen ist, das einerseits die schülerseitigen und andererseits auch die lehrerseitigen Kompetenzen – unter der Prämisse, dass Lehr-Lern-Prozesse ein ineinandergreifendes Geschehen sind – in den Blick nimmt. Das zugrundeliegende Kompetenzverständnis greift dabei auf Weinerts (2002) Kompetenzbegriff zurück, geht aber über diesen hinaus und definiert Kompetenzen als an einem humanistischen Bildungsbegriff orientiert, nicht wert- und inhaltsneutral und im Spannungsfeld von Disposition und Performanz zu verortend (vgl. dazu Frohn 2017a). Zudem wurde die prozessuale Dimension von Kompetenzen (im Gegensatz zu Stufenmodellen) hier besonders herausgestellt.

Auf der Basis dieser Vorarbeiten wurden als besonders bedeutsam für die Planung, Durchführung und Reflexion inklusionsorientierten (Fach-)Unterrichts die vier Prozessmerkmale *Partizipation*[2] (vgl. Simon und Pech 2018), *Kommunikation* (vgl.

2 Das Prozessmerkmal der Partizipation wird in FDQI-HU explizit als über Teilhabe hinausgehend und Aspekte der Mitbestimmung und -verantwortung beinhaltend verstanden (vgl. Simon et al. 2018).

Rödel und Simon 2017), *Kooperation* (vgl. Thäle 2018) und *Reflexion* (vgl. Capellmann und Gloystein 2018) sowie – in Anlehnung an das Hamburger Modell (Schulz 1981) – die Strukturelemente *Erfolgskontrolle* (Thäle 2018), *Inhalte* und *Themen* (vgl. Frohn 2018), das Eruieren von *Ausgangslagen* (vgl. Gloystein 2018) sowie *Methoden* und *Medien* (vgl. Simon und Frohn 2018) identifiziert (siehe Abbildung 3).

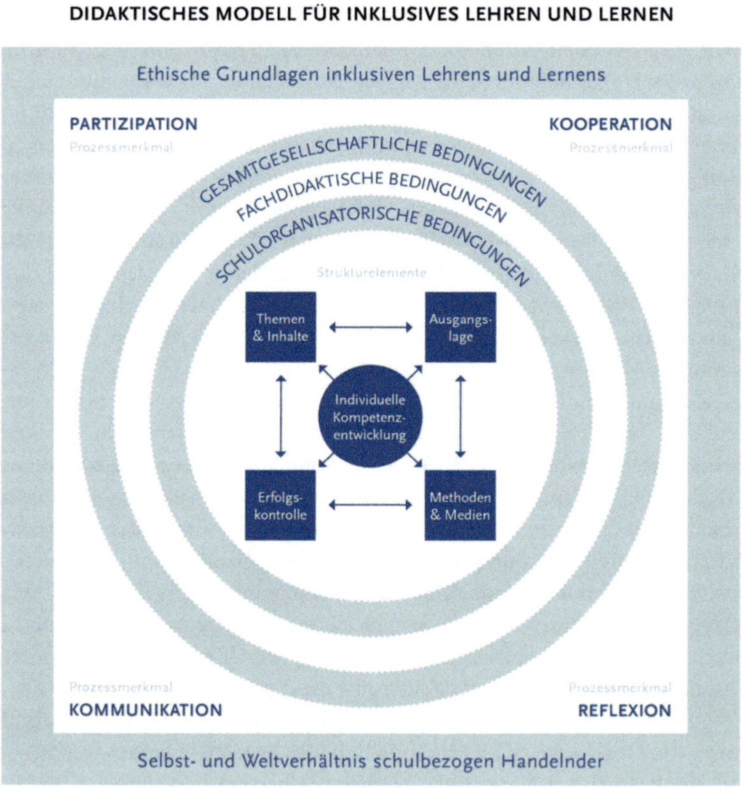

Abb. 3 Das „Didaktische Modell für inklusives Lehren und Lernen" von FDQI-HU

Ausgehend vom in FDQI-HU entwickelten „Didaktischen Modell für inklusives Lehren und Lernen" wurde im Projekt wiederum ein hochschuldidaktisches Modell entwickelt (siehe Abbildung 4), das zur Konzeption von hochschuldidaktischen Lehr-Lern-Formaten dient, mit denen es u.a. zu einer Erhöhung der adaptiven Lehrkompetenz (ALK) und Selbstwirksamkeitsüberzeugungen (SWÜ) in Bezug auf das Unterrichten heterogener Lerngruppen kommen soll. Im Seminarmodell werden die theoretischen und praktischen Anteile bzw. Inhalte abgebildet. Dies soll einerseits eine notwendige Vergleichbarkeit auf der einen und ausreichend Raum für Individualisierung im jeweiligen Kontext auf der anderen Seite ermöglichen. Das heißt, die einzelnen Schwerpunkte, die mit dem Modell gesetzt werden, werden in den Fachdidaktiken spezifiziert. In allen FDQI-HU-Seminaren findet eine grundlegende Einführung in das „Didaktische Modell für inklusives Lehren und Lernen" statt, bei der die im Modell dargestellten gesellschaftlichen, fachdidaktischen und schulbezogenen Rahmenbedingungen, Prozess- und Strukturmerkmale intensiv reflektiert und mit Blick auf (z.B. bildungspolitische) Rahmenbedingungen vor Ort konkretisiert werden.

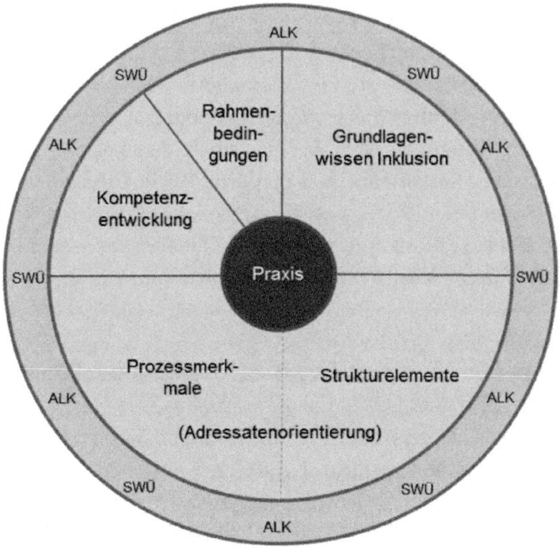

Abb. 4 Das FDQI-HU-Seminarmodell

Wie anhand von Abbildung 4 deutlich wird, steht im Zentrum der Seminare die Auseinandersetzung mit den Prozessmerkmalen und Strukturelementen sowie deren Interdependenz und Bedeutung für die Planung, Durchführung und Reflexion von inklusionsorientiertem (Fach-)Unterricht. Diese Auseinandersetzung findet in den Seminaren unter Praxisbezug (z.B. durch Materialanalysen, Stunden- oder Phasenplanung, Hospitationsberichte, Videovignettenauswertungen etc.) statt. Um der Spezifik der jeweiligen Fachdidaktik und der Vergleichbarkeit der konzipierten Lehr-Lern-Formate gleichermaßen gerecht zu werden sowie eine langfristige Verstetigung innerhalb der Fachdidaktiken zu unterstützen, wurden gemeinsam u.a. übergreifende Ziele, eine gemeinsame Lektürebasis, eine einheitliche Sprache in Form des FDQI-HU-Glossars (www.hu-berlin.de/fdqi/glossar) sowie ähnliche Rückmeldeformate und Methoden festgelegt, die in einer Lernplattform (‚WiKi') hinterlegt wurden. Nach der Evaluation des ersten Zyklus der Seminarveranstaltungen wurde im Re-Design die Vorgehensweise noch einmal geändert: Um die adaptive Lehrkompetenz und die Selbstwirksamkeitserwartung unter den Studierenden noch weiter zu steigern, wurde der Fokus auf die Konzeption einzelner Bausteine gelegt, die die anvisierten Konstrukte zu steigern versprechen: Die Bausteine sind an die Subfacetten der adaptiven Lehrkompetenz nach Beck et al. (2008) angelehnt und umfassen damit die Felder „Didaktische Kompetenz", „Diagnostische Kompetenz" und „Klassenführungskompetenz". Aufbauend auf den im Projekt vorhandenen inklusionsspezifischen Kompetenzen wurden zudem Bausteine zur „Heterogenitätssensibilität" sowie zur „Sprachbildung" von den betreffenden Expert*innen entworfen. Durch die genaue Benennung notwendiger Parameter für die Hochschullehre (einzuplanende Zeit, Kompetenzzuwachs, Methode, Material, Literatur, didaktischer Kommentar) sowie durch Weiterführung der methodischen Prinzipien auf Basis der „Prozessmerkmale" (siehe oben) sind flexibel einzusetzende und vergleichbare Konzepte entstanden, die auch in anderen Fächern an der Humboldt-Universität zu Berlin eingesetzt werden können.

5 Die drei Säulen des Evaluationskonzeptes von FDQI-HU

Das Evaluationskonzept von FDQI-HU umfasst eine *Struktur-*, eine *Prozess-* und eine *Wirkungsanalyse*. Die Strukturanalyse zielt auf eine deskriptive Dokumentation relevanter struktur- und prozessbezogener Charakteristika der entwickelten und erprobten hochschuldidaktischen Lehrformate. Mit der Prozessanalyse wird der gesamte Projektverlauf von FDQI-HU in den Blick genommen. Zu diesem Zweck werden u.a. Interviews mit den Dozent*innen der im Rahmen von FDQI-HU entwickelten Seminare geführt, um das subjektive Erleben förder- und hinderlicher Faktoren der interdisziplinären Vernetzung und Seminarkonzeption zu rekonstruieren. Die dritte Säule des Evaluationskonzeptes stellt die Analyse möglicher Wirkungen der FDQI-HU-Lehrveranstaltungen auf die angehenden Lehrkräfte der Sekundarstufen-Fachdidaktiken dar – sie ist gewissermaßen das

Hauptstandbein der Evaluation. Die zentrale Forschungsfrage lautet hier: Geht die Teilnahme an einer FDQI-HU Lehrveranstaltung mit einer Steigerung von Selbstwirksamkeitsüberzeugungen in Bezug auf das Unterrichten heterogener Lerngruppen, einer Erhöhung adaptiver Lehrkompetenz sowie einer Stärkung der Heterogenitätssensibilität einher? Um dieser Frage nachzugehen, wurden verschiedene Daten im Mixed-Methods-Design erhoben und analysiert. Im Rahmen einer standardisierten Befragung der Studierenden werden Daten im Prä-Post-Design mit Vergleichsgruppen erhoben. Das Erhebungsinstrument, mit dem u.a. das Verständnis inklusiven Unterrichts, die Heterogenitätssensibilität, die Selbstwirksamkeitsüberzeugungen in Bezug auf das Unterrichten heterogener Lerngruppen und die adaptive Lehrkompetenz Studierender erfasst werden, wurde für FDQI-HU neu entwickelt und erprobt (vgl. Schmitz et al. i.V.). Die Entscheidung für eine Neuentwicklung begründete sich dadurch, dass für manche Konstrukte keine (quantitativen) Erhebungsinstrumente vorlagen (dies betrifft z.B. die Heterogenitätssensibilität) und dass diese – wie im Fall der adaptiven Lehrkompetenz (vgl. Beck et al. 2008) – bisher qualitativ erforscht worden sind, oder dass sich bestehende Skalen als nicht anschlussfähig an das Anliegen und die Konzeption von FDQI-HU erwiesen haben (z.B. im Fall der Selbstwirksamkeitserwartungen bezüglich des Unterrichtens heterogener Lerngruppen; vgl. z.B. Kopp 2009). Im Rahmen der standardisierten Befragung wurden die zu erfassenden Konstrukte mittels offener und geschlossener Fragen sowie mithilfe von Fragen zu konkreten Fallbeispielen und – unter Beachtung des gegenwärtigen Forschungsstandes der Kompetenzmessung (vgl. Shavelson 2013; Zlatkin-Trotschanskaia 2011) – auf der Grundlage von Videosequenzen erfasst. Die theoretischen Hintergründe der entwickelten und erprobten Skalen des FDQI-HU-Fragebogeninstrumentes werden in Form eines Skalenhandbuches dokumentiert und veröffentlicht (vgl. Schmitz et al. i.V.). Die Daten der quantitativen Befragung wurden u.a. durch qualitative Datenerhebungs- und Auswertungsverfahren ergänzt (siehe Tabelle 2). Das triangulierende Vorgehen lässt sich wiederum mit der methodologischen Orientierung am Design-Based-Research-Ansatz begründen (vgl. Alghamdi und Li 2013).

Tab. 2 Verfahren der Datenerhebung, Zielgruppen und exemplarische Forschungsfragen (in Anlehnung an Frohn 2017)

Art der Datenerhebung	Zielgruppe	Forschungsfrage(n)
Quantitative Befragung (FDQI-HU-Erhebungs-instrument, Pre-Post-Design mit Vergleichsgruppen)	Studierende	Werden adaptive Lehrkompetenz (ALK) und Selbstwirksamkeitsüberzeugungen (SWÜ) durch die Seminare gesteigert? Welches Inklusionsverständnis herrscht unter den Studierenden vor? Wie ist die Heterogenitätssensibilität ausgeprägt? Wie wird der FDQI-Ansatz durch die Studierenden bewertet?
Leitfadeninterviews	Studierende	Wie werden adaptive Lehrkompetenz (ALK) und Selbstwirksamkeitsüberzeugungen (SWÜ) gesteigert? Welche Parameter in der Seminarkonzeption- und Durchführung führen zum Wissens- / Kompetenzzuwachs?
Quantitative Befragung (Seminar-Evaluations-bogen)	Studierende	Wie zufrieden sind die Studierenden mit den Seminaren? (Aufbau, Material, Inhalte, Kommunikation, Lehr- / Lernformen, Selbsteinschätzung)
Dokumentenanalyse der Seminarverlaufspläne	Dozent*innen	Wie sind die Seminare aufgebaut? Sind strukturelle Gemeinsamkeiten und Unterschiede zwischen den Seminaren auszumachen? Gründe für Variation? Wo gibt es Unterschiede zwischen Konzeption und Planung und warum?
Strukturierte teilnehmende Beobachtung im Rahmen von Hospitationen	Dozent*innen	Ist der didaktische Doppeldecker gelungen? Welche Auswirkungen hat er? Wie sind die Prozessmerkmale von den Dozent*innen umgesetzt worden und zu welchen Reaktionen / Wirkungen führt dies unter Studierenden? Sind die Inhalte zielführend und sinnstiftend gewichtet?
Leitfadeninterviews	Dozent*innen	Welche hinderlichen / förderlichen Faktoren sind bezüglich der Konzeption und Durchführung der Seminare zu benennen? (u.a.: Wie hilfreich ist die Materialsammlung (Basistexte, Glossar, …)?)

6 Fazit und Ausblick

Das Projekt „Fachdidaktische Qualifizierung Inklusion angehender Lehrkräfte an der Humboldt-Universität zu Berlin" verortet sich im Bereich der (fach-)didaktischen Inklusionsforschung, die lange Zeit als Desiderat galt. FDQI-HU knüpft an Bestände der Integrations- und Inklusionsforschung an und greift mit der Heterogenitätssensibilität (vgl. Schmitz et al. i.V.; Schmitz und Simon 2018), Selbstwirksamkeitsüberzeugungen (vgl. Schwarzer und Jerusalem 1999; Simon 2018) und adaptiven Lehrkompetenzen (vgl. Beck et al. 2008; Schmitz 2017) für die inklusionsorientierte Lernprozessbegleitung in Schulen bedeutsame Konstrukte auf.

Die Begleitung von Lernprozessen spielt im Kontext von FDQI-HU auf verschiedenen Ebenen eine besondere Rolle: Mit dem Didaktischen Modell für inklusives Lehren und Lernen FDQI-HU, das sowohl im schulischen wie hochschulischen Kontext reflexive Prozesse in Bezug auf die Planung, Durchführung und Evaluation von Unterricht anregen soll, wird eine spezifische, reflexiv-anerkennende Lernprozessbegleitung in Schule und Hochschule, das heißt bezogen auf die Lernprozesse von Schüler*innen und Student*innen intendiert. Zudem spielt die Begleitung von Lernprozessen innerhalb der Forschungs- und Entwicklungsarbeit von FDQI-HU bezüglich der professionellen Entwicklung aller Beteiligten und des Design-Re-Design-Zyklus des Design-Based-Research-Ansatzes eine besondere Rolle, die mit einer grundlegenden Offenheit und einer positiven Fehlerkultur im Forschungsprozess einhergeht.

Mit dem „Didaktischen Modell für inklusives Lehren und Lernen" und dem Erhebungsinstrument zur Erfassung von Heterogenitätssensibilität, adaptiver Lehrkompetenz und Selbstwirksamkeitsüberzeugungen bezüglich des Unterrichtens heterogener Lerngruppen liegen bereits gewinnbringende Ergebnisse von FDQI-HU vor, die u.a. durch die hier nicht referierten Ergebnisse der quantitativen Pre-Post-Befragung Studierender der im Projekt beteiligten Sekundarstufendidaktiken ergänzt werden. Insgesamt versucht FDQI-HU durch eine vernetzte, interdisziplinäre Bildungsforschung einen Beitrag zur inklusionsdidaktischen Forschung und damit zu einer verbesserten Lehrkräftebildung für schulische Inklusion zu leisten.

Literatur

Alghamdi, A. H. & Li, L. (2013). Adapting design-based research as a research methodology in educational settings. *International Journal of Education and Research*, 1(10), S. 1-12.

Beck, E., Baer, M., Guldimann, T., Bischoff, S., Brühwiler, C., Müller, P., Niedermann, R., Rogalla, M. & Vogt, F. (2008). *Adaptive Lehrkompetenz: Analyse und Struktur, Veränderbarkeit und Wirkung handlungssteuernden Lehrerwissens*. Münster u.a.: Waxmann.

Capellmann, L. & Gloystein, D. (2018). Reflexion. In J. Frohn (Hrsg.), *FDQI-HU-Glossar*. Berlin: Humboldt-Universität zu Berlin. http://www.hu-berlin.de/fdqi/glossar. Zugegriffen: 30. Juli 2018.

Dederich, M. (2017). Ethische Aspekte der Inklusion. In K. Ziemen (Hrsg.), *Lexikon Inklusion* (S. 71-73). Göttingen: Vandenhoeck & Ruprecht.

Fraefel, U. (2014). *Professionalization of pre-service teachers through university-school partnerships*. https://www.researchgate.net/publication/275040746. Zugegriffen: 20. Dezember 2017.

Frohn, J. (2017). *Fachdidaktische Qualifizierung Inklusion angehender Lehrkräfte an der Humboldt Universität zu Berlin (FDQI-HU)*. Vortrag im Rahmen des KALEI-Kolloquiums „Heterogenitätssensibler Fachunterricht – auf dem Weg zu einer inklusiven Fachdidaktik", 07.12.2017, Halle (Saale).

Frohn, J. (2017a). Individuelle Kompetenzentwicklung. In J. Frohn (Hrsg.), *FDQI-HU-Glossar*. Berlin: Humboldt-Universität zu Berlin. http://www.hu-berlin.de/fdqi/glossar. Zugegriffen: 12. Januar 2018.

Frohn, J. (2018). Themen und Inhalte. In J. Frohn (Hrsg.), *FDQI-HU-Glossar*. Berlin: Humboldt-Universität zu Berlin. http://www.hu-berlin.de/fdqi/glossar. Zugegriffen: 30. Juli 2018.

Gloystein, D. (2018). Ausgangslage. In J. Frohn (Hrsg.), *FDQI-HU-Glossar*. Berlin: Humboldt-Universität zu Berlin. http://www.hu-berlin.de/fdqi/glossar. Zugegriffen: 30. Juli 2018.

Hahn, L. & Simon, T. (2017). *Zum Verhältnis von Inklusion und Sprachbildung. Einblicke, offene Fragen, Desiderate*. Poster im Rahmen der Tagung „Neue Perspektiven für die Lehrkräftebildung: Ergebnisse aus dem Projekt Sprachen – Bilden – Chancen", 06.-07.04.2017, Berlin. https://www.qualitaetsoffensive-lehrerbildung.de/intern/upload/results/01JA1620_SBC_Poster_A0_Hahn_Simon.pdf. Zugegriffen: 20. Dezember 2017.

Heimann, P., Otto, G. & Schulz, W. (1979). *Unterricht. Analyse und Planung*. 10., unveränderte Aufl. Hannover: Schroedel.

Kiel, E. (2014). Einleitung: Inklusion im Sekundarbereich – ein schwieriges Feld. In E. Kiel (Hrsg.), Inklusion im Sekundarbereich (S. 9-15). Stuttgart: Kohlhammer.

Klafki, W. (1994). *Neue Studien zur Bildungstheorie und Didaktik*. 4. durchges. Aufl. Weinheim: Beltz.

Koch, S. & Schemmann, M. (Hrsg.). (2009). *Neo-Institutionalismus in der Erziehungswissenschaft. Grundlegende Texte und empirische Studien*. Wiesbaden: VS Verlag.

Kopp, B. (2009). Inklusive Überzeugung und Selbstwirksamkeit im Umgang mit Heterogenität – Wie denken Studierende des Lehramts für Grundschulen? *Empirische Sonderpädagogik 1* (2009) 1, S. 5-25.

Kullmann, H., Lütje-Klose, B. & Textor, A. (2014). Eine Allgemeine Didaktik für inklusive Lerngruppen – fünf Leitprinzipien als Grundlage eines Bielefelder Ansatzes der inklusiven Didaktik. In B. Amrhein & M. Dziak-Mahler (Hrsg.), *Fachdidaktik inklusiv. Auf der Suche nach didaktischen Leitlinien für den Umgang mit Vielfalt in der Schule* (S. 89-107). Münster: Waxmann.

Moser, V. (2018). Ethische Grundlagen inklusiven Lehrens und Lernens. In J. Frohn (Hrsg.), *FDQI-HU-Glossar*. Berlin: Humboldt-Universität zu Berlin. http://www.hu-berlin.de/fdqi/glossar. Zugegriffen: 30. Juli 2018.

Oser, F. (2016). Die Notwendigkeit einer neuen Verankerung der Empirischen Bildungsforschung und der Erziehungswissenschaft in der Max-Planck-Gesellschaft. In D. Prinz & K. Schwippert (Hrsg.), *Der Forschung, der Lehre, der Bildung. Aktuelle Entwicklungen der Empirischen Bildungsforschung* (S. 11-23). Münster: Waxmann.

Prengel, A., Heinzel, F., Reitz, S. & Winklhofer, U. (2017). *Reckahner Reflexionen zur Ethik pädagogischer Beziehungen*. In Zusammenarbeit mit dem Arbeitskreis Menschenrechtsbildung an der Rochow-Akademie. Reckahn: Rochow-Edition.

Preuss-Lausitz, U. (2015). Wissenschaftliche Begleitungen der Wege zur inklusiven Schulentwicklung in den Bundesländern – Versuch einer Übersicht. In I. Schnell (Hrsg.), *Herausforderung Inklusion. Theoriebildung und Praxis* (S. 402-430). Bad Heilbrunn: Klinkhardt.

Rödel, L. & Simon, T. (2017). Kommunikation. In J. Frohn (Hrsg.), *FDQI-HU-Glossar*. Berlin: Humboldt-Universität zu Berlin. http://www.hu-berlin.de/fdqi/glossar. Zugegriffen: 12. Januar 2018.

Rödel, L. & Simon, T. (2018). Zum Verhältnis von Inklusion und Sprachbildung – Einblicke, offene Fragen, Forschungsperspektiven. *Zeitschrift für Inklusion Online*, Nr. 1/2018. https://www.inklusion-online.net/index.php/inklusion-online/article/view/484/351. Zugegriffen: 2. Mai 2018.

Schmitz, L. (2018). Adaptive Lehrkompetenz. In J. Frohn (Hrsg.), *FDQI-HU-Glossar*. Berlin: Humboldt-Universität zu Berlin. http://www.hu-berlin.de/fdqi/glossar. Zugegriffen: 12. Januar 2018.

Schmitz, L. & Simon, T. (2018). Heterogenitätssensibilität. In J. Frohn (Hrsg.), *FDQI-HU-Glossar*. Berlin: Humboldt-Universität zu Berlin. http://www.hu-berlin.de/fdqi/glossar. Zugegriffen: 30. Juli 2018.

Schmitz, L., Simon, T. & Pant, H. A. (i.V.). *Fachdidaktische Qualifizierung Inklusion angehender Lehrkräfte an der Humboldt-Universität zu Berlin (FDQI-HU). Skalenhandbuch zu den Konstrukten Inklusionsverständnis, Heterogenitätssensibilität, Selbstwirksamkeitsüberzeugungen in Bezug auf das Unterrichten heterogener Lerngruppen und adaptive Lehrkompetenz*. Berlin: Humboldt-Universität zu Berlin.

Schulz, W. (1981). *Unterrichtsplanung*. 3. Aufl. München: Urban & Schwarzenberg.

Schwarzer, R. & Jerusalem, M. (Hrsg.). (1999). *Skalen zur Erfassung von Lehrer- und Schülermerkmalen*. Berlin: Freie Universität Berlin.

Seitz, S. (2006). Inklusive Didaktik. Die Frage nach dem „Kern der Sache". *Zeitschrift für Inklusion Online*, Nr. 1/2006. http://www.inklusion-online.net/index.php/inklusion-online/article/view/184/184/. Zugegriffen: 20. Dezember 2017.

Seitz, S. (2004). Forschungslücke inklusive Fachdidaktik – ein Problemaufriss. In A. Sander & I. Schnell (Hrsg.), *Inklusive Pädagogik* (S. 215-231). Bad Heilbrunn: Klinkhardt.

Shavelson, R. (2013). An approach to testing and modelling competence. In S. Blömeke, O. Zlatkin-Troitschanskaia, C. Kuhn & J. Fege (Hrsg.), *Modeling and Measuring Competencies in Higher Education: Tasks and Challenges* (S. 29-43). Rotterdam: Sense Publishers.

Simon, T. & Pech, D. (2018). Partizipation. In J. Frohn (Hrsg.), *FDQI-HU-Glossar*. Berlin: Humboldt-Universität zu Berlin. http://www.hu-berlin.de/fdqi/glossar. Zugegriffen: 30. Juli 2018.

Simon, T. & Frohn, J. (2018). Methoden und Medien. In J. Frohn (Hrsg.), *FDQI-HU-Glossar*. Berlin: Humboldt-Universität zu Berlin. http://www.hu-berlin.de/fdqi/glossar. Zugegriffen: 30. Juli 2018.

Simon, T. (2018). Selbstwirksamkeitsüberzeugungen (SWÜ) und schulische Inklusion. In J. Frohn (Hrsg.), *FDQI-HU-Glossar*. Berlin: Humboldt-Universität zu Berlin. http://www.hu-berlin.de/fdqi/glossar. Zugegriffen: 12. Januar 2018.

Simon, T., Schmitz, L. & Moser, V. (2018). Hochschuldidaktische Qualifizierung für Inklusion: Einblicke in das Projekt FDQI-HU. In E. Feyerer, W. Prammer, E. Prammer-Semmler, C. Kladnik, M. Leibetseder & R. Wimberger (Hrsg.), *System. Wandel. Entwicklung. Akteurinnen und Akteure inklusiver Prozesse im Spannungsfeld von Institution, Profession und Person* (S. 277-282). Bad Heilbrunn: Klinkhardt.

Textor, A. (2012). Die Bedeutung allgemeindidaktischer Ansätze für Inklusion. Zeitschrift für Inklusion Online, Nr 1-2/2012. https://www.inklusion-online.net/index.php/inklusion-online/article/view/59/59. Zugegriffen: 20. Dezember 2017.

Thäle, A. (2018). Kooperation. In J. Frohn (Hrsg.), *FDQI-HU-Glossar*. Berlin: Humboldt-Universität zu Berlin. http://www.hu-berlin.de/fdqi/glossar. Zugegriffen: 30. Juli 2018.

Thäle, A. (2018a). Erfolgskontrolle. In J. Frohn (Hrsg.), *FDQI-HU-Glossar*. Berlin: Humboldt-Universität zu Berlin. http://www.hu-berlin.de/fdqi/glossar. Zugegriffen: 30. Juli 2018.

The Design-Based Research Collective (2003). Design-Based Research: An Emerging Paradigm for. Educational Inquiry. *Educational Researcher 32*, 1, S. 5-8.

van den Akker, J., Gravemeijer, K., McKenney, S. & Nieveen, N. (Hrsg.). (2006). *Educational design research*. London/New York: Routledge.

Wehner, T. & Mehl, K. (2016). Irrtümer und Fehler im professionellen Handeln. In M. Dick & W. Marotzki (Hrsg.), *Handbuch Professionsentwicklung* (S. 223-230). Bad Heilbrunn: Klinkhardt.

Weinert, F. E. (2002). Vergleichende Leistungsmessung in Schulen – eine umstrittene Selbstverständlichkeit. 2. Aufl. In: F. E. Weinert (Hrsg.), *Leistungsmessungen in Schulen* (S. 17-31). Weinheim & Basel: Beltz.

Wocken, H. (2016). Inklusive Didaktik. Versuch einer Standortbestimmung. In H. Wocken (Hrsg.), *Am Haus der inklusiven Schule. Anbauten – Anlagen – Haltestellen* (S. 81-248). Hamburg: Feldhaus.

Zlatkin-Troitschanskaia, O. & Seidel, J. (2011). Kompetenz und ihre Erfassung – das neue „Theorie-Empirie-Problem" der empirischen Bildungsforschung? In O. Zlatkin-Troitschanskaia (Hrsg.), *Stationen empirischer Bildungsforschung. Traditionslinien und Perspektiven* (S. 218-233). Wiesbaden: VS Verlag.

Verantwortung im Lehramtsstudium

Tanja Kinne und Sandra Tänzer

Verantwortung für das eigene Handeln zu übernehmen und damit unabhängig und selbstbestimmt innerhalb einer hochkomplexen Wirklichkeit zu agieren, trifft sowohl innerhalb des Lehramtsstudiums selbst als auch in der späteren Berufspraxis auf Gegebenheiten, die durch vielerlei, oft widersprüchliche Anforderungen gekennzeichnet sind. In diesem Beitrag wird Verantwortung aus bildungs- und professionstheoretischer Perspektive als ein wesentliches Strukturelement professionellen Handelns diskutiert. Anhand empirischer Daten, die aus der Begleitforschung zweier studentischer Lehr-Lern-Settings gewonnen wurden, fordern wir eine Auseinandersetzung mit Verantwortung als Thema und Bedingung im Lehramtsstudium. Wir leiten hochschuldidaktische Implikationen ab, die auf die verstärkte Fokussierung persönlichkeitsfördernder Anteile im Lehramtsstudium und damit auf förderliche Bedingungen zur Entwicklung eines wissenschaftlich-reflexiven Habitus angehender Lehrer*innen abzielen.

1 Begründungszusammenhänge für die Forderung nach Verantwortung (nicht nur) im Lehramtsstudium

1997 hielt der damalige Bundespräsident Roman Herzog seine bekannte „Durch Deutschland muss ein Ruck gehen"-Rede – jene Berliner Rede von Freiheit und Verantwortung, die uns zu unserem Thema führt. Herzog problematisiert in dieser Rede die wirtschaftliche und gesellschaftliche Erstarrung und die damit einhergehende mentale Depression des damaligen Deutschlands, dem es nicht an Erkenntnissen, wohl aber an der Bereitschaft mangelt, Risiken einzugehen, Neues zu

S. Bartusch et al. (Hrsg.), *Lernprozesse begleiten*,
https://doi.org/10.1007/978-3-658-21924-6_18

wagen, eingefahrene Wege zu verlassen. Sicherheit, so Herzog, stehe zu oft über Freiheit, und er ruft in dieser Rede immer wieder zu Selbstverantwortung auf, das eigene Leben in die Hand zu nehmen und die Freiheit zu gestalten. Hier nimmt er insbesondere das Bildungssystem in die Pflicht und mahnt Pädagog*innen, bei jungen Menschen Fähigkeiten und Fertigkeiten zu fördern, die sie „Freiheit als Gewinn und nicht als Last empfinden“ (Herzog 1997, o. S.) lassen. Sein Argumentationszusammenhang gründet auf den damaligen Umwälzungen der Arbeitswelt, der hohen Arbeitslosigkeit und den daraus erwachsenden neuen Anforderungen an Beschäftigte: Wer hier Verantwortung für sich übernähme und die Freiheit zu nutzen verstünde, könne auf dem Arbeitsmarkt mithalten und eine wirtschaftlich prosperierende Zukunft des Landes mitgestalten (vgl. ebd.).

Das Phänomen der Verantwortung soll auch im Zentrum unseres Beitrages stehen. Verantwortung verstehen wir dabei im Anschluss an Sombetzki als die Fähigkeit des „Rede-und-Antwort-Stehens“: jemand (das Verantwortungssubjekt) verantwortet sich für etwas (den Verantwortungsgegenstand) vor oder gegenüber jemandem (der*dem Adressat*in oder der Verantwortungsinstanz) unter Berufung auf normative Kriterien, d.h. Wertvorstellungen, die ihre*seine Handlungen und/ oder Haltungen rechtfertigen (vgl. Sombetzki 2014, S. 41). Angeregt dazu wurden wir durch unsere Forschungsprojekte mit Studierenden, in denen sie die Übernahme von Verantwortung als Lernende im Studium bzw. als Lehrende in der Schulpraxis vor Herausforderungen stellte. Anders als in Herzogs Rede geht es uns jedoch nicht um jenen neoliberalen Argumentationszusammenhang, der vom einzelnen Menschen fordert, sich flexibel, selbstständig und in eigener Verantwortung auf die vielfältigen Anforderungen und Modifikationen des Berufslebens einzustellen, um noch besser, noch schneller, noch effizienter agieren – sprich noch leistungsfähiger sein zu können und den Wandel in Wirtschaft und Gesellschaft voranzutreiben, negiert es doch die relationale Gestalt von Verantwortung in Form eines verantwortlichen Bewegens innerhalb einer hochkomplexen (sozialen) Wirklichkeit mit zum Teil sehr widersprüchlichen Anforderungen an das jeweilige verantwortliche Handeln, das zudem von zahlreichen Faktoren – individuellen, biografischen und auch gesellschaftlich-herrschaftlichen – beeinflusst wird. Die Forderung nach Verantwortung darf die genannten Faktoren nicht ausblenden. Für angehende Lehrer*innen ist der Umgang mit Verantwortung als Thema und Bedingung ihres eigenen Handelns aus bildungs- und professionstheoretischen Gründen essentiell, was wir im Folgenden näher erläutern.

Bildung und Verantwortung

Verantwortung für das eigene Handeln hat einen Eigenwert jenseits von Prinzipien „ökonomischer Verwertbarkeit […und] bedarfsgerechte(r) Qualifizierung für den Arbeitsmarkt" (Gryl und Naumann 2016, S. 23). Es verbindet sich mit Verantwortung ein emanzipatorisch-bildungstheoretischer Anspruch (vgl. ebd.), der sie in den Kontext der Persönlichkeitsbildung stellt. Der Schweizer Philosoph Peter Bieri (2005, S. 1) bestimmt Bildung als „etwas, das Menschen mit sich und für sich machen: Man bildet sich. Ausbilden können uns andere, bilden kann sich jeder nur selbst. Das ist kein blosses (sic!) Wortspiel. Sich zu bilden, ist tatsächlich etwas ganz anderes, als ausgebildet zu werden. Eine Ausbildung durchlaufen wir mit dem Ziel, etwas zu können. Wenn wir uns dagegen bilden, arbeiten wir daran, etwas zu werden – wir streben danach, auf eine bestimmte Art und Weise in der Welt zu sein". Neugier und Leidenschaft, Reflexion und Selbstreflexion, Wertung und Bewertung, das Nachdenken über das eigene Wissen und Verstehen und dessen Grenzen wie auch die Bereitschaft, sich gedanklich verunsichern und auch verändern zu lassen, sind untrennbare Bestandteile des Bildungsprozesses (ebd.). Bildung heißt Selbsterkenntnis und Selbstbestimmung: „Der Gebildete ist einer, der über seine seelische Gestalt selbst bestimmt, indem er einen stetigen Prozess erneuter Selbstbewertung zulässt und die damit verbundene Unsicherheit aushält. Dadurch wird er im emphatischen Sinne ein Subjekt" (ebd., S. 6). Bezogen auf Verantwortung bedeutet es, dass ein Gebildeter vor sich selbst Rede und Antwort stehen kann, sein Denken, Fühlen, Wollen und Handeln an eigenen und fremden Wertvorstellungen misst, rechtfertigt und auch in Frage stellen kann, ohne sich von fremden Instanzen vorschreiben zu lassen, wie man zu denken, zu fühlen oder zu handeln hat (vgl. ebd., S. 4).

Professionalisierung und Verantwortung

Neben einem systematischen, in der Regel wissenschaftlichen Wissen geben Combe und Helsper (2016) zwei weitere Strukturelemente von Profession an, die eine gewisse Nähe zu Biers Definition von Bildung aufweisen: den Wertebezug, der am Allgemeinwohl ausgerichtet ist und ein bestimmtes Berufsethos verkörpert, und die Autonomie und Kontrolle über Standards der Berufsausübung, die sich in einer spezifischen Habitualisierung konkretisieren, welche Unabhängigkeit gegenüber Einschätzungen und Beurteilungen Dritter oder gegenüber Organisationen ermöglicht (vgl. S. 9f.). Insbesondere Aspekt zwei und drei machen deutlich, dass der Professionalisierungsprozess von Pädagog*innen nicht nur eine formale Verberuflichung meint, sondern auf einen „sozialen Prozess, dessen Ausgang unbestimmt ist“ (Nittel 2000, S. 49) und auf pädagogische Haltungen und eine verantwortliche Positionierung innerhalb oft widersprüchlicher Anforderungssysteme abzielt.

Diese Widerspruchskonstellationen zeigen sich im Feld der Pädagogik sehr deutlich, macht sie sich doch mit ihrer übergeordneten Zielstellung, Entwicklung von Autonomie und Emanzipation zu ermöglichen, schrittweise überflüssig. Analog zur Sei-spontan-Paradoxie haben wir es mit einer Sei-autonom- oder Sei-mündig-Paradoxie zu tun. Einerseits sollen Pädagog*innen institutionell und professionsethisch übertragene Verantwortung übernehmen und diese andererseits wieder in das Schüler*innensubjekt verlagern. Spannungen und Paradoxien bleiben dabei unaufhebbar und müssen immer wieder neu ausbalanciert werden. Orientiert am Erziehungs- und Bildungsauftrag stehen Lehrer*innen somit in der Verantwortung, geeignete Erfahrungsräume zur Verfügung zu stellen, wobei ihr Handlungsspielraum durch die institutionelle Rahmung begrenzt ist. Doch gerade das Ausloten dieses Spielraums in Relation zu den Bedarfen und Möglichkeiten ihrer Adressat*innen ist Bestandteil verantwortlichen professionellen Handelns.

Beide Begründungszusammenhänge, bildungs- als auch professionstheoretische Argumente, setzen die Universitäten vor die Herausforderung, entsprechende Anlässe und Freiräume für den Umgang mit Verantwortung im Lehramtsstudium zu schaffen. Prozesse der Professionalisierung fragen nach situierten Anwendungskontexten, in denen Studierende als zukünftige Lehrende jenes Spannungsverhältnis zwischen Übernahme und Abgabe von Verantwortung respektive pädagogischer Einflussnahme und Zurücknahme erfahren und reflektieren können. Prozesse der Persönlichkeitsbildung fragen nach Freiräumen für Selbstbestimmung, für individuelle Neugier und das – etwas poetisch ausgedrückt – leidenschaftliche Sich-Einlassen auf eine ganz bestimmte Sache, für Zweifel, für vermeintlich „Nutzloses“ und „Seitensprünge“, wie sie nach Liessmann (2016, S. 130) Bildungsprozesse kennzeichnen. Eine Bildungsinstitution, in der sich solche Möglichkeiten nicht eröffnen, „wo sich Bildung ausschließlich als Ausbildung versteht“ (ebd., S. 129), praktiziert, so der Wiener Philosoph Konrad Paul Liessmann, das, was er in seinem Bestseller „Theorie der Unbildung“ nennt.

Nachfolgend werden Forschungsergebnisse über zwei hochschuldidaktische Arrangements vorgestellt, in denen das Phänomen der Verantwortung eine bedeutsame Rolle spielt. Geht es im ersten Teil um die studentische Übernahme von Verantwortung in Hochschullernwerkstätten (vgl. ausführlich Godau et al. 2018), wo insbesondere an jene bildungstheoretische Argumentationsfigur angeknüpft wird, so diskutiert der zweite Teil Befunde aus einem Seminar mit Studierenden, in denen diese mit Blick auf ihre pädagogisch-professionellen Handlungskompetenzen befähigt werden sollen, erlebnispädagogische Lehr-Lern-Arrangements für Schüler*innen im Förderschwerpunkt geistige Entwicklung zu planen und zu gestalten, um damit die soziale Kompetenzentwicklung der Schüler*innen zu unterstützen (vgl. Kinne 2011).

2 Empirische Befunde zum Umgang mit Verantwortung im Lehramtsstudium

2.1 Studierende lernen in einer Hochschullernwerkstatt – Verantwortungsübernahme als Irritation und Differenzerfahrung

Eine (Hochschul-)Lernwerkstatt kann als Zusammenspiel eines Raums mit der in diesem Raum stattfindenden pädagogischen Arbeit verstanden werden, die den Anspruch hat, aktives und selbstgesteuertes Lernen bei Studierenden anzuregen und zu unterstützen (Müller-Naendrup 1997). Dieses Lernen wird von Ernst und Wedekind auch als „anderes Lernen" charakterisiert, indem „die Lernenden selbst [...] ihr Lernen in Auseinandersetzung mit der materiellen Welt und mit anderen Menschen bestimmen" (Ernst und Wedekind 1993, S. 31). Lernwerkstätten eröffnen Lerngelegenheiten mit bildendem Potential, in denen Individualität ermöglicht, Zufälle zugelassen und Begegnungen sowie intensive Hingabe an eine Sache herausgefordert werden. Der Raum korrespondiert mit diesen prinzipiellen Ansprüchen an Arbeits- und Lernprozesse durch Merkmale wie Dezentralisierung (verschiedene Aktivitätsecken mit unterschiedlichen Funktionen), Mobilität (flexibles Mobiliar für unterschiedliche Arbeitsplätze, Pinnwände, u.a.), Offenheit (frei zugängliches Material, dynamische Ordnungsprinzipien, offene Organisationsformen sowie Sozial- und Arbeitsformen) sowie einer materialbasierten Lernumgebung mit Werkstattcharakter (zum Gestalten, Bauen, Konstruieren, Drucken etc.) (vgl. Müller-Naendrup 1997, S. 184ff.).

Damit haben Lernwerkstätten und Werkstattarbeit viel mit Verantwortung zu tun. Verantwortung ist das Medium des Handelns in Lernwerkstätten, das vermittelnde Element zwischen den Lernenden in der Gemeinschaft und den Sachen, die erschlossen werden. Selbstverantwortliches Arbeiten und Verantwortungsübernahme für das eigene Handeln durch die Lernenden gelten nach den Kriterien des Vereins europäischer Lernwerkstätten (VELW e.v.) als Qualitätsmerkmale von Lernwerkstätten und Werkstattarbeit, ohne die man nicht von einer solchen sprechen kann (vgl. VELW 2009, S. 7). Herbert Hagstedt beurteilt Studienwerkstätten vor diesem Hintergrund geradezu als „Zumutung für jeden Lerner, weil sie ganz auf seine Selbstverantwortung setzen: Sie lassen die Studierenden ihren eigenen Weg suchen und soweit gehen, bis sie an Schwierigkeiten, mit denen sie sich gerade auseinandersetzen, lernen können" (Hagstedt 2016, S. 28). Verantwortung ist vor diesem Hintergrund nicht allein eine Fähigkeit, sie ist „geradezu eine Struktur, die einem Stück Welt gegeben wird" (Sombetzki 2014, S. 25). Wie gelingt es Studierenden mit dieser Verantwortung umzugehen?

Differenzerfahrung Verantwortungsübernahme

Aus der Begleitforschung von Lernwerkstattseminaren an der Universität Erfurt in Form von Dokumentenanalysen (u.a. Lerntagebücher und Reflexionsberichte) sowie Gruppendiskussionen, Einzel- und Paarinterviews mit Studierenden, ausgewertet mit Groundet Theory im methodologischen Verständnis nach Kathy Charmaz (2006) (vgl. ausführlicher Godau et al. 2018), ermittelten wir, dass Studierende das Handeln in Lernwerkstattseminaren als komplette Differenzerfahrung zu ihrem bisherigen Studium wahrnehmen. Ihre Differenzerfahrungen basieren auf verschiedenen Faktoren wie fehlendem fachwissenschaftlichen Input von Dozierenden oder Kommiliton*innen; entspannter, angenehmer Atmosphäre, weil der Raum als schöner wahrgenommen wird; Kaffee oder das Arbeiten auf der Couch dem Wohlbefinden beim Lernen zuträglich sind; die vielen Materialien, die Möglichkeiten zum Blättern in gewollten oder ungewollten Denk- und Arbeitspausen und kreative Anregungen geben.

Als bedeutsame Differenz wird insbesondere die Verantwortung wahrgenommen – als ein Rede-und-Antwort-Stehen für das, was man macht (handlungsbezogener Aspekt) und am Ende einer Lehrveranstaltung an neuen Erkenntnissen erworben hat (erkenntnisbezogener Aspekt).

Die erkenntnisbezogene Seite der Verantwortungsübernahme dokumentiert sich beispielhaft in dieser Passage einer Gruppendiskussion:

> INTERVIEWER: Ja mhn genau () ich weiß nicht ob ich jetzt diese These falsch verstanden habe aber äh (2) wenn ich das richtig aber bitte verbessert mich oder geht mich an das das WAS ihr über das Leben in der DDR oder wie war das damals das Leben in der DDR HIER lernt unterscheidet sich nicht wesentlich von ner anderen also von ner Vorlesung oder von nem anderen Seminar? #00:49:21-2#
> STUDENTIN7: Na doch auf jeden Fall WIR sind HIER für unsere Informationen verantwortlich. #00:49:25-3#

Die handlungsbezogene Seite dieser Anforderung – die Verantwortungsübernahme für das eigene Handeln vom Handlungsplan über den Handlungsprozess und das Handlungsprodukt bis zur Handlungsbewertung – drückt eine Studentin so aus:

> STUDENTIN5: Und deshalb auch ungewohnt ich glaub wir sind EINfach ALle noch nicht so: wir denken noch nicht richtig lernwerkstattmäßig.? #00:29:34-8#
> INTERVIEWER: Mhm wie müsste man da denken () wenn man lernwerkstattmäßig denken würde? #00:29:34-8#

> STUDENTIN5: Na ja diese Individualität also dass man jetzt wirklich äh nicht immer irgendwie ein Seminarplan quasi so im Hinterkopf hat so seinen eigenen auch so hat. #00:29:47-3#
> STUDENTIN5: //Ja irgendwie so.// dass es halt jeder für sich selber verantwortlich ist dass jeder da: mit Engagement dabei ist und selber Verantwortung für das übernimmt was man macht und all sowas also nicht so dieses ich verlass mich gern auf andere und ich sitz einfach nur hier meine Zeit ab. #00:30:03-7#

Eigenverantwortung gehört zu den Konventionsbrüchen der Werkstattarbeit, denen Studierende zu Beginn einer Lehrveranstaltung zunächst mit individuell stark variierender Verunsicherung begegnen. Die Verunsicherung, das Konflikthafte resultiert aus dem Spannungsverhältnis zwischen einerseits initiierten Konventionsbrüchen wie den oben genannten, andererseits normativen Vorgaben, die sie auch aus den traditionellen Seminaren kennen. Vorgaben, die in den Werkstattseminaren gemacht werden, sind einerseits aufgaben- und produktbezogen, z.B. im Sinne der Erstellung von Lernmaterial oder einer Ausstellung oder anderes, und andererseits leistungsbezogen mit Blick auf Zeitvorgaben eines Semesters sowie Bewertungsnormen im Lehramtsstudium.

Damit wird deutlich: Die Situation, in der die Studierenden sich befinden und zur Verantwortungsübernahme auf- und herausgefordert werden, ist keine völlig freiheitliche, autonome Situation. Freiheit aber ist eine der Voraussetzungen, die eine Person benötigt, um verantwortungsbewusst zu handeln. Sombetzki (vgl. 2014, S. 44ff.) arbeitet in ihrer Studie heraus, dass Menschen, die verantwortlich handeln, zum einen die Fähigkeit zur Kommunikation benötigen, um Rede und Antwort überhaupt stehen zu können. Sie bedürfen zweitens der Urteilsfähigkeit, um vor dem Hintergrund bestimmter Normen und Werte das eigene Handeln als gerechtfertigt beurteilen zu können. Die dritte Bedingung ist die Handlungsfähigkeit. Diese Bedingung ist zentral und untrennbar mit dem Element der Freiheit verbunden – als menschliche Willensfreiheit zu wollen, was man wollen will, und als Selbstbestimmung auf der Basis der eigenen Wünsche und Vorstellungen. Ohne Freiheit kein Handeln, ohne Handeln keine Verantwortungsübernahme. Es handelt sich im hier beschriebenen hochschuldidaktischen Kontext im Grunde um jene u.a. von Helsper im Rahmen des strukturtheoretischen Ansatzes professionellen Lehrer*innenhandelns beschriebene Antinomie von Autonomie und Heteronomie, die in pädagogischen Kontexten und hier auch in der Lehrer*innenbildung zum Tragen kommt: Den Lernenden, so Helsper, wird „Eigenverantwortlichkeit in rationalisierten Zusammenhängen zu(geschrieben), die ihrer Mitgestaltung zumeist entzogen sind" (Helsper 2016, S. 546). Indem man Autonomie und Mündigkeit von ihnen fordert, fordert man sie zum Handeln in Zwängen und Kontrollen des Bildungssystems auf (vgl. ebd.), was wiederum die Gefahr der Instrumentalisierung in sich trägt (vgl. ebd.).

Die Studierende stellen sich dieser Verantwortung für das eigene Handeln zwischen Freiheit und Zwang mit verschiedenen Strategien (vgl. dazu Godau et al. 2018). Sie sind in diesen Seminaren mit ihrer ganzen Person herausgefordert, beurteilen das Werkstattlernen einerseits positiv, heben die höhere Motivation, den „Spaß", die Verfügbarkeit von Materialien als Ideengeber, die sozialen Interaktionen, die Freiräume für Individualität und Selbstbestimmung und die „Atmosphäre" des Raumes hervor. Zugleich problematisieren sie dieses Lernformat, weil sie – anknüpfend an die handlungs- und erkenntnistheoretische Seite der Verantwortungsübernahme – den Prozess der Eigenaktivität und -verantwortung als anstrengend und arbeitsintensiv beurteilen, sowie dem Wert ihres erworbenen Wissens nicht trauen. So entwickelte sich in einer Gruppendiskussion folgender Diskurs auf die Frage, mit welchem Lernformat sie sich besser auf die Planung einer Unterrichtsstunde vorbereitet fühlen würden:

> STUDENTIN7: Äh ich würde sagen Vorlesung wenn ich alle Folien bekommen würde da hab ich meinen Theoriegrundstock und was ich methodisch draus mache ist ja meine Sache. #00:50:52-1#
> INTERVIEWER: Ja. #00:50:52-1#
> STUDENTIN7: Vorlesung auf jeden Fall weil alles wissenschaftlich und auch richtig ist. #00:50:55-4#
> STUDENTIN8: Das ist halt ein (Topf) wie wenn ich mir das tollste Buch aus der Bib ausleihen würde wo alles prägnant draufstehen gut ich eine es gibt ja gute Folien und schlechte Folien es kommt ja drauf an wie der Dozent das aufbereitet hat aber prinzipiell ist das erstmal so das wo ich sagen kann da kann ich alles drauf () vorbereiten. #00:52:26-8#
> ...
> STUDENTIN5: Ist es halt weil ein Anderer schon für dich die Arbeit gemacht hat und alles durchgearbeitet hat was WIR ja jetzt quasi machen also wir könnten ja statt unseres Berichts könnten wir auch ganz locker ein Seminar machen da draus () also mit den ganzen Aufwand an Recherche und was wir da betrieben haben könnten wir ja AUCH jetzt quasi Dozent spielen und zu unserem Thema ein Seminar abhalten weil in der Vorlesung haben wir den unglaublichen Vorteil das hat schon jemand für uns gemacht du musst dich halt nur noch damit auseinandersetzen die ganze VIEle FLEIßige Bienchenarbeit das rauszusuchen und zusammenzustellen ist ja schon gemacht worden für uns. #00:53:06-2#

Und hier zeigt sich das Dilemma der Lernwerkstatt: Sie regt einerseits neue bzw. andere Handlungsweisen an, fordert und fördert Eigenaktivität und Verantwortungsübernahme. Ihr Referenzrahmen aber ist und bleibt das Norm- und Wertesystem der Universität, das den didaktischen Kontext der Werkstattarbeit beeinflusst, so u.a.:

- die Norm, dass Dozierende die hier geltenden Regeln des Handelns im Seminar setzen – die übergeordnete Aufgabenstellung, die Art der Ergebnispräsentation, die Bewertungsformen und ihnen zugrundeliegende Normen der Bewertung, und letztlich auch den „Zwang zur Eigenverantwortlichkeit" selbst, sowie
- die Norm, dass das wissenschaftliche Wissen stets und immer das „richtige" Wissen ist. Der Gedanken der absoluten Wahrheit des in Vorlesungen vermittelten Wissens blendet „die Konstruktivität jedes Wissens" (Wimmer 2005, S. 36) aus und verstellt die Verantwortung nicht nur für das Wissen selbst, sondern auch für dessen Genese (vgl. ebd.).

Hochschullernwerkstätten können diesem Dilemma nur offensiv und kritisch begegnen und diese Zwänge des Systems und jene dem System zugrundeliegenden Normen ganz offensiv zum Thema machen. Konkret kann das beispielsweise heißen, in Lehrveranstaltungen, die auf Werkstattlernen basieren, die Paradoxie von Autonomie und Heteronomie zu diskutieren und zu reflektieren – gerade auch, weil sich damit ein pädagogisches Paradox offenbart, was den zukünftigen Lehrer*innen auch in der Schule wiederbegegnet. Konsequenterweise können Studierende auch ein Werkstattseminar verweigern und sich diesem Zwang entziehen.

Zweitens könnte es bedeuten zu fragen, was sie *wirklich* wissen und verstehen und was ihnen (als Person und zukünftige Lehrperson) jenes aus ihrem eigenverantwortlich gestalteten Lernprozess hervorgegangene Wissen „wert" ist. Nach Bieri sind Überlegungen dieser Art prägend für Bildungsprozesse. Er spricht von einem „Kassensturz des Wissens und Verstehens [...]. Dazu gehören Fragen wie diese: Was für Belege habe ich für meine Überzeugungen? Sind sie verlässlich? Und belegen sie wirklich, was sie zu belegen scheinen? Was sind gute Argumente, und was ist trügerische Sophisterei? Das Wissen, um das es hier geht, ist Wissen zweiter Ordnung. Es unterscheidet den naiven vom gebildeten Wissenschaftler und den ernstzunehmenden vom einfältigen Journalisten, der noch nie etwas von Quellenkritik gehört hat. Wissen zweiter Ordnung bewahrt uns davor, das Opfer von Aberglauben zu werden. Wann macht ein Ereignis ein anderes wahrscheinlich? Was ist ein Gesetz im Unterschied zu einer zufälligen Korrelation? Was unterscheidet eine echte Erklärung von einer Scheinerklärung? Das müssen wir wissen, wenn wir ein Risiko abschätzen und uns ein Urteil über all die Vorhersagen bilden wollen, mit denen wir bombardiert werden" (Bieri 2005, S. 2).

Diskurse dieser Art fördern aber auch die Herausbildung eines wissenschaftlich-reflexiven Habitus, wie ihn Helsper als notwendige Voraussetzung für professionelles Lehrer*innenhandeln beschreibt. Dieser „beruht nicht auf einer möglichst umfassenden Kenntnis fertig angeeigneter wissenschaftlicher Erklärungen, die subsumtionslogisch angewendet werden", sondern impliziert „ein reflexives Verhältnis zur Konstruktion und Generierung von Erklärungen und Deutungen" und einen „reflexive(n) Umgang mit der Ungewissheit und Unsicherheit der Wissensbasis und deren Relevanz und Angemessenheit für konkrete Fälle" (Helsper 2003, S. 148).

2.2 Studierende gestalten erlebnispädagogische Lernarrangements: Verantwortung zwischen pädagogischer Einflussnahme und pädagogischer Zurücknahme

Im Rahmen eines Projektseminars gestalteten Studierende erlebnispädagogische Angebote für Schüler*innen an einer Schule mit dem Förderschwerpunkt geistige Entwicklung. Die Erlebnispädagogik verbindet erfahrungs- und handlungsorientierte Ansätze, indem durch unmittelbares Erleben, beispielsweise bei einer gemeinsamen Radtour, in einer Kletteraktion oder bei der gemeinsamen Meisterung einer Problemlöseaufgabe, soziale Erkenntnisse gewonnen werden und vereint damit die vor allem im schulischen Kontext oft getrennt wahrgenommenen Momente des Erlebens, Erfahrens und Erkennens. Im Sinne handlungsorientierten Lernens werden durch unmittelbare Erfahrungen im sozialen Miteinander Erkenntnisprozesse auf breiter Basis entfaltet (vgl. Kinne 2017, S. 14).

Konkret hieß das für die Studierenden, dass sie sich als Anleitende aus dem Lösungsprozess so weit wie möglich heraushalten sollten, damit die Lernenden – hier Schüler*innen mit dem Förderschwerpunkt geistige Entwicklung – die Problemlösung als unmittelbares Ergebnis des eigenen Handelns erfahren und mit der Erfahrung von Selbstbestimmung auch Verantwortung für das eigene Lernen übernehmen können.

Die konzeptionelle Verankerung von Elementen des selbstbestimmten und erfahrungsorientierten Lernens traf nun auf eine Klientel, denen eine erschwerte Aneignung, Abhängigkeit und Unterstützungsbedarf zugeschrieben wird. Diese Paradoxiefigur wurde innerhalb der gruppendynamischen Prozessreflexionen, mit Hilfe derer die Planung und Reflexion der Einzelveranstaltungen erfolgte, immer wieder aufgerufen. Die Diskurse bewegten sich stark im Feld des professionellen Handelns innerhalb zahlreicher Ungewissheitsdimensionen sowie im Spannungsfeld von Selbstorganisation und Unterstützungsbedarf und konkretisierten sich in Form der Grundfrage nach dem Verhältnis von Führung und Selbsttätigkeit. Untrennbar davon wurde die Frage nach Verantwortungsübernahme und Verantwortungsabgabe auf Seiten der Studierenden als Lehrpersonen diskutiert.

Die Studierenden reflektierten ihr Handeln vor dem Hintergrund der Überzeugung, dass die Abgabe von Verantwortung auf Seiten der Pädagog*innen unabdingbare Voraussetzung für die Übernahme von Verantwortung auf Seiten der Schüler*innen ist, formulierten aber gleichzeitig eine große Diskrepanz in Bezug auf den selbst formulierten Anspruch an pädagogische Zurücknahme und der praktisch erlebten Notwendigkeit pädagogischer Einflussnahme im konkreten Unterrichtsprozess.

> „Dass halt, dass dieses Element Lernen an der Erfahrung, dass wir es ja eigentlich so wollten, dass die Kinder das so machen sollten, wie wir es kennen, oder wie wir den besten Weg sehen, und ich hab halt gemerkt, auch an mir selbst, dass ich da irgendwo versucht habe, in Angriff (...) in Gang zu bringen und diese Technik vielleicht in die Köpfe zu prügeln."

Diese Aussage stellt zunächst das Lernen aus Erfahrung auf Seite der Schüler*innen in den Vordergrund, wobei pädagogische Zurücknahme als wesentliches Element eines solchen Lernens benannt wird. An anderer Stelle wird diese Überzeugung jedoch wieder gebrochen, indem sich zeigt, dass sie als Orientierung im pädagogischen Handeln nicht ausreicht:

> „Ich komm mir da auch immer ziemlich blöd vor ... aber wir sind ja auch so ein Stück weit für sie verantwortlich, aber vielleicht sollten sie doch aus den Erfahrungen lernen. Aber wenn halt dann was passiert (...) es ist halt schwierig, dann auch für uns selber zu sehen, wo nehmen wir uns raus und wo helfen wir mit."

Das Sorge Tragen für die körperliche und psychische Unversehrtheit der Schüler*innen wird als stellvertretende Verantwortung von den Studierenden wahrgenommen. Dieses doppelte Verantwortungsparadoxon wurde im Laufe des Projekts immer wieder im Kontext von Selbstorganisation, pädagogischer Zurücknahme und pädagogischer Einflussnahme diskutiert. Damit wird ein Problemfeld deutlich, in welchem zwar ein grundsätzlicher Konsens darüber bestand, dass erst die Verantwortungsabgabe der Pädagog*innen eine zunehmend autonome Verantwortungsübernahme der Schüler*innen ermöglicht, spezifische Gegebenheiten auf Seiten der Schüler*innen jedoch genau diese Verantwortungsabgabe zu unterminieren schienen. Oevermann (2008) spricht diesbezüglich vom pädagogischen Grundparadox einer stellvertretenden Krisenbewältigung, die stets so angelegt sein muss, dass sie Autonomieprozesse der Schüler*innen unterstützt. Gleichzeitig steht sie jedoch schnell in der Gefahr, genau diese Autonomie wieder zu untergraben (vgl. S. 62). Die Themen Überbehütung und erlernte Hilflosigkeit wurden als mögliches Ergebnis fehlender pädagogischer Zurücknahme immer wieder aufgerufen:

> „Wir sind immer für sie da und ich denke das macht so ne gewisse Selbstsicherheit aus, wie sie eigentlich nur in der Gruppe haben sollten, aber die sie nur haben, weil wir auch da sind (...) denk ich auch. Mmh, aber wenn wir nicht da wären, dann hätten sie vielleicht vielmehr Angst gehabt, als so und hätten „Nein!" gesagt (...) das sie ein falsches Selbstbild haben."

Ein zu viel an stellvertretender Verantwortungsübernahme nimmt den Schüler*innen die Möglichkeit, individuelle Grenzen wahrzunehmen und diese durch selbstbehauptende Handlungen zu wahren. Zudem sei die Verantwortungsproblematik auch mit Blick auf die eigene Unversehrtheit als Professionelle mit Garantenstellung zu betrachten, denn *„wir müssen ja für uns auch Sorge tragen (...) Das spielt ja da immer mit rein"*.

Als weitere Bezugsgröße für pädagogisches Handeln wurde das Erleben von Erfolg versus Misserfolg auf Seiten der Schüler*innen in die Überlegungen einbezogen. Bei den Schüler*innen, die tendenziell zu Misserfolgsorientierung neigten, könnte ein wiederholtes Erleben des Scheiterns zu ungünstigen motivationalen Entwicklungen führen. Eine entsprechende Manifestation von Misserfolgsorientierung wäre aus pädagogischer Sicht ebenfalls unverantwortlich. Es muss also auch hier stets individuell und situativ entschieden werden, ob pädagogische Zurücknahme Lernchancen birgt oder eher personale Integrität verletzt.

Im Zuge der aufgezeigten Problematik wurde von den Studierenden immer wieder nach Möglichkeiten pädagogischer Einflussnahme im Sinne einer nondirektiven Unterstützung unter der Maßgabe größtmöglicher verantwortbarer Selbstorganisation und Selbstbestimmung gesucht (vgl. dazu Kinne 2011). Letztlich wurde zusammengefasst, dass zwischen der Möglichkeit zur Abgabe der Verantwortung durch die Pädagog*innen und den Kompetenzen der Schüler*innen zur Übernahme von Eigenverantwortung ein direkt proportionales Verhältnis besteht. Die einzelnen Komponenten dieses Verhältnisses müssten zur Gewährleistung der physischen und psychischen Unversehrtheit aller Beteiligten und in Bezug auf den Lernzuwachs der Schüler*innen immer wieder neu in ein Passungsverhältnis gebracht werden. Und dazu bedarf es einer großen Selbstreflexivität auf Seiten der Professionellen. Oder mit den Worten einer Studierenden, es komme darauf an, *„dass man es immer wieder hinterfragt, was man da macht"*. Die Studierenden reflektierten, dass Selbstreflexionen unerlässlich sind, um eine Balance zwischen pädagogischer Einflussnahme und pädagogischer Zurücknahme zu finden.

Ihnen wurde darüber hinaus auch bewusst, dass sie sich dabei auf einem unsicheren Feld bewegen:

> „Manch einer hätte vielleicht gelernt: „Okay wenn man hier nichts sagt, fällt man hin", nimmt das dann positiv auf und setzt das selber um. Und der andere denkt halt: „Okay, wenn ich hier die Augen zu mache, fall ich auf die Knie also mach ich die Augen halt nicht zu". Aber ne Vorhersage zu machen, an welcher Stelle (...) weiss ich nicht."

Die konkreten Lernerfahrungen der Einzelnen werden nie vollständig antizipierbar sein. Dieses nicht genau zu Bestimmende wurde als Nicht-Verfügbarkeit über das jeweils Andere als konstitutiv für pädagogisches Handeln erlebt. Bezogen auf diese Ungewissheiten wurde geschlussfolgert, dass eine entsprechende Intentionalität im Sinne operationalisierbarer abrechenbarer Lernziele deutlich in Frage gestellt werden muss. Wimmer (2016) bezeichnet dieses „Nicht-Wissen und Nicht-Können [als] den Kern pädagogischen Handelns und der Professionalität" (S. 425, Anpassung TK). Auf der Ebene der konkreten Interaktion wird dabei nicht eine bestimmende, sondern eine reflektierende Urteilskraft von professionell Handelnden gefordert. Helsper und Kolbe 2002 stellen explizit die dafür notwendigen „reflexive[n] und hermeneutische[n] Kompetenzen" auf Seiten der Professionellen heraus (vgl. 2002, S. 386). Dies bedeutet in unserem Kontext, dass der Prozess des Verstehens des Anderen als Rekonstruktionsprozess stets nur eine Annäherung an dessen subjektive Sinnzuschreibungen sein kann, welcher den Charakter von Hypothesenbildung und -prüfung trägt.

3 Fazit und Ausblick

Unsere Diskussion des Verantwortungsproblems aus zwei verschiedenen Forschungsprojekten machte uns auf eine Gemeinsamkeit aufmerksam: Die an den hochschuldidaktischen Lernarrangements teilnehmenden Studierenden reflektierten ihre Probleme des Umgangs mit Verantwortung, ihre Irritationen und zum Teil krisenhaften Erfahrungen explizit in ihrer Rolle als Forschende im geschützten Raum des anonymisierten Forschungssettings; sie problematisierten sie nicht als Lernende mit einer bestimmten Aufgabe in einem Lernwerkstattseminar und auch nicht als Planende von Unterricht für Schüler*innen. Erst im Kontext der Interviews und Gruppendiskussionen wurden die verschiedenen Spannungsfelder, die antinomischen Handlungsstrukturen und die paradoxen Handlungsanforderungen, innerhalb derer sich die Studierenden sowohl als Lernende im Studium als auch

Lehrende im schulpraktischen Feld bewegen mussten, thematisiert. Wir können somit davon ausgehen, dass reflexive Kompetenzen nicht per se durch das selbstverantwortliche Handeln entwickelt werden. Für das Lehramtsstudium heißt das, Freiräume zum selbstverantwortlichen Handeln nicht nur zur Verfügung zu stellen, sondern sie professionell zu begleiten und die Erfahrungen der Studierenden im Umgang mit Verantwortung, ihre Wahrnehmungen, Urteile, Emotionen und Schlussfolgerungen in entsprechenden Kommunikations- und Reflexionsphasen explizit zum Thema zu machen.

Das Erkennen und Kommunizieren dieser Widersprüche ist eine wesentliche Voraussetzung dafür, jene von Schütze (2000) hervorgehobenen Gefahren strukturdeterminierter Fehlerquellen aufgrund der „strukturellen Paradoxiefigurationen" (ebd., S. 52) nicht zu wirklichen Fehlern im pädagogischen Handeln werden zu lassen und stattdessen die von Wimmer (2016, S. 435) geforderte „reflektierende Urteilskraft" zu entwickeln. Sie ist aus bildungs- wie professionstheoretischen Gründen essentiell. Ihr Vorhandensein sorgt dafür, dass eine grundsätzliche Offenheit gegenüber der Unterstützung eigenaktiver und autonomiestiftender Lernprozesse nicht durch widersprüchliche Praxiserfahrungen verschüttet wird.

Inwieweit die Veränderungen in den Universitäten seit Bologna diese Anforderungen zuträglich sind, mag bezweifelt werden. Mit Bologna vollzog sich ein wuchtiger Umwälzungsprozess der Universitäten, der Änderungen in ihrer Zielsetzung, in den Abschlüssen, in der Studien- und Verwaltungsstruktur mit sich brachte. „Man änderte [...] das Ziel", schreibt Marius Reiser in dem 2010 vom deutschen Hochschulverband herausgegeben Buch „Bologna. Anfang und Ende der Universität":

> „nicht mehr Bildung, sondern Ausbildung; nicht mehr selbstständiges Denken, sondern abfragbares Wissen; nicht mehr Erkenntnis als Selbstzweck, sondern Erkenntnisse, die dem Markt dienen (...) nicht mehr locker strukturierte Studiengänge mit vielen Wahlmöglichkeiten und wenigen Prüfungen, sondern straff organisierte Lehr-Lern-Einheiten mit einer Fülle von Prüfungen; strenge Kontrolle statt freier Gestaltung" (Reiser 2010, S. 27).

Verantwortungsübernahme aber setzt Freiräume und Freiheit für ein eigenverantwortliches Studium, setzt Autonomie statt Hierarchie und die grundsätzliche Anerkennung des Gegenübers als eines gleichberechtigten Dialogpartners voraus (vgl. auch Werner 2011, S. 547).

Insgesamt wird in hochschulpädagogischen und -didaktischen Diskursen um Professionalisierungsprozesse im Lehramt die Entwicklung der Gesamtpersönlichkeit angehender Lehrer*innen zu wenig thematisiert. Demgegenüber wird ihnen z.B. mit der Abschaffung der Anwesenheitspflicht ein enormes Maß an

Verantwortung zugesprochen. Inwieweit sich Lehrende im Hochschulkontext der damit verbundenen Verantwortung und Paradoxien bewusst sind, welche Handlungsstrategien sie entwickeln und wie sich dies in ihrem professionellen Selbstverständnis abbildet, scheint bisher weitgehend ungeklärt und bedarf eines weiterführenden diskursiven Austauschs.

Literatur

Bieri, Peter (2005). *Wie wäre es, gebildet zu sein? Festrede an der Pädagogischen Hochschule Bern.* https://www.hwr-berlin.de/fileadmin/downloads_internet/publikationen/Birie_Gebildet_sein.pdf Zugegriffen: 29. Januar 2018.

Charmaz, Kathy (2006). *Constructing Grounded Theory. A Practical Guide Through Qualitativ Analysis.* Los Angeles u.a.: SAGE.

Combe, Arno & Helsper, Werner (2016). Einleitung: Pädagogische Professionalität. In Arno Combe & Werner Helsper (Hrsg.): *Pädagogische Professionalität.* 8. Aufl. (S. 9-48). Frankfurt a.M.: Suhrkamp.

Ernst, Karin & Wedekind, Hartmut (Hrsg.). (1993). *Lernwerkstätten in der Bundesrepublik Deutschland und Österreich. Eine Dokumentation.* Frankfurt a.M.: Arbeitskreis Grundschule.

Godau, Marc, Tänzer, Sandra, Berger, Marcus, Lingemann, Jana & Mannhaupt, Gerd (2018). Studieren in der Lernwerkstatt. Erwartungen, Möglichkeiten und Herausforderungen für die Lehrerinnen*bildung (nicht nur) in der Didaktik des Sachunterrichts. In Ute Franz, Hartmut Giest, Andreas Hartinger, Anja Heinrich-Dönges & Bernd Reinhoffer (Hrsg.), *GDSU-Journal, 8,* S. 47-65.

Gryl, Inga & Naumann, Jasmin (2016). Mündigkeit im Zeitalter des ökonomischen Selbst? Blinde Flecken des Geographielernens bildungstheoretisch durchdacht. *GW Unterricht 141 (1/2016).* doi: 10.1553/gw-unterricht141s19.

Hagstedt, Herbert (2016). Lernen im Selbstversuch. Wie Studienwerkstätten sich über forschende Lerngelegenheiten definieren können. In Sabrina Schude, Dorit Bosse & Jens Klusmeyer (Hrsg.), *Studienwerkstätten in der Lehrerbildung. Theoriebasierte Praxislernorte an der Hochschule* (S. 21-36). Wiesbaden: Springer.

Helsper, Werner (2016). Antinomien des Lehrerhandelns in modernisierten pädagogischen Kulturen. In Arno Combe & Werner Helsper (Hrsg.), *Pädagogische Professionalität.* 8. Aufl. (S. 521-569). Frankfurt am Main: Suhrkamp.

Helsper, Werner (2003). Ungewissheit im Lehrerhandeln als Aufgabe der Lehrerbildung. In Werner Helsper, Reinhard Hörster & Jochen Kade (Hrsg.), *Ungewissheit. Pädagogische Felder im Modernisierungsprozess* (S. 142-161). Weilerswist: Velbrück.

Helsper, Werner & Kolbe, Fritz-Ulrich (2002). Bachelor/Master in der Lehrerbildung – Potential für Innovationen oder ihre Verhinderung? *Zeitschrift für Erziehungswissenschaft,* 5, S. 384-400.

Herzog, Roman (1997). *Berliner Rede 1997 von Bundespräsident Roman Herzog.* http://bundespraesident.de/SharedDocs/Reden/DE/Roman-Herzog/Reden/1997/04/19970426_Rede.html . Zugegriffen: 29. Januar 2018.

Kinne, Tanja (2011). *Die Unterstützung sozialer Kompetenzentwicklung von Schülerinnen und Schülern mit geistiger Behinderung im Kontext erlebnispädagogischer Lernarrangements*. Berlin: Logos.

Kinne, Tanja (2017). Anspruch an eine Erlebnispädagogik für alle – Theoretische Begründungszusammenhänge und konzeptionelle Überlegungen. *Schweizer Zeitschrift für Heilpädagogik, 23*, S. 13-19.

Liessmann, Konrad (2016). *Geisterstunde: Die Praxis der Unbildung. Eine Streitschrift*. München: Piper.

Müller-Naendrup, Barbara (1997). *Lernwerkstätten an Hochschulen. Ein Beitrag zur Reform der Primarstufenlehrerausbildung*. Frankfurt: Peter Lang.

Nittel, Dieter (2000). *Von der Mission zur Profession? Stand und Perspektiven der Verberuflichung in der Erwachsenenbildung*. Bielefeld: Bertelsmann.

Oevermann, Ullrich (2008). Profession contra Organisation? Strukturtheoretische Perspektiven zum Verhältnis von Organisation und Profession in der Schule. In Werner Helsper, Susanne Busse, Merle Hummrich & Rolf-Torsten Kramer (Hrsg.), *Pädagogische Professionalität in Organisationen: Neue Verhältnisbestimmungen am Beispiel der Schule* (S. 55-77). Wiesbaden: VS Verlag für Sozialwissenschaften.

Reiser, Markus (2010). Bologna: *Anfang und Ende der Universität*. Deutscher Hochschulverband. Heft 80.

Schütze, Fritz (2000). Schwierigkeiten bei der Arbeit und Paradoxien des professionellen Handelns – Ein grundlagentheoretischer Aufriß. *ZBBS Heft 1/2000*, S. 49-96.

Sombetzki, Janina (2014). *Verantwortung als Begriff, Fähigkeit, Aufgabe. Eine Drei-Ebenen-Analyse*. Wiesbaden: Springer.

Verbund europäischer Lernwerkstätten e.V. (2009). *Positionspapier des Verbundes europäischer Lernwerkstätten (VeLW) e.V. zu Qualitätsmerkmalen von Lernwerkstätten und Lernwerkstattarbeit*. http://forschendes-lernen.net/files/eightytwenty/materialien/VeLW-Broschuere.pdf . Zugegriffen: 29. Januar 2018.

Werner, Micha, H. (2011). Verantwortung. In Marcus Düwell, Christoph Hübenthal & Micha H. Werner (Hrsg.), *Handbuch Ethik*. 3. Aufl. Stuttgart: Metzler, S. 541–548.

Wimmer, Michael (2016). Zerfall des Allgemeinen – Wiederkehr des Singulären. Pädagogische Professionalität und der Wert des Wissens. In Arno Combe & Werner Helsper (Hrsg.), *Pädagogische Professionalität*. 8. Aufl. (S. 404-447). Frankfurt am Main: Suhrkamp.

Wimmer, Michael (2005). Die überlebte Universität. In Andrea Liesner & Olaf Sanders (Hrsg.), *Bildung der Universität. Beiträge zum Reformdiskurs* (S. 19-42). Bielefeld: Transkript.

Potenziale aller Kinder und Jugendlicher als Ausgangspunkt pädagogischen Handelns

Mathematikdidaktische Blicke auf Unterricht und Lehrer*innenbildung

Marcel Veber und Ralf Benölken

1 Einleitung

Mit Blick auf die ungeteilte Partizipation von allen Kindern und Jugendlichen u.a. in Bildungseinrichtungen sind in den vergangenen Jahren zahlreiche Beiträge erschienen (u.a. Hershkovich et al. 2017). Parallel dazu – jedoch zumeist hermetisch getrennt (als Ausnahme: u.a. Moser & Simon in diesem Band) – hat ein Diskurs begonnen, der sich aus fachdidaktischer Warte mit der Realisierung von inklusivem Unterricht auseinandersetzt (Gesellschaft für Fachdidaktik e.V. 2015). Beiden Diskursen ist gemein, dass ein Lehren und Lernen ohne Ausgrenzung in einer Schule für wirklich alle als „Nordstern" leitend ist. Dass jedoch, so die These dieses Beitrags, diese beiden Diskurse zwei Seiten derselben Medaille, fachlich fundierter Unterricht ohne Ausschluss, sind, wurde u.E. bislang noch nicht ausreichend in Betracht gezogen. Daher sollen im Folgenden jeweils am Beispiel von diversitätsorientiertem mathematischen Lehren und Lernen

- eine didaktische Einordnung erfolgen, die einen potenzialorientierten Umgang mit Vielfalt ermöglicht,

S. Bartusch et al. (Hrsg.), *Lernprozesse begleiten*,
https://doi.org/10.1007/978-3-658-21924-6_19

- ein Einblick in ein empirisches Forschungsprojekt gegeben werden, das den Zusammenhang von Fachlichkeit und Realisierung von Partizipation beleuchtet, sowie
- ein hochschuldidaktisches Konzept nebst Eindrücken aus Evaluationen vorgestellt werden, das Studierenden im Rahmen von Lernwerkstattarbeit einen Anker für adäquate Professionalisierungen bietet.

2 Inklusiver Mathematikunterricht: Offene substanzielle Problemfelder zur natürlichen Differenzierung in partizipativen Lehr-Lern-Settings

Inklusion, was an dieser Stelle nicht erneut expliziert werden muss, kann als Provokation verstanden werden, die sich durch das Streben nach Inklusiver Bildung (u.a. Schenz 2013) im Kontext von Schule widerspiegelt (Heinrich 2015). Inklusive Bildung hat auf methodisch-didaktischer Ebene die Aufgabe, die individuellen Potenziale und gleichzeitig die Gemeinschaft zu fördern (Wocken 2014, S. 55ff.). Es besteht aus inklusionspädagogischer Warte ein unteilbares Recht auf Partizipation, einer bestimmenden Teilhabe (Schomaker und Ricking 2012, S. 138), u.a. am Unterrichtsleben und der Klassengemeinschaft, was die Teilnahme an ergänzenden Angeboten (auch Enrichmentangebote: u.a. Benölken 2017) nicht kategorisch verneint (am Beispiel von Alberta aufgezeigt: Sliwka 2014) und zudem Eingebundensein auch im Hinblick auf das Erleben von Leistung und Erfolgen impliziert; hierbei ist jedoch eine Abkehr von meritokratischen Mustern mit einer kritischen Betrachtung von Leistung anzustreben (zur Vertiefung: Prengel 2017). Ein authentisches Lernen am gemeinsamen Unterrichtsgegenstand sollte – aus Sicht der entwicklungslogischen Didaktik – das Zentrum didaktischer Bemühungen bilden (u.a. Feuser 2016), ohne Überforderung bei den Beteiligten, etwa auf Seiten der Lehrkräfte, zu erzeugen. Gleichzeitig sind tradierte Muster der Individuellen Förderung zu überdenken, damit alle Schüler*innen an kollektiven wie auch individuellen Flow-Prozessen (Boban und Hinz 2012, S. 71ff.) partizipieren können. Hieraus ergibt sich die Notwendigkeit eines didaktischen Zugangs und Weges, den wirklich alle beschreiten können. Ohne ins Detail zu gehen, scheint hier u.E. eine Orientierung an Potenzialen eine praktikable Brücke zu bieten: Dabei wird Potenzial, das jeder Mensch in sich trägt, als „dehnbares Gefäß, geformt von den Dingen, die wir im Lauf unseres Lebens tun [verstanden]. Lernen dient nicht dazu, sein Potenzial auszuschöpfen, sondern es zu entwickeln." (Ericsson und Pool 2016, S. 22) Daher ist es im Verständnis einer inklusiven Begabungsförderung geboten, in schulischen Settings didaktische Möglichkeiten für alle Schüler*innen zu eröffnen, ihre Potenziale zur Entfaltung zu bringen (Seitz und Pfahl in Seitz et al. 2016, S. 14), was einer konsequenten Abkehr von einer Defizitorientierung entspricht und expansives Lernen den Weg bereitet.

Wie es oben bereits für die Inklusionspädagogik angedeutet ist, definiert auch die Mathematikdidaktik – wie jede andere Fachdidaktik – im Ergebnis ihrer Bildungstraditionen zentrale Aspekte, die bei der Gestaltung von Lehr-Lern-Prozessen zu berücksichtigen sind (siehe im Detail: Veber et al. 2018b): So sollten „Grunderfahrungen" hinsichtlich des Problemlösens, des innermathematischen Operierens und der Umwelterschließung mit mathematischen Mitteln (Winter 1995) ebenso bei der Organisation von Mathematikunterricht berücksichtigt werden wie eine stete Orientierung an mathematischen Leitideen und prozessbezogenen Kompetenzen (Kultusministerkonferenz 2004) und eine Realisierung der Lernprozesse als ein aktiv-entdeckendes, ein forschendes Lernen (Winter 1996).

Genügt es nun, derartige Postulate schlicht aufzusummieren, um sich einer inklusionssensiblen und potenzialorientierten Gestaltung von Mathematikunterricht zu nähern, wie es die Abbildung 1 symbolisiert? Oder entsteht aus der Summe, die sich mit einer mathematischen Metapher im Übrigen eher mengentheoretisch charakterisieren ließe, ein Mehr oder ein Weniger als das bloße Zusammenzählen der Einzelteile? Brauchen wir bis dato völlig unbekannte neuartige Didaktikwege?

Abb. 1 Inklusiver Mathematikunterricht – eine schlichte Summe?

Entsprechend den oben skizzierten inklusionspädagogischen Rahmungen ist u.E. keine ‚neuartige' Inklusionsfachdidaktik für den Mathematikunterricht zu entwerfen – im Gegenteil gehen wir davon aus, dass die Mathematikdidaktik bereits ein verzweigtes Wegesystem bereit hält und das Finden der richtigen Wege nur eine der großen derzeitigen Herausforderungen ist (u.a. Benölken et al. 2018). In jüngerer und jüngster Zeit mehren sich besonders im Primarbereich erste Ansätze und Konzepte (u.a. Käpnick 2016, Peter-Koop et al. 2015), was nicht zuletzt durch eine Zunahme von Forschungsarbeiten erkennbar ist, die auf einschlägigen Fachtagungen wie der „Jahrestagung der Gesellschaft für Didaktik der Mathematik" vorgestellt, diskutiert und in Beziehung gesetzt werden. In vielen Fällen wird die Bedeutung einer natürlichen Differenzierung ausgehend von der Methode oder – aus fachdidaktisch-fachlicher Sicht noch besser – vom Fach als besonders geeigneter Zugang beschrieben (Scherer 2008, Wittmann 1996). In diesem Kontext werden eng verwandte Konzepte wie „Blütenaufgaben", „Substanzielle Lernumgebungen" oder „Offene, substanzielle Problemfelder" beschrieben, die sich u.E. aber vor allem durch den Grad der fachlichen Öffnung unterscheiden. Ein „offenes, substanzielles Problemfeld" stellt eine einzige, zentrale Fragestellung in den Mittelpunkt, an der wirklich alle Kinder arbeiten können, so dass Erkenntnisse und Herausforderungen iterativ und produktiv im Sinne des Gesamtlernprozesses einer Lerngruppe akkumulieren. Natürlich sollte ein solches Format eine reichhaltige mathematische Substanz enthalten, Neugier und Interesse wecken sowie Offenheit im Hinblick auf die Wahl von Lösungswegen und von Hilfsmitteln sowie im Hinblick auf Möglichkeiten der Ergebnisdarstellung bieten (u.a. Benölken et al. 2016). Eine Konkretisierung im Kontext von „Größen und Messen" liefern beispielsweise Rink & Lemensiek (2018 i.D.) mit der Frage „Wie viel Futter frisst ein Eichhörnchen im Winter?" (für weitere Beispiele siehe: Benölken et al. 2018 i.D.b).

3 Anker zur Professionalisierung[1]

Bisher haben wir einen Blick auf eine Seite der Medaille geworfen und einen Beispielzugang nebst Realisierungsmöglichkeit für den Unterricht skizziert. Nun wollen wir die Medaille wenden, indem wir unseren Blick darauf richten, welche Facetten von Fachlichkeit es Lehrpersonen ermöglicht, auf die Potenziale aller Schüler*innen zu blicken, um einen fachlich fundierten und im o.g. Sinn partizipativen Unterricht zu gestalten. Um grundlegende Anker zu erkennen, die für eine adäquate Professionalisierung von Lehrkräften überhaupt in inklusiven Zeiten (wieder ausgehend vom Beispiel des Mathematikunterrichts) notwendig sein mögen, werfen wir daher einen Blick auf eine „Extremgruppe" und skizzieren erste Eindrücke einer Studie von Veber, Benölken und Wais (2018 i.V.): Fachfremd

1 In diesem Abschnitt sind Teile von zwei im Druck bzw. in Vorbereitung befindlichen Beiträgen von uns (in adaptierter und veränderter Form) aufgenommen worden (Benölken und Veber 2018 i.V., Veber et al. 2018 i.V.).

erteilter Mathematikunterricht scheint bundesweit vom Sonder- beinahe zum Regelfall zu werden (eine zusammenfassende Übersicht entsprechender Statistiken gibt Porsch 2016). Welche Bedeutung hat hier welche Form von Fachlichkeit? Wir nähern uns dieser Fragestellung anhand der Überzeugungen von Mathematiklehrkräften zur Realisierung inklusiven Mathematikunterrichts, der eine Partizipation für alle Schüler*innen ermöglichen soll.

Der Begriff der Fachfremdheit wird in der Studie durch sein Quasi-Komplement definiert: Mit „nicht fachfremd" wird in Anlehnung an Bosse (2016) eine Lehrperson bezeichnet, die Mathematik im Hauptfach in einem Lehramtsstudiengang studiert hat, alle anderen Lehrpersonen dementsprechend als „fachfremd". Professionswissen ist als weiter Begriff gefasst, der kognitive Wissenselemente im engeren Sinne ebenso umfasst wie co-kognitive Facetten und damit Überzeugungen. Vor dem Hintergrund der Skizzen des zweiten Abschnitts rahmt Professionswissen ein triadisches Wechselspiel von Fachmathematik, Mathematikdidaktik sowie (spezifischen) pädagogischen Grundlagen, hier auch die inklusionssensible Perspektive (Abbildung 2):

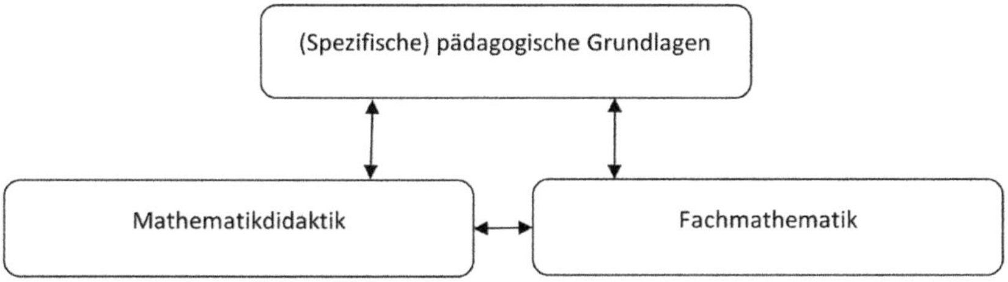

Abbildung 2 Zu berücksichtigende Grundlagen im Kontext mathematik- und inklusionsorientierter Bildung (Veber et al. 2018 i.V.)

Die Studie geht der Frage nach, welche Überzeugungen zu inklusionssensiblem Mathematikunterricht fachfremd unterrichtende Lehrpersonen benennen. Im Studienjahr 2016/17 wurden 40 Problemzentrierte Interviews mit Lehrkräften geführt, die in inklusiven Settings fachfremd Mathematik unterrichten. Dabei wurden folgende Bereiche erhoben: Fach Mathematik, Mathematikunterricht, Inklusive Bildung und inklusionssensibler Mathematikunterricht. Unter Einbeziehung einer Forscher*innengruppe wurde das Material zunächst angelehnt an die Qualitative Inhaltsanalyse subsumtionslogisch ausgewertet. Anschließend wurden im Sinne einer Methodentriangulation Einzelfälle rekonstruktiv angelehnt an das ‚integrative Basisverfahren' nach Kruse (2015) ausgewertet. Hieran anknüpfend werden nun drei repräsentative Fälle als maximalkontrastierende Darstellung im methodologischen Sinne ‚vom Einzelfall zum Typus' skizziert.

Wir konzentrieren uns auf drei typische Fälle, die einen Einblick in Facetten von Fachlichkeit bieten: *Eine Primarstufenregelschullehrkraft* beschreibt, dass sie in den ersten Jahren ihres Unterrichtens in damals noch zielgleichem, nicht-inklusivem Unterricht sich unsicher im Mathematikunterricht gefühlt hat. Jedoch habe sie sich dann an curricularen Vorgaben orientiert, ein Teaching-to-the-test umgesetzt, da sie aufgrund ihrer fachlichen Unsicherheit sich nur an den Vorgaben des Mathebuchs und des Lehrer*innenbandes orientiert hat. Diese Form des Unterrichtens, die jedoch eine Partizipation u.a. von zieldifferent unterrichteten Schüler*innen nicht ermöglicht, führte zu guten Prüfungsergebnissen und zur Zufriedenheit bei ihr als auch den Schüler*innen. Als dann die Irritation Inklusion in Form von zieldifferent unterrichteten Schüler*innen in ihren Unterricht kam, war diese Orientierung an Mittelköpfen nicht mehr möglich, was dazu führte, dass sie sich unsicher und v.a. überfordert fühlte. Eine Person mit einem *Diplom in Mathematik*, ein*e Seiteneinsteiger*in, beschreibt, dass alles für sie aus Mathematik bestehe und daher Mathematik keine Grenzen habe, es somit auch keine einfachen Lösungen gebe. Dies führe i.E. dazu, dass alle Schüler*innen Mathematik lernen könnten, wobei dies auf unterschiedlichen Ebenen erfolge. Jedoch sieht sie hier keine Exklusionsbedingungen. Mathematik sei kein Inhalt zum Auswendiglernen; es sei vielmehr eine Denkart, die sie dazu ansporne, in den Köpfen der Schüler*innen etwas zu bewegen. Kurzum: Sie beschreibt das Inklusionspotenzial vom Fach Mathematik, das auch nicht durch zieldifferenten Unterricht gestört werden könne und somit eine Partizipation von allen Schüler*innen am Lernen am gemeinsamen Gegenstand ermögliche. Was sie jedoch nicht mit berücksichtigt, sind einerseits curriculare Vorgaben und andererseits Öffnungen von Unterricht (u.a. gegenüber anderen Fächern oder hinsichtlich einer Lebensweltorientierung). Eine *sonderpädagogische Lehrkraft* beschreibt ihre fachliche Unsicherheit, indem sie illustriert, wie schwer es ihr fällt, dem Mathematikunterricht in der Sekundarstufe I zu folgen. Gleichzeitig expliziert sie ihre Abneigung gegen Mathematik. Jedoch führt sie deutlich aus, wie sicher sie sich u.a. bei der Erstellung von Förderplänen oder der ökosystemischen Öffnung von Unterricht sowie im Teamteaching erlebt. Auf die Frage, wie sie sich auf Inklusion vorbereitet fühle, entgegnet sie, dass sie die Frage nicht verstehe, da sie ja schließlich qua Sonderpädagogikstudium für Inklusion qualifiziert sei.

Anhand der drei Typen wird deutlich, wie sehr alle drei Aspekte der in Abbildung 2 dargestellten Triade notwendig sind, um fachlich-konsistenten Mathematikunterricht in inklusiven Zeiten zu realisieren:

Typ 1: Schulpädagogische Fachlichkeit ≠ Fachlichkeit für inklusionssensiblen Mathematikunterricht

Typ 2: Fachmathematische Fachlichkeit ≠ Fachlichkeit für inklusionssensiblen Mathematikunterricht

Typ 3: Sonderpädagogische Fachlichkeit ≠ Fachlichkeit für inklusionssensiblen Mathemathematikunterricht

Es sind also vielfältige Aspekte von Fachlichkeit notwendig, um einen fachlich konsistenten inklusiven Mathematikunterricht zu realisieren, und v.a. der Anker Fachmathematik ist auch und gerade in inklusiven Zeiten besonders wichtig. Fachlichkeit auf allen Ebenen sollte sich entsprechend in Professionalisierungsangeboten wiederfinden, da durch die differenten Fachlichkeitsebenen unterschiedliche Anker zur unterrichtlichen Partizipation erst (u.E. im Teamteaching) didaktisch aufgegriffen werden können.

4 Ein exemplarisches Lehrkonzept[2]

Im Folgenden möchten wir als dritten Baustein ein mögliches Konzept für ein Universitätsseminar beschreiben, das die in diesem Beitrag diskutierten Eckpunkte zu verzahnen sucht (Benölken et al. 2018 i.D.a). Das Ziel des Seminars (Inklusiver Mathematikunterricht – IMU), das an der Universität Münster und bereits an anderen Standorten durchgeführt wurde und vielschichtig mit Lehr-Lern-Laboren vernetzt ist, besteht darin, dass Studierende ihr Wissen über Möglichkeiten der Gestaltung inklusiven Mathematikunterrichts erweitern und ihre diesbezüglichen Überzeugungen und Erfahrungen reflektieren. Damit soll es einen Beitrag leisten, dass sie inklusiven Mathematikunterricht, der sowohl fachlichen wie auch partizipativen Anforderungen gerecht wird, planen und analysieren können. Um dies zu realisieren, werden zwei aneinander grenzende Ebenen miteinander verbunden (Berlinger et al. 2018 i.V.), nämlich (1) die Professionalisierung von angehenden Lehrkräften bzgl. inklusiven Mathematikunterrichts und (2) die Entwicklung von didaktischen Materialien für den inklusiven Mathematikunterricht, wie sie bereits im zweiten Abschnitt dieses Beitrags angedeutet ist.

Zentrale Ideen für das Lehrprojekt sind – ausgehend von der oben vorgenommenen Verortung und ganz im Sinne der interdisziplinären Anlage – eine Balance von Postulaten aus Fachdidaktik und Inklusionspädagogik zur Gestaltung von

2 In diesem Abschnitt sind Teile von zwei im Druck bzw. in Vorbereitung befindlichen Beiträgen von uns (in adaptierter und veränderter Form) aufgenommen worden (Berlinger et al. 2018 i.V., Veber et al. 2018a).

Lehr-Lern-Prozessen unter Beachtung der fachlichen Konsistenz sowie ein durchgehend konstruktiv-forschendes Lernen mit ganzheitlicher Perspektive. Daher stehen – sowohl hinsichtlich der Seminargestaltung als auch der Lehrevaluation – diese Fragestellungen im Fokus: Welche Einflussfaktoren sind bei der Gestaltung inklusiven Mathematikunterrichts zu berücksichtigen? Wie lassen sich konkrete mathematikdidaktische Umsetzungen kennzeichnen und entsprechen jene umgekehrt den partizipatorisch-geprägten Ansprüchen einer potenzialorientierten, inklusionssensiblen Bildung? Die in diesem Kontext behandelten Themen umfassen Überzeugungen bzgl. inklusiven Mathematikunterrichts, professionelle Kompetenzen und Diversitätsfacetten, diagnostische und methodische Fragen, schulische Rahmenbedingungen, kooperative Lehrformen sowie soziale Beziehungen und Beratungen (Benölken 2017). Im Prozess des Forschenden Lernens entwickeln die Studierenden zur konkreten Realisierung im Unterricht jeweils Ideen, Ansätze, Konzepte u.Ä., wobei sich die Seminargestaltung durch Eigenaktivität, kooperative Arbeitsformen und die Einbindung unterschiedlicher Methoden im Sinne des pädagogischen Doppeldeckers auszeichnet. Um die Seminarinhalte authentisch zu reflektieren – soweit im Seminarrahmen möglich –, wird die forschende Arbeit ergänzt durch Best-Practice-Vorträge, eine Hospitation in einer inklusiv arbeitenden Schule und Werkstattarbeiten. Insbesondere lernen die Studierenden bereits bekannte fachdidaktische Konzepte bzw. Bausteine zu adaptieren und diese für die Organisation inklusiven Mathematikunterrichts für wirklich alle Schüler*innen zu nutzen. Die Diskussion von Arbeitsergebnissen zielt wie angedeutet stets darauf ab, die Postulate bestmöglich zu berücksichtigen, die sich aus dem Spannungsdreieck zwischen Fach, Fachdidaktik und Inklusionspädagogik ergeben (zur Vertiefung: Benölken et al. 2018 i.D.a).

Das IMU-Lehr-Lern-Konzept wird fortlaufend in einem Mixed-Methods-Design evaluiert. Dazu werden qualitative Zugänge wie Rekonstruktion von Lernlandkarten (Veber et al. 2018a) und weitere prozessorientierte Instrumente mit quantitativ-subsumtionslogischen Instrumenten trianguliert, worauf nun eingegangen wird (zur Vertiefung: Benölken et al. 2018 i.D.a): Die hier skizzierte Untersuchung als quantitativer Part der Lehrevaluation fokussiert den Zusammenhang zwischen Einstellungen zu Inklusion, arbeitsplatzbezogener Angst und mathematikdidaktischen Überzeugungen von Studierenden. Dabei wird untersucht, ob die Teilnahme am IMU-Seminar diese mentalen Konstrukte (positiv) beeinflusst. Die Studie wurde im Prä-Post-Design konzipiert und die Teilnehmenden des Seminars IMU ($N = 27$) mittels Paper-Pencil-Fragebögen zu Beginn und am Ende der Vorlesungszeit (Sommersemester 2017) befragt. Hier fanden neben einer individuellen Code-Generierung (Pöge 2011) und soziodemografischen Items auch der EFI-L (Einstellungsfragebogen zu Inklusion für Lehrkräfte: Seifried und Heyl 2016), die

JAS (Job-Angst-Skala: Linden et al. 2008) und eine Modifikation des TBQ (Teacher beliefs questionnaire: Swan 2006) Verwendung. Daneben wurde eine Kontrollgruppe, ein mathematikdidaktisches Seminar ohne explizit inklusiven Fokus, an der MLU Halle-Wittenberg ($N = 26$) einbezogen. Damit konnte ein Vergleich zwischen einem Mathematikdidaktik-Seminar *mit* und einem *ohne* inklusiven Fokus vorgenommen werden – und erste Rückschlüsse auf deren Wirksamkeit gezogen werden. Insgesamt wurden 53 Grundschullehramtsstudierende befragt ($M_{\text{Alter}} = 22.80$; $SD = 2.37$); die Datenauswertung erfolgte mit SPSS 24. Die Überprüfung der Skalenreliabilitäten ergab nach Modifikationen eine zufriedenstellende bis gute interne Konsistenz für die eingesetzten Inventare (cron $\alpha = .70$ bis .90) und eine überwiegend ausreichende für die einzelnen Subfacetten der Konstrukte (cron $\alpha > .68$). Bezogen auf die relevanten Variablen erwiesen sich beide Testgruppen in t-Tests als hinreichend varianzhomogen – und daher als geeignet für einen Vergleich. Für die Überprüfung der Zusammenhänge zwischen den drei Konstrukten und ihren Subfacetten wurden bivariate Korrelationsberechnungen für die Gesamtstichprobe vorgenommen. Zusätzlich wurden die beiden Testgruppen mittels einer Varianzanalyse (ANOVA) hinsichtlich statistisch bedeutsamer Mittelwertunterschiede im Zeitvergleich untersucht. Dies geschah mit einem Allgemeinen Linearen Modell mit Messwiederholung über den Faktor „Intervention" – um zu zeigen, dass die Teilnahme am Seminar IMU mögliche Unterschiede zu Semesterende zwischen den beiden Studierendengruppen erklärt.

Die befragten IMU-Studierenden, eine anfallende Stichprobe, wiesen zu Beginn im Mittel eine leicht positive Einstellung zu (sozialer) Inklusion, vermehrt konstruktivistisch orientierte Überzeugungen bezüglich Mathematik(-Didaktik) und niedrige Grade arbeitsplatzbezogener Angst auf. Ihre konkrete Bereitschaft zum inklusiven Unterrichten lag jedoch im leicht negativen Bereich. Die Ausprägung der Inklusionseinstellung stand in einem schwachen bis mittleren negativen Zusammenhang ($r = -.27$; $p < .05$) mit dem Grad der gesundheitsbezogenen Ängste vor dem Arbeitsplatz (Bsp.: *„Die Bedingungen an meinem zukünftigen Arbeitsplatz werden mich krank machen*"). Die Ausprägung der Inklusionseinstellung stand in einem mittleren bis starken positiven Zusammenhang ($r = .36$ bzw. .40; $p < .01$) mit einer konstruktivistischen Sicht auf das Lehren und Lernen von Mathematik (Bsp.: *„Mathematik lernen ist eine individuelle Aktivität, basierend auf praktischem Explorieren und Reflexion*") und in einem mittleren negativen Zusammenhang ($r = -.32$; $p < .05$) mit einer transmissiven Sicht auf das Fach Mathematik (Bsp.: *„Mathematik ist ein gegebenes Gerüst aus Wissen und Standard-Prozeduren*"). Die persönliche Bereitschaft zum inklusiven Unterrichten stieg bei den IMU-Teilnehmenden über das Semester im Vergleich zur Kontrollgruppe signifikant stärker an, wobei dieser Effekt (Cohens' $d = .90$) als stark zu bezeichnen ist. Zudem sanken die antizipatorischen Arbeitsplatzängste und Insuffizienzängste (Bsp.: *„Ich werde mich mit meiner Arbeit überfordert fühlen“*) der IMU-Teilnehmenden signifikant stärker, während die der Kontrollgruppe stagnierten bzw. anstiegen. Die beschriebenen Veränderungen lassen sich statistisch auf eine Interaktion des Seminars „IMU“ mit dem Zeitverlauf zurückführen und weisen in die gleiche Richtung wie die qualitativ-rekonstruktiven Zugänge (Benölken et al. 2018 i.D.a).

Kurzum: Diese Ergebnisse sind kongruent mit dem aktuellen Stand der Forschung. Auf IMU konkretisiert deuten sie darauf hin, dass Zusammenhänge zwischen der Inklusionseinstellung und fachlich-didaktischen Überzeugungen sowie berufsbezogenen Ängsten bei Studierenden bestehen können, was für Formate wie IMU relevant ist. Bedenken hinsichtlich der Implementierung von Inklusion können demnach bereits in universitären Seminaren wie IMU – die Fragen der inklusiven Bildung und Schulpädagogik systematisch mit Mathematikdidaktik verbinden – gemindert und das Selbstwirksamkeitsempfinden der Lehramtsstudierenden diesbezüglich gestärkt werden. Wenn nun noch Berücksichtigung findet, dass in IMU – ausgehend von einer potenzialorientierten Warte – inklusive Begabungsförderung im Mathematikunterricht expliziert wird, dazu keine neue Didaktik entwickelt wird, sondern vielmehr Zugänge aus der Begabungsförderung geöffnet werden, unterstreicht dies die Relevanz der empirisch aufgezeigten Veränderungen, die in einem größeren Sample quantitativ untersucht werden müssen. Dieser potenzialorientierte Zugang zur Realisierung inklusionsorientierter Lehr-Lern-Settings scheint, wenn die weiteren Ergebnisse der anderen Teilstudien mit berücksichtigt werden, positiven, selbstwirksamkeitsfördernden Einfluss auf die individuellen Professionalisierungsprozesse von angehenden Lehrkräften zu haben.

5 Schluss: Beitrag zur Partizipation auch außerhalb von fachlichen Grenzen

Eingangs wurde die These aufgestellt, dass die Partizipations- und die Fachdidaktikdiskurse zwei Seiten einer Medaille seien. Am Beispiel von inklusionsorientiertem Mathematikunterricht wurde zunächst auf didaktischer Ebene, dann anhand eines Forschungsprojekts zur Bedeutung von Fachlichkeit in inklusionsorientierten Settings und schließlich anhand eines Lehrkonzepts im Rahmen der ersten Phase der Lehrer*innenbildung versucht, diese These zu untermauern.

Auf didaktischer Ebene wurde herausgearbeitet, dass eine natürliche Differenzierung mittels offen substanzieller Problemfelder (Berlinger und Dexel 2017), einer Individualisierung vom Fach her (hier: Mathematik) die Tür öffnet, so dass partizipative Lehr-Lern-Settings, in denen die Potenziale aller zur Entfaltung kommen können. Kurzum: Die Basis zur Realisierung von Partizipation bildet Fachlichkeit. Im Rahmen des Forschungseinblicks wurde herausgearbeitet, dass differente Facetten von Fachlichkeit reflexiv vereint (in Teamarbeit) erst die Basis für einen inklusionssensiblen Mathematikunterricht bilden, der nicht ausschließt – sondern vielmehr Partizipation für alle intendiert. Abschließend wurde ein Seminarkonzept nebst Evaluationssplitter vorgestellt; hier wurde aufgezeigt, dass sich Studierende, wenn sie die beiden bereits skizzierten Ebenen (Didaktik & Fachlichkeit) in diesem Lehrangebot gemeinsam bearbeiten, einerseits aufgeschlossener gegenüber partizipativ-inklusiven Prozessen sind und andererseits weniger auf Distanz zu schulischer Vielfalt (hier: u.a. Angst zu Unterrichten) gehen.

Wenn dies nun vor dem Hintergrund der nach wie vor aktuellen Theorien integrativer Prozesse (Gerspach 2016) beleuchtet wird, kann provokant – und in einer Nuance zur Überinterpretation – angenommen werden, dass fachliche Sicherheit es Lehrpersonen erst ermöglicht, fundierten Unterricht zu gestalten und andererseits Partizipation für wirklich alle Schüler*innen zu realisieren.

Im Beitrag wurde die im Fokus des Bandes stehende Frage der Lernprozessbegleitung auf zwei Ebenen bearbeitet: Mit Blick auf einen inklusionsorientierten Mathematikunterricht haben wir versucht aufzuzeigen, wie dieser gestaltet werden muss, damit wirklich alle Schüler*innen von ihm profitieren können. Unsere Ausführungen dazu haben wir mit Überlegungen zu einer adäquaten Professionalisierung für eine inklusionsorientierte Lernprozessbegleitung im Mathematikunterricht verbunden und aufgezeigt, dass es beider Suchbewegungen bedarf, um einen Mathematikunterricht zu realisieren, in dessen Rahmen alle Schüler*innen individualisierte Lernprozesse durchlaufen können.

Literatur

Benölken, R. (2017). Mathematische Perspektiven zu inklusivem Unterricht. In C. Fischer, C. Fischer-Ontrup, F. Käpnick, F.-J. Mönks, N. Neuber & C. Solzbacher (Hrsg.), *Potenzialentwicklung. Begabungsförderung. Bildung der Vielfalt. Beiträge aus der Begabungsforschung* (S. 407-411). Münster: Waxmann.

Benölken, R., Berlinger, N. & Käpnick, F. (2016). Offene substanzielle Aufgaben und Aufgabenfelder. In F. Käpnick (Hrsg.), *Verschieden verschiedene Kinder. Inklusives Fördern im Mathematikunterricht der Grundschule* (S. 157-172). Stuttgart: Klett-Cotta.

Benölken, R., Berlinger, N. & Veber, M. (2018 i.D.a). Wie lassen sich universitäre Lehrveranstaltungen zu Inklusiver Bildung unter fachdidaktischer Perspektive konzipieren? Ein Erfahrungsbericht aus dem Lehrprojekt „Inklusiver Mathematikunterricht" an der Universität Münster. *MNU Journal.*

Benölken, R. & Veber, M. (2018 i.V.). Fachfremder Mathematikunterricht in schulischer Inklusion – Forschungseinblicke und Ausblicke auf Professionalisierungsangebote. In Gesellschaft für Didaktik der Mathematik (Hrsg.), *Beiträge zum Mathematikunterricht 2018*. Münster: WTM.

Benölken, R., Veber, M. & Berlinger, N. (Hrsg.). (2018 i.D.b). *Alle zusammen! Und jeder wie er will! Offene, substanzielle Problemfelder als Gestaltungsbaustein für inklusiven Mathematikunterricht*. Münster: WTM.

Benölken, R., Veber, M., Hammad, C. & Berlinger, N. (2018). Wege in Manhattan. Ein Beispiel für Potenziale natürlicher Differenzierungen im inklusiven Mathematikunterricht durch Öffnungen ausgehend vom Fach. *F & E Edition, 24,* S. 21-32. Verfügbar unter https://www.ph-vorarlberg.ac.at/fileadmin/user_upload/RED_SOZ/PDFs/FE24_03_Benoelken_et_al.pdf. Zugegriffen: 10. April 2018

Berlinger, N. & Dexel, T. (2017). Natürliche Differenzierung. http://www.inklusion-lexikon.de/_N0.htm. Zugegriffen: 10. April 2018

Berlinger, N., Veber, M. & Benölken, R. (2018 i.V.). Inklusiver Mathematikunterricht – ein kooperatives Lehrprojekt zwischen Mathematikdidaktik und Bildungswissenschaften. In M. Stein, M. Jungwirth & W. Pavaricini (Hrsg.), *Forschendes Lernen – The wider view*. Münster: WTM.

Boban, I. & Hinz, A. (2012). Individuelle Förderung in der Grundschule? Spannungsfelder und Perspektiven im Kontext inklusiver Pädagogik und demokratischer Bildung. In C. Solzbacher, S. Müller-Using & I. Doll (Hrsg.), *Ressourcen stärken! Individuelle Förderung als Herausforderung für die Grundschule* (S. 68-82). Köln: Link.

Bosse, M. (2016). *Mathematik fachfremd unterrichten. Zur Professionalität fachbezogener Lehrer-Identität*. Wiesbaden: Springer Spektrum.

Ericsson, K. A. & Pool, R. (2016). *Top. Die neue Wissenschaft vom bewussten Lernen*. München: Pattloch.

Feuser, G. (2016). Die Integration der Inklusion in die Segregation. In U. Böing & A. Köpfer (Hrsg.), *Be-Hinderung der Teilhabe. Soziale, politische und institutionelle Herausforderungen inklusiver Bildungsräume* (S. 26-43). Bad Heilbrunn: Verlag Julius Klinkhardt.

Gerspach, M. (2016). Von den integrativen Prozessen zur Inklusion – was bleibt auf der Strecke? In R. Göppel & B. Rauh (Hrsg.), *Inklusion. Idealistische Forderung, Individuelle Förderung, Institutionelle Herausforderung* (S. 197-206). Stuttgart: Kohlhammer.

Gesellschaft für Fachdidaktik e.V. (2015). *Position der Gesellschaft für Fachdidaktik zum inklusiven Unterricht unter fachdidaktischer Perspektive*. http://www.fachdidaktik.org/cms/download.php?cat=Ver%C3%B6ffentlichungen&file=GFD-Stellungnahme-Inklusion-2016.pdf. Zugegriffen: 10. April 2018

Heinrich, M. (2015). Inklusion oder Allokationsgerechtigkeit? Zur Entgrenzung von Gerechtigkeit im Bildungssystem im Zeitalter der semantischen Verkürzung von Bildungsgerechtigkeit auf Leistungsgerechtigkeit. In V. Manitius, B. Hermstein, N. Berkemeyer & W. Bos (Hrsg.), *Zur Gerechtigkeit von Schule. Theorien, Konzepte, Analysen* (S. 235-255). Münster: Waxmann.

Hershkovich, M., Simon, T. & Simon, J. (2017). Menschenrechte, Demokratie, Partizipation und Inklusion – ein (fast) in Vergessenheit geratenes Wechselverhältnis? In R. Kruschel (Hrsg.), *Menschenrechtsbasierte Bildung. Inklusive und demokratische Lern- und Erfahrungswelten im Fokus* (S. 161-172). Bad Heilbrunn: Klinkhardt.

Käpnick, F. (Hrsg.). (2016). *Verschieden verschiedene Kinder. Inklusives Fördern im Mathematikunterricht der Grundschule*. Stuttgart: Klett-Cotta.

Kruse, J. (2015). *Qualitative Interviewforschung. Ein integrativer Ansatz.* 2. Auflage. Weinheim & Basel: Beltz Juventa.

Kultusministerkonferenz. (2004). *Bildungsstandards im Fach Mathematik für den Primarbereich. Beschluss vom 15.10.2004.* https://www.kmk.org/fileadmin/veroeffentlichungen_beschluesse/2004/2004_10_15-Bildungsstandards-Mathe-Primar.pdf. Zugegriffen: 10. April 2018

Linden, M., Muschalla, B. & Olbrich, D. (2008). Die Job-Angst-Skala (JAS). Ein Fragebogen zur Erfassung arbeitsplatzbezogener Ängste. *Zeitschrift für Arbeits- und Organisationspsychologie A&O, 52 (3)*, S. 126-134.

Peter-Koop, A., Rottmann, T. & Lüken, M. M. (Hrsg.). (2015). *Inklusiver Mathematikunterricht in der Grundschule.* Offenburg: Mildenberger.

Pöge, A. (2011). Persönliche Codes bei Längsschnittuntersuchungen III: fehlertolerante Zuordnung unverschlüsselter und verschlüsselter selbstgenerierter Codes im empirischen Test. *Methoden – Daten – Analysen, 5 (1)*, S. 109–134.

Porsch, R. (2016). Fachfremd unterrichten in Deutschland. Definition – Verbreitung – Auswirkungen. *Die Deutsche Schule, 108 (1)*, S. 9-32.

Prengel, A. (2017). Individualisierung in der „Caring Community" – Zur inklusiven Verbesserung von Lernleistungen. In A. Textor, S. Grüter, I. Schiermeyer-Reichl & B. Streese (Hrsg.), *Leistung inklusive? Inklusion in der Leistungsgesellschaft. Band II: Unterricht, Leistungsbewertung und Schulentwicklung* (S. 13-27). Bad Heilbrunn: Klinkhardt.

Rink, R. & Lemensiek, A. (2018 i.D.). Wie viel frisst ein Eichhörnchen im Winter. In R. Benölken, M. Veber & N. Berlinger (Hrsg.), *Alle zusammen! Und jeder wie er will! Offene, substanzielle Problemfelder als Gestaltungsbaustein für inklusiven Mathematikunterricht.* Münster: WTM.

Scherer, P. (2008). Mathematiklernen in heterogenen Gruppen – Möglichkeiten einer natürlichen Differenzierung. In H. Kiper, S. Miller, C. Palentien & C. Rohlfs (Hrsg.), *Lernarrangements für heterogene Gruppen. Lernprozesse professionell gestalten* (S. 199-214). Bad Heilbrunn: Klinkhardt.

Schenz, A. (2013). Demokratisch-inklusive Schulen und ihre pädagogischen Implikationen. Schule als demokratiepropädeutischer Ort, um die Grenzen und Ausgestaltungen der eigenen Freiheiten zunehmend selbst zu bestimmen. In C. Schenz, A. Schenz & G. Pollak (Hrsg.), *Perspektiven der (Grund)Schule. Auf dem Weg zu einer demokratisch-inklusiven Schule* (S. 17-32). Münster u.a.: Lit.

Schomaker, C. & Ricking, H. (2012). *SonderPädagogik in Modulen. Teil 2: Handlungsfelder.* Baltmannsweiler: Schneider Verlag.

Seifried, S. & Heyl, V. (2016). Konstruktion und Validierung eines Einstellungsfragebogens zu Inklusion für Lehrkräfte (EFI-L). *Empirische Sonderpädagogik (1)*, S. 22-35.

Seitz, S., Pfahl, L., Lassek, M., Rastede, M. & Steinhaus, F. (2016). Hochbegabung inklusive. Inklusion als Impuls für Begabungsförderung an Schulen. Auf dem Weg zu mehr Bildungsgerechtigkeit. Weinheim: Beltz.

Sliwka, A. (2014). Schulentwicklung für Diversität und Inklusion: Organisationsstruktur und Lernkultur an Schulen in der kanadischen Provinz Alberta. In S. Trumpa, S. Seifried, E. Franz & T. Klauß (Hrsg.), *Inklusive Bildung. Erkenntnisse und Konzepte aus Fachdidaktik und Sonderpädagogik* (S. 334-351). Weinheim u.a.: Beltz.

Swan, M. (2006). Designing and Using Research Instruments to Describe the Beliefs and Practices of Mathematics Teachers. *Research in Education, 75 (1)*, S. 58-70.

Veber, M., Benölken, R. & Berlinger, N. (2018a). Inklusiver Grundschulmathematikunterricht – Chancen und Herausforderungen für die erste Phase der Lehrer*innenbildung. In S. Miller, B. Holler-Nowitzki, B. Kottmann, S. Lesemann, B. Letmathe-Henkel, N. Meyer et al. (Hrsg.), *Profession und Disziplin. Grundschulpädagogik im Diskurs* (203-209). Wiesbaden: Springer VS.

Veber, M., Benölken, R., Doudis, E. & Berlinger, N. (2018b). Begabungsförderung „inklusiv“ – theoretische Basis und praktische Umsetzung. *F & E Edition, 24,* S. 7-14. Verfügbar unter https://www.ph-vorarlberg.ac.at/fileadmin/user_upload/RED_SOZ/PDFs/FE24_01_Veber_et_al.pdf. Zugegriffen: 10. April 2018

Veber, M., Benölken, R. & Wais, P. (2018 i.V.). Fachfremd erteilter inklusiver Mathematikunterricht.

Winter, H. (1995). Mathematikunterricht und Allgemeinbildung. *Mitteilungen der Gesellschaft für Didaktik der Mathematik, 21 (61)*, S. 37-46. http://ojs.didaktik-der-mathematik.de/index.php/mgdm/article/view/69/57. Zugegriffen: 10. April 2018.

Winter, H. (1996). Mathematikunterricht und Allgemeinbildung. *Mitteilungen der Deutschen Mathematiker-Vereinigung, 4 (2)*, S. 35-41.

Wittmann, E. (1996). Offener Mathematikunterricht in der Grundschule – vom FACH aus. *Grundschulunterricht, 43 (6)*, S. 3-7.

Wocken, H. (2014). *Im Haus der inklusiven Schule. Grundrisse – Räume – Fenster.* Hamburg: Feldhaus.

Governance-Prozesse in einem landesweiten Projekt zur Etablierung inklusiver Entwicklungen

Andreas Hinz und Robert Kruschel

1 Schulsysteme im Wandel?

Seit einigen Jahren verweist im erziehungswissenschaftlichen Diskurs eine hohe Anzahl an Veröffentlichungen einleitend auffällig oft auf die UN-Behindertenrechtskonvention (UN-BRK), um Aktualität und Anschlussfähigkeit zu signalisieren. Heinrich (2015, S. 235) attestiert dem deutschen Schulsystem aufgrund dieser deutlich erhöhten Rezeption des mit der UN-BRK verbundenen Inklusionsthemas – ob sie nun zielführend ist oder nicht – nach dem PISA-Schock Anfang der 2000er Jahre die nächste größere Herausforderung und bezeichnet diese schlussfolgend als „Inklusions-Schock".

Trotz anfänglicher und bis in die Gegenwart zu beobachtender abwehrender Argumentationsstrategien (Hinz 2013) – steuerungstheoretisch gedeutet als „Rekontextualisierungen" (Amrhein 2016) –, die eine Dekonstruktion des Inklusionsbegriffs in der UN-BRK verfolgen, ist der systemanregende Impuls des supranationalen Akteurs[1] der Vereinten Nationen (Altrichter und Feyerer 2011) evident.

1 Der Begriff „Akteur" wird im Rahmen dieses Beitrages einerseits im Sinne von kollektiven oder korporativen Akteuren verwendet. In diesen Fällen erfolgt daher keine Nutzung der gendersensiblen Schreibweise. Andererseits wird er im Sinne von Individuen gebraucht, sodass dann von Akteur*innen geschrieben wird.

S. Bartusch et al. (Hrsg.), *Lernprozesse begleiten*,
https://doi.org/10.1007/978-3-658-21924-6_20

Es wird deutlich, dass es zukünftig nicht länger darum geht, Inklusion dem (Schul-)System anzupassen, sondern das (Schul-)System so zu verändern, dass es den Anforderungen der UN-BRK gerecht wird, denn Inklusion „beinhaltet den Prozess einer systemischen Reform, die einen Wandel und Veränderungen in Bezug auf den Inhalt, die Lehrmethoden, Ansätze, Strukturen und Strategien im Bildungsbereich verkörpert" (UN 2017, S. 5). Dies bedeutet explizit, dass die UN-BRK „nicht mit der Unterhaltung von zwei Bildungssystemen vereinbar [ist]: einem allgemeinen Bildungssystem und einem Sonderbildungssystem/auf Segregation beruhenden Bildungssystem" (UN 2017, S. 18). Inklusion stellt also das tradierte Mehrgliedrigkeitsprinzip des deutschen Schulsystems grundsätzlich und radikal in Frage (Geiling & Simon 2017, S. 103) und gehört nicht nur zu den „wirklich zentrale[n], sondern auch zu den schwierigen Fragen unseren Bildungssystems" (Tenorth 2013, S. 7). Umso mehr stellt sich die Frage nach der ‚Steuerung' dieser Transformation.

Aus dem politikwissenschaftlichen Diskurs um Steuerung ist seit den 1970er Jahren bekannt, dass eine klassische Top-Down-Steuerung i.d.R. zum Scheitern verurteilt ist. Am ehesten wird nach außen den Forderungen nachgegeben, die mit „dramaturgische[n] Leistungen zur Aufrechterhaltung von Fassaden organisatorischer Rationalität" (Tacke 2006, S. 95) einhergehen, die Art und Weise der praktischen Gestaltung von Schule und Unterricht im Besonderen bleiben dagegen unverändert. Strukturell verfügen die einzelnen Elemente des Schulsystems über eine große Eigenständigkeit, während zwischen ihnen eine geringe Wirkungsdichte besteht.. Es herrscht durch die „lose Kopplung (teil-)autonomer Teilsysteme" (Schreyögg 1999, S. 197) lediglich die Illusion von Steuerung. Die aus dieser Erkenntnis resultierende Frage für die Umsetzung der Forderungen der UN-BRK lautet daher: Kann man also Inklusion überhaupt steuern? Und wenn ja, wie (Dietrich und Heinrich 2014)?

Auch das Bundesland Schleswig-Holstein, das bereits vor dem Inkrafttreten der UN-BRK bezogen auf die Entwicklung integrativer und inklusiver Bildung eines der Vorreiter in Deutschland geworden war (Kruschel und Pluhar 2017), setzt sich mit diesen Fragen auseinander. Die Bildungspolitik, die von 1989 bis 2009 durchgängig in ministerieller Verantwortung der SPD lag, baute seit Beginn der 1990er Jahre vorrangig auf das Schaffen von gesetzlichen Möglichkeitsräumen, anstatt starre Vorgaben bei der konkreten Umsetzung integrativer Maßnahmen zu setzen.

Dieser Logik folgend rief das Bildungsministerium im Jahr 2011 das Projekt ‚Inklusion in der Praxis' (InPrax) ins Leben, um Schulen auf ihrem jeweiligen Weg zur Inklusion zu unterstützen. Die Autoren des Beitrags übernahmen die mehrjährige Wissenschaftliche Begleitung. Im Fokus der folgenden Ausführungen stehen nicht die Ergebnisse der formativen Evaluation (Hinz & Kruschel 2017), vielmehr wird der Blick auf die Akteure im Mehrebenensystem des Projekts gerichtet. Es wird dargestellt, wie sich die Bewältigung ihrer Interdependenz durch Handlungskoordination mit zeitlichem Verlauf des Projekts entwickelt und gewandelt hat. Dazu wird (2) das Projekt in seinen Grundzügen skizziert. Anschließend erfolgt (3) eine Übersicht der genutzten Governance-Forschungsperspektive, bevor (4) darauf aufbauend das Forschungsdesign der Wissenschaftlichen Begleitung umrissen wird. Im Herzstück dieses Beitrags (5) werden die Ergebnisse der im Vorfeld beschrieben Untersuchung anhand dreier unterschiedlicher Untersuchungszeitpunkte dargestellt. Den Abschluss des Beitrags bildet das Fazit (6).

2 InPrax: Eine schleswig-holsteinische Antwort auf die UN-BRK

An die vielen Schritte der Integrations- und später der Inklusionsentwicklung in Schleswig-Holstein (Kruschel und Pluhar 2017) schließt das Projekt „InPrax – Inklusion in der Praxis" als eine unmittelbare Reaktion auf die Ratifizierung der UN-BRK an. Im August 2011 noch vom FDP-Kultusminister Klug in Auftrag gegeben, sollte dieses gemeinsam mit dem Institut für Qualitätsentwicklung an Schulen Schleswig-Holstein (IQSH) getragene Projekt eine landesweite Offensive für die Umsetzung der Konvention durch inklusive Schulentwicklung einleiten. Das Ziel, ein landesweites Unterstützungssystem für die Weiterentwicklung inklusiver Pädagogik sowie schulischer Strukturen und Handlungsweisen für Inklusion zur Verfügung zu stellen, sollte durch die fachkundige Qualifizierung einer interessierten Gruppe von Lehrer*innen als Moderator*innen erreicht werden. Zu diesem Zweck wurden über 30 Lehrer*innen aller Schularten aus dem Bundesland sowie Schulentwicklungsberater*innen aus dem IQSH und Mitarbeiter*innen der Beratungsstelle Inklusive Schule (BIS) über einen Zeitraum von sechs Monaten in acht Modulen durch erfahrene Trainer*innen der Montag Stiftung Jugend und Gesellschaft (MSJG) zu Prozessbegleiter*innen für inklusive Schulentwicklungsprozesse qualifiziert. Sie standen anschließend in einem schulartübergreifenden Tandem mit Lehrkräften aus allgemeinen Schulen und Förderzentren jeweils einem der 15 Kreise bzw. kreisfreien Städte des Bundeslandes zur Verfügung. Charakteristisch für die Gruppe der Moderator*innen, die anfangs aus über 30 Lehrer*innen bestand, z.T. auch Schulleitungen und Kreisintegrationsfachberater*innen, war ein breites, auf alle Heterogenitätsdimensionen bezogenes Verständnis von Inklusion, eine zum großen Teil langjährige Erfahrung in integrativen bzw. zunehmend inklusiven Situationen sowie eine hohe Motivation, die sich in der Hoffnung niederschlug, mit InPrax einen weiteren Schritt in der inklusiven Entwicklung des Bundeslandes gehen zu können.

Ursprünglich lediglich für eine Laufzeit bis Sommer 2013 geplant, wurde das Projekt um ein Jahr bis Sommer 2014 verlängert. Nach zwei Jahren Projektstatus wurden die InPrax-Moderator*innen mit Beginn des Schuljahres 2014/15 in die BIS am IQSH eingegliedert. So stehen die verbleibenden Moderator*innen mit den gleichen Aufgaben auch weiterhin den Bildungseinrichtungen des Landes als abrufbare Unterstützung zur Verfügung. Diese vorhandene Kompetenz wird im Inklusionskonzept des Landes als Ressource für inklusive Prozesse aufgeführt (MBW 2014, S. 10).

3 Zur Forschungsperspektive Educational Governance

Mit dem Governance-Begriff, der v.a. seit den 1980er Jahren verwendet und ausdifferenziert wurde und in den letzten Jahrzehnten an Popularität gewonnen hat, geht ein verändertes Verständnis von Steuerung und Regulierung einher (Benz 2004).

Im gegenwärtigen Diskurs werden im Wesentlichen drei unterschiedliche Verständnisse mit dem Begriff verbunden. So wird ‚Governance' benutzt als

1. Sammelbegriff für jegliche Regelungsprozesse und -strukturen in Mehrebenensystemen,
2. Begriff, der ein normatives Konzept gelingender (Staats-)Führung beschreibt,
3. spezifische Perspektive auf einen Forschungsgegenstand, die nicht mit einem spezifischen methodischen Zugang verbunden ist, aber als Erweiterung des Analyseblicks (Komplexitätssteigerung) dient. Mit ihrer Hilfe werden „die Steuerungs- und Regulierungsprozesse unterhalb vorgefasster globaler Begriffe – wie z. B. ‚Markt' oder ‚evidenzbasiertes Steuerungssystem' – einer realistischen Analyse" (Altrichter 2015, S. 34) unterzogen. Hier werden die Begriffe wie „Governance-Forschung", „Governance-Perspektive", „Governance-Analyse" oder „governance studies" genutzt (Altrichter 2015, S. 34).

Wesentlich für diesen Beitrag ist der dritte Aspekt, also Governance als Forschungsperspektive. Mit *Educational* Governance wurde der aus der Politik-, Rechts- und Wirtschaftswissenschaft stammende Ansatz der Governance auf den Bildungsbereich übertragen und somit „ein neues, auch theoretisch ambitioniertes Forschungsfeld etabliert, das vor allem die Umsetzung von Reformvorhaben im Mehrebenensystem des Bildungsbereichs analysiert – überwiegend mit deskriptivem und analytischem, gelegentlich aber auch mit präskriptivem Anspruch" (Amos et al. 2015, S. 6). Die dem Ansatz zugrundeliegenden theoretischen Implikationen sowie die begriffliche Heuristik werden aufgrund des begrenzten Raums nicht weiter expliziert (Altrichter et al. 2007; Hinz und Kruschel 2012).

4 Forschungsdesign der Wissenschaftlichen Begleitung

InPrax stellte sich als komplexes Gebilde mit vielen Akteuren dar, die unterschiedlich tiefe und häufige Zugänge zum Projekt besaßen. Die im Laufe des Projektzeitraums zu beobachtende Flexibilität des Projektkonzepts erhöhte diese Komplexität nochmals. Um InPrax in seiner Vielschichtigkeit erfassen zu können, erschien ein explorativ ausgerichtetes Vorgehen sinnvoll und nötig. Ein weiterer Baustein war die Triangulation qualitativer und quantitativer Methoden sowie unterschiedlicher Datenquellen.

Aus der Forschungsperspektive Governance ergaben sich für die Wissenschaftliche Begleitung die folgenden Fragen:

- Wie gestalten sich die Akteurkonstellationen im Mehrebenensystem von InPrax?
- Welche Formen der Handlungskoordination sind zwischen den Akteuren erkennbar?
- Welchen Einfluss haben diese auf das Projekt?
- Wie verändern sich diese Aspekte im Verlauf des Projekts?

Die sich mit diesen Fragen beschäftigende Analyse stütze sich im Wesentlichen auf 113 leifadengestützte Expert*inneninterviews mit direkt am Projekt Beteiligten, die zu drei verschiedenen Zeitpunkten (Sommer 2012, 2013 und 2014) und meist telefonisch durchgeführt wurden sowie auf zwei Gruppendiskussionen. Aber auch Dokumente aus dem Projekt und Mitschriften bei Treffen innerhalb des Projekts fanden Verwendung (Hinz & Kruschel 2017, S. 29). Zusätzlich wurden Verantwortliche von zufällig ausgewählten, am Projekt beteiligten Schulen befragt. Die Interviews wurden inhaltsanalytisch mithilfe von MAXQDA ausgewertet.

5 Governance-Prozesse in InPrax

Anhand dreier Abbildungen des InPrax-Projekts werden im Folgenden in Anlehnung an Büeler (2007, S. 127) die Akteure und Akteurkonstellationen im Mehrebenensystem in Relation zueinander dargestellt und mögliche basale und institutionelle Koordinationsformen lokalisiert.

Die Analyse folgt den drei Zeitpunkten der Interviews, sodass drei Momentaufnahmen des Projekts entstehen, die seine Entwicklung verdeutlichen. Das Schaubild stellt sowohl vertikal als auch horizontal unterschiedliche Ebenen dar. Vertikal wird zwischen drei Akteurebenen unterschieden:

- der Legislative (politisch-normativ),
- der Exekutive (politisch-strategisch) und
- der einzelnen Schule (pädagogisch-operativ).

In den horizontalen Ebenen werden die Akteure den jeweiligen räumlichen Ebenen zugeordnet:

- der regionalen Ebene von Landkreis bzw. kreisfreier Stadt,
- der lokalen Ebene,
- der Landesebene und
- der externen Ebene.

Im Folgenden werden die Akteure von ‚links nach rechts' auf den horizontalen Ebenen in ihren jeweiligen Interdependenzverhältnissen und Koordinationsformen beschrieben, soweit dies zu den jeweiligen Zeitpunkten und der Datenlage möglich war. Sie werden hier nicht in der ursprünglich entwickelten Form, sondern wegen der Notwendigkeit des Datenschutzes in einer leicht anonymisierten Fassung dargestellt (Hinz und Kruschel 2017). Da im Rahmen dieses Beitrags eine Reduzierung der Komplexität von Nöten ist, werden nur einige zentrale Akteure fokussiert.

5.1 Situation zur Anfangserhebung

Im Folgenden wird die Situation am Beginn des Projektzeitraums dargestellt (Abb. 1).

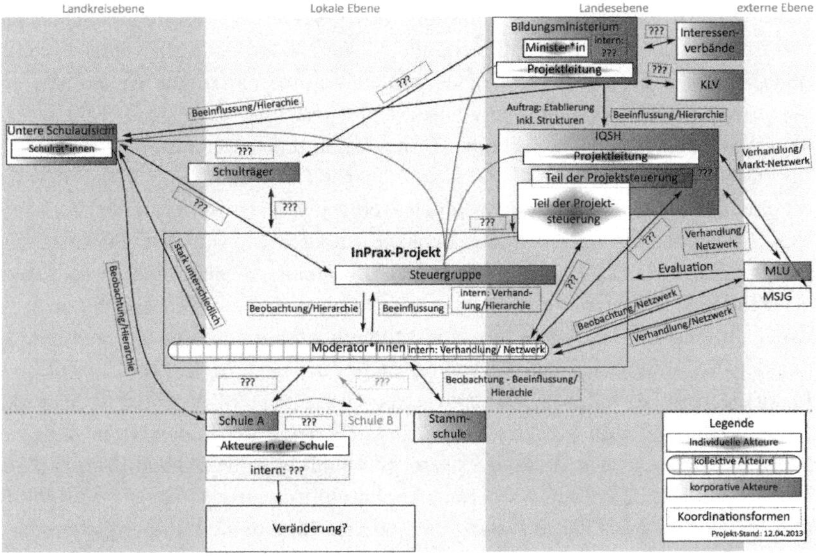

Abb. 1 Mehrebenensystem zum Zeitpunkt der ersten Erhebung – Beginn des Projekts InPrax (Quelle: Hinz & Kruschel 2017, S. 280)

Ausgewählte Akteure auf der regionalen Ebene

Auf der regionalen Ebene des Landkreises und der Stadt findet sich die Schulaufsicht. In ihrer Arbeit für InPrax sind die Moderator*innen auf die Zusammenarbeit mit den jeweils zuständigen Schulrät*innen ihres Landkreises bzw. der kreisfreien Stadt angewiesen. Sie haben die Verantwortung für die Ausschreibung und Auswahl der Moderator*innen, werben bei den Schulen für das Projekt, geben den Moderator*innen eine Plattform zur Vorstellung ihrer Arbeit und Person oder können Schulen auch direkt für eine Teilnahme bei InPrax ansprechen. Außerdem sollen sie während der Projektlaufzeit den Moderator*innen als Ansprechpartner*innen bei aktuellen Problemen zur Verfügung stehen. Die Schulrät*innen stellen individuelle Akteur*innen auf der Ebene des Landkreises bzw. der kreisfreien Stadt dar. Die Rekonstruktion der Akteurkonstellation von InPrax konzentriert sich im Folgenden auf die Ausprägung der Interdependenz sowie die Art der Koordinationsformen zwischen Schulrät*innen und Moderator*innen.

In den Interviews mit den Moderator*innen beschreiben die meisten die Kooperation mit den Schulrät*innen als positiv. In ihren Aussagen ist eine größere

Bandbreite in der Art der Ausgestaltung dieser Beziehung vorzufinden. Das Spektrum reicht von einer zwar offenen, aber distanzierten über eine unterstützende, beratende oder kooperative bis hin zur einer Zusammenarbeit auf Augenhöhe, wobei auch Mischformen vorkommen. Rund ein Viertel der Aussagen beinhaltet eher kritische Äußerungen. Hier scheint es eine Bandbreite in der aus Sicht der Moderator*innen nicht so gelingenden Zusammenarbeit zu geben: von Schulrät*innen, die aus der Sicht der Moderator*innen wenig bis keine Kenntnis der konkreten Praxis des Projekts vor Ort haben, über die, die dem Unterfangen eher distanziert bzw. desinteressiert gegenüberstehen bis zu solchen, die eher eine passive Beobachterrolle einnehmen. Auffällig ist hier, dass in den Kreisen und Städten, aus denen besonders viel Kritik von den Moderator*innen an der Zusammenarbeit mit den Schulrät*innen geäußert wird, nicht auch gleichzeitig die Aktivität von InPrax gering ist; teilweise ist das Gegenteil der Fall. In den drei Kreisen oder Städten mit der deutlichsten und nachdrücklichsten Kritik finden einige oder viele Prozesse statt. Die Annahme, dass eine gute und intensive Zusammenarbeit zwischen Schulrät*innen und Moderator*innen auf Augenhöhe für die Verbreitung und Umsetzung des Projekts zwingend nötig ist, konnte nicht bestätigt werden.

Aus der Perspektive der Governance ergeben sich zu diesem Untersuchungszeitpunkt mehrere Feststellungen: Die Interdependenz zwischen den beiden Akteuren der Moderator*innen und Schulrät*innen ist klar durch normativ-rechtliche Vorgaben gekennzeichnet, jedoch scheint sie teilweise auch durch geteilte kulturelle Überzeugungen geprägt zu sein. Die Koordinationsformen erscheinen je nach regionalem Kontext unterschiedlich. Bezüglich der ‚groben Koordinationsform' liegt ein Spektrum von gegenseitigem Beobachten über Beeinflussung bis hin zu Verhandlung auf Augenhöhe vor. Dementsprechend existieren auch Unterschiede bezüglich der institutionellen Koordinationsform: Während in einigen Kreisen/Städten anscheinend klare Hierarchie herrscht, besteht in anderen eher eine Art Netzwerk, in dem Moderator*innen und Schulrät*innen gemeinsam das Vorgehen diskutieren.

Ausgewählte Akteure auf der lokalen Ebene

Auf der lokalen Ebene agieren die Moderator*innen, ihre Stammschulen, die Schulträger sowie die an InPrax teilnehmenden Schulen.

Da die Moderator*innen hauptsächlich auf der jeweiligen lokalen Ebene der einzelnen Schule tätig sind, finden sie an dieser Stelle ebenfalls Erwähnung. Dies stellt jedoch nicht in Abrede, dass sie auch auf der regionalen Ebene des Landkreises bzw. der kreisfreien Stadt in Zusammenarbeit mit den zuständigen Schulrät*innen tätig sind und sich zudem auf Landesebene treffen.

Die Moderator*innen stehen in vielfältigen Interdependenzverhältnissen: mit den Schulrät*innen, den am Projekt beteiligten Schulen, ihren Stammschulen, den verschiedenen Teilen der Projektsteuerung sowie der MSJG und der Martin-Luther-Universität Halle-Wittenberg (MLU). An dieser Stelle wird lediglich ein Blick auf die interne Zusammenarbeit gelegt. Die für InPrax tätigen Moderator*innen arbeiten über die gesamte Projektlaufzeit hinweg in der Regel zu zweit in einem Tandem, ursprünglich geplant und teilweise umgesetzt in einer Kombination aus Lehrer*in einer allgemeinen Schule und Lehrer*in in einem Förderzentrum. Es handelt sich somit um zwei individuelle Akteur*innen, die zusammen einen kollektiven Akteur bilden. Für alle Tätigkeiten ist ihr*e Tandempartner*in stets die*der erste Ansprechpartner*in. Diese Konstellation hat das Potenzial, fruchtbaren Austausch zu fördern und interdisziplinäre Kooperation zu stärken. Auf der anderen Seite könnte diese enge Zusammenarbeit zweier Menschen, die teilweise über unterschiedliche Zugänge zum Projekt kamen und sich vorher nicht kannten, ein nicht zu unterschätzendes Konfliktpotenzial bieten. Zu Beginn des Projekts prägen durchweg die positiven Seiten der internen Zusammenarbeit der Moderator*innen die Aussagen der Interviewten – dies entspricht den typischen Phasen der Gruppenentwicklung, die zu Beginn durch die Phase der Orientierung und des Austestens gekennzeichnet ist, die meist konfliktfrei verläuft. Aufgrund der Aussagen in den Interviews ist davon auszugehen, dass in der Startsituation offenbar eine Zusammenarbeit auf Augenhöhe stattfindet, die von engem Austausch gekennzeichnet ist und den einzelnen Moderator*innen Sicherheit in ihrer Arbeit gewährt.

Aus Governance-Perspektive lässt sich die Koordinationsform Verhandlung in einer netzwerkartigen Zusammenarbeit erkennen. Wenn auch nicht sicher belegbar, so ist zu vermuten, dass das Interdependenzverhältnis weitgehend kulturell geprägt ist.

Ausgewählte Akteure auf der Landesebene

Auf der Landesebene finden sich das Bildungsministerium, die Interessensverbände, die Kommunale Landesverbände sowie das IQSH. Zentral für die weiteren Ausführungen sind die erst- und letztgenannte Institution.

Im Bildungsministerium wurde mit der Projektentwicklung begonnen. Die Ministerin für Bildung und Wissenschaft ist zum Zeitpunkt der ersten Erhebung Waltraud Wende (parteilos). Ein*e Mitarbeiter*in, die*der der Ministerin hierarchisch untergeordnet ist, ist Projektleitung und Teil der Steuergruppe im Projekt. Das Ministerium tritt als organisierter korporativer Akteur auf. Eine hierarchische Top-down-Strategie kann vermutet werden, da Entscheidungen der Bildungsministerin unabhängig von beteiligten Akteuren getroffen werden können. Das Ministerium nimmt zugleich die Rolle einer hierarchischen Kontrollinstanz ein, da zu allen anderen Akteuren eine Verbindung besteht. Das Interdependenzverhältnis zwischen dem Ministerium und dem IQSH ist ein rechtlich-normiertes, in Form der Verankerung von Inklusion im Schulgesetz. Grenzüberschreitungen sind nicht gegeben, da der Auftrag vom Ministerium als Principal formuliert und vom IQSH als Agent ausgeführt wird. Zum ersten Erhebungszeitraum liegen keine Aussagen vor, die unabhängig von den formalen Vorgaben die Handlungskoordination oder die Bewältigung von Interdependenzen mit anderen Akteuren beschreiben.

Der Aufgabenbereich des IQSH liegt in der Organisation und Durchführung des Vorbereitungsdiensts, der Fort- und Weiterbildung der Lehrkräfte, der Unterstützung von Schulentwicklung sowie in der Unterstützung von Schule und Unterricht beim Einsatz neuer Medien. Zudem obliegen ihm auch die Aufgaben der Beratung und Unterstützung von Lehrer*innen, Schulleiter*innen, Eltern und Schulaufsichtsbehörden; dabei arbeitet es eng mit den Hochschulen des Landes zusammen. Individuelle Akteur*innen des IQSH bilden zusammen mit externen Akteur*innen eine Steuergruppe.

Innerhalb der Projektsteuerung hat die Steuergruppe die Aufgabe, das Projekt zu lenken. Abgeleitet aus Informationen während der Qualifizierung bezüglich der internen Zusammenarbeit der Steuergruppe lässt sich diese Institution als ein korporativer Akteur beschreiben, der durch normativ-rechtliche und organisierte Interdependenz gekennzeichnet ist. Koordination geschieht in Beeinflussung und Verhandlung in einer Form, die Merkmale von Hierarchie, aber auch von Netzwerk erkennen lässt; gleichwohl steht diese Einschätzung auf unsicherer Basis, da wenig direkte Informationen über die Arbeit innerhalb der Steuergruppe vorliegen. Eine wichtige Interdependenz der Steuergruppe besteht zu den Moderator*innen des Projekts. Aus den vorliegenden Daten lässt sich ableiten, dass das Interdependenzverhältnis normativ-rechtlicher Natur zu sein scheint, wobei die Moderator*innen gerade das Fehlen einer gemeinsamen Wertekultur kritisieren. Die Handlungskoordination ist geprägt durch hierarchische Entscheidungen, die auf Grundlage von Beobachtung durch die Projektsteuerung getroffen werden, wobei die Moderator*innen versuchen, sie zu beeinflussen bzw. mit ihr zu verhandeln.

Aus Governance Perspektive wird die Komplexität dieses inklusiven Implementationsprojekts schon zu Beginn der Projektlaufzeit deutlich: Es sind eine Vielzahl verschiedener Akteure im Mehrebenensystem involviert, die gemeinsam eine differenzierte Akteurkonstellation bilden. Darüber hinaus wird sichtbar, dass bei einem allumfassenden hierarchischen Rahmen eine Vielzahl an institutionellen wie basalen Koordinationsformen sowie Interdependenzen existieren.

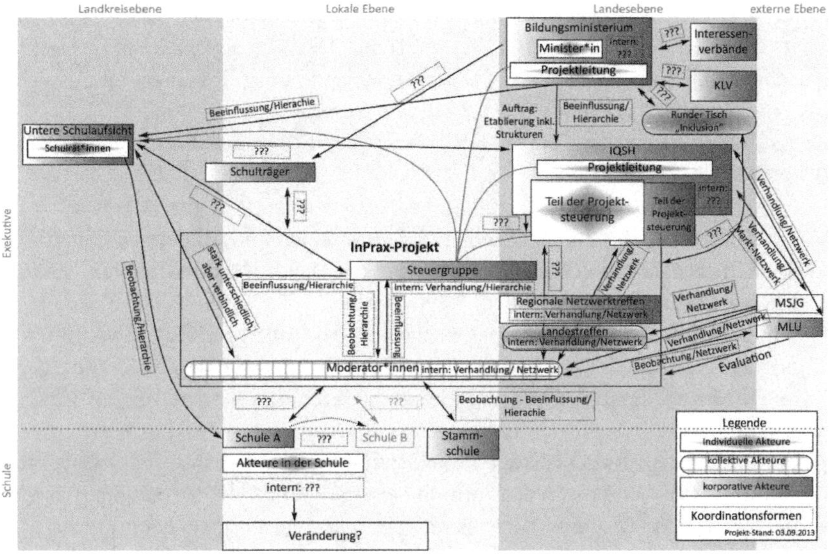

Abb. 2 Mehrebenensystem zum Zeitpunkt der Zwischenerhebung – Halbzeit des Projekts InPrax (Quelle: Hinz & Kruschel 2017, S. 282)

5.2 Situation zur Zwischenerhebung

Zum Zeitpunkt der Zwischenerhebung lässt sich feststellen, dass sich seit Beginn des Projekts Veränderungen im Agieren unterschiedlicher Akteure zeigen. Veränderungen in der Projektsteuerung tragen zur Abflachung bestehender Hierarchien bei. Dadurch ist eine Abnahme der zu Beginn des Projekts wahrgenommenen Widersprüche zwischen Akteuren der Projektsteuerung und den Moderator*innen festzustellen: Anfangs definierte die Projektsteuerung die Aktivitäten der Moderator*innen in einem relativ engen Rahmen, im weiteren Verlauf des Projekts kann dessen Öffnung beobachtet werden. Zudem wurde die Rolle der operativen Ebene der Projektsteuerung für alle Beteiligten transparenter gemacht. Bei den Moderator*innen wuchs zunehmend die Erkenntnis, dass sie Bündnispartner*innen sein können und nicht nur Vermittler*innen zur Projektsteuerung insgesamt darstellen. Die Veränderungen in den Steuerungsprozessen haben schließlich dazu geführt, dass Partizipationsprozesse an der Entwicklung des Projekts gestärkt wurden und größere Gestaltungsspielräume in der Tätigkeit der Moderator*innen in Absprache mit der Projektsteuerung genutzt werden. Insofern stellt InPrax ein Beispiel

für eine gewachsene Dialektik von Autonomie und Interdependenz im Sinne der Theorie integrativer Prozesse (Reiser 1991) dar: Die Akteure stehen in intensivem Austausch und enger Vernetzung miteinander und nutzen ihre Verfügungsrechte im Wissen um das Eingebunden-Sein in den Gesamtprozess autonom.
Demzufolge ergeben sich einige Veränderungen, die im Schaubild zu sehen sind (Abb. 2):

- die Koordinationsformen zwischen Schulrät*innen und Moderator*innen sind noch immer stark unterschiedlich ausgeprägt, aber mit einer stärkeren Tendenz hin zur Verhandlung und einem Netzwerk,
- von Seiten der Projektsteuerung wird durch den Auftrag an die Moderator*innen und Schulrät*innen, gemeinsam Tätigkeitsvorausplanungen abzusprechen, auf ihre Koordinationsformen in Form hierarchischer Anweisungen Einfluss genommen,
- die Bedeutung eines Teils der Projektsteuerung ist gewachsen und verschiebt sich in InPrax hinein; zudem nimmt sie eine vermittelnde Position zwischen den Moderator*innen und der operativen Ebene der Projektsteuerung ein,
- auf überregionaler Ebene wurden so genannte regionale Netzwerktreffen eingerichtet, die von einem Teil der Projektsteuerung moderiert werden, den Moderator*innen die Möglichkeit des Austausch und der Koordination untereinander geben und von der operativen Ebene der Projektsteuerung genutzt werden, um Informationen zu verbreiten und diese im geschützten Rahmen diskutieren zu lassen,
- zudem wird eine Korrektur vorgenommen, indem die operative Ebene der Projektsteuerung auch Teil des InPrax-Projekts wird; dies zeigt deren wachsende Bedeutung im Verlauf des Projekts, während die der Steuergruppe abnimmt.

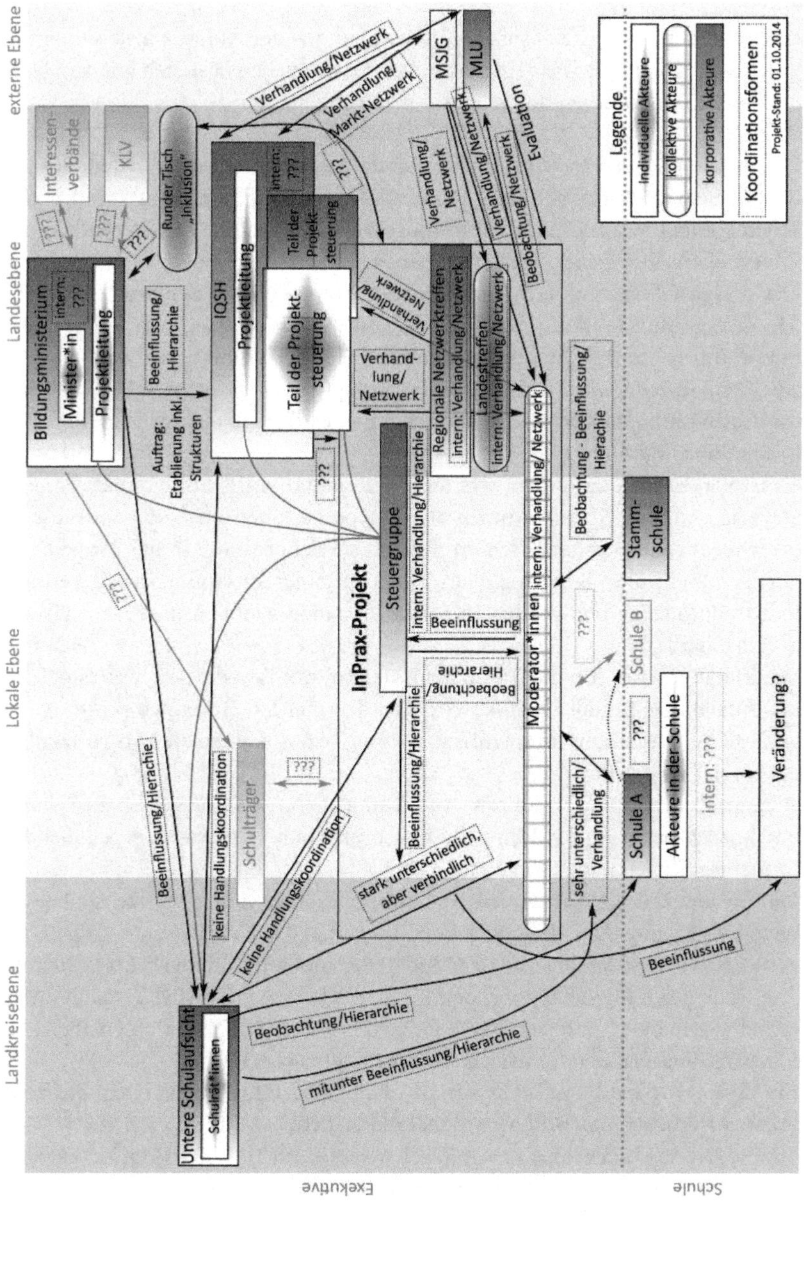

Abb. 3 Mehrebenensystem zum Zeitpunkt der zweiten Erhebung – Ende des Projekts InPrax (Quelle: Hinz & Kruschel 2017, S. 284)

5.3 Situation zur Abschlusserhebung

Zur Abschlusserhebung zeigt sich die Rekonstruktion der Akteurkonstellation von InPrax als ein komplexes Feld, in dem einige Fragezeichen bestehen blieben. Dennoch konnten einige Erkenntnisse gewonnen werden (Abb. 3):

- Die meisten Moderator*innen bewerten die Kooperation mit der*dem zuständige*n Schulrät*in positiv; die Ausgestaltung dieser Handlungskoordination scheint jedoch weiterhin keinen Einfluss auf die Annahme des Projekts in den Kreisen bzw. kreisfreien Städten zu haben.
- Die Ausgestaltung der Handlungskoordination zwischen Schulrät*innen und Moderator*innen verläuft, so sie denn positiv konnotiert ist, sehr unterschiedlich in Bezug auf die Qualität und die zeitliche Dimension.
- Mit dem Instrument einer Tätigkeitsvorausplanung wird zwischen Moderator*innen und Schulrät*innen ein verbindliches Instrument der Handlungskoordination eingeführt.
- Es ist von Beginn an unklar, wie die Handlungskoordination von der Projektsteuerung zu den Schulrät*innen als Gruppe gestaltet wird, so dass diese so gut wie gar nicht systematisch erfolgt und sie daher wenig in das Projekt einbezogen sind; hier geht mögliches Potenzial einer Zusammenarbeit verloren und traditionelles und modernes Steuerverständnis stoßen in diesem Aspekt aufeinander.
- Die Handlungskoordination innerhalb der InPrax-Tandems ist weitestgehend auf Augenhöhe organisiert und wird von den meisten Befragten positiv gesehen; die Konstellation im interdisziplinären Team nehmen sie, wo vorhanden, als bereichernd wahr.
- Wenige hierarchisch formulierte Anweisungen von Schulrät*innen an Schulen zur Teilnahme an InPrax führen zu Misstrauen und Widerstand gegenüber den Moderator*innen in den Schulen.
- Die im Laufe des Projekts neu eingeführten landesweiten Treffen stellen ein wichtiges Element der Handlungskoordination zwischen Moderator*innen und Projektsteuerung dar, das von den Moderator*innen vor allem als Fortbildungs- und Reflexionsmöglichkeit mit den Mitarbeiter*innen der MSJG und als Austauschmöglichkeit geschätzt wird; einige Moderator*innen vermuten auch eine Kontroll- und Präsentationsfunktion der Projektsteuerung.
- Für die am Projekt Beteiligten, vor allem die Moderator*innen, bleibt die Rolle und der Einbezug des Bildungsministeriums diffus.
- Die Bedeutung eines (eher hierarchisch agierenden) Teils der Projektsteuerung hat aus der Perspektive der Moderator*innen im Verlauf des Projekts abgenom-

men, während die eines anderen (eher dialogorientiert agierenden) Teils der Projektsteuerung zunahm.

- Die Begrifflichkeit ‚Steuergruppe‘ trägt dazu bei, dass dieser Akteur von den Moderator*innen als Vertretungsgremium verstanden wird, aber in der Realität eher als eine Art Aufsichtsrat fungiert; dies trug in der Anfangsphase des Projekts zu Missverständnissen und Widerständen bei.
- Die Handlungskoordination mit der operativen Ebene der Projektsteuerung wird von den Moderator*innen als überwiegend positiv eingeschätzt; sie ist überwiegend durch Verhandlung und einen Netzwerkcharakter geprägt, enthält jedoch auch Elemente von Anweisungen.
- Die Regionalen Netzwerktreffen sind ein im Verlauf des Projekts entwickeltes Instrument, das die Handlungskoordination unter den Moderator*innen stärkt; zusätzlich ermöglicht es eine bessere Beobachtung und Beeinflussung durch einen Teil der Projektsteuerung, was bei einigen Moderator*innen auch kritisch aufgenommen wird.

6 Fazit: Vielfältige Entwicklungsdynamiken in komplexen Systemen

Zusammenfassend lassen sich aus der Governance Perspektive folgende Entwicklungen im Verlauf von InPrax beobachten:

- Einzelne Akteure nahmen an Bedeutung ab, andere zu, insbesondere innerhalb der Projektsteuerung bezogen auf die Kooperation mit den Moderator*innen – ein deutliches Zeichen für Nachsteuerung. In deren Folge veränderten sich auch die Formen der Handlungskoordination – waren am Beginn hierarchisch-anweisende Formen der Beeinflussung stark vertreten, kam es später vermehrt zu dialogorientierten Formen der Verhandlung und zu flacheren Hierarchien. Dies trug auch zu größerer Zufriedenheit der Moderator*innen bei.
- Steuerungsimpulse sind ebenfalls im erweiterten Auftrag an die Moderator*innen und in neu eingeführten Elementen von InPrax zu sehen: Regionale Netzwerktreffen und landesweite Treffen brachten einen vermehrten Austausch unter Akteuren, Tätigkeitsvorausplanungen trugen zu mehr verlässlicher Kooperation zwischen Moderator*innen und Schulrät*innen bei. Der erweiterte Auftrag ermöglichte u.a. auch schulübergreifende und kommunale Aktivitäten auf Kreisebene, brachte also eine qualitative Erweiterung, jedoch keine quantitative Ausweitung der Aktivitäten mit sich. Ein solches deutliches Nachjustieren ist im Rückblick einer der wesentlichen Schlüsselmomente von InPrax.

- Dabei lassen sich die Entwicklungsprozesse bei InPrax nur eingeschränkt strukturell erklären; an vielen Stellen war die individuelle Ausgestaltung des Handlungsspielraums und der Verfügungsrechte innerhalb gesetzter Strukturen für die Dynamik wesentlich. So finden sich nicht selten bei formal hierarchischer Koordination, etwa zwischen Schulrät*innen und Moderator*innen, netzwerkartige Verhandlungen zwischen Akteuren.
- Auch innerhalb der Ausgestaltung finden sich wenig lineare Zusammenhänge zwischen einzelnen Aspekten, so z.B. nicht zwischen der subjektiven Qualität der Kooperation zwischen Moderator*innen und Schulrät*innen und der Anzahl von Aktivitäten im Kreis. Vielmehr gibt es unter vielen Aspekten jeweils ein Spektrum unterschiedlicher Aktivitäten und von deren Einschätzung, allerdings mit deutlich positiver Tendenz. Hier haben auch Rekontextualisierungen ihren logischen Platz.
- Problematisch – und logisch – war, dass InPrax mit relativ kurzen Zeiträumen schrittweise entwickelt wurde; damit einher ging eine zeitlich-perspektivisch bedingte Beschränkung von Aktivitäten, insbesondere in längerfristig kontinuierlicher Form – das ursprüngliche Ziel von InPrax. In Anspruch genommen wurde InPrax vor allem bei eher punktuellen bis kurzfristigen Aktivitäten, etwa bei der Planung eines Schulentwicklungstags mit einem oder mehreren Vorbereitungstreffen.
- Während die Partizipation der externen Akteure weithin als positiv wahrgenommen wird, finden sich zumindest zwei ‚weiße Flecken': zum einen eine fehlende systematische Einbeziehung der Schulaufsicht als Gesamtgruppe im Verlauf von InPrax, zum anderen eine unscharf bleibende Konturierung der Projektleitung aus dem Ministerium.
- Als produktiv zeigte sich die Vernetzung von InPrax von Anfang an mit vorhandenen Strukturen, v.a. im IQSH; es mag auch damit zusammenhängen, dass nach der Projektphase die Verstetigung in genau diesen Strukturen erfolgte – und nicht ein Abbruch.

Insgesamt wird anhand der Ergebnisse deutlich, dass die Forschungsperspektive der Governance in diesem komplexen Entwicklungsprojekt ertragreich ist. Auch die explorative Anlage der Begleitung hat sich bewährt, da sie während der Laufzeit von InPrax flexibel auf neue Phänomene und Entwicklungen eingehen konnte.

InPrax stellt eine produktive Etappe der Umsetzung der UN-BRK in Schleswig-Holstein dar. Dabei war bedeutsam, dass wiederum Möglichkeitsräume angeboten wurden, auf die innerhalb von zwei Jahren ca. zehn Prozent aller Schulen des Landes zugriffen, wenn auch mit stark unterschiedlicher Intensität und regionaler Verteilung. Auf der Basis langer Entwicklungskontinuität zeigte sich InPrax in Zeiten bildungspolitischer Wechsel als ein inklusionsstärkender Faktor. Wie weit dies weiterhin der Fall ist, wird sich zeigen – nicht nur unter bildungspolitischen Gesichtspunkten, sondern auch unter der Perspektive, dass Entwicklungen immer auch labil bleiben und nicht ein für alle Mal gesichert sind.

Literatur

Altrichter, H. (2015). Governance – Steuerung und Handlungskoordination bei der Transformation von Bildungssystemen. In H. J. Abs, T. Brüsemeister, M. Schemmann & J. Wissinger (Hrsg.), *Governance im Bildungssystem. Analysen zur Mehrebenenperspektive, Steuerung und Koordination* (S. 21-63). Wiesbaden: Springer VS.

Altrichter, H., Brüsemeister, T. & Wissinger, J. (Hrsg.). (2007). *Educational Governance. Handlungskoordination und Steuerung im Bildungssystem.* Wiesbaden: VS Verlag.

Altrichter, H. & Feyerer, E. (2011). Auf dem Weg zu einem inklusiven Schulsystem? Die Umsetzung der UN-Konvention in Österreich aus der Sicht der Governance-Perspektive. *Zeitschrift für Inklusion Online, (4).* http://www.inklusion-online.net/index.php/inklusion-online/article/view/73/73. Zugegriffen: 09. Februar 2018.

Amos, K., Schmid, J., Schrader, J. & Thiel, A. (2015). Governance im Bildungsbereich – Erträge, Desiderate und Potenziale der Forschung. In K. Amos, J. Schmid, J. Schrader & A. Thiel (Hrsg.), *Governance von Bildung im Wandel. Interdisziplinäre Zugänge* (S. 3-21). Wiesbaden: Springer VS.

Amrhein, B. (2016). Inklusion als Mehrebenenkonstellation – Anmerkungen zu Rekontextualisierungstendenzen in inklusiven Bildungsreformen. In B. Amrhein (Hrsg.), *Diagnostik im Kontext inklusiver Bildung: Theorien, Ambivalenzen, Akteure, Konzepte* (S. 17-36). Bad Heilbrunn: Klinkhardt.

Benz, A. (2004). Governance – Modebegriff oder nützliches sozialwissenschaftliches Konzept? In A. Benz (Hrsg.), *Governance – Regieren in komplexen Regelsystemen. Eine Einführung* (S. 11-28). Wiesbaden: VS Verlag.

Büeler, X. (2007). School Governance – Die Fallstudie Luzern. In H. Altrichter, T. Brüsemeister & J. Wissinger (Hrsg.), *Educational Governance. Handlungskoordination und Steuerung im Bildungssystem* (S. 131-155). Wiesbaden: VS Verlag.

Dietrich, F. & Heinrich, M. (2014). Kann man Inklusion steuern? Perspektiven einer rekonstruktiven Governanceforschung. In M. Lichtblau, D. Blömer, A.-K. Jüttner, K. Koch & M. Krüger (Hrsg.), *Forschung zu inklusiver Bildung. Gemeinsam anders lehren und lernen* (S. 26-46). Bad Heilbrunn: Klinkhardt.

Geiling, U. & Simon, T. (2017). Inklusion in der Grundschule. In K. Ziemen (Hrsg.), *Lexikon Inklusion* (S. 102-104). Göttingen: Vandenhoeck & Ruprecht.

Heinrich, M. (2015). Inklusion oder Allokationsgerechtigkeit? Zur Entgrenzung von Gerechtigkeit im Bildungssystem im Zeitalter der semantischen Verkürzung von Bildungsgerechtigkeit auf Leistungsgerechtigkeit. In V. Manitius, B. Hermstein, N. Berkemeyer, & W. Bos (Hrsg.), *Zur Gerechtigkeit von Schule. Theorien, Konzepte, Analysen* (S. 235-255). Münster: Waxmann.

Hinz, A. (2013). Inklusion – von der Unkenntnis zur Unkenntlichkeit!? Kritische Anmerkungen zu einem Jahrzehnt Diskurs über schulische Inklusion in Deutschland. *Zeitschrift für Inklusion Online, (1).* http://www.inklusion-online.net/index.php/inklusion-online/article/view/26/26. Zugegriffen: 09. Februar 2018.

Hinz, A. & Kruschel, R. (2012). Educational Governance als ‚Diagnose-Instrument' für die Analyse eines Projekts zur Etablierung inklusiver Entwicklungen. *Zeitschrift für Inklusion Online, (3).* http://www.inklusion-online.net/index.php/inklusion-online/article/view/55/55. Zugegriffen: 09. Februar 2018.

Hinz, A. & Kruschel, R. (2017). *Entwicklung schulischer Inklusion auf Landesebene. Eine Untersuchung am Beispiel eines Unterstützungssystems in Schleswig-Holstein.* Bad Heilbrunn: Klinkhardt.

Kruschel, R. & Pluhar, C. (2017). Der lange, aber kontinuierliche Weg in Richtung Inklusion – Die Umsetzung der UN-Behindertenrechtskonvention im Schulsystem Schleswig-Holsteins. *Zeitschrift für Inklusion Online, (2).* http://www.inklusion-online.net/index.php/inklusion-online/article/view/420/323. Zugegriffen: 09. Februar 2018.

MBW (Ministerium für Bildung und Wissenschaft) (2014). *Bericht der Landesregierung: Inklusion an Schulen (18. Wahlperiode, Drucksache 18/2065).* Kiel: Schleswig-Holsteinischer Landtag. http://www.landtag.ltsh.de/infothek/wahl18/drucks/2000/drucksache-18-2065.pdf. Zugegriffen: 09. Februar 2018.

Reiser, H. (1991). Wege und Irrwege zur Integration. In A. Sander & P. Raidt (Hrsg.), *Integration und Sonderpädagogik. Referate der 27. Dozentagung für Sonderpädagogik in deutschsprachigen Ländern im Oktober 1990 in Saarbrücken* (S. 13-33). St. Ingbert: Röhrig.

Schreyögg, G. (1999). *Organisation. Grundlagen moderner Organisationsgestaltung.* 3. Auflage. Wiesbaden: Springer Gabler.

Tacke, V. (2006). Rationalität im Neo-Institutionalismus: vom exakten Kalkül zum Mythos. In K. Senge & K.-U. Hellmann (Hrsg.), *Einführung in den Neo-Institutionalismus* (S. 89-101). Wiesbaden: VS Verlag.

Tenorth, H.-E. (2013). Inklusion – Prämissen und Problemzonen eines kontroversen Themas. In J. Baumert, V. Masuhr, J. Möller, T. Riecke-Baulecke, H.-E. Tenorth & R. Werning (Hrsg.), Inklusion: *Forschungsergebnisse und Perspektiven* (S. 6-14). München: Oldenbourg.

UN (2017). *Allgemeine Bemerkung Nr. 4 zum Recht auf inklusive Bildung.* United Nations. http://www.institut-fuer-menschenrechte.de/fileadmin/user_upload/PDF-Dateien/UN-Dokumente/CRPD_Allgemeine_Bemerkung_Nr4_zum_Recht_auf_inklusive_Bildung.pdf. Zugegriffen: 09. Februar 2018.

Was die Eine sich dazu denkt und die Anderen daraus machen – ein Nachwort

Steffen Bartusch und Anne Weidermann

Wissenschaftler*innen stehen wohl hin und wieder vor der Frage, was die eigene Forschung außerhalb ihres Büros bedeutet, ob und welchen Einfluss die eigene Arbeit auf das Leben und Lernen anderer Menschen hat. Im Projekt ILEA T (Geiling et al. 2015) – das Ute Geiling geleitet hat und an dessen Konzeption, Erprobung und Implementation sie maßgeblich beteiligt war – lautete das Ziel von Beginn an, ein Instrument für die Praxis zu entwickeln und damit Lehrer*innen und Erzieher*innen dabei zu unterstützen, den oft proklamierten Anspruch der individuellen Förderung unter dem Druck des hektischen Alltags umzusetzen – trotz zum Teil im Widerspruch zu dieser Forderung stehender struktureller Rahmungen. Das Instrument soll einerseits dazu dienen, dass Pädagog*innen am Übergang zwischen Kindergarten und Schule das Wissen, die Bedürfnisse und die Interessen der Kinder systematisch beschreiben und damit leichter wertschätzen können. Andererseits sollen individuelle Entwicklungs- bzw. Bildungsverläufe der Kinder gefördert werden, um sie bei ihrer Weltaneignung zu unterstützen.

Schon während der Datenerhebungen vor Ort wurden zahlreiche, evaluierte Workshops mit den Pädagog*innen der am ILEA T-Projekt beteiligten Kindergärten und Grundschulen durchgeführt. Nicht zuletzt durch die kostenfreie Bereitstellung der entwickelten Materialien im Internet und durch mannigfache Veröffentlichungen und Vorträge sollte die Diskussion der erarbeiteten, handlungsorientierenden Leitideen und die Bekanntmachung der diagnostischen Materialien im weiteren Kreise von Praktiker*innen, Kolleg*innen in Aus- und Weiterbildung bis hin zu bildungspolitischen Entscheidungsträger*innen initiiert werden. Bei all diesen Implementierungsmaßnahmen bleibt jedoch stets die Ungewissheit

S. Bartusch et al. (Hrsg.), *Lernprozesse begleiten*,
https://doi.org/10.1007/978-3-658-21924-6_21

darüber, ob und vor allem wie das entwickelte Material in der Praxis eingesetzt wird. Einerseits ist ILEA T in seiner Grundkonzeption der Idee einer besseren Kindergarten- und Schulwirklichkeit verpflichtet, in der sich jedes Kind im Alltag immer wieder als kompetent und liebenswert erleben soll. Andererseits ist ungewiss, inwiefern dieser Anspruch in der Praxis letztendlich umgesetzt wird, und mehr noch, ob das Instrument nicht auch für das Gegenteil eingesetzt werden wird.

Die didaktischen Stufenmodelle, die im Projekt ILEA T für die Bereiche Numeracy und Literacy entwickelt wurden, sollen qua Konzeption (vgl. Prengel et al. 2015) eine potenzialorientierte Beschreibung kindlicher Kompetenzen ermöglichen und als Grundlage zur Gestaltung individueller Lern*angebote* für Kinder dienen – und nicht einer „Schubladisierung" (Geiling und Prengel 2017). Jedoch ist in diesen Modellen auch die Gefahr implizit, willkürliche rote Linien einzuziehen, um Schulfähigkeit, Sitzenbleiben, ‚Lernbehinderung' und/oder Hochbegabung zu diagnostizieren und festzuschreiben. Auch die entwickelten Protokollbögen und Gruppenlisten könnten so als Mittel zur normorientierten und normierenden ‚Steuerung' von Lern- und Entwicklungsbiographien verwendet werden. Nichtsdestotrotz stellt ILEA T den Versuch dar, innerhalb eines hierarchisch gegliederten, weitgehend auf Selektion ausgerichteten Bildungssystems die Fähigkeiten, Eigenheiten und Neigungen von Kindern ernst zu nehmen und wertzuschätzen. Dementsprechend steht nicht nur das aktuell abfragbare Wissen im Fokus der Instrumente, sondern durch die Konzeption als Würfelspiel und als Lesebuch wird den Kindern und den Pädagog*innen die Möglichkeit gegeben, ins Gespräch zu kommen und miteinander Zeit zu verbringen, in der Kinder von sich und ihrem Wissen berichten können. Durch das Handbuch, aber vor allem durch die Konzeption der Materialien können verletzendes Verhalten von Pädagog*innen und Ausgrenzungen im Bildungssystem – gegen die sich Ute Geiling seit langem und in vielfältiger Form einsetzt – jedoch nicht verhindert werden. Allerdings stellt es den unerlässlichen Versuch dar, das Lernen für Kinder und Pädagog*innen zum Besseren zu verändern. Die Ungewissheit, die für das Pädagogische letztlich konstitutiv ist (vgl. Wimmer 1996), bleibt bestehen, ob die entwickelten ILEA T-Materialien die formulierten Handlungsleitlinien und die damit verbundenen Werte die pädagogische Praxis wirklich erreichen. Oder anders formuliert: „Die konkrete Umsetzung diagnostischer Konzepte" lässt sich eben „nicht von existenten Strukturen, vom professionellen Selbstverständnis und entsprechenden Einstellungen und Beliefs etc. lösen" (Simon und Geiling 2016, S. 206).

Bei all der Ungewissheit, was die Arbeit einer Wissenschaftlerin schließlich in der Praxis bewirken wird oder bereits bewirkt hat, ist uns, als Kolleg*innen, Mitarbeiter*innen und Freund*innen von Ute Geiling, eines gewiss: Ute Geiling hat durch ihre Arbeit in Forschung, Lehre und Administration, aber auch durch ihr Vertrauen, ihre Güte und ihren Humor einen unschätzbaren Einfluss auf uns. Liebe Ute hab vielen Dank!

Literatur

Geiling, U. & Prengel, A. (2017). Schubladisierung? Notizen zum Nachteil und Nutzen sonderpädagogischer Kategorien und fachdidaktischer Kompetenzstufen. In R. Kruschel (Hrsg.), *Menschenrechtsbasierte Bildung. Inklusive und Demokratische Lern- und Erfahrungswelten im Fokus* (S. 81-93). Bad Heilbrunn: Klinkhard.

Geiling, U., Liebers, K. & Prengel, A. (Hrsg.). (2015). *Handbuch ILEA T.* Stand 25.06.2015. Halle (Saale): Martin-Luther-Universität Halle-Wittenberg.

Prengel, A., Liebers, K. & Geiling, U. (2015). Leitideen. In U. Geiling, K. Liebers & A. Prengel (Hrsg.), *Handbuch ILEA T* (S. 9-19). Stand 25.06.2015. Halle (Saale): Martin-Luther-Universität Halle-Wittenberg.

Simon, T. & Geiling, U. (2016). Diagnostik zur Unterstützung schulischer Inklusion – Ansprüche und Widersprüche auf der Suche nach angemessenen Handlungspraktiken. In U. Böing & A. Köpfer (Hrsg.), *Be-Hinderung der Teilhabe* (S. 199-208). Bad Heilbrunn: Klinkhardt.

Wimmer, M. (1996). Der Zerfall des Allgemeinen – Wiederkehr des Singulären. Pädagogische Professionalität und der Wert des Wissens. In A. Combe & W. Helsper (Hrsg.), *Pädagogische Professionalität* (S. 404-447). Frankfurt am Main: Suhrkamp.

Forschungsprojekte und Schriftenverzeichnis von Prof. Dr. paed. habil. Ute Geiling

Prof. Dr. paed. habil. Ute Geiling

Forschungsprojekte

- „Bildungsförderung im Grundschulalter“, finanziert durch die Stiftung Humalios, laufend seit 2003
- „Evaluation der pädagogischen Lernstandsanalysen in der Schuleingangsphase“, finanziert durch das Land Brandenburg, Abschluss 2005
- „Evaluation der Wirkungen der Förderdiagnostischen Begleitung innerhalb der Flexiblen Schuleingangsphase Brandenburgs“, finanziert durch LISUM Berlin-Brandenburg, Abschluss Dezember 2010
- „ILEA T: Individuelle Lern-Entwicklungs-Analyse im Übergang/Transition – ein verbindendes Instrument zwischen frühpädagogischen Bildungsdokumentationen und individuellen Lernstandsanalysen im Anfangsunterricht“,

S. Bartusch et al. (Hrsg.), *Lernprozesse begleiten*,
https://doi.org/10.1007/978-3-658-21924-6_22

Projektleitung gemeinsam mit Prof. em. Dr. Annedore Prengel und Prof. Dr. Katrin Liebers, finanziert durch das BMBF und den ESF, Laufzeit: 12/2010 bis 04/2013

Schriftenverzeichnis

Forschungsberichte

Geiling, U. (2013). *ILEA T: Individuelle Lern-Entwicklungs-Analyse im Übergang – ein verbindendes Instrument zwischen frühpädagogischen Bildungsdokumentationen und individuellen Lernstandsanalysen. Schlussbericht.* Halle (Saale) & Hannover: Universitätsbibliothek & Technischen Informationsbibliothek (TIB).

Geiling, U. & Simon, T. (2010). *Evaluation der pädagogischen Qualität und Lehrkräfteprofessionalität der FLEX-Brandenburg.* Halle (Saale): Martin-Luther-Universität Halle-Wittenberg.

Geiling, U., Geiling, T., Schnitzer, A., Skale, N. & Thiel, M. (2007). *FLEX Brandenburg: Evaluation der Wirkungen der Förderdiagnostischen Begleitung und der systemischen Auswirkungen auf Grund- und Förderschulen.* Halle (Saale): Martin-Luther-Universität Halle-Wittenberg.

Geiling, U., Kulig, W. & Müller, M. (2006). *ILeA 2–6 für das Fach Mathematik. Aufgabenpilotierung im Land Brandenburg 2005/2006.* Halle (Saale): Martin-Luther-Universität Halle-Wittenberg.

Geiling, U., Luntz, E. & Urbainsky, A. (2005). *Lernstandsanalyse im Anfangsunterricht, Schulamtsbezirk Wünsdorf (Brandenburg).* Förderung durch das Kultusministerium des Landes Brandenburg. Halle (Saale): Martin-Luther-Universität Halle-Wittenberg.

Geiling, U. & Krause, T. (2004). *Erprobung von Lernstandsanalysen im Anfangsunterricht an 9 Schulen im Land Brandenburg.* Förderung durch das Kultusministerium des Landes Brandenburg. Halle (Saale): Martin-Luther-Universität Halle-Wittenberg.

Monografien & Herausgeber*innenbände

Geiling, U., Liebers, K. & Prengel, A. (Hrsg.). (2015). *Handbuch ILEA T. Individuelle Lern-Entwicklungs-Analyse im Übergang. Pädagogische Diagnostik als verbindendes Instrument zwischen frühpädagogischen Bildungsdokumentationen und individuellen Lernstandsanalysen im Anfangsunterricht.* Vollständig überarbeitete Auflage. Stand 25.06.2015. Halle (Saale): Martin-Luther-Universität Halle-Wittenberg. Online abrufbar unter http://ilea-t.reha.uni-halle.de/das_handbuch_ilea_t.

Geiling, U., Liebers, K. & Prengel, A. (Hrsg.). (2011). *Handbuch ILEA T. Individuelle Lernentwicklungsanalyse im Übergang – ein verbindendes Instrument zwischen frühpädagogischen Bildungsdokumentationen und individuellen Lernstandsanalysen im Anfangsunterricht.* 1. Fassung. Halle (Saale): Martin-Luther-Universität Halle-Wittenberg.

Liebers, K., Prengel, A. & Geiling, U. (2011). *Vielfältig Lesen und Schreiben lernen – Anregungen für eine inklusive Praxis auf der Basis von „Meine Fibel"*. Berlin: Cornelsen Verlag/Volk und Wissen.

Geiling, U. & Hinz, A. (Hrsg.). (2005). *Integrationspädagogik im Diskurs. Auf dem Weg zu einer inklusiven Pädagogik?* Bad Heilbrunn: Klinkhardt.

Heinzel, F. & Geiling, U. (Hrsg.). (2004). *Demokratische Perspektiven in der Pädagogik*. Wiesbaden: VS Verlag.

Prengel, A., Geiling, U. & Carle, U. (2001). *Schule für Kinder. Flexible Eingangsphase und feste Öffnungszeiten in der Grundschule*. Bad Heilbrunn: Klinkhardt.

Geiling, U. & Heinzel, F. (Hrsg.). (2000). *Erinnerungsreise – Kindheit in der DDR. Studierende erforschen ihre DDR-Kindheiten*. Baltmannsweiler: Schneider Verlag.

Geiling, U. (Hrsg.). (2000). *Pädagogik, die Kinder stark macht. Ansätze zur Arbeit mit Kindern in Not*. Opladen: Leske + Budrich.

Geiling, U. (1995). *Verstehen konzentrierter Texte*. Engelsbach: Hänsel-Hohengehren.

Geiling, U. (1980). *Untersuchungen zur Wirkung der Anschaulichkeit von Lehrtexten*. Köthen: Pädagogische Hochschule.

Aufsätze in Zeitschriften und Sammelbänden

Bartusch, S., Geiling, U., Liebers, K. & Prengel, A. (2018). Didaktische Diagnostik in der inklusiven Schuleingangsstufe: Das Beispiel ILEA T. In M. Walm, T. Häcker, F. Radisch & A. Krüger (Hrsg.), *Empirisch-pädagogische Forschung in inklusiven Zeiten. Konzeptualisierung, Professionalisierung, Systementwicklung* (S. 211–222). Bad Heilbrunn: Klinkhardt.

Geiling, U. & Prengel, A. (2017). Schubladisierung? Notizen zum Nachteil und Nutzen sonderpädagogischer Kategorien und fachdidaktischer Kompentenzstufen. In R. Kruschel (Hrsg.), *Menschenrechtsbasierte Bildung. Inklusive und Demokratische Lern- und Erfahrungswelten im Fokus* (S. 81–93). Bad Heilbrunn: Klinkhardt.

Geiling, U. & Simon, T. (2017). Inklusion in der Grundschule. In K. Ziemen (Hrsg.), *Lexikon Inklusion* (S. 102–104). Göttingen: Vandenhoeck & Ruprecht.

Simon, T. & Geiling, U. (2016). Diagnostik zur Unterstützung schulischer Inklusion – Ansprüche und Widersprüche auf der Suche nach angemessenen Handlungspraktiken. In U. Böing & A. Köpfer (Hrsg.), *Be-Hinderung der Teilhabe. Soziale, politische und institutionelle Herausforderungen inklusiver Bildungsräume* (S. 199–208). Bad Heilbrunn: Klinkhardt.

Geiling, U. & Berger, M. (2015). Diagnostischer Informationstransfer von der Kita in die Grundschule aus Sicht der Eltern, der Erzieherinnen und Lehrerinnen – ausgewählte Ergebnisse aus dem Forschungsprojekt ILEA T. In M. Urban, M. Schulz, K. Meser & S. Thoms (Hrsg.), *Inklusion und Übergang. Perspektiven der Vernetzung von Kindertageseinrichtungen und Grundschulen* (S. 232–248). Bad Heilbrunn: Klinkhardt.

Geiling, U., Liebers, K. & Prengel, A. (2015): Vorwort. In U. Geiling, K. Liebers & A. Prengel (Hrsg.), *Handbuch ILEA T. Individuelle Lern-Entwicklungs-Analyse im Übergang. Pädagogische Diagnostik als verbindendes Instrument zwischen frühpädagogischen Bildungsdokumentationen und individuellen Lernstandsanalysen im Anfangsunterricht*

(S. 5–6). Vollständig überarbeitete Auflage. Stand 25.06.2015. Halle (Saale): Martin-Luther-Universität Halle-Wittenberg.

Prengel, A., Liebers, K. & Geiling, U. (2015): Leitideen. In U. Geiling, K. Liebers & A. Prengel (Hrsg.), *Handbuch ILEA T. Individuelle Lern-Entwicklungs-Analyse im Übergang. Pädagogische Diagnostik als verbindendes Instrument zwischen frühpädagogischen Bildungsdokumentationen und individuellen Lernstandsanalysen im Anfangsunterricht* (S. 9–19). Vollständig überarbeitete Auflage. Stand 25.06.2015. Halle (Saale): Martin-Luther-Universität Halle-Wittenberg.

Prengel, A., Geiling, U. & Liebers, K. (2015). Beobachtungen zur bio-psycho-sozialen Gesamtsituation von Kindern. In U. Geiling, K. Liebers & A. Prengel (Hrsg.), *Handbuch ILEA T. Individuelle Lern-Entwicklungs-Analyse im Übergang. Pädagogische Diagnostik als verbindendes Instrument zwischen frühpädagogischen Bildungsdokumentationen und individuellen Lernstandsanalysen im Anfangsunterricht* (S. 21–27). Vollständig überarbeitete Auflage. Stand 25.06.2015. Halle (Saale): Martin-Luther-Universität Halle-Wittenberg.

Geiling, U., Wergowski, S., Prengel, A. & Liebers, K. (2015). Beobachtung der Themen und Interessen der Kinder. In U. Geiling, K. Liebers & A. Prengel (Hrsg.), *Handbuch ILEA T. Individuelle Lern-Entwicklungs-Analyse im Übergang. Pädagogische Diagnostik als verbindendes Instrument zwischen frühpädagogischen Bildungsdokumentationen und individuellen Lernstandsanalysen im Anfangsunterricht* (S. 33–43). Vollständig überarbeitete Auflage. Stand 25.06.2015. Halle (Saale): Martin-Luther-Universität Halle-Wittenberg.

Bartusch, S. & Geiling, U. (2015). Pädagogische Diagnostik für Kinder auf dem Weg in die Welt der Zahlen. In U. Geiling, K. Liebers & A. Prengel (Hrsg.), *Handbuch ILEA T. Individuelle Lern-Entwicklungs-Analyse im Übergang. Pädagogische Diagnostik als verbindendes Instrument zwischen frühpädagogischen Bildungsdokumentationen und individuellen Lernstandsanalysen im Anfangsunterricht* (S. 63–94). Vollständig überarbeitete Auflage. Stand 25.06.2015. Halle (Saale): Martin-Luther-Universität Halle-Wittenberg.

Geiling, U. & Liebers, K. (2015). Individuelle Lernwege im Übergang wahrnehmen. Die individuelle Lernentwicklungsanalyse ILEA T. *Die Grundschulzeitschrift, Heft 285/286, 29. Jg*. 2015, S. 19–22.

Geiling, U (2014). Kinder mit Lernschwierigkeiten. In W. Einsiedler, M. Götz, A. Hartinger, F. Heinzel, J. Kahlert & U. Sandfuchs (Hrsg.), *Handbuch Grundschulpädagogik und Grundschuldidaktik* (S. 209–212). 4. ergänzte und aktualisierte Auflage. Bad Heilbrunn: Klinkhardt UTB.

Geiling, U. & Liebers, K. (2014). Diagnostik und Assessment im Elementarbereich. In R. Braches-Chyrek, C. Röhner, H. Sünker & M. Hopf (Hrsg.), *Handbuch Frühe Kindheit* (S. 529–539). Opladen u.a.: Verlag Barbara Budrich.

Geiling, U. & Simon, T. (2014). Zuständigkeitserleben und berufliche Zufriedenheit von Grund- und Förderschullehrkräften in inklusionsorientierten Settings der Schuleingangsstufe. In M. Lichtblau, D. Blömer, K. Jüttner, K. Koch, M. Krüger & R. Werning (Hrsg.), *Forschung zu inklusiver Bildung. Gemeinsam anders lehren und lernen* (S. 62–75). Bad Heilbrunn: Klinkhardt.

Geiling, U. & Liebers, K. (2014). Übergänge von der Kita in die Grundschule inklusiv gestalten. Gemeinsame diagnostische Sichtweisen entwickeln. In S. Peters & U. Widmer-Rockstroh (Hrsg.), *Gemeinsam unterwegs zur inklusiven Schule* (S. 73–86). Frankfurt am Main: Grundschulverband.

Geiling, U. & Liebers, K. (2014). Übergänge zwischen Kita und Grundschule gestalten. *Kita aktuell, 04/2004*, S. 94–100.

Hinz, A. , Geiling, U. & Simon, T. (2014). Response-To-Intervention – (k)ein inklusiver Ansatz? In S. Schuppener, N. Bernhardt, M. Hauser & F. Poppe (Hrsg.), *Inklusion und Chancengleichheit. Diversity im Spiegel von Bildung und Didaktik* (S. 135–140). Bad Heilbrunn: Klinkhardt.

Geiling, U. & Liebers, K. (2014). Anforderungen an einen inklusionsorientierten Übergang von der Kita zur Grundschule – Chancen und Grenzen individueller Lernentwicklungsanalysen im Kontext von ILEA T. In S. Schuppener, N. Bernhardt, M. Hauser & F. Poppe (Hrsg.), *Inklusion und Chancengleichheit. Diversity im Spiegel von Bildung und Didaktik* (S. 89–94). Bad Heilbrunn: Klinkhardt.

Geiling, U. & Liebers, K. (2014). Individuelle Lernentwicklungs-Analysen im Übergang von der Kita in die Grundschule aus Elternperspektive. In B. Kopp, S. Martschinke, M. Munser-Kiefer, M. Haider, E. Kirschhock, G. Ranger & G. Renner (Hrsg.), *Individuelle Förderung und Lernen in der Gemeinschaft* (S. 118–122). Wiesbaden: Springer VS.

Geiling, U. (2013). Die neue Schuleingangsphase aus inklusionspädagogischer Perspektive – ein barrierefreier Schulstart? In V. Moser (Hrsg.), *Die inklusive Schule. Standards der Umsetzung* (S. 116–127). 2. Auflage. Stuttgart: Kohlhammer.

Geiling, U. & Sasse, A. (2013). Das Schülerhilfeprojekt Halle als Ort sozialen Lernens. In C. Rohlfs, M. Harring & C. Palentien (Hrsg.), *Kompetenz-Bildung. Soziale, emotionale und kommunikative Kompetenzen von Kindern und Jugendlichen* (S. 349–362). 2. überarbeitete Auflage. Wiesbaden: Springer-VS.

Geiling, U. & Liebers, K. (2013). Individuelle Lern-Entwicklungs-Analyse im Übergang/Transition (ILEA T) als verbindendes Instrument zwischen Kita und Grundschule. Chancen und Grenzen für einen gelingenden Übergang aus inklusionspädagogischer Perspektive. *Gemeinsam leben, Heft 4 (2013)*, S. 234–243.

Reh, S., Geiling, U. & Heinzel, F. (2013): Fallarbeit in der Lehrerbildung. In B. Friebertshäuser, A. Langer & A. Prengel (Hrsg.), *Handbuch Qualitative Forschungsmethoden in der Erziehungswissenschaft* (S. 911–925). 4. durchgesehene Auflage. Weinheim u.a.: Juventa.

Geiling, U. & Heinzel, F. (2013): Wendekindheit – was bleibt von den kulturellen Erfahrungen in der DDR? In: Kaiser, A./ Röhner, Ch. (Hrsg.): Kinder im 21. Jahrhundert. 2. Auflage. Münster: Lit Verlag, S. 21–38

Geiling, U. (2012). Die neue Schuleingangsphase aus inklusionspädagogischer Perspektive – ein barrierefreier Schulstart? In V. Moser (Hrsg.), *Die inklusive Schule. Standards der Umsetzung* (S. 114–125). Stuttgart: Kohlhammer.

Geiling, U., Liebers, K. & Prengel, A. (2012). ILEA T: Individuelle Lern-Entwicklungs-Analyse im Übergang/Transition – ein Beitrag für einen inklusionsorientierten Übergang von der Kita zur Grundschule? In F. Hellmich, S. Förster & F. Hoya (Hrsg.), *Bedingungen des Lehrens und Lernens in der Grundschule – Bilanz und Perspektiven* (S. 119–122). Wiesbaden: VS-Verlag.

Geiling, U. & Söllner, C. (2011). Professionalisierungsanreize und Widersprüche im Kontext inklusiv orientierter Schulentwicklungsprozesse am Beispiel der FLEX Brandenburg. In B. Lütje-Klose, M.-T. Langer, B. Serke & M. Urban (Hrsg.), Inklusion in Bildungsinstitutionen. Eine Herausforderung an die Heil- und Sonderpädagogik (S. 212–219). Bad-Heilbrunn: Klinkhardt.

Geiling, U (2011). Die neue Schuleingangsstufe der Grundschule aus inklusionspädagogischer Perspektive: Hoffnungen und Enttäuschungen. *Gemeinsam leben 3/2011, 19. Jg.*, S. 153–158.

Geiling, U (2011). Kinder mit Lernschwierigkeiten. In W. Einsiedler, M. Götz, A. Hartinger, F. Heinzel, J. Kahlert & U. Sandfuchs (Hrsg.), *Handbuch Grundschulpädagogik und Grundschuldidaktik* (195–199). 3. vollständig überarbeitete Auflage. Bad Heilbrunn: Klinkhardt UTB.

Geiling, U., Liebers, L. & Prengel, A. (2011): Vorwort. In Geiling, U., Liebers, K. & Prengel, A. (Hrsg.), *Handbuch ILEA T. Individuelle Lernentwicklungsanalyse im Übergang – ein verbindendes Instrument zwischen frühpädagogischen Bildungsdokumentationen und individuellen Lernstandsanalysen im Anfangsunterricht* (S. 7). 1. Fassung. Halle (Saale): Martin-Luther-Universität Halle-Wittenberg.

Prengel, A., Liebers, K. & Geiling, U. (2011): Leitideen. In Geiling, U., Liebers, K. & Prengel, A. (Hrsg.), *Handbuch ILEA T. Individuelle Lernentwicklungsanalyse im Übergang – ein verbindendes Instrument zwischen frühpädagogischen Bildungsdokumentationen und individuellen Lernstandsanalysen im Anfangsunterricht* (S. 9–22). 1. Fassung. Halle (Saale): Martin-Luther-Universität Halle-Wittenberg.

Prengel, A. & Geiling, U. (2011): Bio-psycho-soziale Gesamtsituation. In Geiling, U., Liebers, K. & Prengel, A. (Hrsg.), *Handbuch ILEA T. Individuelle Lernentwicklungsanalyse im Übergang – ein verbindendes Instrument zwischen frühpädagogischen Bildungsdokumentationen und individuellen Lernstandsanalysen im Anfangsunterricht* (S. 23–29). 1. Fassung. Halle (Saale): Martin-Luther-Universität Halle-Wittenberg.

Geiling, U. & Wergowski, S. (2011): Kinder erkunden die Welt: Themen und Interessen. In Geiling, U., Liebers, K. & Prengel, A. (Hrsg.), *Handbuch ILEA T. Individuelle Lernentwicklungsanalyse im Übergang – ein verbindendes Instrument zwischen frühpädagogischen Bildungsdokumentationen und individuellen Lernstandsanalysen im Anfangsunterricht* (S. 30–44). 1. Fassung. Halle (Saale): Martin-Luther-Universität Halle-Wittenberg.

Schubert, S. & Geiling, U. (2011): Pädagogische Diagnostik für Kinder auf dem Weg in die Welt der Zahlen. In Geiling, U., Liebers, K. & Prengel, A. (Hrsg.), *Handbuch ILEA T. Individuelle Lernentwicklungsanalyse im Übergang – ein verbindendes Instrument zwischen frühpädagogischen Bildungsdokumentationen und individuellen Lernstandsanalysen im Anfangsunterricht* (S. 86–130). 1. Fassung. Halle (Saale): Martin-Luther-Universität Halle-Wittenberg.

Reh, S., Geiling, U. & Heinzel, F. (2010): Fallarbeit in der Lehrerbildung. In B. Frieberthäuser, A. Langer & A. Prengel (Hrsg.), *Handbuch Qualitative Forschungsmethoden in der Erziehungswissenschaft* (S. 911–925). 3. vollständig überarbeitete Auflage. Weinheim u.a.: Juventa.

Geiling, U. (2009). Erziehung und Bildung im Sekundarbereich. Förderschule. In G. Opp & G. Theunissen (Hrsg.), *Handbuch schulische Sonderpädagogik* (S. 361–364). Bad Heilbrunn: Klinkhardt.

Geiling, U. & Karge, S. (2009). Erziehung und Bildung im Grundschulbereich. Förderschule. In G. Opp & G. Theunissen (Hrsg.), *Handbuch schulische Sonderpädagogik* (S. 352–356). Bad Heilbrunn: Klinkhardt.

Geiling, U. & Theunissen, G. (2009). Begriffsdefinition, Erscheinungsform und Prävalenz. In G. Opp & G. Theunissen (Hrsg.), *Handbuch schulische Sonderpädagogik* (S. 339–344). Bad Heilbrunn: Klinkhardt.

Geiling, U.; Skale, N. & Thiel, M. (2009). Alltagspraxis und professionelles Selbstverständnis von SonderpädagogInnen in der inklusiven Praxis der Flexiblen Schuleingangsphase Brandenburgs: In S. Börner, A. Glink, B. Jäpelt, D. Sanders & A. Sasse (Hrsg.), *Integration im vierten Jahrzehnt. Bilanz und Perspektiven* (S. 123–132). Bad Heilbrunn: Klinkhardt.

Geiling, U. & Kulig, N. (2009). Der Mythos vom Vorteil leistungshomogener Gruppen in der flexiblen Schuleingangsstufe: Zwischen Irritation und Stabilität. In J. Jerg, K. Merz-Atalik, R. Thümmler & H. Tiemann (Hrsg), Perspektiven auf Entgrenzung. Erfahrungen und Entwicklungsprozesse im Kontext von Inklusion und Integration (S. 87–95). Bad Heilbrunn: Klinkhartdt.

Geiling, U., Geiling, T., Schnitzer, A., Skale, N. & Thiel, M. (2008). Evaluation der Wirkungen der förderdiagnostischen Begleitung und der systemischen Auswirkungen auf Grund- und Förderschulen. In K. Liebers, A. Prengel & G. Bieber (Hrsg.), *Die flexible Schuleingangsphase. Evaluationen zur Neugestaltung des Anfangsunterrichts* (S. 163–247). Weinheim und Basel: Beltz.

Geiling, U. & Skale, N. (2008). Schriftexkursionen: Erste Schritte auf dem Weg zur Schrift. *Lesefutter H. 19 (2008)*, S. 38–40.

Geiling, U. & Sasse, A. (2008). Das Schülerhilfeprojekt Halle als Ort sozialen Lernens. In C. Rohlfs, M. Harring & C. Palentien (Hrsg.), *Kompetenz-Bildung. Soziale, emotionale und kommunikative Kompetenz von Kindern und Jugendlichen* (S. 327–339). Wiesbaden: VS Verlag.

Geiling, U. (2008). Selektion in der Schuleingangsphase: Inklusionschancen und Exklusionsrisiken in Abhängigkeit von Organisationsformen. In H. Knauder, F. Feiner & H. Schaupp (Hrsg.), *Jede/r ist willkommen! Die inklusive Schule – Theoretische Perspektiven und praktische Beispiele* (S. 133–144). Graz: Leykam.

Geiling, U. (2008). Die neue Schuleingangsstufe: Inklusionschancen und Exklusionsrisiken für benachteiligte Kinder. In G. Biewer, M. Luciak & M. Schwinge (Hrsg.), *Begegnung und Differenz: Menschen, Länder, Kulturen* (S. 339–349). Bad Heilbrunn: Klinkardt.

Sasse, A. & Geiling U. (2007). Soziale Benachteiligung, Armut und Professionalität. Grundkategorien studentischer Schülerhilfe. In F. Heinzel, A. Garlichs & S. Pietsch (Hrsg.), *Lernbegleitung und Patenschaften. Reflexive Fallarbeit in der universitären Lehrerausbildung* (S. 157–166). Bad Heilbrunn: Klinkhardt.

Geiling, U. & Sasse, A. (2007): Bildungsförderung benachteiligter Kinder im Grundschulalter durch Studierende. In F. Heinzel, A. Garlichs & S. Pietsch (Hrsg.), *Lernbegleitung und Patenschaften. Reflexive Fallarbeit in der universitären Lehrerausbildung* (S. 62–74). Bad Heilbrunn: Klinkhardt.

Geiling, U., Geiling, T., Schnitzer, A., Skale, N. & Thiel, M. (2007). Evaluation der Wirkungen der förderdiagnostischen Begleitung und der systemischen Auswirkungen auf Grund- und Förderschulen – Ergebnisse der quantitativen Studie. In Landesinstitut für Schule und Medien Berlin-Brandenburg (LISUM) (Hrsg.), *Evaluation der flexiblen Schuleingangsphase FLEX im Land Brandenburg in den Jahren 2004–2006* (S. 259–376). Ludwigsfelde: LISUM.

Geiling, U. & Thiel. M. (2007). Wie bewerten Lehrerinnen und Lehrer das Lernen in jahrgangsgemischten Gruppen? Ergebnisse aus einer quantitativen Studie zur Flexiblen Schuleingangsphase Brandenburgs. In H. de Boer, K. Burk & F. Heinzel (Hrsg.), *Lehren und Lernen in jahrgangsgemischten Klassen* (S. 297–308). Frankfurt am Main: Grundschulverband Arbeitskreis Grundschule.

Geiling, U. & Prengel, A. (2007). Individuelle Lernpläne in jahrgangsgemischten Gruppen. In H. de Boer, K. Burk & F. Heinzel (Hrsg.), *Lehren und Lernen in jahrgangsgemischten Klassen* (S. 88–103). Frankfurt am Main: Grundschulverband Arbeitskreis Grundschule.

Geiling, U. (2007). Lernen, Lernfähigkeit, Lerntheorien. In G. Theunissen, W. Kulig & K. Schirbort (Hrsg.), *Handlexikon Geistige Behinderung* (S. 211–213). Stuttgart: Kohlhammer.

Geiling, U. (2007). Lernbehinderung. In G. Theunissen, W. Kulig & K. Schirbort (Hrsg.), *Handlexikon Geistige Behinderung* (S. 210). Stuttgart: Kohlhammer.

Geiling, U. & Sander, A. (2007). Schulentwicklung in Ost und West – keine Antworten auf Heterogenität. In D. Katzenbach (Hrsg.), *Vielfalt braucht Struktur. Heterogenität als Herausforderung für die Unterrichts- und Schulentwicklung. Frankfurter Beiträge zur Erziehungswissenschaft* (S. 59–80). Frankfurt am Main: Johann Wolfgang Goethe-Universität.

Geiling, U. & Wünsch, H. (2006). Biologieunterricht an der Förderschule: Anforderungen reduzieren oder das Denken provozieren? In F. Albrecht, M. Jödecke & N. Störmer (Hrsg.), *Bildung, Lernen und Entwicklung. Dimensionen professioneller (Selbst-)Vergewisserung* (S. 236–243). Bad Heilbrunn: Klinkhardt.

Geiling, U. & Sasse, A. (2006). Das Hallenser Schülerhilfe-Projekt als protektiver Faktor für Kinder aus sozial benachteiligten Milieus. In E. von Stechow & C. Hofmann (Hrsg.), *Sonderpädagogik und Pisa. Kritisch-konstruktive Beiträge* (S. 227–237). Bad Heilbrunn: Klinkhardt.

Geiling, U. (2006). Vom Kindergarten in die Schule: Diskussion der Beiträge von Joachim Dattke, Peter Petschick, Anke Steenken, Evelyne Wannack und Ulrike Zamponi-Raabe. In G. Opp, T. Hellbrügge & L. Stevens (Hrsg.), *Kindern gerecht werden. Kontroverse Perspektiven auf Lernen in der Kindheit* (S. 197–207). Bad Heilbrunn: Klinkhardt.

Geilung, U. & Hinz, A. (2005). Vorwort. In U. Geiling & A. Hinz (Hrsg.), *Integrationspädagogik im Diskurs. Auf dem Weg zu einer inklusiven Pädagogik?* (S. 9–11) Bad Heilbrunn: Klinkhardt.

Geiling, U. & Gille, N. (2005): Einführung. In U. Geiling & A. Hinz (Hrsg.), *Integrationspädagogik im Diskurs. Auf dem Weg zu einer inklusiven Pädagogik?* (S. 103–106) Bad Heilbrunn: Klinkhardt.

Heinzel, F. & Geiling, U. (2004). Einleitung. In F. Heinzel & U. Geiling (Hrsg.), *Demokratische Perspektiven in der Pädagogik* (S. 15–19). Wiesbaden: VS Verlag.

Geiling, U. (2004). Lernbehindert? Konstrukte von Studierenden der Grundschulpädagogik im Spannungsfeld von Fremdheit und Normalität. In F. Heinzel & U. Geiling (Hrsg.), *Demokratische Perspektiven in der Pädagogik* (S. 103–113). Wiesbaden: VS Verlag.

Geiling, U. (2004). Nachschulische Perspektiven aus der Sicht von Schülerinnen und Schülern und von Lehrerinnen und Lehrern der Schule für Lernbehinderte. In I. Schnell & A. Sander (Hrsg.), *Inklusive Pädagogik* (S. 277–288). Bad Heilbrunn: Klinkhardt.

Geiling, U. & Sasse, A. (2004). Schülerhilfe für Kinder aus benachteiligten Familien als Feld der beruflichen Erstsozialisation für Studierende der Grund- und Sonderschulpädagogik. In U. Carle & A. Unckel (Hrsg.), *Entwicklungszeiten – Forschungsperspektiven für die Grundschule* (S. 96–101). Wiesbaden: VS Verlag.

Geiling, U. & Hartmann B. (2001). Zur Heterogenität des mathematischen Wissens bei Schulbeginn. *Erziehung und Unterricht. Österreichische pädagogische Zeitschrift. 1–2, 151. Jahrgang*, S. 51–61.

Geiling, U. & Karge, S. (2003). Chancen und Grenzen – Schülerinnen und Schüler mit Lernbeeinträchtigungen. *scientia halensis. Wissenschaftsjournal der Martin-Luther-Universität Halle-Wittenberg, (1) 2003*, S. 24–25.

Geiling, U./ Hartmann, B. (2000): Schwierigkeiten beim Mathematiklernen? In: Grundschule, Heft 10, S. 62–68

Hartmann, B. & Geiling, U.: (2000). Früherkennung und Förderung von Kindern mit Schwierigkeiten im mathematischen Bereich. In O. Jaumann-Graumann & W. Köhnlein (Hrsg.), *Lehrerprofessionalität – Lehrerprofessionalisierung* (S. 303–315). Bad Heilbrunn: Klinkhardt.

Geiling, U. & Prengel, A. (2000). Was ist Lernen? Lernen in der Schule, im „Haus des Lernens". *Praxis Schule 5–10, 11 (2000) 2*, S. 6–7.

Geiling, U. (2000). Pädagogik auch für Kinder in Not – eine Einführung. In U. Geiling (Hrsg.), *Pädagogik, die Kinder stark macht. Ansätze zur Arbeit mit Kindern in Not* (S. 7–8). Opladen: Leske + Budrich.

Geiling, U. (2000). Integrative Pädagogik mit Kindern in erschwerten Lernsituationen. In U. Geiling (Hrsg.), *Pädagogik, die Kinder stark macht. Ansätze zur Arbeit mit Kindern in Not* (S. 41–58). Opladen: Leske + Budrich.

Geiling, U. (2000). Hinweise zur Suche nach Ansprechpartnern zur Hilfe für Kinder in Not. In U. Geiling (Hrsg.), *Pädagogik, die Kinder stark macht. Ansätze zur Arbeit mit Kindern in Not* (S. 255–258). Opladen: Leske + Budrich.

Geiling, U. & Heinzel, F. (2000). Vorwort des Herausgabeteams. In U. Geiling & F. Heinzel (Hrsg.), *Erinnerungsreise – Kindheit in der DDR. Studierende erforschen ihre DDR-Kindheiten (S. V-VI)*. Baltmannsweiler: Schneider Verlag.

Geiling U. & Heinzel, F. (2000). Von der Traumreise in die Kindheit bis zum Buch über DDR-Kindheiten. Ein Beitrag zur Hochschuldidaktik. In U. Geiling & F. Heinzel (Hrsg.), *Erinnerungsreise – Kindheit in der DDR. Studierende erforschen ihre DDR-Kindheiten (S. 1–28)*. Baltmannsweiler: Schneider Verlag.

Geiling, U. & Heinzel, F. (2000). Wendekindheit – was bleibt von den kulturellen Erfahrungen in der DDR? In A. Kaiser & C. Röhner (Hrsg.), *Kinder im 21. Jahrhundert* (S. 23–38). Münster: Lit Verlag.

Geiling, U. (1999). Zur Präferenz der Jahrgangsklassen bzw. der altershomogenen Gruppe im Bildungssystem der DDR. In F.-O. Radtke (Hrsg.), *Die Organisation von Homogenität. Jahrgangsklassen in der Grundschule. Frankfurter Beiträge zur Erziehungswissenschaft* (S. 35–57). Frankfurt am Main: Johann Wolfgang Goethe-Universität.

Geiling, U. (1999). Schulfähigkeit und Einschulungspraxis in der DDR. Ein Rückblick – im Spannungsfeld von Förderung und Ausgrenzung. In A. Prengel (Hrsg.), *Vielfalt durch gute Ordnung im Anfangsunterricht* (S. 199–270). Opladen: Leske + Budrich.

Hartmann, B. & Geiling, U. (1999). Früherkennung und Förderung von Kindern im mathematischen Bereich. In Enders, C. Hanckel & S. Möley (Hrsg.), *Lebensraum – Lebenstraum – Lebenstrauma Schule. Berichte aus der Schulpsychologie* (S. 264–272). Bonn: Deutscher Psychologen Verlag.

Heinzel, F. & Geiling, U. (1998). Ina will helfen. Geschlechtsrollenstereotypisierungen in den Schulbüchern der DDR für die Unterstufe. In H. Bomke (Hrsg.), *Einblicke Bd. 2: Erste Tagung zur Frauenforschung in Sachsen-Anhalt am 17./18.4.1997. Dokumentation* (S. 89–100). Magdeburg: Kultusministerium des Landes Sachsen-Anhalt/Leitstelle für Frauenpolitik des Landes Sachsen-Anhalt.

Hartmann, B. & Geiling, U. (1998). Interaktionsspiele als Ausgangspunkte individueller Lernprozesse. *Grundschulunterricht, 45 (1998) 9*, S. 27–30.

Geiling, U. & Kunz, P. (1997). Kreativer Umgang mit epischen Texten. Wie kam der Frosch in den Brunnen? *Grundschulunterricht, 44 (1997) 1*, S. 10–13.

Nestler, K. & Geiling, U. (1994). Kinderfreuden – Kindersorgen. *Klein & groß, 47 (1994) 7/8*, S. 14–17.

Baumann, M., Eckenhoff, M., Geiling, U. & Nestler, K. (1987). Beispielsammlung für weniger und besser verständliche Lehrtexte. *Informationen zu Schulbuchfragen H. 56*, S. 60–109.

Baumann, M., Geiling, U. & Nestler, K. (1986). Verständlichkeit von Lehrtexten. *Psychologie für die Praxis, (1986) 1*, S. 46–58.

Druck:
Canon Deutschland Business Services GmbH
im Auftrag der KNV-Gruppe
Ferdinand-Jühlke-Str. 7
99095 Erfurt